大夏教育文存

沈灌群卷

主　　编　杜成宪
本卷主编　宋　爽
　　　　　刘秀春

华东师范大学出版社

《大夏教育文存》编委会、顾问名单

编委会

顾问 孙培青 陈桂生

主任 袁振国

委员 叶澜 钟启泉 陈玉琨 丁钢
　　　任友群 汪海萍 范国睿 阎光才

沈灌群先生(1908—1989)

沈灌群夫妇

沈灌群夫妇

前言

一

1951年10月华东师范大学建校时,也成立了教育系,这是华东师范大学教育学科之源。当时教育系的教师来自大夏大学、复旦大学、圣约翰大学、光华大学、沪江大学等高校教育系科,汇聚了一批享誉全国的著名学者,堪为当时中国教育理论界代表。如:国民政府在20世纪40年代曾实施部聘教授制度,先后评聘两批,各二三十人,集中了当时中国学术界各个学科的顶尖学者。两批部聘教授里均只有一位教育学教授,分别是孟宪承、常道直,后来都在华东师范大学教育系任教,孟宪承还为华东师范大学建校校长;抗日战争期间,国民政府出于"抗战建国"、保证中学师资培养的考虑,建立了六所师范学院,其中五所附设于大学,一所独立设置,独立设置的即为建于湖南蓝田的国立师范学院,院长为廖世承,后来成为华东师范大学副校长、上海师范学院(后为上海师范大学)院长;中国第一代社会学家、奠定中国社会事业研究的基础的言心哲,曾为复旦大学社会学系系主任,后转入华东师范大学教育系从事翻译工作;华东师范大学成立后教育系第一任系主任曹孚,后为支持中央政府成立中央教育科学研究所和人民教育出版社奉调入京;主持撰写新中国第一本《教育学》、后出任华东师范大学校长的刘佛年……就是他们,共同奠定了中国现、当代教育理论发展的基础,也奠定了华东师范大学教育学科60多年的发展基础。

然而,由于历史的原因,这批著名学者当年藉以成名并影响中国现、当代教育学科发展的代表性成果大多未能流传于世,他们中的很多人及其著作甚至湮没不闻,以至今天的人们对中国教育学科的由来与发展中的诸多重要环节所知不详,尤其是对华东师范大学教育学科对于中国现、当代教育理论和实践发展的重要性知之甚少,而这些成果中的相当部分实际上又可以看成是教育理论和实践中国化探索的代表作。因此,重新研究、整理、出版这些学术成果,对于华东师范大学教育学科的学术传承、对于中国的教育学术传承,都具有十分重要的意义。

二

华东师范大学建校之初,在教育系教师名册上的教授共有27位,包括教育学和心理学两个学科。当时身任复旦大学副教务长的曹孚被任命为教育系主任,但由于工作原因晚一年到职,实际上教育系就有教授28位。除个人信息未详的二位外,建系教授简况见下表。

出生年代	姓名(生卒年)	建校时年岁	学历、学位
1890—1899	赵㢠传(1890—1958)	61	大学肄业
	廖世承(1892—1970)	59	博士
	张耀翔(1893—1964)	58	硕士
	高君珊(1893—1964)	58	硕士
	欧元怀(1893—1978)	58	硕士
	孟宪承(1894—1967)	57	硕士
	谢循初(1895—1984)	56	学士
	黄觉民(1897—1956)	54	硕士
	萧孝嵘(1897—1963)	54	博士
	黄敬思(1897—1982)	54	博士
	常道直(1897—1992)	54	硕士
	沈百英(1897—1992)	54	五年制中师
	言心哲(1898—1984)	53	硕士
	陈科美(1898—1998)	53	硕士
	方同源(1899—1999)	52	博士
1900—1909	赵廷为(1900—2001)	51	大学预科
	左任侠(1901—1997)	50	博士
	谭书麟(1903—?)	48	博士
	萧承慎(1905—1970)	46	硕士
	胡寄南(1905—1989)	46	博士
	赵祥麟(1906—2001)	45	硕士
	沈灌群(1908—1989)	43	硕士
	朱有瓛(1909—1994)	42	学士
1910—1919	曹孚(1911—1968)	40	博士
	刘佛年(1914—2001)	37	学士
	张文郁(1915—1990)	36	学士

(本表参考了陈桂生《华东师范大学初期教育学习纪事(1951—1965)》一文)

可见华东师范大学教育系初建、教育学科初创时的教授们,出生于19世纪90年代的15人,20世纪00年代的8人,10年代的3人;60岁以上1人,50—59岁16人,40—49岁7人,40岁以下2人,平均年龄50.73岁,应属春秋旺盛之年。他们绝大部分都有留学国外的经历,有不少美国哥伦比亚大学学生。其中博士8人,硕士11人,学士4人,大学肄业1人,高中2人。他们大体上属于两代学者,即出生在19世纪90年代、成名于20世纪二三十年代的一代(五六十岁),出生在20世纪、于二三十年代完成学业的一代(三四十岁)。对于前一代学者而言,他们大多早已享有声誉且尚未老去;对于后一代学者而言,他们也已崭露头角且年富力强。相比较而言,前一代学者的力量又更为强大。任何一个高等院校教育系,如能拥有这样一支学术队伍都会令人感到自豪!

三

令后人感到敬佩的还在于这些前辈教授们所取得的业绩。试举其代表论之,以观全豹。

1923年,将及而立之年的孟宪承撰文与人讨论教育哲学的取向与方法问题,提出:教育哲学研究是拿现成的哲学体系加于教育,而将教育的事实纳入哲学范畴?还是依据哲学的观点去分析教育过程,批评现实教育进而指出其应有价值?他认为后者才是可取的。理由是:教育哲学是一种应用哲学,应用对象是教育;教育哲学研究导源于实际教育需要,是对现实教育的反思与批评,而其结论也需要经过社会生活的检验。这样就倡导了以实际教育问题为出发点的教育哲学,为中国的教育理念和教育理论的转型,即从以学科为出发点转向以问题为出发点,转向更为关注社会、关注生活、关注儿童,从哲学层面作出了说明。之后,不刻意追求体系化知识,而以问题研究为主,从儿童发展出发思考教育问题成为一时潮流。1933年,孟宪承出版《教育概论》,就破除了从解释教育和教育概念出发的教育学理论体系,而代之以从"儿童的发展"和"社会的适应"为起点的教育学叙述体系。在中国,以儿童发展为教育学理论的起点,其首倡者很可能就是孟宪承。1934年,教育部颁布《师范学校课程标准》,其中的《教育概论》纲目与孟宪承著《教育概论》目录几乎相同。而孟著自1933年出版至1946年的13年里共印行50版,是民国时期发行量最大的教育学教科书之一。可以看出孟宪承教育学思想对中国教育学理论转型、教育学学科建设、课程建设、专业人才培养和理论研究的深刻影响。

1921年，创始于美国、流行于欧美国家的一种新教学组织形式和方法道尔顿制传入中国，因其注重个别需要、自主学习、调和教学矛盾、协调个体与群体等特点，而受到中国教育理论界和中小学界的欢迎，一时间，诸多中小学校纷纷试行道尔顿制，声势浩大。东南大学附中的道尔顿制实验是其中的典范。当时主持东南大学附中实验的正是廖世承。东南大学附中的道尔顿制实验与众不同之处就在于严格按照教育科学实验研究方法与程序要求进行，从实验的提出、实验的设计、实验的实施、实验结果分析各个环节都做得十分规范，保证了实验的信度和效度，在当时独树一帜。尤其是实验设计者是将实验设计为一个与传统的班级授课制进行比较的对比实验，以期验证两种教学组织形式的长短优劣。在实验基础上，廖世承撰写了《东大附中道尔顿制实验报告》，报告依据实验年级各科实验统计数据、实验班与比较班及学生、教师的问卷调查结果，分析了实施道尔顿制的优点与缺点，得出了十分明确的结论：道尔顿制的特色"在自由与合作"，但在中国的现实条件下很难实行；"班级教学虽然有缺点，但也有它的特色"。廖世承和东南大学附中的实验及报告，不仅澄清了人们对道尔顿制传统教学制度的认识，还倡导了以科学研究解决教育问题的风气，树立了科学运用教育研究方法的楷模，尤其是帮助人们正确认识了如何对待和学习国外先进教育经验，深刻影响了中国教育的发展。此外，廖世承参与创办南京高师心理实验室首开心理测验，所著《教育心理学》和《中学教育》，在中国都具有开创性。

1952年曹孚离开复旦大学到任华东师范大学教育系主任，是教育系第一任系主任。1951年，在其博士学位论文基础上撰成的《杜威批判引论》出版。书中，曹孚将杜威教育思想归纳为"生长论"、"进步论"、"无定论"、"智慧论"、"知识论"和"经验论"，逐一进行分析批判。这一分析框架并非人云亦云之说，而是显示出他对杜威教育思想的深刻理解和独到把握，超越了众多杜威教育思想研究者。他当时就指出杜威教育思想的主要缺陷，即片面强调活动中心与学生中心，忽视系统知识的传授和教师的主导作用。对杜威教育思想有深入研究的孟宪承曾称道："曹孚是真正懂得杜威的！"后来，刘佛年在为《曹孚教育论稿》一书所做的序中也评价说："这是我国学者对杜威思想的第一次最系统、最详尽的批判。"曹孚长于理论，每每有独到之论。50年代的中国教育理论和实践界，先是亦步亦趋地照搬苏联教育学，又对包括教育学在内的社会学科大加挞伐，少有人真正思考教育学的中国化和构建中国的教育学问题。曹孚在其一系列论文中提出了自己的主张。他认为，教育学的学科基础包括哲学、国家的教育方针政策、教育工作经验、中国教育遗产和心理学五方面；针对当时否定教育继承性的观点，他提出继承性适用于教育，因为教育既是上层建筑，也是永恒范畴；对教育历史人物评价问题，他批评以唯物主义或唯心主义为标准，从哲学、政治立场出发的评价原则，主张将哲学思想、政治立场和教育主张区别而论，主要依据教育思想来评价教育人物；他认为，即使是资产阶级教育思想也不是一无是处，不能"一棍子打死"，也有可以吸取和改造的。在当时环境下，曹孚之言可谓震聋发聩。

1979年，刘佛年主编的《教育学》（讨论稿）由人民教育出版社正式出版。这是"新时期"全国正式出版的第一本教育学教材。之前，从1962年至1964年曾四度内部印刷使用，四度修改。"文革"中还被作为"大毒草"受到严厉批判。1961年初，刘佛年正式接受中宣部编写文科教材教育学的任务。当年即撰写出讲授提纲，翌年完成讨论稿。虽然这本教育学教材在结构上留下明显的凯洛夫《教育学》痕迹，但也处处体现出作者对建设中国教育学的思考。教材编写体现了对六方面关系的思考和兼顾，即政策与理论、共同规律与特殊规律、阶级观点与历史观点、历史与理论、正面论述与批判、共性与特性。事实上这也可以作为教育研究的一般方法论原则。在教材编写之初，第二部分原拟按德育、智育、体育分章，但牵涉到与学校教学工作的关系，出现重复。经斟酌，决定按学校工作逻辑列章，即分为教学、思想教育、生产劳动、体育卫生等章，由此形成了从探索教育的一般规律到研究学校具体工作的理论逻辑，不失为独特的理论建构。1979年教材出版至1981年的两年间，印数近50万册，就在教材使用势头正好之时，是编者主动商请出版社停止继续印行。但这本教育学教材的历史地位却并未因其辍印而受到影响，因为它起到了重建"新时期"中国的教育学理论和教材体系的启蒙教材作用。

不只是以上几位，华东师范大学教育系的创系教授在各自所从事的研究领域都有开风气之先的贡献。如，常道直对比较教育学科的探索与开拓，萧承慎对教学法和教师历史及理论的独到研究，赵廷为、沈百英对小学各科教学法的深入探讨，沈灌群对中国教育史叙述体系的重新建构，赵祥麟对当代西方教育思想的开创性研究，等等，对各自所在的学科都产生了重要影响而被载入学科发展的史册。还有像欧元怀，苦心经营大夏大学二十多年，造就出一所颇有社会影响的著名私立高等学府，为后来华东师范大学办学创造了重要的空间条件。所有前辈学者们的学术与事业，都值得我们铭记不忘。

四

基于以上认识,我们将此次编纂《大夏教育文存》视为一次重新整理和承继华东师范大学教育学科优良学术传统的重要契机。

我们的宗旨是:保存学粹,延续学脉,光大学术。即,将华东师范大学教育学科历史上最具有代表性的学术精华加以保存,使这些学术成果中所体现的学术传统得以延续,并为更多年轻一代的学生和学者能有机会观览、了解和研究前辈学者的学术、思想和人生,激发起继承和发扬传统的自豪感和使命感。希望通过我们的工作实现我们的宗旨。

就我们的愿望而言,我们很希望能够将华东师范大学教育学科一代代前辈学者的代表作逐步予以整理、刊布,然而工程浩大,可行的方案是分批进行。分批的原则是:依据前辈学者学术成果的代表性、当时代的影响和对后世影响的实际情况。据此,先确定了第一辑入选的 11 位学者,他们是:孟宪承、廖世承、刘佛年、曹孚、萧承慎、欧元怀、常道直、沈灌群、赵祥麟、赵廷为、沈百英。

《大夏教育文存》实际上是一部华东师范大学建校后曾经在教育学科任教过和任职过的著名学者的代表作选集。所选入的著作以能够代表作者的学术造诣、能够代表著作撰写和出版(发表)时代的学术水平、能够为当下的教育理论建设和教育实践发展提供借鉴为原则。也有一些作品,我们希望能为中国的教育学术事业的历程留下前进的脚步。

《大夏教育文存》入选者一人一卷。所收录的,可以是作者的一部书,也可以是若干部书合为一卷,特殊情况下也可以是代表性论文的选集,还包括由作者担任主编的著述,但必须是学术论著。一般不选译著。每一卷的选文,先由此卷整理者提出方案,再经与文存总主编共同研究商定选文篇目。

每一卷所选入著述,在不改变原著面貌前提下,按照现代出版要求进行整理。整理的内容包括:字词和标点符号的校订,讹误的订正,专用名称(人名、地名、专门术语等)的校订,所引用文献资料的核实及注明出处,等等。

每一卷由整理者撰写出编校前言,内容包括:作者生平、学术贡献、对所选代表作的说明、对所作整理的说明。每一卷后附录作者主要著作目录。

五

编纂《大夏教育文存》的设想是由时任华东师范大学教育科学学院院长的范国睿教授提出的。他认为,作为中国教育学科的一家代表性学府,理应将自己的历史和传统整理清楚,告诉后来者,并使之世世代代传递下去。实现这一愿望的重要载体就是我们的前辈们的代表性著述,我们有责任将前辈的著述整理和保护下来。他报请华东师范大学校长办公会议批准,将此项目立项为"华东师范大学优势学科建设项目",获得资助。还商得华东师范大学出版社支持和资助,立项为出版社重点出版项目。可以说,范国睿教授是《大夏教育文存》的催生人。

承蒙范国睿教授和时任教育科学学院党委书记汪海萍教授的信任,将《大夏教育文存》(第一辑)的编纂交由本人来承担,能与中国现、当代教育史上的这些响亮名字相伴随,自是莫大荣耀之事。要感谢这份信任!

为使整理工作能够顺利进行,我们恳请孙培青、陈桂生两位先生能够担任文存的顾问,得到他们的支持。两位先生与入选文存的多位前辈学者曾是师生,对他们的为人、为学、为师多有了解,确实给了我们很多十分有价值的指点,如第一辑入选名单的确定就是得到了他们的首肯。对两位先生我们要表示诚挚的感谢!

文存选编的团队是由教育学系的部分教师和博士、硕士生所组成。各卷选编、整理工作的承担者分别是:孟宪承卷,屈博、廖世承卷,张晓阳;刘佛年卷,孙丽丽;曹孚卷,穆树航;萧承慎卷,王耀祖;欧元怀卷,蒋纯焦、常国玲;常道直卷,杨来恩;沈灌群卷,宋爽、刘秀春;赵祥麟卷,李娟;赵廷为卷,王伦信、汪海清、龚文浩;沈百英卷,郭红。感谢他们在选编和整理工作中所付出的辛劳和努力!研究生董洪担任项目秘书工作数年,一应大小事务都安排得井然有序,十分感谢!

尤其是要感谢入选文存的前辈学者的家属们!当我们需要了解前辈们的生平经历和事业成就,希望往访家属后人,我们从未受到推阻,得到的往往是意料之外的热心帮助。家属们不仅热情接待我们的访谈,还提供珍贵的手稿、书籍、照片,对我们完成整理工作至关重要。谢谢各位令人尊敬的家属!

感谢华东师范大学出版社对文存出版的大力支持!也感谢资深责任编辑金勇老师的耐心而富有智慧的工作,保证了文存的质量。

感谢所有为我们的工作提供过帮助的人们!

杜成宪
2017 年初夏

编校前言

一

沈灌群(1908—1989)原名冠群,号子元。江苏如皋人。中华人民共和国成立后的一代教育史学家。生前为华东师范大学教育系教授,博士生导师。他出生于一个三代知识家庭,父亲是秀才出身的塾师,5岁随父发蒙。因家境清寒,遂于1918年进免费的如皋县商会私立乙种商业学校(属于艺徒性质的职业学校)就读,5年后考入膳宿全免的江苏省立第二代用师范学校,1928年肄业于江苏省立如皋师范,以同等学历考入中央大学教育学系,靠勤工俭学完成大学学业。1932年大学毕业后在中央大学实验学校任教员、研究室主任、教务主任,从事文史教学和教育科学实验研究。抗日战争爆发后,考入重庆国民政府教育部,先后任职于教科书编纂委员会、高教司等部门,并在高校兼职。1944年考取公费留美,入斯坦福大学教育学院,攻读西方教育史和比较教育专业,获硕士学位。旋即转入哥伦比亚大学师范学院继续深造。1947年初回国,受聘为复旦大学教育学系教授,讲授中外教育思想史、教育学等课程。1949年上海解放,参加了复旦大学接管后清查委员会,参加筹组复旦大学工会,并担任教务处注册组主任。

1951年因全国高等学校院系调整,华东师范大学建校,沈灌群随复旦大学教育学系全体师生并入华东师大,任教育系教授,开始了他在华东师大近40年漫长的中国教育史教学和科研活动。1952年10月,他拟出《中国教育史教学大纲(草案)》,对建国来的中国教育史学科和课程建设起到了重要的促进作用。50年代中前期到反右运动前,沈灌群发表了大量具有开拓和创新精神的中国教育史研究成果,如其所著的《中国古代教育和教育思想》即为中华人民共和国成立后第一本中国教育史著作,出版后即受到国内外学术界的重视和肯定。1982年起沈灌群开始招收中国教育史专业硕士生、博士生,坚持亲自为研究生授课和指导学位论文,为培养中国教育史学科的后继人才倾注了大量心血。此外沈灌群还担任了很多校内外的学术职务,参与学校和国家的教育、学术发展事业。曾任华东师范大学工会副主席、学术委员会委员,《华东师范大学学报(人文科学版)》编辑委员会委员,担任中国教育学会理事,是中国教育史研究会发起人之一。1987年加入中国共产党。1989年,病逝于上海。

二

沈灌群的一生是不断进行教育探索的一生,也是为教育事业奉献自身的一生。早年就立志献身于中国的教育事业,从大学二年级发表他的教育研究处女作——《今后中国的新教育和中国的教育者》(《中华教育界》第18卷第7期,1930年)起,在之后的60年光阴里,从事过多方面研究工作,涉及到诸多教育研究领域。沈灌群走过的学术研究道路,经过了三次重要转型,从基础教育到中等教育、高等教育,进而到比较教育,最终归于中国传统教育,三次转型过程中他关注的问题始终如一,即探寻中国教育的出路。为了这种探索,他勇于进入不同的领域,不断研究新的问题,也不断取得新的成绩,带领着学科的发展。

在沈灌群学术人生的早期阶段,他关注基础教育,以极诚挚的态度从事教育实验,发表诸多实验研究报告,如《小学儿童别字心理研究》(《实验教育》第1卷第1期,1933年)、《书法进步与联系时间分配之关系》(1933年)等;40年代前期,又把视角投向中等教育,探讨了中等教育的历史与现状、中等教育与高等教育的关系等问题,期间发表了《论师范学院的实验学校》(《高等教育季刊》第1卷第2期,1941年)、《我国中等教育之史的探讨》(《中等教育季刊》第3卷第4期,1944年)以及《论中等教育与高等教育的联系》(《高等教育季刊》第2卷第4期,1942年)等成果。

从40年代中期到50年代前期,沈灌群将眼界拓展到比较教育领域,对美、英、法、德等国的教育,苏联和东欧国家的教育,乃至墨西哥教育、东南亚国家的教育,都有介绍和讨论,发表了大量比较教育论文。他留学美国期间撰写的硕士学位论文《纳粹统治下的德国中等教育》(1946年,斯坦福大学),表现了他对二战爆发与教育关系的思考,也表现了他对人类教育应有价值的思考。他关注二战后不同国家的教育动态和世界教育发展趋势,表现了他的学术视野和对新中国教育发展道路的思索。

50年代中后期他又将学术眼光投向中国教育历史,反思中国现实教育的历史渊源,探索其未来方向,以开拓性的研究,为新中国高等师范院校的中国教育史课程建设和学科发展,作出了重要贡献。1952年10月,他拟出了建国后第一份《中国教育史教学大纲(草案)》,作为华东师大教育系教学之用,并报教育部备案,后又由教育部推荐给兄弟院校作为教学参考。这份大纲力求运用历史唯物主义原理,说明中国教育史这门学科的性质、目标、任务、内容体系,对中国教育史学科和课程建设,起了重要的推进作用,也为华东师大教育史学科在全国赢得很高的声誉。1956年,经多年教学积累,沈灌群出版了《中国古代教育和教育思想》一书,这是新中国第一本中国教育史著作,并且是直到70年代末中国大陆唯一公开出版的中国古代教育史著作,影响了无数教育学专业的学生和教师。1958年此书俄译本在苏联出版。除了研究中国古代的教育思想,沈灌群对在中国现代史上发生重大影响的思想家、革命家的教育实践活动也进行了开拓性的研究,如他首先运用历史唯物主义观点研究了李大钊(《李大钊同志的革命教育活动和教育观点》,1959年)、鲁迅(《鲁迅的教育思想》,1955年)的教育思想,肯定了他们作为教育家在中国现代教育史上的地位。

然而,当50年代中后期一批中外教育家受到批判,尤其是"反右"运动开始后,沈灌群陷入了沉默,开始了整整20年的学术沉寂期。渡尽劫难,祖国迎来明媚的春天,而沈灌群步入了人生的秋天。古稀之年的沈灌群,探索之心未有懈怠,在"拨乱反正"和改革开放的新时期,又一次焕发出学术青春,形成了学术生涯的又一个重要时期。1979年,他在《教育研究》上发表《唐代的科技教育》,开中国教育史学界研究中国古代科技教育的风气;80年代中后期,他与北师大毛礼锐一起,带领全国中国教育史学界中青年学者,编写了《中国教育通史》(六卷本)和《中国教育家评传》(三卷本),前者是第一部贯通古今的中国教育史著作,后者则开创了教育历史人物和思想研究中的评传体体裁,这两部书代表了80年代中国教育史研究的最新水平,引领了改革开放之初中国教育史学科的重新起步。

晚年的沈灌群是有着重写中国教育史的雄心的。从《沈灌群教育论稿》中可以看到,从70年代末起,他撰写了大量文稿,涉及远古时期的教育、夏商周时期的教育、周秦之际的教育,孔子、墨子、孟子的教育思想,以及班昭与《女诫》、李贽论妇女教育,胡适教育思想,一部完整的中国教育史著作的架构已经可见初型。只是天不假年。他人生的最后数年,陷于与衰老与疾病的苦苦抗争之中。从1930年发表第一篇论文,到1983年发表最后一篇文章,沈灌群的学术生涯整整历时半个多世纪。

三

本次《大夏教育文存·沈灌群卷》收录了沈灌群《中国古代教育和教育思想》、《从鸦片战争到五四运动时期的教育》两部著作。《中国古代教育和教育思想》是沈灌群学术壮年时期的代表作,1956年由湖北人民出版社出版。《鸦片战争到五四运动时期的教育》是沈灌群晚年时期的代表作,是其学术成熟时期的著作,1984年由教育科学出版社出版。

《中国古代教育和教育思想》是新中国第一本中国教育史著作,并且是直到70年代末中国大陆唯一公开出版的中国古代教育史著作,此书长期为一些高等院校用作中国古代教育史教学用书,对于建国后较长一段时期内中国教育史研究的发展和中国教育史学者的成长,起到了引导作用。

《中国古代教育和教育思想》全书分为六章,第一章远古时期的教育,主要介绍了中国古代原始教育的传说,夏商周三代的学校和教育;第二章春秋战国时期的学校和教育学,介绍了春秋战国时期的学校教育和孔、墨、孟、荀、《学记》的教育学;第三章秦统一到清鸦片战争前学校教育的发展,介绍了学校教育发展的社会历史条件和主要特点以及学校教育机关的三大类型;第四章秦汉魏晋八百年间教育学的发展;第五章隋唐宋明一千多年间教育学的发展;第六章明末清初先进的教育观点。

此书在学术上的贡献主要体现在:

其一,在研究方法方面,将历史学研究中的"二重证据法",引进中国教育史研究中。通过用甲骨文字材料和历史文献互证,论证传说中夏商时代的"庠"、"序"、"学"、"校"是确实存在过的,由此说明,在世界历史上,中国是文字和学校最早出现的国家之一。[①] 这样的研究在研究方法和史料利用两方面都取得了突破,由于之后正常的学术研究氛围的逐渐丧失,未能引起人们足够的重视。只是到了改革开放的"新时期",利用甲骨文、金文材料研究中国教育史才又有专论出现。

其二,中国古代教育机构的发生、发展、演变,脉络纷繁,如何使之条理清晰是件难事。书中削枝去蔓,将中国古代的教育机构概括为三种类型,即官学、私学和书院,采取揭示特定时代、特定建树的论述方式,阐明中国古代学校发展的阶段、类型、特点和历史条件,指出三类学校的互补关系,表现出对学校教育历史演变的深入而透彻的把握。耐人寻味的是将书院作为有别于官学与私学的第三类教育机构,表达了对性质复杂的书院的准确理解。

其三,历史人物评价问题。在对历史人物的评价上,如同同时代其他学术著作一样,书中留下了以阶级分析的方法来褒贬人物的明显痕迹,以教育人物属于唯心主义还是唯物主义来划分阵营。如"卓越的唯物论者王夫之","进步

[①] 沈灌群:《中国古代教育和教育思想》,湖北人民出版社1956年版,第6页。

的教育家张载","主观唯心论者王守仁"等等。但是沈灌群在书中仍给予董仲舒、朱熹、王守仁等"唯心主义教育家"以一席之地,并旗帜鲜明地肯定孔丘、孟轲,给予他们"先进启蒙者"的评价。

《从鸦片战争到五四运动时期的教育》是一部断代史著作,论述了从1840年鸦片战争到1919年五四运动前期近80年的近代中国教育历史。

本书共分为五章,第一章中国人民反侵略斗争开始时的教育,主要介绍了西方侵略者对旧中国文化教育的侵略以及龚自珍和魏源的"经世致用"的教育观;第二章太平天国政权的革命教育,主要介绍了太平天国教育的指导思想、目的任务、组织形式、学习内容以及洪仁玕的革命教育思想;第三章洋务运动和教会教育,主要介绍了半殖民地半封建教育发展的社会历史条件;第四章维新运动的改良主义教育,主要介绍了维新运动中新旧文化教育的斗争和康有为、梁启超、严复三人的改良主义教育观;第五章辛亥革命运动的革命民主主义教育,主要介绍了孙中山领导的革命派在教育战线上的斗争和蔡元培的革命民主主义教育观。

本书呈现出以下特点:

一、作者借用中国革命史的线索构思中国教育史,借用近代史的基本线索反映中国近代教育的发展。毛泽东指出,中国的近代史是"帝国主义和中国封建主义相结合,把中国变为半殖民地和殖民地的过程,也就是中国人民反抗帝国主义及其走狗的过程",[1]沈灌群认为毛泽东关于中国近代史的基本线索的论述也是近代中国教育发展的一条线索,中国近代教育的发展过程即人民进行反帝反封建教育的过程。所以首先论述中国人民反侵略战争开始时的教育,即西方侵略者对旧中国文化教育的侵略和龚自珍、魏源等开明士大夫的应对措施——大力提倡"经世致用"的教育;接着是太平天国的反帝反封建的革命教育,洋务派维护封建主义的洋务教育和旨在推进文化侵略的教会教育,维新派的改良主义教育和革命派的革命民主主义教育,体现出"革命运动的发展,推动新教育的发展,新教育的发生、发展,又推动了革命运动的发展"[2]的轨迹。

二、书中对帝国主义和封建主义的教育予以深刻的揭露和批判。沈灌群认为教会教育是出于侵略的需要,目的是加速中国半殖民和殖民地化过程。而中国的封建势力举办的洋务教育等,则出于稳定封建统治秩序,巩固封建主义

---

[1] 毛泽东:《中国革命和中国共产党》,《毛泽东选集》第2卷,人民出版社1966年版,第595页。
[2] 沈灌群:《从鸦片战争到五四运动时期的教育》,教育科学出版社1984年版,第2页。

政治文化,为半殖民地半封建的专政服务的教育目的。

三、书中对中国近代教育转型起重要作用的思想家给予极大关注。如对地主阶级开明派龚自珍、魏源,维新派代表康有为、严复、梁启超,革命派孙中山、蔡元培等人的教育观进行了深入探讨。指出他们的思想主张具有一定的共性即都是为了抵制外来侵略、救亡图存,反映出中国近代反帝反封建的时代主题,具有进步意义,并且推动了中国近代历史的发展。

以上两部著作是沈灌群在历史唯物主义方法指导下写就的中国教育史著作,是前后相继的两个阶段的教育史。《中国古代教育和教育思想》作为新中国成立后第一本中国教育史著作,具有一定的拓荒意义,两部书对于促进中国教育史学科的发展都起到了积极作用。然而从现代的眼光来看这两本著作,也还存在一些不足之处:

首先,偏重于教育思想史,教育制度史方面显弱。《中国古代教育和教育思想》一书将秦统一到鸦片战争前学校教育的发展归纳为一章来写,中国古代学校教育的宝贵经验可能得不到充分体现。其次,随着时代的发展,研究的深入,对某些问题的评价与认识已经需要修正。如《从鸦片战争到五四运动时期的教育》一书对中国近代史发展阶段的划分是一种革命史的划分而非教育史的划分,这种划分方式可能会人为切断资产阶级新教育的发展过程,弱化资产阶级新教育的发展贡献。

沈灌群生于20世纪初期,经历过新旧时代的交替和社会的激烈动荡,既受过中学的浸染,也接受过西学的洗礼,他将其一生都奉献给了教育科学研究。学识精深、人品高贵是许多学者对沈灌群的评价。"先生之风,山高水长",老一辈学者的高深学识和高尚风范激励着后进不断努力。

四

《中国古代教育和教育思想》和《鸦片战争到五四运动时期的教育》分别成书于50年代中期和80年代中期,对于两书中与时下著作规范不相符合或不便阅读的地方,编校者主要作了以下几方面的校订工作。

1. 勘误

错字。正文、引文中的错字,径改,不注明。难以断定者,不妄改,注明存疑。如"尧命弃,使教民山居……研营种之术",据中华书局《四部备要》本《吴越春秋》,本句中的"命"直接改作"聘","研"直接改作"姘"。

漏字。多见于引文。漏一二字者,一般据原书径补,不注明。漏一句者,补全,注明。如韩愈《进学解》"大木为宋,细木为桷"此句后还有"欂栌、侏儒"。

异体字。正文中出现的异体字,现今已不这样用法,径改,不注明。如"柁师"改为"舵师"。

2. 引文注出处

对古代本和近代本的引文注出处的处理稍有不同。

就《中国古代教育和教育思想》而言,本次整理查对所有古籍引文,有一二字误者,径改;多字或整句有误,改正,注明。如原文引张载语"有识有知,物之交感尔"据中华书局1978年版《张载集》改作"有识有知,物交之客感尔"。[①] 原引文注有出处,但只注书名或只注篇名,补全,不注明。原文注书名、篇名与所查到的版本不符合,改正,不注明。如本书引颜元文章注为《与桐乡钱晓城书》,据中华书局1987年版《颜元集》应作《寄桐乡钱生晓城》。

原引文出处注错,改正,不注明。"有虞氏养国老于上庠"原文出处注为《礼记·内则》有误改为《礼记·王制》;"有一种人,懵懵懂懂的任意去做,全不解思维省察……"原文出处注为《答顾东桥书》有误改为《徐爱录》。

《从鸦片战争到五四运动时期的教育》一书所作的引文校订同上,另引文出版社、出版年份、页码等信息缺失或有误,补全,改正,或提供参考版本。如书中所引梁启超的《三十自述》,可参见《饮冰室自由书》商务印书馆1916年版,第164页。

3. 其他一些处理

本书中,作者行文有文采、有个性,有时代特点的部分,出于保持作者语气、文笔风格的考虑,只要不影响文意,则不加改动。如说"就年龄说,有的比孔子小不了好多";"在当时都是很进步,可宝贵的主张";"都以早经过去的陈腐东西为内容"等等。

对书中史实有疑议或者尚未有定论但学界已形成共识的部分,通过查证多方面的材料并作出解释说明。如子思、荀况的生卒年;通艺学堂的创办时间;传教士王丰肃生卒地等等。

与现在的表述不相符合的专有名词改作当今通用的名词表述,如"奴主",改作"奴隶主";但作者从古汉语当中沿用过来的词语予以保留,如"叶韵"、"搜括"。

---

① 沈灌群:《中国古代教育和教育思想》,湖北人民出版社1956年版,第98页。

借此次编校《大夏教育文存·沈灌群卷》的机会,我们又一次查阅了旧刊,整理了沈灌群的著作目录。1993年出版的《沈灌群教育论稿》中著录沈灌群的论文(稿),包括已刊未刊共计52篇(种)。此次我们共检得81篇(种),数量增加了50%。先生的论文一篇篇静静地躺在故纸陈编之中,似默默无言,又似在声声召唤。每当我们有所检获,就会有莫名的欣喜。我们尽力不使沈先生的心血与智慧的结晶湮没于书海,我们努力去做到没有遗珍之憾。

感谢杜成宪老师的信任,将沈灌群先生的两部重要学术著作交予我们整理,让我们有了难得的学习机会。然而校对工作本身对我们也是一个挑战,引文出处的查找,版本的核实、某些问题的判定等等,都在考验着我们的专业能力。所幸编校过程一直得到杜成宪老师的悉心指导,校对工作得以顺利开展,我们也获益良多。但由于学识浅薄,编校中必有疏漏与错误,敬请方家批评指正。

宋　爽　刘秀春
2016年7月
于华东师范大学教育学系

目 录

中国古代教育和教育思想 ………………………………………… 1

从鸦片战争到五四运动时期的教育 ……………………………… 151

沈灌群主要著作目录 ……………………………………………… 278

中国古代教育
和教育思想

沈灌群 著

湖北人民出版社
1956年·武汉

中國古代教育和教育思想

沈灌群著

湖北人民出版社
1956年·武汉

内容提要

本书阐述我国远古时期到明清时代的学校教育和教育学遗产。书中说明我国自公元前3世纪直到鸦片战争以前的学校教育的发展情况,着重评介了我国古代杰出的教育家思想家孔子、墨子、孟轲、荀况、《学记》作者、董仲舒、王充、郑玄、韩愈、张载、王安石、王阳明、朱熹、王守仁、颜元、王夫之、戴震等人的哲学观点、政治思想、教育理论和教育方法。本书可供教育工作者参用。

前言

我试写这本书的主要"蓝本",是我在复旦大学和华东师范大学,担任中国教育史教学的一部分讲稿。其中,关于历史分期问题、历史人物评价问题以及古代学校教育和教育学资料的处理问题等,曾参考国内历史科学的新成就和前辈学者研究中国教育史的成果,曾学习苏维埃学者研究教育史的先进经验。我从华东师大的苏联专家杰普莉次卡娅同志、孟宪承校长、束世澂教授以及其他一些同志处,都曾得到不少的启发和帮助,复旦大学陈守实和胡厚宣两教授,也曾给我一些鼓舞和帮助。

由于中国教育史还是我国教育科学领域内一个"弱门",更由于我的水平的限制,使得这本书的写作,还只能是不够成熟的尝试,还可能有不少的错误或不妥当的地方。希望读者批评指正,共同推动这一门年轻的科学前进。

沈灌群　1956年5月于华东师范大学

目 录

第一章　远古时期的教育 …………………………………… 7
第一节　关于中国古代原始教育的传说　　7
第二节　夏商周三代的学校和教育　　8

第二章　春秋战国时期的学校和教育学 ………………… 14
第一节　春秋战国时期的学校教育　　14
第二节　春秋战国时期先进启蒙者孔子的教育观　　16
第三节　先进启蒙者墨子及墨家学派的教育观　　23
第四节　先进启蒙者孟轲和荀况的教育观　　31
第五节　先进启蒙者《学记》作者的教育观　　40

第三章　秦统一到清鸦片战争前学校教育的发展 ……… 46
第一节　二千多年间学校教育发展的社会历史条件和主要特点　　46
第二节　二千多年间学校教育机关的三大类型　　52

第四章　秦汉魏晋八百年间教育学的发展 ……………… 61
第一节　秦汉魏晋八百年间教育学发展概述　　61
第二节　所谓"汉代孔子"的董仲舒　　62
第三节　唯物主义的思想家王充　　67
第四节　杰出的教育家郑玄　　73

第五章　隋唐宋明一千多年间教育学的发展 …………… 80
第一节　隋唐宋明一千多年间教育学发展概述　　80
第二节　"文人之雄"的韩愈　　81
第三节　进步的教育家张载　　87
第四节　杰出的政治家王安石　　96

第五节 "正统派"教育家的著名代表——朱熹 … 102
第六节 主观唯心论者王守仁 … 109

第六章 明末清初先进的教育观点 … 116
第一节 明末清初先进教育观点产生的社会历史条件 … 116
第二节 农民出身的教育家颜元 … 116
第三节 卓越的唯物论者王夫之 … 128
第四节 唯物论者戴震 … 137

结束语 … 148

第一章 远古时期的教育

第一节 关于中国古代原始教育的传说

中国史上关于原始氏族公社制社会的材料还不多,关于原始教育的记载也少。从《礼记·礼运》所引孔子底话中,却大体上反映了原始社会的基本情况:

> 大道之行也,天下为公,选贤与(举)能,讲信修睦。故人,不独亲其亲,不独子其子,使老有所终,壮有所用,幼有所长,矜寡孤独废疾者皆有所养,男有分,女有归;货恶其弃于地也,不必藏于己,力恶其不出于身也,不必为己。是故谋闭而不兴,盗窃乱贼而不作,故外户而不闭,是谓大同。

在这样的社会中,人们的劳动生活,据古代经籍所载的传说,略有生产活动、保卫活动及宗教活动等三个主要方面。而原始教育,主要就是通过这几方面来实现的,从古代经籍传说中,也可看出反映原始教育内容的记载:

第一,关于生产劳动技术经验的传递:

> 燧人教民,以火以渔。(《韩非子》)
> (神农)始作耒耜,教民耕种。(《礼纬含文嘉》)
> 尧聘弃,使教民山居,……姘营种之术。(《吴越春秋·吴太伯传》)
> (尧)乃命羲、和,敬顺昊天,……敬授民时。(《史记·五帝本纪》)
> 后稷教民稼穑。(《荀子·解蔽》)
> 其导万民也:水处者渔,山处者木,谷处者牧,陆处者农。(《淮南子·齐俗训》)

第二,关于战争的及逃避自然灾害的技术经验的传递。

> 黄帝"教熊、罴、貔、貅、䝙、虎,以与炎帝战于阪泉之野"。(《史记·五帝本纪》)
> 禹之时,天下大水,禹令人民,聚土积薪,择丘陵而处之。(《淮南子·

齐俗训》）

第三，关于宗教的及音乐的礼节和技能的传递。

《尚书·舜典》所载：以伯夷为秩宗①主持有关鬼神之教的所谓"三礼"，正是氏族领袖把礼拜日月风雷、山川草木及自身灵魂等宗教活动，当作教育底重要内容。所谓舜命夔"典乐、教胄子"，正反映当时已有音乐教育的存在。

由此可见，中国古代原始教育，不仅是劳动力再生产的教育，并且进行了"社会人"再生产的教育，不仅要武装年轻一代以生活必需的生产劳动技能，也要使年轻一代习惯于社会的生活方式，并使其承受这一社会愈益复杂起来的思想体系。当然这种原始的教育，是在生活及生产劳动中进行的，还没有学校这样的固定场所，还没有阶级社会出现后系统的教育措施。古代经籍传说认为，唐虞以前已有学校，并杜撰地认为五帝时的学校"总名成均"（《周礼·大司乐疏》），认为虞舜时"大学为上庠，小学为下庠"（《通典·礼十三》），以及"有虞氏养国老于上庠"（《礼记·王制》）等等，当然不全可靠，不过"养老"成为氏族公社底一种制度，这是可以想像的，因为基于年龄的分别，老年群体既掌握了一定的生活及生产劳动技术知能，因而尊养他们、依靠他们传递生产劳动乃至斗争经验。但如认为阶级社会尚未产生的舜氏族内，已有国老庶老之分，并在等级不同的教育机关内尊养他们，要他们担当教师工作，也就是说，当时不仅产生了具有一定形式的教育机关，在这些教育机关内并已体现了一定的阶级性，可能只是经籍传说作者的附会。

第二节　夏商周三代的学校和教育

（一）文字的产生和夏商两代学校教育的发生发展　教育史家们断定：约在公元前几千年，古代东方各国还在奴隶占有制社会形成时期，就已产生了学校；而这些学校又是随着文字的出现而出现的。而古代东方各国中，中国又是很早出现文字和学校的一个国家。中国文字（汉字）什么时候开始发生，至今虽无定论，但据传说，约在公元前3 000年以前的黄帝时代，即氏族公社的末期，已由史官仓颉，就"最古形式的象形文字"加以整理，并在象形文字——图画文字的基础上，产生了会意的文字；而传说中最早的学校，"五帝"时的"成均"和虞舜时的"庠"，也就不是全无根据的。这比幼发拉底河畔马利城中教授楔形

---

① 官名，掌礼仪。——编校者

文字的宫廷学校,要早500年,而"马利城中教授楔形文字的学校,显然是比埃及的学校更古老的机构"(沙巴耶娃《论教育的起源与学校的产生问题》)①。

到了由原始社会向奴隶社会过渡时期的夏代(约公元前2050—前1580年),我国象形文字继续发展,而传说所述的夏代学校,则有"序"、"校"、"学"种种固定形式,人们就在这类机关中,学习着文字,传递着生产劳动及战争的知识技能和经验。

到了奴隶占有制阶段的商代(公元前1579—前1066年),汉字得到进一步发展,从卜辞中流传下来最古的文字(甲骨文)说,不仅数量上大约已有3500字,并已具备了今天汉字的基本结构,包括象形字、指事会意字、表声字及转注字、形声字各种类型,已可发现名词、单位词、代名词、动词、形容词、数词、指词、连词和介词、助动词和否定词等九种语法上的词类。这种文字不仅用来记载占卜事件,应该说大部分是使用在典册上,因为商代是"有典有册"的。又据近人研究,当时已用毛笔及朱、墨为书写工具。这都说明:商代文字已经发展到相当高的水平(陈梦家《殷代社会的历史文化》②)。据流传至今的甲骨文以及古书的记载,商代学校有"教"、"序"、"庠"、"学"及"瞽宗"等几种类型,从商代文字发展水平来看,这些学校的存在,已经不再是传说,而是可靠的历史。

(二)商代学校教师及教育教养的主要内容　商代既然确已有了文字、文字的材料和文件,属于统治阶级的奴隶主子弟就必须学习识字、写字和阅读,社会上也就必须组织教育教养机关,由掌握知识技能的经验丰富的人,来从事教育教学工作,这种教育工作者,或者是有德有位的"国老",或者是有德无位的"庶老",当时并已称呼"掌教者"为"师",《尚书·微子》有"父师""少师"之名,殷虚书契亦有:

学多□父师于教。③

"父师"正是一种掌教之人,使在"教"这样的学校中,担任教育教学工作。据今人研究,商代学校教师,还包括了一些杰出的奴隶,如成汤时的伊尹,如太甲时的保卫,就是出身奴隶阶级的两个著名的女师保,这与希腊教育史上奴隶们以

---

① 刊于《苏维埃教育学》1954年第1期。——编校者
② 刊于《新建设》1955年第7期。——编校者
③ 叶玉森:《殷墟书契前编集释》卷上,大东书局1934年版,第20页。——编校者

"教仆"身份,担任奴隶主子弟教育教学工作,正先后辉映,很耐人寻味。

究竟奴隶主阶级底后一代,入学后学习什么?至今虽还没有发现可靠的系统记载,不过主要的学习内容,首先应该就是关于文字及典册的学习,如上所述,商代不仅有高度发展的文字,并且确已有典有册:

惟尔知,惟殷先人,有典有册。(《尚书·多士》)

本片采自郭沫若:殷契粹编,页一一四,原片号为一一六二。

留传至今的甲骨,也有当作典册用的。从典册中可以学习到文史以及自然社会方面许多知识。其次如礼、乐、射、御,也是重要的学习内容;像"庠"和"序"这两类学校,据古书所载,主要是学礼和学射的地方;像"瞽宗",主要是进行礼乐教育并搜藏关于礼乐书籍的地方。又从廪辛康丁时期①留下的一片牛胛骨卜辞中,也可看出教的内容之一为"戒",原文是:

丁酉卜,其呼以多方小子小臣,其教戒。②

"戒"字像人手持戈,它底含义有二:一是持戈而警戒,一是持戈而舞蹈,以"戒"为教育教养内容,正包含习武和习乐的两方面。此外,商代已有较高的生产力发展水平,农业、畜牧业、手工业、铸铜业以及制造骨器、石器、玉器的场坊,当时都已存在,因而关于生产知识技能的教学,在当时也一定存在,下面武丁时期的一片卜辞,正是记载商王率领被统治阶级的"众"种黍,并且主要是"教"种:

戊寅卜宕贞,王往氏众黍于冏,教,一月。③

至于敬天、拜祖、服从及效忠于大奴隶主的各种礼仪及道德品质的培养,当然也

---

① 商代甲骨文可分为五个不同时期:武丁、祖庚祖甲、廪辛康丁、武乙文丁、帝乙帝辛。廪辛康丁时期约为公元前12世纪上半叶。——编校者
② 郭沫若编著:《殷契粹编》,日本东京:文求堂书店出版社1937年版第149页。原片号为一一六二。——编校者
③ 叶玉森:《殷墟书契前编集释》卷上,大东书局1934年版,第20页。——编校者

是教育教学的重要内容。

商代统治者对于本阶级后一代的入学受教,非常重视,入学之前,总要卜期祭祖,祈祷祖先赐福,这从廪辛康丁时期另一片牛胛骨卜辞的记载,也可看出:

壬子卜,弗酒小求,学。①

又开学时,统治者还要举行隆重的开学典礼:

戊戌卜,雀,黇教。②

"黇"当释为择菜之若,这与《礼记·文王世子》及《月令》诸篇所传统治者所主持的释菜之礼相合,也正说明,商代统治者对于学校教育的重视。

关于商代的学校教育,虽然限于史料还不能作较为详细的叙述,但是我们可以确定地说:在世界教育史上,中国是文字和学校,最早出现的一个国家。依据中国文字

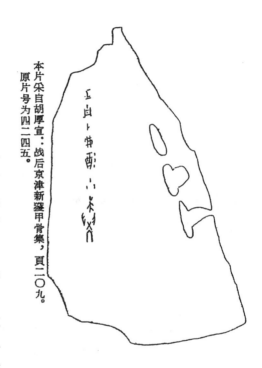

本片采自胡厚宣:战后京津新获甲骨集,页二〇九。原片号为四二四五。

学史可以断定,传说中夏代的"序"、"校"、"学"等教育机关,是确实存在过的。商代学校教育机关,则有"教"、"学"、"序"、"庠"及"瞽宗"等形式。而夏商两代的学校,都是奴隶主阶级专利的,奴隶主子弟在这些学校里,有专业的教师,教学生识字、读书、学礼乐、学射御、学农业生产技能,统治者对于这种学校教育非常重视,召集子弟入学前要祭祖问卜,入学时还要举行隆重的开学典礼。统治阶级这样重视教育,发展学校,正是把学校教育当作统治的武器。

---

① 胡厚宣编集:《战后京津新获甲骨集》,群联出版社1954年版,第209页,原片号为四二四五。——编校者
② 董作宾:《新获卜辞写本》,1929年版,第172页,原片号为三二二。——编校者

中国古代社会的教育,至西周得到进一步的发展。

（三）西周的学校教育：国学和乡学　西周（公元前1066—前771年），是在商代奴隶王朝基础上建成的一个新的奴隶王朝,以王、诸侯、卿、大夫等大小奴隶主作为统治阶级,也就是所谓"治人者"的"君子",统治和奴役着广大的"治于人者"——奴隶们。新的王朝在建立之初,采取了一些"裕民"的政治措施,在一定程度上解放了生产力,加上金属生产工具的广泛使用,生产力发展水平得到提高,这促进了农业、手工业和商业的发展,兴起了城市,并在虚心接受和学习商代文化遗产的条件下,发展了文化、科学和教育,使它们在古代世界放出灿烂的光辉,像精致的铜器和玉器,优美的抒情诗歌、散文、歌舞和锦绣,反映高度智慧的天文学、数学等科学成就,不仅是我国珍贵的文化遗产,也是世界古代文化中不可多得的宝贝。所有这些由西周劳动人民所作杰出贡献,作为中国人民,是有充分理由来引以自豪的。

西周奴隶主阶级在经济繁荣的基础上,为了培养本阶级底年轻一代,使成为有文化教养的、有道德威仪的、有政治军事的知识技能和技巧的统治者,曾努力提倡教育、设立学校。首先在大奴隶主国都所在地设立着包括小学、大学两级的国学：我们从西周金文中,不仅看到小学的名称,也可看到大学程度的各种学校,如陆上习射的"射庐"和"宣榭",如水上习射的"辟雍"和"泮宫"等等。就这些国学的教育教学内容说,包括了德、行、艺、仪等四个主要方面,而以礼、乐、射、御、书、数等"六艺"作为基本内容,在大学以礼乐为重点,在小学以书数为重点,而射御的学习中,除了有关的知识技能技巧的传授培养外,还着重礼乐之教的配合。大奴隶主对贵族子弟所受的这种学校教育,极为重视,这从金文《静簋》的记载,可见其一般：

佳六月初吉,王在莽京。丁卯,王命静嗣射学宫。小子众服众小臣众尸仆学射。雩八月初吉庚寅,王以吴来、吕剌乡□□、邦君,射于大池。静学无罪。王锡静鞸刻。静敢拜頶首。对扬天子不显休,用作文母外姞隣簋。子子孙孙其万年用。①

这正是刻在一个传给子孙的青铜宝器上的、关于大奴隶主命王子姬静（即周宣

---

① 郭沫若著：《两周金文辞大系图录》第6卷,日本东京：文求堂书店出版社,日本昭和十年(1935),第55页。——编校者

王)学射的一段记事。此外,大小奴隶主们还在自己底疆土内,设立小学程度的地方教育机关——"乡学",据《周礼》和《礼记》等书的记载,乡学的设置,常因地区大小不同而有不同的规模和校名:以12 500家为乡,乡有"庠";2 500家为州,州有"序";500家为党,党有"校";25家为闾,闾有"塾"。"庠"、"序"、"校"、"塾",都属于乡学系统,其教育教学的主要内容,包括了德、行、艺等所谓"乡三物",德与行,都是服从奴隶主统治的道德教育,而六艺教育的重点则放在射、御、书、数方面。

如上所述,西周学校教育,从地方到中央,从小学到大学,已经形成了比较完整的体系,包括了多方面的教育教学内容,并且有了书籍作为教科书。这一切不仅说明西周教育比商代进步,就公元前七百多年以前,世界各国教育发展的水平来说,也很少能够赶得上的。但是作为奴隶主统治阶级专利的各种学校,不仅把本阶级的女子排斥于正式的学校教育之外,只允许她们在家庭内、在母教下,学些服从父权、夫权及夫死从子的道德礼节,学些烹调缝织一类的"女事"。就是同属于统治阶级的男子,也得不到平等的教育权利,这在入学年龄的差别上,表现得最突出:例如太子(王的儿子),8岁入小学,15岁入大学;世子(包括公卿的长子,大夫元士的正妻所生儿子),13岁入小学,20岁入大学;余子(包括大夫元士的妾所生儿子),15岁入小学,入大学的时间,更要推迟。

至于被统治的奴隶或庶民们,要想把子弟送入国学或乡学,在当时,简直是难以想象的事。庶民子弟,一般只能从生产劳动实践中,接受艺徒①性的教育教养。

---

① 〈方〉学徒工。——编校者

第二章 春秋战国时期的学校和教育学

第一节 春秋战国时期的学校教育

（一）春秋战国时期学校和教育学发展的社会历史条件 以公元前8世纪70年代西周奴隶王朝被迫东迁为标志，开始了中国史上有名的春秋（公元前770—前403年）战国（公元前403—前221年）时期，开始了奴隶制生产关系逐渐崩溃和封建制生产关系逐渐建立的时期。这时期，随着铁制生产工具的使用，耕种方法得到改进，农业生产力大大提高，并在农业生产进步的基础上，手工业商业进一步发展，封建地主的土地所有制逐渐代替奴隶主的土地所有制，阶级矛盾和阶级斗争，随着社会经济的向前发展而更加尖锐：一方面，在大小奴隶主中进行着激烈斗争，各诸侯国间展开了土地兼并和劳动力掠夺的战争，各个诸侯国内部统治阶级各阶层也进行着掠夺土地和夺取政权的斗争，并由中下层人物在斗争中获得胜利，取得政治实权，形成"陪臣执国命"的局面；一方面，剥削者与被剥削者之间，也进行着尖锐的斗争，劳役、兵役、赋税加重着人民负担，形成广大农民和小私有者的破产流亡，迫使工奴、农奴、贱奴们奋起进行反抗奴隶主贵族的斗争。古代奴隶制生产关系，就这样逐渐崩溃，逐渐加速了社会的阶级分化过程，社会上逐渐出现了新兴的土地占有者和富商大贾，他们中间还有的参加了当时的政治活动，因为不少的奴隶得到解放，社会上也出现了大批的自由贫民。这就为封建的生产关系的形成准备了前提。

随着新的封建经济因素的萌芽和发展，引起了古代文化生活的变革：过去受奴隶主贵族豢养、为奴隶主贵族服务的知识分子，开始流落民间，并把过去为奴隶主阶级所独占的知识和文化带到民间，在新兴的地主、商人和小生产者当中，滋长了一批知识分子——"士"，一部分奴隶主贵族，为了在兼并战争中保持自己底政权，也采取"养士"的办法，罗致人才与培养人才，发挥着学校的作用也刺激着学校的发展，因此，社会上就出现了专门培养"士"的大师和"士"的集团，促进了古代中国最早的学术流派的产生，由于"士"所服务的对象各有不同，所以他们便成了当时各阶级阶层在思想上的代言人，他们对古代中国学术思想的发展起了重要的作用，他们对古代学校和教育学作出重大的贡献，他们中间有许多是进步的思想家、诗人和学者以及著名的政治家、教育家，他们反映了当时新兴阶级底利益和小私有者的要求,成为古代中国启蒙思想的先驱者和先进的教育家,对古代思想以及教育学,尽了前驱的作用。

(二)春秋战国时期私学的兴起　春秋战国时期,统治者的主要注意力放在政治军事斗争方面,教育问题很难排进他们底日程中,因此,西周原有的官学逐渐衰废。个别奴隶主,虽也重视太子、世子及公卿子弟等贵族后一代的教育,虽也有保护学校(如郑国子产的不毁乡校)与提倡教育(如卫文公敬教劝学及齐威王、宣王设置稷下学宫)的措施,却不能从文献中看出系统的官学制度。

正由于官学衰废,不能供应统治者在复杂尖锐的政治军事斗争中所需要的专门人才,残存的官学又限制着新兴阶级底子弟的入学,而新兴的商人地主为了从事经济活动与争取政治地位,又迫切要求学文化、要求掌握一定的知识技能,这便刺激了私学的兴起,而这时期不少的知识分子便适应这些要求,也结合着自己底政治抱负,一方面参与政治经济活动,一方面设立私学,聚徒讲学。

春秋战国时期,知识分子设立的私学,以儒墨两大学派所办的规模较大,据说:孔子的学生有3 000人,其中成就较大的有72人,他的学生中办私学的也很多,后期儒家学者如孟轲、荀况等,也都是著名的私学老师。与孔子同时在鲁国办理私学,并在私学发展中互相竞争的,还有少正卯和王骀等,他们在当时也都很有号召力,少正卯曾大招学生,时常吸引孔子的学生,造成孔子门徒曾经有"三盈三虚"的现象;王骀的学生,人数也与孔子的差不多。

当时的私学老师们,很多拥有渊博的文化知识,得到大小统治者的推崇。他们又经常评论时政,也向统治者推荐自己底学生,这在政治上起着很大影响。他们也更吸引着新兴阶级底子弟们争取入学,以便学成后通过老师介绍,做官食禄。以孔子为例,经他表扬过的大弟子,不少的做起官来;以墨子为例,由他介绍给诸侯们的学生也不少。

当时的私学,不仅推广了学校教育,使它不再成为奴隶主阶级的专利,新兴的地主、商人以至个别农民和手工业者,也都得到入学校、学文化的权利,得到参与政权工作的机会,因而促进了学术文化的发展,提供了政权下移的条件,并为以后两千多年的私学,树立了良好的风范,成为一般地主阶级、商人、农民、手工业者,取得学校教育的主要场所。而当时从事私学工作的杰出教师们,更积累了丰富的教育教学经验,提供了宝贵的教育教学理论,这是我们在本章以下各节所要着重研究的。

第二节 春秋战国时期先进启蒙者孔子的教育观

（一）孔子生平和教育活动　孔子是中国古代杰出的思想家,是影响中国思想界二千多年的儒家学说底创立者,也是中国教育史上极其著名的教育家。

孔子(公元前551—前479年),名丘,字仲尼,鲁国人,生在一个有贵族传统而失去贵族地位的家庭。他底先世,曾是宋的贵族,其父叔梁纥,做过鲁的地方官,自己年轻时,也曾做过鲁的财务及畜牧方面的小官,属于统治阶级中的"士"或知识分子这阶层,基本上站在由奴隶主阶级初步分化出来的新兴地主立场上,来从政、游说、教育和著述的。他在政治生活上,仅仅有过3个月鲁相的黄金时代,大半生的时间,是花在教育和著述方面。

作为教育家的孔子,从20岁起就开始了教师生活,差不多有50年的生命,消磨在这方面。他创设着一个规模很大的私学,在这个学校里,有孔子讲学的"堂",有学生寄宿的"内"。凡属"自行束修(一束干肉)以上"的学生,都可入学受业,据说孔子底学生,先后有3 000人之多,以颜渊为首的高材生有72人(一说77人)。这些学生,就生长的地区说,多数是鲁人,也有从秦、晋、郑、卫、宋、陈、楚、吴等各国来的,这就是说,除了来自现在山东省一带的学生外,陕西、山西、河南、湖北、安徽、江苏各地的学生都有;就出身成分说,主要属于统治阶级子弟,其中包括了奴隶主子弟,新兴地主商人的子弟,也有一些来自小生产者的所谓"贱人"家庭的学生;就年龄说,有的比孔子小不了好多,如子路就是孔门弟子中年龄最大的学生,他只比孔子小9岁,一般学生多比孔子小三四十岁以至五十多岁;就成就说,有的在当时取得大富大贵的地位,如子贡既善于理财经商,又曾取得鲁相、卫相的显贵地位,有的在学术上取得较大成就,如子夏不仅做过魏文侯的老师,并且是儒家经典的重要传播者。

作为著述家的孔子,曾搜集周、鲁、宋、杞等国文献,整理出《易》、《书》、《诗》、《礼》、《乐》、《春秋》等六种经典:在《易经》——特别是在孔子所作系辞中,叙述着孔子哲学的基本观点,其中包含着自发的朴素的辩证法思想;在《书经》中,选辑了商周重要史料以及一些地理知识;在《诗经》中,保存了不少具有重大历史意义的最古诗篇,与《书经》配合起来,可使学者了解一些商周社会的生产关系与意识形态;在《礼经》中,选辑了知识分子作为统治者的助手必须学习的各种礼制,是研究周代制度文物的重要典籍;在《春秋经》中,以编年体裁,记载着公元前722—前481年间的大事,贯彻着"寓褒贬,别善恶"的政治目的,以维护奴隶主贵族统治,也反映了新兴阶级和人民群众的某些要求;至于《乐经》,早已亡佚。孔子把六经整理出来,作为哲学的、政治学的、历史学的和文学的教本,传授学生,上述孔门七十二贤,据说是精通六艺的高材生。从此,儒家学派的教师们,在自己底教育——教学工作中,有了一定的教科书,在自己底学术研究工作中,有了可以依据的经典;由于孔子和儒家学派是中国封建主义思想的先驱,到秦汉封建地主政权确立以后便变成重要的占统治地位的思想,六经在中国封建社会史上,也成为指导人们政治生活和精神生活的重要经典,成为"据说是千古不变的教条",起着极其严重的指导作用。

孔子一生努力于文化教育事业的主要贡献,还在于他对教育——教学工作所取的态度和方法。他是一个"学不厌,教不倦"的老师,一个"循循然善诱人"的教育家,在他领导的私学中,充满了"尊师爱生"的既严肃又愉快的空气。所有这些,都是中国教育史上一种优良的传统。在比较可信的《论语》书中,记录着孔子从教育教学工作中积累起来的丰富经验,更是中国教育史上一份可宝贵的文献。

(二)哲学观点和社会政治观点　孔子底世界观:一方面,信奉传统的唯心主义的天命观,把"帝"、"上帝"或"天",当做宇宙的最高主宰,把这一最高主宰底命令,称做天命(或简称为命),这天命决定着一个人的生死祸福与富贵贫贱,也决定着"道"的实现与否,一切都有"天"有"命"。不过孔子所说的"天"或"上帝",与一般宗教家所指的人格神上帝并不相同,在他心目中的"天",似为一种自然或自然运行的法则:从他所说"天何言哉!四时行焉,百物生焉。天何言哉!"(《论语·阳货》),正说明孔子所指的"天",就是自然;而自然并不需要上帝发布什么命令,四时万物等自然现象自身就在运动和生长;他对于鬼神是否真正存在的问题,抱着怀疑态度,并且指出,人们如果一定认为确有鬼神,就是一种不智的看法。这说明孔子关于天鬼思想上的进步观点,这种思想为当时的宗教迷信思想过渡到无神论的桥梁。墨家把"以天为不明,以鬼为不神,天鬼不说",当作儒家的罪名,实际正刻画出孔子对于这一问题的基本态度。由此也可看出:孔子所承认的"命",并不是神所布置的宿命,天命应是自然界中的一种必然性,不过孔子底天命观,虽具有一定唯物主义因素,采取着一种素朴的必然论,也未能摆脱宗教的唯心世界观的束缚,成为一个无神论者,相反的,他还要教导人们敬畏天命。

在这样的世界观基础上,孔子搬出"尽其在我"的主张,来顺应自然界中的一种必然性。因此,他在实践上,是"先之劳之"而益以"无倦",是"发愤忘食,乐以忘忧,不知老之将至",他对一切都要求身体力行,积极进步,而首先要求把自己培养成为贤才,成为贤而有才的君子,而不是不贤无才的小人。

孔子认为:成为君子的主要条件是他底德,是他底能爱人的仁德,仁德的实践,在消极方面要做到"己所不欲,勿施于人"的"恕"道,在积极方面要做到"己欲立而立人,己欲达而达人"的"忠"道。"忠恕之道"的作用,一方面想缓和阶级斗争,使敌对阶级的双方,都能"己所不欲,勿施于人";一方面也有其进步意义,他要人们以人底资格,承认在"己"之外还有与"己"相对的"别人",互相承认对方有着独立意志、有着与己相同的人格,这观点正是奴隶主阶级统治崩溃中,新兴阶级从人格依附的地位初步得到解放的反映。他更要求人们成为忠诚老实的、具有真实情感欲望的、活生生的人。孔子很重视有情感欲望的具体的人,并企图以具体的人底情感欲望为基础,建立仁德,实践仁德,"仁"的观念的提出,在当时具有进步的意义,是和奴隶主意识相对立的、反映着从奴隶主压制下解放出来的自由民的要求的。为了培养仁德,孔子提出"克己复礼"的修养方法:他肯定"为仁"必须"克己",而"克己"就得按照统治秩序所要求的"礼"来视、听、言、动,这样才能够节欲、文情,这就是用礼的形式来束缚人底真实情感,也就是采用固定的行为形式来束缚生动活泼的情感内容,使人底真实情感仍然得不到自由独立的发展。他把"仁"和"礼"这样结合起来,是要人们按统治秩序去爱人,实际正符合作为一个剥削阶级的地主阶级的要求。后世称"礼教吃人",在孔子思想中是找得着它的阶级根源的。

(三)关于教育对象及教育作用问题的观点　在教育理论和实践方面,孔子底成就是辉煌的。首先,他从新兴的地主阶级立场,提出了关于教育对象及教育作用问题的观点。如前所述,奴隶主统治下的学校教育,不仅由统治阶级专利,还受着等级的及宗法的限制,虽然同是统治阶级底成员,也得不到机会均等、质量相当的学校教育,广大庶民更谈不上进学校受教育了。在这一问题上,孔子坚决主张"有教无类"。这就是说,教育应为大多数人服务,人们受教育的权利,不应受出身、成分、年龄、地区的限制,孔子自己所设的私学,主观上就是按照"有教无类"的原则招收学生的。实行这一原则,那么,新兴的地主、商人、农民和手工业者,就都取得了进入学校的一定条件。孔子所以提出这一进步的民主的主张,主要是反映新兴阶级底政治的和生产的要求,也符合着向封建贵族转化的一部分开明奴隶主贵族底利益。这从他所提出的著名的"庶→富→教"理论,可以看出。他认为一个人口众多(庶)的国家,必须使人民得到丰衣足食(富),还要进一步在衣暖食饱的基础上,展开文化教育工作来教育人民(教)。他肯定了"为政"总要"教民"的原则,把教育当作奴隶主国家的重要职能,所以他说,"不教而杀谓之虐","以不教民战,是谓弃之","善人教民七年,亦可以即戎矣"。在孔子看来,如其不顾做虐民、弃民的统治者,如其还要成为使人民能够有效地保卫国家的统治者,就必须使人民得到教育。这种观点,正是和奴隶主意识相对立的,是孔子政治观点、教育观点中积极的部分,是新的封建生产关系萌芽时期在思想上的反映。他又指出:为了贯彻国家政策,必须首先估计人民能否了解政策,然后再要求人民按政策办事;否则,就应该进行教育,使人民了解政策。因此他说:"民可,使由之;不可,使知之。"在这里,孔子正是着重开发民智而非闭塞民智,着重教民而非愚民。从这"有教无类"的思想,正可看出,在他对于教育对象问题的看法中,是包含了一定的民主因素的。当然这一非常宝贵的"有教无类"思想,基本上只是一种主观善良愿望,广大劳动人民,在衣食不足时是无条件承受学校教育的,加上孔子底阶级本能,使他在处理教育对象问题时,并不能把最下层的庶民或奴隶们包括在内,他曾说:"唯上智与下愚,不移",在这里,他用唯心观点对待智愚问题,把统治阶级上层人物,视为"天生圣人",视为"上智",将会"就学而愈明",至于被视为"下愚"的广大庶民或奴隶们,受教育的可能性,"天生"就没有,只有借助于刑法和威令,来驱策他们、使他们服从,因为他肯定:"中人之下,不可以语上矣",因为他深信:"下愚不移。"他认为:教育只对中人以上的人起作用,只要他们努力学习,都能有所成就。而孔子所谓中人以上的人,正包括统治阶级各阶层以及新兴的地主、商人、手工业者和自由农民在内。他扩大了中人以上的人的范围,这表现了一定的民主思想,但他这样来区分智愚,实际上是贵族们把自己看成具有天赋才能的、把人民群众看成下愚不堪造就的剥削意识的表现。

由此可见:孔子关于教育对象及教育作用问题的观点,在当时有它一定的进步意义,他底"有教无类"的名言,在后来二千多年间,常成为要求进步的人们,向统治阶级争取教育权利的有力口号。同样,"唯下愚不移"的错误论断,也被狡黠的统治者利用为剥夺人民教育权利的借口。

(四)关于教育目的问题的观点　孔子教育观点中,对于以后二千多年中国教育有巨大影响的,是他的教育目的论。

孔子的政治理想,是追求一个实现"仁道"的、"天下为公"的大同世界。从这理想出发,孔子理想中的教育,便以培养人才——贤能的"士"、"君子"、有本领"安百姓"的统治者——实行仁道,最终实现大同世界为目的。关于"君子"的培养,孔子主张是要以"安贫"、"力学"、"经世"、"安百姓"的"理想"人格为目标,必须是学问道德都好的领袖人物,而非拘于一技一能的人才。一个学生,如其无条件培养成"君子",也应教育成为统治者左右得力而又可靠的助手——"士",孔子把"士"分成三等:第一等的士,能担任政治和外交的工作;第二等的"士",具有"孝悌"的道德品质;第三等的"士",能够言行一致,坚决实行。所有这些"士"和"君子",都须是统治者所需要的知识分子,也是统治阶级内部的士大夫阶层。孔子以后二千多年来,封建统治阶级掌握的学校教育,就是一贯地以培养这一类型的知识分子为目的。

（五）关于教育教学方法的观点 最后,也是孔子教育观点中最有贡献的部分,是孔子从自己底教育实践中,总结出来的关于教育教学方法的宝贵经验。在孔子总结出来的宝贵经验中,第一个重要经验是知行联系及学思结合的原则。他指出,具有丰富知识的人虽然不少,能够躬行实践的人,可难找到,他说:

文,莫吾犹人也。躬行君子,则吾未之有得。(《论语·述而》)

他认为,仅仅"多学而识",或单从经验中或书本上获得知识,而不进行深刻的思维活动,结果会一无所得,还应该把学到的东西融会贯通,寻找出其中基本的道理;相反的,单纯从事些脱离实际的空想,而不认真体会经验、钻研书本,这也是危险的事。他认为:学习和思考不能偏废,二者必须结合起来,才有收获,用他自己底话说,正是:

"学而不思,则罔;思而不学,则殆。"(《论语·为政》)

这种知行联系、学思结合的要求,不仅是对孔子以前及孔子当时传统教育的批判,也是二千多年来封建教育实践上极有影响的格言,是一个具有一定的进步意义的原则。当然,孔子所要求的"知"、"行"联系,仍然属于"知"、"行"平行关系的错误理论,他所主张的"学"、"思"结合,表面上似为理性与感性的统一,实际上他所指的"思",还含有唯心主义的成分,仍然是形而上学的、超乎感觉的体悟。并且,他所重视的学习内容,主要限于古代留传下来的文物典籍和统治人民的经验,主张"好古敏求"与"述而不作",企图从旧事物中寻找新东西,他轻视体力劳动、轻视学习"为稼"、"为圃"等农业生产知识、轻视"货殖"等工商业活动,他企图把人的知识从宗教迷信中解脱出来,但又把知识局限在道德修养的范围内,没有进一步把知识看成探求物质世界的工具,尽管他提出学思结合的原则,并未把这宝贵原则来指导人们学习真正有用的东西。

在孔子总结出来的宝贵经验中,第二个重要经验,是教学法上的启发原则。孔子在自己的教学实践中,最善于抓住学生"心愤愤、口悱悱"的适当时机,提出问题,进行启发,他常指出问题的一面让学生思考,由此推知问题的全面,如其学生不加思索或者不去进行类比推论的功夫,教学就不再发展下去,正是:

不愤不启,不悱不发。举一隅不以三隅反,则不复也。(《论语·述而》)

他又善于利用"叩竭法",他曾说:

吾有知乎哉?无知也。有鄙夫问于我,空空如也。我叩其两端而竭焉。(《论语·子罕》)

这就是要求教者,就问题底正反两面,追问学生,最后使学生得到明确的结论,由此启发学生学习的门径。而孔子对于启发原则的创用,正是他对教学过程中教师主导作用的重视。

在孔子总结出来的宝贵经验中,第三个重要经验是学生自学中努力与兴趣相结合的原则。他曾强调指出学生自动努力的重要性,并用造山平地为例,鼓舞学生积极学习,他说:

譬如为山,未成一篑,止,吾止也。譬如平地,虽复一篑,进,吾往也。(《论语·子罕》)

他又指出复习和反复练习的好处,他认为:只有经常进行练习,才能从学习中产生乐趣;只有能产生爱好与兴趣的学习,才是成功的学习:

> 学而时习之，不亦悦乎！（《论语·学而》）
>
> 知之者不如好之者，好之者不如乐之者。（《论语·雍也》）

他在教育工作中，还重视音乐教育，这除了培养性情的目的外，正包含了鼓舞学习兴趣的目的在内。

在孔子总结出来的宝贵经验中，第四个重要经验是"因材施教"的原则。他对学生们底性情、才能和志趣等，了解很深，他曾精细地分析学生性格以及个别学生底才能和志趣等，进行批评和帮助，因此，许多学生提出的同样问题，他总是按个别情况、接受水平，作出实质不变而程度有深浅的答复。

在孔子总结出来的宝贵经验中，还有教育工作中"以身作则"或"身教"的原则。他要求教师们在进行"言教"的时候，必须注意自己底实际行动，也就是必须用"身教"，用实际行动，在学生群中起带头示范的作用。他很重视所谓"无言之教"，他说：

> 予欲无言。……天何言哉？四时行焉，百物生焉。天何言哉！（《论语·阳货》）

这就是说，自然界四季的运行与百物的生长，都按自然规律发展，并没有讲上一套大道理。至于社会上能说善道的人，不一定就是道德品质很高尚的人，相反的，只有品质真好的人，才能说出真正有意义有价值的话来：

> 有德者，必有言；有言者，不必有德。（《论语·宪问》）

孔子关于"以身作则"的这一教育原则，以及重视教师道德品质的思想，至今还是宝贵的。

（六）**孔子教育观点的意义** 孔子的学说，在奴隶制瓦解和封建所有制萌芽时期，具有一定进步的意义：虽然他对西周以来的旧政治、旧经济、旧文化，采取保守的态度，主张复古宗周，但在他的学说中却反映了人民群众的某些要求，肯定着现实生活的重要性，提出了新的道德观念——仁，宣传着"为政以德"的学说等等，都起了一定的进步作用。作为孔子学说重要组成部分的教育观点，虽然包括了一些唯心主义的说教，例如"上智下愚不移"的说法，对"好古敏求"与"述而不作"的标榜,轻视体力劳动和生产知识技能的学习等等,但他鼓欢"有教无类"的教育对象论,他从自己 50 年教育教学实践中总结出许多宝贵经验,他整理古代文化遗产为二千多年学校教育提供重要教材,特别是他一生爱国爱民的精神、"学不厌教不倦"的态度,都是中国教育史上具有重大历史意义的贡献。

孔子的学说对后来儒家思想的发展,对中国封建主义教育学的建立,起了很大影响。在战国中期,孟轲一派儒家,继承和发挥了孔子学说中唯心主义成分,建立起儒家唯心主义学派,在战国后期,荀况一派儒家,继承和发展了孔子学说中唯物主义成分,建立起儒家唯物主义学派,这两派在后来二千年中国思想史教育史上,都占着重要地位。但是,孔子的学说,在奴隶制瓦解时期,没有得到统治者的采纳,其中某些保守的为统治者说教的部分,在当时曾受到敌对的进步思想家教育家的反对。到秦汉以后,建立起封建地主阶级统一政权,孔子学说得到封建贵族的大力支持,变成中国封建社会中占统治地位的意识形态,变成巩固封建生产关系的上层建筑的一个组成部分,历代帝王和地主阶级,利用着其中有利于统治的部分,来抵制进步势力和麻痹人民群众,把孔子奉为他们所崇拜的圣人,使他的学说,在封建旧中国的政治生活和文化生活中,起了巨大的影响。直到"五四"运动以后,中国先进的知识分子,在马克思主义武装下,才开始对孔子学说进行了科学的批判。但是垂死的帝国主义侵略者和封建法西斯主义的国民党反动派,仍然采取各种手法,企图恢复孔子学说,作为宣扬封建复古主义和奴役人民群众的工具,以对抗马克思主义的传播和抵制无产阶级革命,在这个意义上,我们便应该严肃地对待孔子学说和他的教育观点,吸取其中宝贵的东西,批判它曾被革命敌人利用过的过时的落后的东西。

第三节 先进启蒙者墨子及墨家学派的教育观

(一)墨子生平及其创立的墨家学派 墨子(即墨翟,约公元前 479—前 381 年),鲁国人。出身于手工业工人,曾是一个手艺精巧的车工。他在生产劳动实践中,把自己培养成为中国古代卓越的思想家。他对于几何学、力学、光学、兵工学、机械制造学及逻辑学等,都有重大的成就。他曾做过宋国大夫,也曾在战国初期参加过一系列的社会政治活动,他的学说正是和他的社会政治实践紧密地联系在一起的,是在社会政治斗争中建立起自己底思想体系的。他在从事生产劳动和社会政治斗争的同时,又是一个著名的教育家,设有规模很大的私学，拥有三百弟子，并发展成为一个具有宗教色彩的政治集团、创立为孔子以后与儒家学派对立的一个重要学派，他底学生和同志，多半出身手工业者和小农小商，从事生产劳动，过着比较贫困的生活，在墨子及其继承者（巨子）领导下，拥有共同的纲领和严格的纪律，而且实际参与了当时许多诸侯国的政治军事斗争，与当时的统治集团有着密切的联系。在当时，这个学派也是在跟儒家学派的斗争中发展起来的，是儒家学说的反对派，同为当时的两大"显学"。

墨子本人的著作不多，流传至今的《墨子》书53篇，其中《经上》和《经下》两篇，为墨子所作，比较全面地总结了当时有关社会政治和生产劳动的重要知识，其余各篇，有的是墨子讲学时学生所作笔记，也有的是战国后期墨家底作品。

（二）墨子及墨家学派的社会政治观点和哲学观点　墨子及墨家学派，关于社会政治问题的基本论点，是要人们"兼相爱，交相利"，是要实现一切符合"国家百姓人民之利"的理想：反对统治阶级的专横、浪费、厚葬、久丧，反对大小诸侯们相互侵略混战，反对不劳而食、泥古保守以及中庸的思想；希望贤能的小生产者——"农与工肆之人"，能够参加政权工作，来保护庶民利益，做到广大劳动人民，都能安居乐业——"饥者得食，寒者得衣，劳者得息"，而以"视人如己"和"摩顶放踵而利天下为之"的人生观，作为实现这一善良愿望的保证。反映庶民要求，重视人民实利，这是宝贵的思想；鼓励百姓人民从事劳动生产，也是有积极意义的主张。但利用天和鬼神的威力，来说服王公大人实行善政，来劝勉百姓人民"为义"，其结果，只能麻痹庶民阶级的反抗性，只能诱致庶民们片面地"爱"、"利"王公大人，"天"如不为人民指派有德利民的王公大人，在庶民却只有等待，而不是去进行革命斗争。

关于哲学观点，墨子本人曾以"天志"和"明鬼"，作为世界观的核心思想，认为物质世界之上，有超自然力的"天"或上帝及鬼神统治着，由"天"底意志与鬼神的行动，支配着自然与社会。由于不少的墨者，从事当时正发展着的物质生产和新器械的创造劳动，对于由天鬼主宰的世界观，逐渐由怀疑而要求摆脱，并进而发展为一种朴素的唯物主义世界观。他们曾对物质世界进行具体的分析：称空间为"宇"，指出它是物质构成的，有一定区域的；称时间为"久"（即"宙"），是由物质的运动而形成的；至于宇宙间的万物，他们认为，又是由人体器官所能感觉到的原子构成，由于原子组织和结合的方式不同，便产生了世界上各式各样的物体。而这种关于物质世界的分析，是和他们重视现实的认识论分不开的。

关于认识问题,墨子本人,就很重视"耳目之实"的感觉经验,在他提出的"三表法"中,要求一个命题或判断,上要根据"古者圣王"的历史实际,下要考察人民耳目感知的社会实际,当这一言论或判断当作政策法令实行以后,还要看它是否切合人民底实利。着重观察,正是肯定感觉是认识的起点。墨子这种着重亲身观察以求知的精神,这种认定客观世界是知识的源泉的观点,经过他底学生和同志们的补充和发展,形成了较严密的体系:关于感性知识,他们认为,首先要有认知的工具("知,材也"材指感觉器官),没有感官便不能认识事物;其次要有求知的意图("虑,求也");再其次要感官与事物接触,摄取印象("知,接也"),因为尽管眼能见、耳能听,主观上也要求视听,如无客观事物,还是什么也见不到、听不到,还必须接触事物,得其状貌形态,才可能认识事物;最后,通过感官所得知识,还不一定就是真知,必须进行思维,也,就是还须根据旧经验,进行分析综合("恕,明也"),进行"以知论物"的工作,才得到真知。他们又认为知识来源有三种:"亲知"(亲身经历得来的知识,又可分为"体见"即局部的,与"尽见"即全面的两种)、"闻知"(传授得来的知识,又可分为"传闻"与"亲闻"两种)及"说知"(推论得来的知识),这三种知识来源中,以"亲知"及"闻知"中的"亲知"和"亲闻",为一切知识的根本。由于"亲知"往往只能知道一部分,"传闻"又多不可靠,所以必须重视"说知",依靠推理的方法,来追求理性知识。在理性知识的追求中,他们认为应该研究现象("俌,所然也")、研究这现象怎样造成("法,所若而然也")以及为什么造成这现象("故,所得而后成也")等三方面问题,要由已知推到未知,要由"异"中求"同"与"同"中明"异",也就是要用由具体上升到抽象的归纳法与由抽象上升到具体的演绎法,这样就能使人由"穷知"而接近真理,按真理所指示的方向去行动,以求符合人民利益,实现兼爱理想。

墨家重视"国家百姓人民之利"的观点,重视感觉经验、认定客观世界是知识源泉的观点,重视科学方法的讨论和应用,重视真理的追求和实践,在中国思想史上都是很宝贵的,也正由于这些先进思想的指导,使墨子及墨家教育观点和教育活动,占着中国教育史上辉煌的一页。

(三)关于教育作用和目的问题的观点 墨家对于社会环境和教育的作用,有着很高的估价。墨家认为:人底本性,曾像未经染色的"素丝"。或青或黄的丝,是由于它被放在青色或黄色的染缸里;或善或恶的人性,也正是由于所受好朋友或坏朋友的影响而形成的。因此,必须审慎地对待一切足以影响人们的各种力量,必须选择足以产生好影响的社会环境。(《墨子·所染》)墨家认为:"暴人"所以残暴或懒惰,由于沾染环境恶习而形成,好环境能去掉"暴人"底缺点,能使"暴人"变成"善人"。这种"人性如素丝"的观点,否定性有善恶之分并肯定环境和教育的作用,应该说,是先进的、有积极意义的:它为从事农业和手工业的广大劳动人民,能与统治阶级成员平等地受教育,提供了理论根据;它严重打击了"统治阶级性善"或"被统治阶级性恶"的等等说教;它也在劳动人民中广泛地传播了社会环境和教育具有重大作用的观点。当然,由于历史的和阶级的局限性,因而过分强调了环境底作用,看不到社会环境正是人所创造、人能改变的。

墨家在肯定教育作用、指出劳动人民完全有受教育可能性时,是把教育当做实现理想的社会政治的武器的,是极其重视教育这武器的。《墨子》书中,不止一次地提到"教士"(《非攻中》)、"诲民"(《辞过》)、"发政施教"(《尚同中》及《非命下》)以及"有道肆(勤)相教诲"(《尚贤下》及《兼爱下》)的必要性和重要性,而把"国家百姓人民之利",当作教育的最高指导原则,把教育当作实现兼爱交利的理想社会的武器之一,而教育底现实任务,就是培养"兼士",就是要把从事小生产的"农与工肆之人",培养成具有兼爱交利的道德品质及具有生产劳动本领的"为义"之人,也就是在对待社会关系的实际行动上,做到:

必为其友之身,若为其身;为其友之亲,若为其亲。……退睹其友,饥则食之,寒则衣之,疾病侍养之;死丧葬埋之。(《墨子·兼爱下》)

在生产劳动上能够"各尽所能":

凡天下群百工:轮车(作车轮的木工)、鞼鞄(皮革工)、陶冶(陶土工和金工)、梓匠(木工),使各从事其所能①。(《墨子·节用中》)

在学术文化及社会政治事业上,能够分工合作地"为义":

为义孰为大务?……能谈辩者谈辩,能说书者说书,能从事者从事。然后义事成也。(《墨子·耕柱》)

---

① 括号内系作者自己所作的解释。——编校者

墨家所要培养的"各尽所能"及分工合作地"为义"的"兼士",按照当时的社会历史条件,虽然符合产业有了一定发展水平的要求,但并不可能由此实现"兼爱交利"的社会政治理想,虽有一定的进步意义,但想通过教育、通过"上说下教"的政教活动去"为义",而不从变革生产关系上努力,正与近代改良主义教育家的看法类似,也正是小生产者群体底主观善良愿望,虽然墨者在"为义"的活动中也曾不断出现过勇敢牺牲的故事,由于不明确"义"底真谛,客观上往往只是在为统治阶级"效死"。

（四）关于教育教学内容和方法的观点　墨家从自己底社会政治观点和哲学观点出发,在教育教养的内容问题上,揭示了两项标准:一个是符合"国家百姓人民之利"的标准,一个是切合"百姓人民耳目之实"的标准。为了庶民利益,为了"为义"的需要,墨家极重视生产的知识和技术,《墨经》中有关于几何学、力学、光学的研究纪录多条,特别是关于光学上的阴影、反射光的直线行进性质以及平面镜球面镜等,都曾有所记载;《墨子》书中其他各篇,还记载了墨家师生和同志间关于手工业技术及军事技术的对话。除了科学技术知识外,墨家还重视文史知识的掌握及逻辑思维能力的培养:如《诗》、《书》及《百国春秋》,就是墨家私学中教学内容的一部分;而思想方法的指导,在墨家私学中更占着重要地位,著名的"三表法",就曾不止一次地被用来指导学生考虑问题、判断是非。在符合"国家百姓人民之利"的前提下,墨家还要求各种教育教养内容,符合"百姓人民耳目之实",也就是要求学生所学习、所掌握的知识,必须切合实际,必须从实际存在的、能够听到看到的实事出发,必须符合人民感觉经验的实际,必须是实证的知识。至于道德教育的内容,墨家最爱对学生强调要求的是"相爱相利",是"君惠、臣忠、父慈、子孝、兄友、弟悌"诸德目,是积极的、自我牺牲的、苟利天下"摩顶放踵而为之"的"为义"精神。

就教育教学的方法问题说,墨家重视两个原则:一个是"以天为法"、"量力所能至"的自然原则,一个是"以身戴行"、"合其志功而观"的实践原则。在朴素的唯物主义世界观指导下,墨家把"自然之天"的规律、运动和影响,当做包括教育在内的人们一切努力的标准,主张一切"以天为法":

> 莫若法天：天之行广而无私,其施厚而不德(一作息),其明久而不衰。故圣王法之。既以天为法,动作有为,必度于天,天之所欲则为之,天所不欲则止。然而,天何欲何恶者也？天必欲人之相爱相利,而不欲人之相恶

相贼也。(《墨子·法仪》)

这是要人们学习自然那样的博大而不自私、施为深厚而不居功、永远保持清明而不倦怠。当然这一个"法天"的思想中,由于墨家还认为"天"是一个有意志的上帝,因此也包含了要求人们按照"天志"来行动的意思,以"天志"来劝戒人们不要"相恶相贼",鼓励人们"相爱相利";这也表现了墨家思想中落后成分。至于"量力所能至"的思想,是很宝贵的,《公孟》说:

"二三子,有复于子墨子学射者。子墨子曰:不可。夫知者,必量其力所能至而从事焉。国士,战且扶人,犹不可及也。今子,非国士也,岂能成学又成射哉?"(《墨子·公孟》)

这是要求学者量力学习,也是要求教者把握量力性的原则,估计学生"力所能至"而施教。只有按照自然发展程序,量力施教,才能使学者做到"深其深,浅其浅"(《墨子·大取》),也就是才能够使原有能力不同的学生,在不同的基础上,做到"深者深求"与"浅者浅求",做到可能"成学"者成学,可能"成射"者成射。当然不允许学生同时既"成学"又"成射",还包括了"专心致志"的意义在内。此外,墨家重视自然与社会对于个性发展的作用,因而要求在教育方法上选择好环境,注意自然与社会对人们的影响,也是墨家教育方法论中,不可忽略的一个论点。

墨家教育方法论中关于"实践"的原则,是培养"兼士"的基本原则。关于"学"与"行",或"知识"与"实践"的关系问题,墨家是着重"行"或"实践"的:

士虽有学,而行为本焉。(《墨子·修身》)

如果行为不能妥当,就无须"博闻",只有自强不息地努力,就会"力事日强";如果没有坚强意志,学业便难进步,便永远得不到真知,正是:

志不强者,智不达;言不信者,行不果。(《墨子·修身》)

墨家深深地体会到:话说得多与说得漂亮而不实行,一定得不到好结果,好名誉决不能从取巧中得到。只有"以身戴行",也就是说,只有把握"兼爱交利"的道理,指导实践,切实行动,才能成为"兼士",也才能通过实际行动来教人,来"诲于民"(《墨子·辞过》)。孔子所不满意的"言必行,行必果",墨家却很赞许,并要求"审兼而务行之",要求"言行之合,犹合符节"(均见《兼爱下》),要求做到"口言之,身必行之"(《墨子·公孟》)。墨家最反对的是:"言过而行不及",极力提倡的是:"得一善言,附于其身。"(见张纯一校注:《墨子集解附录·墨子佚文》)①墨家认为:只有"以身戴行",才能在知识与行动的结合中,"将以明是非之分,审治乱之纪,明同异之处,察名实之理,处利害,决嫌疑焉"(《墨子·小取》)。但是墨家这样重视实践,并不是一般的功利论者底观点,并不单纯以功利或结果来判断,对于"志"或动机也不忽视,而是要求把"志"与"功"统一起来考察,重视实践中大公至正的动机,也重视"国家百姓人民之利"的实际结果:

鲁君谓子墨子曰:我有二子,一人者好学,一人者好分人财,孰以为太子而可?子墨子曰:未可知也,或所为赏与(誉)为是也。钓者之恭,非为鱼赐也;饵鼠以虫,非爱之也。吾愿主君之合其志功而观焉。(《墨子·鲁问》)

从这段对话中,可以看出:墨家正是把动机与结果统一起来,作为判断行为善恶及成败的标准的,只重动机而忽略结果,与强调结果而不检查动机,墨家认为都不合适。这种"合其志功而观"的主张,确比动机论者的或效果论者的片面看法,前进了一大步。当时许多墨者在他们底社会政治活动中,能够"赴汤蹈刃,死不旋踵",应该说,是与"兼士"教育重视"志"、"功"统一的主张分不开的。

(五)对于儒家教育观点的批判　前面说过,儒与墨,是春秋战国时期两派对立的"显学"。墨家曾在"非儒"篇中,集中批判了儒学缺点,指出儒家重礼重乐的虚伪性和不合时宜,指出繁饰礼乐足以"淫人"、足以"苦人气"等等危害性,指出儒家"服古"与"循而不作"的保守主义的错误,认为儒家所标榜的"仁义",是一种足以害天下的假仁假义。

在教育教学问题上,墨家对于儒者所采取的"君子若钟,击之则鸣,弗击不鸣"的态度,坚决反对,墨家认为,所谓"待问而后对"或"弗问不言",都不是"君子"应有的态度。依据前述墨家底教育观点,是要教师采取主动的积极的态度,是要教师本着"利人则为"的精神,"强(勤)行"(《墨子·非命下》)、"强为"和"劝

---

① 参见今成都古籍书店1988年版《墨子集解》,第563页。——编校者

教"(《墨子·公孟》),而不能"怠倦"(《墨子·非命下》),是要教师不只有问必答,并须"不扣必鸣"(《墨子·公孟》),因为"言明易知,行明易从"(《墨子·非儒下》)。至于儒家在教育教学工作中,所用"同语反复"的答问方式,墨者也曾进行过尖锐的讽刺,例如:

> 子墨子曰:问于儒者,"何故为乐"?曰:"乐以为乐也"。子墨子曰:"子未我应也……今我问曰:何故为乐,曰,乐以为乐也,是犹曰,何故为室,曰,室以为室也。"(《墨子·公孟》)

如此"以同样的东西解释同样的东西",不只是形式主义地对待问题,陷于逻辑学所指出的下定义时典型错误之一,丝毫没有解决问题,实际上,正是统治阶级学者,躲避揭露事物本质、躲避培养学生积极思维的手段。而庶民阶级的思想家、教育家,不仅要使自己底学生"知其然",还注意使学生"知其所以然"。"知其然"而又"知其所以然",才是比较成功的学习。儒墨两派在教育教学工作上,所表现的这些不同的态度,正是不同的立场观点的反映。

显然,基本上作为庶民利益代言人的墨家,在社会政治观点和哲学观点上,也在教育观点上,比起儒家来,在当时是先进的、积极的、更具有人民性的。

(六)墨子及墨家教育观点的意义 以墨子为首的墨家学派,基本上代表小私有者——手工业者和小农小商——底利益,反映当时小私有者底思想意识。在社会政治观点上,他们主张尚贤、尚同,重视生产劳动,提倡非攻、非乐、节葬、节用,并在保障人民群众的物质生活和小私有者底私有财产的要求下,把"利人"看成是人类行为的最高准则,用"兼爱"和"贵义",作为人们行动的指南,从而实现一个生活安定而又没有压迫的理想社会,这在当时历史条件下,具有重大的进步意义。由于历史的和阶级的局限性,在这一学派的社会政治观点中,不可避免地包涵了空想的、保守的和对贵族妥协的因素,他们把战争、掠夺、欺诈等混乱的根源,归结为人心的不相爱,冀图用"兼爱"来防止,这是一种唯心观点,实际正反映当时小私有者要求摆脱压迫和束缚的软弱而无能的幻想,甚至把统治阶级也作为兼爱对象,客观上便成为贵族用来麻痹人民群众斗争意志的武器。在哲学观点上,他们以天志和明鬼,作为世界观的核心思想,虽然有其反对压迫、争取改善自己社会地位的意义,虽想改造古代宗教信仰使其为小私有者服务并作为改善旧社会的思想武器,但仍然属于宗教唯心主义的幻想,甚至为统治者利用来麻痹人民群众。但在提倡"非命"论以反对宿命论上,在号召"强力而为"上,这是中国思想上宝贵的遗产;在从朴素的唯物论观点出发,肯定由日常生活实践得来的感性认识是检验人们把握概念知识的标准上,也是墨家哲学观点中极有价值的一部分。

从这样的社会政治观点和哲学观点出发,墨子及墨家学派提出的教育观点,肯定地说,包括了不少的积极的进步的东西。例如"人性如素丝"的看法、培养"兼士"的教育目的、"国家百姓人民之利"及切合"百姓人民耳目之实"的选择教育教养内容的标准、自然适应性的及实践的教育教养方法的原则,以及对于儒家教育观点的批判等等,在当时都是很进步的、可宝贵的主张。

秦汉以后,封建统治者把墨家理论看成危险的学说,加以禁止,这是因为它对剥削阶级是不利的;由于它还有浓厚的阶级协调的思想,因此历代被压迫的人民群众,并没有把它作为争取自己解放的有力的思想武器。辛亥革命前后,逐渐得到重视,在新民主主义革命时期,某些进步的和革命的知识分子,曾经借用其中进步成分,来打击为反动统治阶级利用的孔子学说;也有个别反革命的资产阶级知识分子如胡适之流,硬把它说成是古代的实用主义,来宣扬帝国主义哲学,直到今天,他还在美国帝国主义卵翼下,利用和歪曲《尚同》主张,来公开污蔑中国人民民主制度;还有些资产阶级哲学史家,仇视墨家反抗压迫和保障人民生命财产的进步因素,故意把墨家社会政治观点,说成是注重算账与压制人民情感的功利主义,借以宣扬封建道德、抵制人民革命运动。所有这些,使我们在研究墨家教育观点时,必须特别警惕,还它本来面目,给予反动派以毁灭性的打击,对落后的或错误的解释进行彻底的批判。

第四节 先进启蒙者孟轲和荀况的教育观

(一)战国儒家的两大流派 孔子始创的儒家学说,从孔子死后,分化成许多学派,而在战国时期儒学中较占势力、在秦汉以后二千多年间影响较大的两派,是战国中期以孟轲为首的"孟氏之儒",与战国后期以荀况为首的"孙氏之儒"。这两派儒家,不仅分别发展了儒学,还通过孟轲荀况等领袖人物的著作和教育实践,在中国古代教育学领域内,发生了重大影响。

"孟氏之儒"这一派,上承"仲尼(即孔子)子游(即言偃,孔子弟子)"的道统,发展子思（即孔伋，孔子孙，主要活动时期约为公元前479—前415年①）遗说，由孟轲及其门徒们形成一大学派，留下了许多重要著作，如《礼记》一书中的《礼运》（子游氏之儒所作）、《中庸》（子思之儒所作）以及《孟子》等书。这派儒家，从奴隶主阶级利益出发，企图调和奴隶主与新兴地主的权利冲突，进一步发挥了孔子学说中"仁义"部分，反对代表商人、手工业等小生产的及农民派利益的杨朱、墨翟及许行等思想家的主张。在政治思想方面，以子游所发展的孔子底"大同"、"小康"之说为理想，痛斥民贼，贵民轻君，要求实行"仁政"来统一中国。在哲学思想方面，把孔子所说的"仁"，演绎成先验主义的性善论，把仁、义、礼、智，视为人性所固有，把诚或信，说成就是孔子所提倡的"中"道，思孟书中，几乎把"诚"当做万物的本体。从这先验的性善论出发，要求人们在道德修养上做"尽性"的功夫，以实现作为统治武器的纲常名教。

"孙氏之儒"这一派，上承"仲尼（即孔子）子弓（据郭沫若考证，即传《易》的肝臂子弓，与子思同时，可能是孔子再传弟子）"的道统，在先秦诸子影响下，由荀况集了儒家乃至诸子百家学说的大成。他底学生中，最著名的有韩非、李斯、浮丘伯等。留传至今的《荀子》一书，其中虽有荀况门人底作品甚至别家文字窜入，至少有80%为荀况本人作品。这派儒家，从新兴的封建地主阶级的立场出发，承袭并修正了孔子礼乐学说部分，反对当时墨家及老庄学说，也反对同属儒家的孟轲学说。在世界观问题上，荀况依据子弓对于自然界的看法："宇宙万物都在变化之中，变化是宇宙过程"（据郭沫若《儒家八派的批判》）②，进一步指出，"变化代兴，谓之天德"（《荀子·不苟》），他认为，宇宙是自然的、物质的构成，天地都按自然规律在运行变化，并无鬼神、命运、妖怪来操纵天地万物，人对自然界，不是要顺从畏敬，而是要发挥人们克服自然的"伪"的作用，对自然斗争，使天地万物为人所控制、所利用。他深信：人有"制天、使时、化物"的能力，人力足以"勘天"。这种看法，正是战国时期生产力显著发展的反映，正是具有积极意义的唯物观点。至于人们"勘天""胜物"的关键，荀况则认为在于合理地分配生产物，在使人们按照贵贱长幼的封建等级秩序，协合一致地对天斗争。由于荀况当时，正是封建地主所有制成长，中央集权的专制封建政权快要成熟的前夜，在激荡的社会中，财富集中，兼并剥削越来越严重的时候，这给予荀况以作出

---

① 一般认为子思大约生于东周敬王三十七年（前483年），卒于周威烈王二十四年（前402年）。——编校者
② 参见郭沫若著：《十批判书》，东方出版社1996年版，第139页。——编校者

"性恶"论断的实际材料，把后天形成的奴隶主统治下的恶行恶事，用经验的方法，解释成先天的、人性所固有的一种品质。由此，他进一步以"性恶"为前提，以社会需要为依据，把所谓由"圣人"制作的"礼义"和"法度"，当作人们行为标准或尺度，个人据以修身成为"贤能"，社会用来维持等级名分和社会秩序。他否认奴隶主贵族"受命于天"的说教，主张贤人政治，在他主观上虽为着改造奴隶主统治而说，客观上却表现一定的民主选举思想的萌芽，贤人执政时，对统治阶级内部实行"礼治"，对广大庶民则用"刑"、"法"来统治。这种理论，恰恰成为由孔孟的"礼治"主义到韩非、李斯的"法治"主义之过渡的桥梁。

这两派儒家，在政治上并未能实现或完全实现自己底抱负，主要的事业却在教育方面。

（二）孟轲底教育观点　孟轲（约公元前 372—前 289 年），战国中期邹人。先世曾是鲁国贵族，本人成分为"士"。他是子思门人底学生，曾游梁、仕齐，并曾游说宋、滕、鲁诸国，都未得志，退而从事教育工作，"与弟子万庠之徒，序诗书，述仲尼之意，作《孟子》七篇"。在他底教育教学工作中，不仅培养了许多学生，还提出了许多宝贵主张。

孟轲从奴隶主阶级立场以及自己底社会政治的和哲学的观点出发，认为教育目的，既要培养统治阶级后一代，发展善性，成为贤良的统治者，又要培养广大人民底这种先验的善性，发展为服从和服务于统治阶级利益的品质。所以他认为："教民"是为了"用民"（《孟子·告子下》），是为了使民爱戴统治阶级，因而争取"民心"（《孟子·尽心上》）。换句话说，为了"用民"，才来"教民"；为了抓住"民心"、争取"民爱"，才重视"善教"。对统治阶级后一代说，教育目的正是培养"所遇者化，所存者神，上下与天地同流"的君子。他指出，所有为统治阶级子弟专享的庠、序、学校教育，共同目的都是"明人伦"，也就是通过这种学校教育，使他们了解与遵守统治阶级所要求的道德，进一步影响庶民，使没有条件入学的"小民"，也跟着实践这种伦理道德，因而拘束着一切人们底行为，麻痹着被统治者底阶级意识，以巩固统治。

> 设为庠序学校以教之，……皆所以明人伦也。人伦明于上，小民亲于下。（《孟子·滕文公上》）

由此可见，孟轲所谓"性善"，所谓培养"君子"与"明人伦"的教育目的，实质上正是利用教育作为麻痹"小民"的思想武器。

孟轲在提出自己关于教育作用问题的主张时,他是重视客观条件在人性发展中的作用的。他从性善论出发,肯定人性都是善良的,仁义礼智都是内在的而非外铄的,每个人都有一颗"仁义之心"(《孟子·告子上》)的。但是,孟轲认为:人们这种自在的善良本性,如果听其自流,"放其心而不知求"(《孟子·告子上》),反而天天受着耳目所接触到的各种物质的诱惑,天天受着外界不良环境的影响,发展下去,便会成为"不善"的人;相反的,如果有贤明的父兄,为子女排除一切足以"陷溺其心"的客观因素,如物质诱惑以及各种危险的威胁等,加意进行培养,那么,人间一切贤不肖的差别,就都可以消灭。他从各方面阐述了客观条件在人性发展中的作用:从经济方面说,他认为每年农业收获量的多寡丰歉,足以影响年轻一代向善或作恶(《孟子·告子上》);他肯定富贵、贫贱两种不同的物质生活条件,足以改变人们底气质和体格(《孟子·尽心上》)。就社会环境方面说:他从地理形势足以限制水流范围和方向的自然现象,推论到人们所以会做坏事,由于恶劣的社会环境的影响(《孟子·告子上》);他又用楚人学齐语的故事,肯定社会环境在人的培养中的作用,要比学校教育的力量还大(《孟子·滕文公上》);而人们底善性,如同森林一般,经常采伐,自然不能成为好林园(《孟子·告子上》)。不过这一位以孔子嫡传自居的教育家,对于教育作用,仍然满怀信心,他以栽培农业作物为例,认为只要地点、时间和水分的条件相同,各种作物经过一定时期,总会成熟,如果收获量有多寡的差别,那是由于土质好坏、雨量多少以及人们努力情况不同(《孟子·告子上》),人底培养问题,也正如此。因此,他底结论是:

> 苟得其养,无物不长;苟失其养,无物不消。(《孟子·告子上》)

所谓"得其养"与"失其养",对人说,就是能否受到教育、或所受教育够不够的问题。

在人底培养的教育教学过程中,孟轲还提出了些具体的方式方法。他认为:人们虽同有善良的本性,由于不同的客观条件的影响,产生着种种个别差异,因此,他继承和发挥了孔子"因材施教"的主张,他说:

> 君子之所以教者五:有如时雨化之者,有成德者,有达财者,有答问者,有私淑艾者。此五者,君子之所以教也。(《孟子·尽心上》)

"如时雨化之"的方式,适合于一切条件都好的学生,一经点化,就能感通,正如雨露润泽草木一般。"成德"及"达财"两种方式:一是对道德品质高的学生,加以熏陶,使能成为有大德的人;一是针对天资很高的学生,善为指导,使其成为十分通达的专家。这两种都是按原有不同的基础,进行提高。所谓"答问"的方式,是对一般水平的学生,就所提问题,进行释疑解惑。最后一种所谓"私淑艾者",指的受时间空间限制不能及门受业的学生而言,使他们采取"私淑弟子"形式,通过自学,努力提高。他从性善出发,极其强调"自得"与"自反"两种方法:"自得"是要人们努力钻研,从所了解的客观事物的道理,来印证自己本有的善性,因为这些道理,在孟轲看来,完全符合着人们善良的本性的;"自反"是鼓励人们多做"内省"功夫,在一切失败的活动中检查自己,他认为失败的根源,可能都是自己不仁、不智、不忠、不敬或无礼的结果,"内省"功夫做得好,便可以使大家佩服,甚至于"身正而天下归之"(《孟子·离娄》)。他要求人们通过受尽一切物质磨难的方法,来锻炼意志,来培养"富贵不能淫,贫贱不能移,威武不能屈"(《孟子·滕文公下》)的理想人格——"大丈夫"。而启发个性与锻炼意志这两种教育工作,孟轲认为,都必须以"仁义"为标准,正如学射须立标的,学工须先学会圆规方矩的使用一样(《孟子·告子上》)。这一既定的标准,完全不能改变,教师必须"以身作则",严守这一标准,这就是孟子所谓"教者必以正"(《孟子·离娄上》)的意思。严守标准的同时,还要求学生专心致志、刻苦努力,他尝以着棋以及培养植物为例,认为"一暴十寒"不能使植物生长,不能专心致志地着棋,也决不能获胜(《孟子·告子上》);而这种专心致志的努力,必须坚持到成功的境界,正如掘井工程,虽已做好九成,假如把最后一成的工事搁置下来,还是要失败的(《孟子·尽心上》)。他认为:教育教学的能否成功,不是教师一方面所能包办的,木工车工可以指导徒弟使用圆规方矩,却不能使徒弟们获得熟练技巧(《孟子·尽心下》),一切熟练技巧,必须靠学生努力得来。

从上述孟轲教育观点中,可以明显地看出:孟轲是把教育当做阶级统治的武器的。他底先验主义的性善论,使他重视内省,提倡"养气",走着唯心主义的道路,抛弃了孔子重视现实的精神。作为启蒙者的孟轲,他对古代教育的贡献,首先在于他鼓吹"人性皆善"和"教民"的主张,虽然真正的目的企图,在于更好地"使民"或"用民",仍然有着一定的民主因素在内。而他对于教育以及各种条件在人性发展中所起作用的肯定,也有着一定的积极意义。他对于孔子所倡导的教育教学方法的继承和发挥,如因材施教、启发个性、重视学生的努力和教师的以身作则,对于以后二千多年中国学校教育的实践,是有很大影响的。

(三)荀况底教育观点　荀况(主要活动时期,公元前289—前238年),战国后期赵人,曾在齐国稷下学宫游学,到过齐、楚、秦诸国。在稷下学宫,曾经三度处于列大夫中"祭酒"(齿德俱尊的称为祭酒)的地位,被尊称为"卿";在秦,见过秦昭王与秦相范睢,在楚,得春申君黄歇的信任,两为兰陵令,春申君死,他失官著书,后来老死兰陵。

与孟轲相反,在人性问题上他提倡性恶论。他一方面肯定人性皆恶,一方面又把人分成圣人、中庸、元恶等三种:圣人能自动矫正恶性,并且创制礼义来勘天胜物;中庸的人,能学礼、为礼、知礼义,也就是能够接受教化,化性起伪;至于众庶百姓,在荀况看来,正属于元恶的一等,不肯学礼、不能为礼、不知礼义,所以终于性恶,始终只好接受刑罚和法度的统治。他把人们有无受教化、知礼义,当做治人或治于人的关键,王公大夫及士等统治阶级底子孙,如果不学礼义,便应归入庶民阶级,而庶民底子孙学了礼义,也能变成统治者,担任卿相大夫或士。这正说明荀况对于教育力量估计很高,也正反映新兴阶级的要求取得统治地位的思想。他认定:教育所以必要,由于性恶。他在分析人们底恶性时指出:人生而有耳、目、口、鼻、皮肤等感官及感觉能力,生而有要求饱暖、休息、讨便宜、怕吃苦等等不用学不用教的天性,如果"无师无法",不加以教育,会因恶性的自然发展,变成盗贼,变成作乱的、做怪事的或者强辞夺理胡说瞎道的人。他用"良弓"、"良剑"、"良马"为例,指出弓剑原料,并非生来锋利,一般的马也不是天生的千里马,而须依靠人们的加工或各种装备及训练;同样,恶性天生的人,如有"五亩宅、百亩田"的生活资料,经常得到贤师良友用"礼义"来鼓励、督促和帮助,就可成为好人。这就是说,教育在"化性起伪"变恶性为善行的过程中,是完全必要的。他又依据耳闻目见的事例,指出人们完全有受教育的可能:他从"蓬生麻中,不扶而直"与"白沙在涅,与之俱黑"等自然现象,证明人们虽然同有恶性,由于各种客观条件不同,便会"生而同声,长而异俗"(《荀子·劝学》),便会"居楚而楚,居越而越,居夏而夏"(《荀子·劝学》),便会有人成为尧禹那样的圣人、有人成为桀与盗贼那样的坏人,便会有人成为工匠、有人成为农夫、还有人成为商贾。这就是说,在"渐"与"积"(即"环境"与"努力")两种作用影响下,人性在天天改变。荀况特别重视"积"的功夫,他认为:积土成山、积水成海、积日月成年,积礼义也就成为圣人。一切的人们,可以改变成这个或那个样子,这种可变性,就是人们受教育的可能性。他深信:一般人虽无变成尧禹的必然性，却完全有变成尧禹的可能性。在荀况看来，教育只对丹朱①与象②等极少数的大坏人，才不起作用。

荀况从自己底性恶说出发，把教育意义理解为"以善先人"，他说：

以善先人者，谓之教。（《荀子·修身》）

他认为这一个"以善先人"的教育工作，需由"君子"来担当，而教育目的，正是要把个人培养成富、贵且智的士君子乃至圣人，所以他说：

我欲贱而贵，愚而智，贫而富，可乎？曰：其唯学乎！（《荀子·儒效》）

所谓"贱而贵"，是要培养高尚人格，使人们"无爵而贵"；所谓"愚而智"，是要培养聪明智慧，使人们具有"原仁义，分是非，……辨白黑"的本领；所谓"贫而富"，是要以"不可衣"、"不可食"、"不可偻售"的精神财富，来武装人们，使人们做到"无禄而富"。这些，都是要通过学校教育，使个人能够"博学、积善而化性"，并要利用学校教育这武器，达到"存法、富民而兴国"的政治目的：消极方面使学校教育变成补救刑与法不足的社会过程，因为"不教而诛，则刑繁而邪不胜"（《荀子·富国》）；积极方面，利用教育达到"理民性"的目的，达到保存国法与振兴国家的目的，因为"不教无以理民性"（《荀子·富国》）。在这里，荀况正是要用教育治理人们底恶性，而"贵师重傅"，正是兴国存法的重要条件。因此，荀况以为教育底目的任务，便是培养年轻一代，先成为"士"，进一步成为"君子"，最后成为"圣人"。

关于教育教学的内容和方法问题，荀况也提出了一系列的主张。

在教学内容问题上，他与一般儒家底主张相同，以《诗》、《书》、《礼》、《乐》为主要教材，很重视儒家经典的学习。在学习程序方面，他主张先读《诗》、《书》，最后读《礼》。他所以特别重视礼乐，由于他要用礼乐矫治人们底恶性：通过学《礼》，使人明确"贵贱、长幼、贫富"的封建等级关系，做到"各安其分"（《荀子·富国》）；通过学《乐》，使人"不流"、"不乱"，由此以移风易俗。显然，荀况所以在

---

① 中国上古部落联盟首领尧的长子。司马迁《史记》记载：尧知子丹朱之不肖，不足以授天下，于是乃权授舜。——编校者
② 舜的异母弟，为人残暴，桀骜不驯。——编校者

教学内容上特别重视礼乐之教,正是要利用礼乐这武器,来建立和维持封建地主统治的新秩序,而这种礼乐之教,又限于统治阶级内部,对于被统治的"众庶百姓",则用法令刑罚来拘束他们,因而众庶百姓转化为统治者的说法,也便落了空。

在教育教学方法问题上,荀况很重视他律的、外铄的原则,很重视社会环境在人底培养中的作用。他从工匠之子恒为工匠以及前述"居楚而楚,居越而越"的事实出发,认定所有人们,在职业上、在生活上的种种改变,不是由于天性,而是由于社会环境的影响。所以在教育方法问题上,他便要求"居必择乡,游必近士",他便主张"尊师"、"隆礼",由师指导礼节,靠礼端正身心,通过师与礼的"伪"的影响,自外而内地改变恶性化为善人;而在教学方法问题上,他便要求以"闻"与"见"的感性认识为基础,使"知"进入理性阶段,再进一步去行或实践,到了知识的实践阶段,荀况以为,已经登峰造极到此为止了:

不闻不若闻之,闻之不若见之,见之不若知之,知之不若行之。学至于行之而止矣。(《荀子·儒效》)

这一闻见、知、行的学习过程,据荀况的分析,是:

君子之学也:入乎耳,著乎心,布乎四体,形乎动静。(《荀子·劝学》)

荀况以为:"入乎耳"的阶段,学者要依靠耳目感觉来摄取外部事物的印象,教者须用适当方法,把一定范围内的亲知,按照学者底要求,如"回声"那样答复学生,使其直接获得一定的概念,既不可"不问而告",也不可"问一而告二",他明白指出:

"多知而无亲,博学而无方,好多而无定者,君子不与。"(《荀子·大略》)

在这阶段,荀况最着重的是:"壹教"与"壹学",也就是教学双方,都要注意集中,因为:"目不能两视而明,耳不能两听而聪。"(《荀子·劝学》)

"著乎心"是教学的第二阶段。在这阶段,学者由感觉摄取来的印象或新概念,须与旧概念结合,须用冷静头脑、公正心术,来判断是非,烛见真理。在这阶段,必须做好"解蔽"与"壹好"的功夫:"解蔽"就是打破偶像或成见以解放思想,"壹好"就是专心思索,克服一切幻想、错觉及感情的扰乱。做好"解蔽"与"壹好"的功夫,教者既不会固执偏见或心思不定地传授知识,学者也可毫无成见地专心致志地接受并领会各种知识。

"布乎四体",是教学的第三阶段。这阶段,是把"著乎心"的概念或知识,列成系统、找出规律、作成结论,并用推理方法(主要是演绎法),使学生能"以近知远、以一知万、以微知明",能"以人度人、以情度情、以类度类、以说度功、以道观尽"(《荀子·非相》),也就是使学生只有:由近及远、由具体推知抽象、由普遍推知特殊、由微末事象判断光明远景、由理论估计实践、据"大道"以考察一切问题,并进一步用所知之"道",指导手足四体动作,进入教学的最后阶段。

荀况把"形乎动静"当作教学的最后阶段。这阶段是把学得的知识"见诸行事"的过程,也就是要求学者把列成系统的知识,应用到实践中。照他底看法:人们对于知识实践问题,有三种不同情况,第一等人"说到做到",第二等人"能做不能说",第三等人"能说不能做",第四等人"说得漂亮,做得恶劣",是最下等的(《荀子·大略》)。他要求"形乎动静",就是要求把知识转化为行动;他认为只有"圣人",善于用知识指导行动,也就是能够"本仁义,当是非,齐言行,不失毫厘"。知而不行,必然引起教育教学工作中极大困难(《荀子·儒效》)。由于荀况先肯定了"圣人"这范畴,把对人言行当作理想的行为标准(荀况称这标准为"坛宇"或"防表"),因此,他只要求"从知到行",不能更进一步"从行返知"。也就是说:他提倡从知到行,或者说,从理论到实践,但不要求"从行返知",不从实践中检验理论、发展理论。

作为战国后期不彻底的唯物论者和儒家大师的荀况,吸取了先辈儒家以及各家学说,建立了比孟轲前进一大步的儒家学说。他底门徒浮丘伯的传经,在保存古典文献上是一大贡献。在教育学方面,荀况重视教育及社会环境中各种客观因素在人底培养中的作用,强调礼乐及教师的作用,提出从知到行、从感性到理性再到实践的教育教学理论,这与孟轲一派的重视内省、空谈仁义、提倡存心养气、忽视经验等说法来比较,是进步的、积极的,对于秦汉以后两千多年的学校教育,是更有贡献的。他和一般儒家共同的地方,在于他们都站在统治阶级立场,都先肯定一个不变的至高无上的"圣人",所以荀况虽然主张"解蔽",鼓吹"壹好",偶像依然存在,也正符合专制主义大一统的地主统治利益。

第五节　先进启蒙者《学记》作者的教育观

（一）《学记》作者及其关于教育的一般观点　春秋战国时期先进启蒙者的教育观点，在儒家这一大学派中，除已提到孔子及孟荀这三个思想家外，《礼记》中《学记》一篇的作者，也在教育教学问题上，提出了在当时极为辉煌的主张。《学记》一篇的写作年代、作者是谁、他属于儒家哪一派——"孟学"还是"荀学"，虽还没有定论，不过比较可信的说法是：《学记》写作于战国后期，它与《礼记》中的另一篇《大学》，都是乐正氏之儒底著作，可能就是孟轲弟子乐正克所作，承袭了孟轲传统，也受了荀况观点的一定影响。

作为《大学》姊妹篇的《学记》，文长虽然不满 1 200 字，对于学校教育，主要是封建贵族子弟专利的大学教育问题各方面，如学制，学校教育的作用、目的和任务，教育教学方法以及教师问题，都接触到。作者从封建统治阶级立场，为了统治目的来考虑统治阶级子弟的教育问题，着重总结了先辈教育工作者底经验，提出了一系列的关于教育教学的理论和方法。在学制问题上，作者没有提出什么新的主张，而是完全袭用传统的制度，"家有塾，党有庠，术有序，国有学"，《学记》正是关于贵族国学教育的记载。在学校作用和目的任务问题上，主要也是承袭传统的观点，特别是儒家思孟学派的观点：从性善论出发，肯定教育的可能性；从"建国君民"的统治目的出发，把学校教育机关，当作"化民成俗"的工具，进而实现"近者悦服而远者怀之"的理想。这正是把学校当做统治阶级教化人民、巩固统治的武器，当做培养统治阶级后一代，学好"圣人之道"，实现理想统治的武器。所以他说：

君子如欲化民成俗，其必由学乎。玉不琢，不成器；人不学，不知道。是故古之王者，建国君民，教学为先。

他以磨玉可以成器为例，满怀信心地肯定：人能通过学校教育掌握大道理，按照天道或自然理法来"齐家、治国、平天下"，他把人比作美玉，正意味着一个自然的人，如同天然的玉那样，有着美好的素质。他就这样强调着教育作用，从性善观点解决了教育的可能性的问题，从统治角度阐述了教育的必要性问题，从统治要求说明了学校教育底目的。他把学校当作使人"知道"的工场，因此他所暗示的教育教学内容，正可用儒家所讲的"道"来概括，而以学诗、学礼、学乐等学,为教学的主要科目,以传统的经典,作为主要的教科书,并对国学底九个学年的诸阶段,规划了教育教学的重点或目的要求,由国家派人定期作视察检查,始业时还要由最高统治者祭奠先圣先师。在这里可以看出:《学记》作者正是把学校教育——特别是"大学"教育,当做国家政权底一个重要职能。至于《学记》一篇底主要内容,最有贡献的部分,是在教学、教育及教师等问题上。

(二)教学论 《学记》作者,对于传统教学,曾就"教"与"学"的两方面,揭露了主要的缺点,就教师进行"教"的这方面说,他认为:

> 今之教者:呻其占毕,多其讯,言及于数,进而不顾其安,使人不由其诚,教人不尽其材。其施之也悖,其求之也佛。

这就是说:教师进行教学时,自己并不通晓经义,而只对学生吟诵些竹简上的文章,并向学生提出许多问难;自己底言论,往往诈称是有根有据;只求学生多学,不要求学生真懂;自己既不懂经义,只好用不老实的态度,装懂瞎说,来指导学生;教师所知既然不多,因此教育学生时往往会保留一手,不肯尽量地把道理传给学生。有了这些缺点,因此,教师的"教",便必然违背教学原理,而学生的"学",也就一定不能了解真义。如此教学,最后只能得到"隐其学而疾其师,苦其难而不知其益也,虽终其业,其去之必速"的结果,也正是教学不能成功的主要原因。就学生"学"的方面来说,主要缺点是:

> 人之学也,或失则多,或失则寡,或失则易,或失则止。此四者,心之莫同也。

这是说,学生在学习过程中,由心理的个别差异而形成了不同的偏向:有的学生底偏向是"多",自己才浅识小,但却贪多;有的学生底偏向是"寡",自己才深识大,但又务少,这就是或者把自己底学业局限于一隅,或者只求得其大意,而不勤求力行;有的学生底偏向是"易",总是用轻率的态度对待学习,把一切学问看得都很容易,而不肯深入钻研;还有的学生底偏向是"止",他们或者怕难而不前进,或者虽然不懂但又不肯向师友请求帮助。这些偏向一发生,学习便要失败。

《学记》作者,在指出传统学校教学上种种缺点的同时,还提出了关于教学问题的种种积极意见。他认为：教学成功的重要条件之一是很好地了解学生，用《学记》上的话说，是要"知其心"，用心理学上的术语说，是要了解学生心理上的个别差异和学习的态度和倾向。做好"知其心"的功夫，才能够适当地发挥学生耳、目、口、鼻、心等五官底功能，才能够克服上述"多"、"寡"、"易"、"止"种种缺点，否则就不能使学生得到成功的学习。

在教学内容和方法问题上，《学记》作者提出了"及时而教"的要求。所谓"及时而教"，是要求按照学生发展的年龄、年级及个别水平的不同情况来施教。一方面，要求教学，做到"不躐等"或"不陵节而施"，既不用内容太浅的教材和问题，去要求年长力强的学生，也不用内容过深的教材和问题，去要求年幼力弱的学生。一方面，包含了用学级编制来组织教学的思想的萌芽：《学记》作者，把"大学"教育年限，定为初级和高级两等，初等7年4段，高等2年。9年间的教学工作，必须按步就班、抓紧时间、掌握重点地进行，因为"时过然后学，则勤苦而难成"。再一方面，还要求教师在经常的教学工作中，及时布置正式课业，如春秋教礼乐、冬夏教诗书等，也要及时布置休闲期间的作业，如音乐、游艺及洒扫应对等杂务，这就是《学记》作者所谓：

> 时教，必有正业；退息，必有居学。

在进行教学和布置作业时，还提出了按自然程序来安排的原则，正如《学记》作者所说："如其不先练习和乐的杂声，就不能学好弦乐；不先学习音律以及清浊高低的声音，就不能很好地唱诗。"他曾以优秀的冶金家、弓矢制造者和驾马者，教子弟或学徒学习的经验为例，来说明这观点，他说："优秀的冶金者，总是教他底儿子，先学习修补破旧有洞的金属器具；优秀的造弓者，总是教他底儿子，先学习编织簸箕一类器具；驾马车的人，总是先把车子放在马的前面，然后要学徒练习驾马车的本领。"

在进行教学时，《学记》作者还提出了关于问答式教学的一些要求，以使教师能够善于提问和答问，他说：

> 善问者，如攻坚木，先其易者，后其节目，及其久也，相说以解；不善问者，反此。善待问者，如撞钟，叩之以小者则小鸣，叩之以大者则大鸣，待其从容，然后尽其声；不善答问者，反此。

这就是说：提问必须先易后难，逐步深入，经久地进行下去，将会达到义理通晓的境界；如其先难后易，教学效果正恰恰相反。答问时，必须在倾听了学生所提问题以后，而答复的详细深浅，必须与学生的问题或水平配合；如其问小答大、问大答小或略问而说尽，对学生都没有什么好处。在问答和讲解过程中，《学记》作者认为，教师的语言，必须精简明确，细致妥当，举例或譬喻不多而能说明和解决问题，用《学记》原文说，正是：

> 其言也约而达，微而臧，罕譬而喻。

只有简明生动而形象化的语言，学生才容易领会、容易学习；而教师自己，首先必须掌握学习中的难易是非，然后才能广泛地解说问题。《学记》作者关于问答教学的主张，克服了墨家所指出的缺点而前进了一步。

（三）教育论　在教育问题上，《学记》作者首先把"长善救失"当做教育底中心任务，也就是把教育内容，规定在封建伦理道德的范围内，按照封建道德的标准来培养学生。他在论述国家派人视察大学工作时，对于9年中的学习，都提出了关于教育、教养方面的要求。例如初级第一段的一年，着重决定志向与学习经典基本能力的培养（离经辨志），第二段的二年，着重学习范围和群众关系的培养（敬业乐群），第三段的二年，着重学习态度的扩大和亲近教师（博学亲师），第四段的二年，着重讨论学业与交结朋友（论学取友）；而高级的两年，则要求学生做到触类旁通、临事不惑及不背师训（知类通达，强立而不反）。在这里，正是把教育与教养，紧密地结合起来的。至于教育的实施方法：他着重通过乐教与礼教，做好"禁于未发"的工作，他也重视"相观而善"的观摩作用。《学记》作者很提倡礼乐教育：始业时，要唱诗、打鼓，以激励学生努力学业并严肃对待学习；平常的课业中，也重视弦乐、声乐及礼节的练习。他认为，学生如其喜欢不正当的娱乐，结果便会荒废学业。关于观摩的教育作用，《学记》作者曾不止一次地提到，他认为："如其独学无友，就会孤陋寡闻；如其与坏朋友混在一起，就会违背师训。"他认为："如要培养学生底道德品质，教育者自己先要有高尚志向和优良行为，来做学生的榜样"，教师在道德实践中，如果不能以身作则，例如教师自己就不能实践丧礼的规定，也就不能教育学生在家庭中亲爱相处。

《学记》作者，在讨论教育与教学问题时，他是很重视学生的自觉性积极性的，他底主张是：

> 故君子之教,喻也:道而弗牵,强而弗抑,开而弗达。道而弗牵则和,强而弗抑则易,开而弗达则思。和、易以思,可谓善喻矣。

这正是:着重诱导,而不要使学生陷于被动;着重鼓励,而不要使学生感到抑制;着重启发,而不是整套地注入。他深信:只有着重诱导,才可使教育教学过程,保持和谐气氛;只有着重鼓励,才可使学生的学习和修养,易于前进;只有着重启发,才能促进学生积极思维。也只有做好诱导、鼓励、启发的教育和教学,才算是善于"教喻"。

《学记》作者在提出教育和教学的主张时,总是把这两个方面联系起来的:他要求教学贯彻道德的培养,例如经典的学习以及礼乐的教学,都要为教育目的服务,都要同时培养着学生各种道德品质,如恭敬、谨慎、服从、勤勉、敏捷及忠实诚恳等等;他更着重指出"藏"、"修"、"息"、"游"的适当配合,所谓藏与修,就是对于知识的掌握和复习,所谓息与游,就是在学习这样一种劳动中,适当地获得休息与游戏,冀图通过息与游,来安息精力,恢复疲劳、鼓舞学习兴趣、增进学习效率,也就是要以息游保证藏修,要把智育与体育美育结合起来。

(四)教师论 关于教师问题,《学记》作者所主张的"尊师重道"的思想及"教学相长"的思想,也是在二千多年中国封建教育实践中,起过一定积极作用的观点。

《学记》作者,可算是中国教育史上很早就对教师专业,给予崇高的评价者。他既把学校教育当做"建国君民"的重要武器,因而对于执行教育教学工作的专业教师,认为必须给予崇高的社会地位。他认为教师地位正如祭祖礼节中的"尸"一样的崇高:封建统治者对于自己的臣民,只有在他们"为尸"或"为师"时,才不以臣礼对待他们;虽然"贵"为天子,也须免除老师对自己"北面而朝"的臣下之礼。因为只有"尊师"才能"重道",才能使统治阶级下层,尤其是广大的被统治阶级,按照御用的"道"来动,因而拥护统治、服从统治。这一个"尊师重道"的思想,正被秦汉以后二千多年的专制统治者利用为进行统治与巩固统治的武器之一。

《学记》作者关于"教学相长"思想的提出,这是很宝贵的。他认为:教与学是一件事的两方面,学好了才能教,要教得好必须不断地进修或学习。他说:

> 是故学然后知不足,教然后知困。知不足,然后能自反也;知困,然后

能自强也。故曰：教学相长也。

这正是说：只有通过学习，才会感到不够、感到自己底水平低；只有通过教育教学工作的实践，才会晓得困难所在。感到不够，才会自我检查；遭遇困难，才会努力学习。也只有这样做，师生才都能得到进步。在教学中不断地提高自己，还是我们今天的箴言。

（五）《学记》的意义　公元前4—前3世纪，由战国后期儒家学者所著《学记》这一篇关于教育和教学的理论及方法的论文，是中国教育学史上极为辉煌的遗产。它总结了先辈教育工作者底宝贵经验：在教学方面，指出教学成功的基本道路，要求教师了解学生，注意到学习可接受性问题，注意到按自然程序进行教学和布置作业的问题，注意到教养教学与教育的联系问题，提出了关于学级编制的初步思想，指出问答教学的基本要求，都是非常宝贵的。在教育问题上，他重视礼教和乐教，他重视休闲活动，主张藏修息游的配合，他注意师友的观摩作用并要求教师以身作则，他提出教育的自觉积极的原则，也是极有意义的。在教师问题上，他提出"尊师重道"与"教学相长"的思想，而"教学相长"的思想，至今还是很有价值的格言。由于《学记》作者受了历史的阶级的限制，我们一方面既要珍惜祖先留给我们的这份遗产，一方面也须明确《学记》一篇的基本立场观点，是在为封建统治者说教，再一方面还须指出，它——《学记》——在秦汉以后二千多年中国封建教育实践中，正是极有指导意义的文件。

第三章　秦统一到清鸦片战争前学校教育的发展

第一节　二千多年间学校教育发展的社会历史条件和主要特点

（一）二千多年间学校教育发展的社会历史条件　如前所述，春秋战国时期，是中国古代社会发展的一大转型期，是从夏、商、周三代的奴隶占有制社会，向封建地主所有制社会发展的过渡时期，至公元前221年，以秦始皇嬴政统一六国，建立了专制主义的、中央集权的封建国家为标志，中国历史就进入中世纪的封建社会，一直到公元1840年，资本主义侵略者侵入中国，才开始了新的历史阶段。

的确，从秦统一六国到清中叶中英鸦片战争发生（公元前221年—公元1840年）间的二千多年，虽然多次改朝换代，虽然发生过多次农民起义，在政治经济方面，一直保存着封建的生产方式，一直是封建地主阶级专制政权，整个社会，非常缓慢地循着螺旋式发展路线前进，在汉、唐、宋、明各代，封建经济虽曾一度达到高度发展的水平，宋、明时期，虽曾出现过资本主义生产的萌芽，但是，一方面，由于落后部族，不时向中原地区侵扰，甚至还不止一次地建立起由落后部族统治的奴隶主政权，大大破坏着高度发展的封建经济，到统一的封建政权再建立时，又必须在一片荒凉的废墟上，从头发展；另一方面，专制封建的生产关系，束缚着生产力的发展，使广大劳动人民，经常处在被压迫被剥削的贫困苦痛的境界，基本上陷于饥饿和愚昧无知的状态，虽然多次农民起义，曾经打击了封建统治，推动了社会的发展，起义果实却仍为地主阶级所篡窃，并不能根本变革封建的生产关系来解放生产力，而这种专制封建的生产关系，对于工商业的发展，也是一沉重的枷锁。

在这发展缓慢的社会经济基础上，两千多年间文化的发展，也表现为相对的定型化：当封建经济从稳定到繁荣的时期，农业、手工业以及中外交通、海内外贸易等方面获得发展时，文化科学也日益进步，在两汉，在隋、唐，在宋、明，由于劳动人民以及个别杰出的知识分子的创造发明，如天文学、数学、物理学、医学和机械制造，以及文学、史学等等，就都取得辉煌的成就，而火药、罗盘针、造纸及活字印刷术等，是具有世界历史意义的重大贡献。但由于社会经济的缓慢发展，也由于专制统治者为了自私自利的阶级利益，采用威胁利诱的许多制度、方法和手段,来统制思想、统制学术文化和教育,例如,从汉代起就已确立的儒学独尊的地位,如汉魏南北朝实行的选士制度及隋唐至清实行的科举制度,如明、清两代,用"八股文"等所谓文明手段,及用死刑、灭族等野蛮手段,来巩固统治,都大大地镇压和绞杀了知识分子的自由思想,大大阻碍了学术文化和教育的进步。

二千多年间,中国封建经济的发展缓慢,中国学术文化发展的相对定型化,并不意味着两千多年间毫无进步,并不意味着两千多年间的学术文化毫无成就,这在以上简要的叙述中已经作了回答,在教育和教育学领域内,也正如此,在这一期间,我们有着杰出的思想家教育家,我们的学校教育也有着辉煌的成就。二千多年间,学术文化和教育,所以能获得一定的发展和成就,首先由于一定时期内封建经济的繁荣,由于劳动人民——农民和手工业者——勤劳、勇敢而智慧地忘我劳动及由此而获得的丰硕果实,由于知识分子坚持不懈地从事精神生产、从事教育教学工作,还由于在这二千多年间,我们具备了促进文化教育发展的有利条件,如上述造纸及印刷术的发明和进步,如秦汉以来我国文字——汉字——逐渐简化,并成为全国通行的基本上统一的表达思想意识的工具。

就文字说,从秦代开创一统之局起,就对当时各地使用的"大篆"及由其改进的"蝌蚪文",进行了改革,以便于书写并做到全国统一,这就是相传由李斯根据这两种文字简化成的"小篆",及由程邈简化篆字而成的"隶书";汉魏时再简化成今天正进行改革的"楷书"。就书写工具说:秦人蒙恬,发明用鹿毛、羊毛制笔;西汉晚期,即公元前1世纪已经用纸,东汉时,造纸技术的进一步提高,公元105年,造纸术的重要改进者蔡伦利用树皮、麻头、破布等废物造纸成功,从此有了比较价廉物美的纸张,东晋以后,便通行用纸写书,对于文化的流传、教育的发展,贡献很大。就印刷术说:大约在隋唐时期,已经发明雕版印刷的方法。公元七八世纪后的唐代,刻书已很普遍。五代时冯道发起雕刻儒家经典,从此有了标准的印刷好的教科书。到了宋代,刻工技术以及纸墨装潢,都达到较高的水平,并在雕版印刷术的基础上,由天才的发明家"布衣毕升",发明活字印刷术,经过元代的改良,到了公元十五六世纪,即明代中叶,已经由泥活字、木活字,进步到用铜活字排印图书。

我国劳动人民,在造笔、造纸及印刷术方面的创造发明,不仅为我国古代文化教育的发展,提供了犀利的武器,创造了促进文教发展的有利条件,并且对于世界各国文化的发展,也作出了重大贡献。我国劳动人民发明的纸,公元2世纪后逐渐在今新疆一带流行,5世纪末,几乎全部中亚细亚都已用纸,8世纪中叶,并由唐王朝军队中的造纸工人,把造纸术传授给阿拉伯人,展转带到埃及、摩洛哥以至西班牙;在东方,造纸术也传入朝鲜,朝鲜人民并首创用木棉制造出坚厚结实的纸。印刷术也早传入东方西方各国:朝鲜、日本、越南各国,不仅先后从中国学会了雕版印刷术,还学会了木活字印刷术;我国的雕版印刷术,也由新疆经波斯传入埃及,14世纪欧洲开始用木版印刷纸牌和宗教画像,后来又刻印民间用的经典与拉丁文法课本,其由中国传去,早经世界各国一致承认,欧洲所用活字印刷术,也是受了我国发明的木活字的影响而发展起来的。

(二)二千多年间学校教育发展的主要特点　如上所述,二千多年间我国社会经济既然发展的非常缓慢,专制主义的封建统治既然一直延续下来,学术和文化既然表现为相对的定型化而无长足发展,因而,这二千多年的学校教育,也就表现为以下几个主要特点:

1. 封建等级的及部族歧视的特点　在学校制度上,历代虽有官学、私学及亦官亦私的书院等几种主要类型,但是所有这些学校,如汉代的太学、唐代的专科学校、宋明的书院等等,基本上都是封建统治阶级专利的,不仅农民手工业者没有享受教育的权利,就是统治阶级内部等级地位较低的人,也不能与封建贵族平等地享受入官学受教育的权利,统治者并且常为贵族们特设一些学校;例如汉代的中央太学及地方官学,是一般地主阶级子弟入学的地方,而汉明帝刘庄就为贵族特设"四姓小侯学",专受樊、郭、阴、马四大家族子弟;例如唐代中央官学,等级性也很显著,规定高级贵族子弟入国子学,一般贵族子弟入太学,一般地主阶级子弟只能入四门学;例如女真统治者,不仅规定汉人和女真人应入不同的学校,在女真学校极力鼓励年轻一代习武,以保持女真部族质朴尚武的传统,并接受汉人文化来统治汉人,并且把国子学规定为只受15岁以上的宗室、外戚及三品功臣子弟,把太学及州学规定为13岁以上的五品官僚子弟入学之所;例如蒙古统治者,也为蒙古人、回回人及汉人,设立不同的官学,以进行部族歧视的统治阶级子弟的教育;例如满洲统治者除设立中央及地方的儒学,来教育满汉各族统治阶级子弟外,还设立些特殊学校:

宗学及觉罗学　贵族学校,后者为皇族子弟专设。

八旗学　专为亲贵以外的满蒙八族子弟而设。

鄂罗斯学馆　专为俄罗斯子弟而设。

二千多年间,只有私学,在封建等级性方面没有突出的表现,而因这种私学普遍存在于城市和乡村中,广大的农民和手工业者,只要在经济条件许可下,都有可能入学,表面上似乎是对统治阶级底和被统治阶级底子弟平等开放的,事实上农民和手工业者底后一代,能够进入私学的极少,至多也只是进入师资条件最差的启蒙程度的私塾。至于一般私学,常因师资的社会地位、束修(学费)高低,而招受着统治阶级内部不同等级的子弟入学。而所有私学,也都是按统治阶级官学底目的要求,来实施教育和教学的。所以,二千多年间的私学,基本上仍是统治阶级专利的、为统治阶级服务的、具有等级性的教育机关,绝大多数劳动人民子弟,不仅无条件入官学,连三家村的私塾,也不是人人有条件入学的。而个别统治者对于民间私学,还要想出种种办法来取缔或摧残:例如秦代统治者,为了贯彻愚民政策以防止人民反抗,就曾下令禁止人民入私学去学习;例如鲜卑奴隶主贵族所建立的北魏,在太武帝拓拔焘统治时,也曾下令禁止劳动人民入私学去学习,私学教师违背这规定便要被处死,设立私学的主人还要被满门抄斩,以防止劳动人民获得知识后有本领来展开部族斗争。

2. 儒学独尊的特点 二千多年来,历代统治者是一贯以学校教育作为统治的一种武器的。除秦代统治者实行商鞅底愚民政策,采取韩非所主张的"以法为教,以吏为师"的办法,不去提倡学校教育外,从汉代起,一方面袭取秦代统制思想的愚民政策,一方面接受秦代失败经验,在提倡"教化"、发展学校的漂亮政策下,想从思想深处来麻痹人民、消弭人民的反抗,而儒家学说,从汉代起,经过统治阶级御用学者董仲舒辈的歪曲,以及汉武帝刘彻这般帝王的推崇,成为占统治地位的正宗思想,在政治上确立起儒学独尊的文教政策。从此,孔子变成中国思想史上最被崇拜的偶像,唐代以后的历代封建统治者,对于孔子也不止一次地给以崇高的称号,如唐代封孔子为"文宣王",宋代封为"至圣文宣王",元代封为"大成至圣文宣王",明代尊为"至圣先师",清代尊为"大成至圣先师"。儒家所提倡的"三纲"(君臣、父子、夫妇),"五常"(仁、义、礼、智、信),"六经"(易、诗、书、礼、乐、春秋),变成历代学校,在进行教育教学工作时,奉行不变的教条,按照"三纲五常"的封建伦理来教育学生,利用"六经"作为教养教学的基本内容,要求学生呆读死记儒家经典中的教条,鼓励学者消磨毕生精力来从事儒家经典的训诂、注疏、考据等烦琐的研究,师生都变成脱离生活和脱离生产实际的书呆子;魏晋以后,由于佛教道教的影响,逐渐形成了所谓宋明道学,师生又都在钻研佛道影响下的新儒学;科举制度盛行后,也有不少人毕生从事于考试所要求的八股制艺的文章,而这种八股制艺也是环绕儒家经典及其注疏来钻研和写作的。所以二千多年间的学校教育,基本上是按儒学独尊的这特点来决定其教育、教养和教学底内容的;是用对儒家经典的教条主义及烦琐主义的学习,来消磨学者底有用精力的;是用最有利于封建统治阶级的伦理道德的修养,来拘束学者底思想、言论和行动的。二千多年间的统治阶级就是这样利用儒家学说,来统制人民思想、绞杀人们创造性的活动、阻碍着社会进步的。

这一儒学独尊的特点,不仅在汉族人建立的历代王朝所掌握的学校教育中占统治地位,历代西北东北各落后部族入主中原以后,也采取尊儒的文教政策,例如鲜卑族所建立的北魏、契丹族所建立的辽、女真族所建立的金、蒙古族所建立的元、满洲族所建立的清,也都尊孔读经。不仅这二千多年间如此,20世纪的新旧军阀如袁世凯、张宗昌、蒋介石等,也都抓住尊崇儒学的法宝,这正因为儒家学说的某些论点,对于封建统治阶级及20世纪初的官僚地主买办们,在封建的及半封建半殖民地的社会历史条件下,都是非常"有用"的武器。当然儒家学说在二千多年间的优势地位,对于这一时期学校和教育学的发展,也是起了一定积极的进步作用的。

3. 为选举和科举服务的特点　汉以后的历代统治者,还先后实行了选举制度和科举制度,作为统治阶级内部分配政权和选拔人才的主要办法,也规定了学校教育所培养出来的封建知识分子底主要出路。这就使汉以后的历代学校教育,逐渐地变成选举及科举的预备教育,形成了学校教育为选举或科举服务的特点。

在汉魏到南北朝的七百多年间,实行选举制度,把精通六艺教条和熟悉古代文学掌故,当作选拔人才的主要标准之一。这使学校形成"教条至上"的学风,并用"训诂章句"当作主要的甚至唯一的教学内容,以使学生满足选举所要求的一些条件。一般地主阶级出身的学生,也乐于把有用的精力,消磨在选举所要求的无用项目之中,一辈子陷在钻研教条和从事烦琐考据中,而为选举服务的学校教育,也就完全循着教条主义和烦琐主义的道路,进行教学。九品中正制的办法实行后,表面上是按"学问"和"德行"来取士,实际上纯以门第高低作为选士标准,是由阶级等级来决定一切的欺骗性的选举,那么,问题只在于竞选的学人,善于钻营奔竞,这就更腐化着学校教育,形成了只重交游、只学钻营而不认真学习的学风,个别好学生也只是些咬文嚼字、食古不化的书呆子,像:

博士买驴,书券三纸,未有驴字。(颜之推:《颜氏家训·勉学》)

这故事,正是对教条主义烦琐主义学校教育尖锐讽刺。至于多数文人学士,更是射箭不能中的,写字只会写自己底姓名,整天"饱食醉酒,忽忽无事",参加到工作中讨论问题时,只能"蒙然张口,如坐云雾",参加到"谈古赋诗"的宴会中,只能"塞默低头",不敢开口。为选举服务的学校教育,在教育教学方面,都陷于破产的境界。

在隋唐至清中叶的1 250年间,狡猾的统治者,用科举制度代替腐朽的选举制度,来选拔干部并在统治阶级内部进行政权的分配,而科举考试办法,虽然从唐宋到明清有些改变,但是考试的内容,主要是机械的经义问答,只重声韵格律,不注意内容的诗赋,只要熟读一些旧文章就可应付的策论,或按照一定格式,揣摩古人语气写成的八股文章。大概隋代重视策论,唐代重视经义或诗赋,宋代并重经义和诗赋,明代开始用八股文章取士。不仅汉族的统治者这样做,文化落后的诸部族如契丹、女真及蒙古统治者和满洲统治者,也都利用这种科举考试制度来笼络被统治的汉族知识分子,对于本部族却有不同的规定:如契丹统治者只许汉人参加科举考试,如果契丹人报名应考便要受罚;女真统治者规定汉人和女真人参加内容不同的考试,后者须用契丹文应考,并须考试骑马射箭,及格后称为女真进士,享受较优厚的待遇;蒙古统治者,把蒙古人和色目人(指北方诸部族的人)与汉人和南人(宋亡以后才投降的汉人),分两组考试,宽严不同,并以朱熹注的《四书》作为考试用的标准注释;满洲统治者更特别重视一篇八股文的写作,四书五经更严格限定以程朱注释为标准。这种科举考试制度的长期存在,严重地影响着学校教育,影响着它底内容和方向:

首先,隋唐以来的历代学校教育,在服从科举要求下,几乎完全进行着科举预备教育。例如唐代既然只重策学,一般学生便不爱读其他书籍,而专门死啃陈腐的旧策论;唐宋各代学校教育,多数以研究经学、学习诗赋,来准备应试;明清两代,又专以习作八股为中心。统治者就这样利用科举,消磨着人们有用精力,绞杀着知识分子底思想意识。唐太宗李世民所谓:"天下英雄,尽入吾彀中矣"的得意语,唐人诗所谓:"太宗皇帝真长策,赚得英雄尽白头"的讽刺话,正说明了统治者提倡科举的真正企图。

其次,科举考试既然要求千万知识分子,掌握封建教条并在机械形式下作出合乎考试规格的文章,这就使培养知识分子的学校,不得不实施形式主义和教条主义的教育和教学,把年轻一代有为的生命,活活埋葬在故纸堆中;这就使学校培养出来的知识分子,一个个变成无用的废物与无知的官僚。据说:宋欧阳修主持考试时,竟发现个别考生,连欧阳修是哪一代的人都不知道,还有的考生,不晓得尧舜是什么典故;明清八股取士,竟使读书多年的学生,不能说出汉高祖、唐太宗究是何代皇帝,也叫不出"三通""四史"①的名字;中日甲午战争以后,不少知识分子,正如康有为所说的,竟到了"若问以亚非之地舆,欧美之政学,张口瞠目,不知何语矣"的境界。

最后,通过科举考试,统治者既可使广大知识分子埋头在"空疏无用"的学习中,又可在一次考试中录取整批官僚后备军,充当御用奴才,反正知识分子为了富贵功名,会去死啃书本并且一次又一次地报名应考,因此,到了后来,官学也就名存实亡,统治者无须投资去办官学来培养干部,主要的学校教育机关,只剩下民间的私学以及半官半私的书院,而书院和私学,也都在实际上成为为科举服务的预备教育。

二千多年来,封建统治者手里的学校教育基本面貌,就是如此。但是必须指出:这二千多年间的学校教育,无论是官学、私学或书院,仍有一定贡献、起了积极作用的。

第二节　二千多年间学校教育机关的三大类型

从秦统一到清鸦片战争发生前的二千多年间,我国的学校教育机关,以设立人来分,略有官学、私学和半官半私的书院等三大类型,官学和私学,是一直存在的,书院则是五代以后的产物。

(一)官学　历代官学,从负责设置和领导管理的政府来看,有中央官学和地方官学之分。

从学校教育的专业来看,有儒学、科技艺术的专门学及宗教学校:二千多年间,以儒学最占势力;科技艺术的专门学也曾一度得到一定的发展;宗教学校最早出现于公元5世纪时南朝宋文帝所设的玄学馆,专研佛老之学,唐代有崇玄学,为传播道教的学校,中央及地方都曾设置。

从官学兴衰发展的情况来说,一般是跟着封建经济的发展及封建政权的强大而得到一定发展,也随着阶级矛盾或部族矛盾的尖锐与封建政权的微弱,或因所设官学不能符合统治者底要求,而逐渐衰废。所以两千多年间,虽然经过很多王朝,官学发达时期,只有汉、唐、宋、元、明各代中的一个短时期,例如:汉代的中央和地方官学,都曾一度得到发展,特别是中央的太学,曾经盛极一时,

---

① "三通"即《通典》、《通志》和《文献通考》。"四史"是《史记》、《汉书》、《后汉书》和《三国志》的合称。——编校者

地方官学也出现过"学校如林,庠序盈门"的盛况。到了魏晋南北朝时期,便转向衰落,形成"若有若无,时兴时废"的状态,只在北魏和南朝的宋梁,各有一个极短时期比较发达些。隋代建国之初,从中央到地方,都设有官学,至隋文帝杨坚晚年,发现有些聪明才智的知识分子,不受拉拢,感觉到人民多智反而是危机,便借口兴学多年,并不能造就出"德为代范,才任国用"的人才,下令简省学校,州学县学甚至一律取消;隋炀帝杨广虽曾一度兴学,由于"戎马不息,师徒怠散",也只空有建设学校之名。唐代中叶以前,中央及地方官学,都很发达,尤其是关于科技艺术的专科学校,曾有很大的创建和发展,到了唐末,随着李唐政权的逐渐崩溃,弄到学校经费毫无着落,只能靠大小官僚捐款维持。在五代时,由于"干戈兴",因而"学校废,礼义衰"。宋代统治者曾经几度兴学,到了宋神宗赵顼以后,由于官僚们借口兴学来搜括民财并利用学校作为进行政治斗争的场所,一般地主阶级也利用学校作为子弟逃避兵役的地方,因此,不仅中央官学未能发展,地方州郡学校,也"往往多就衰废"。蒙古帝国强大时,元世祖忽必烈,很注意发展学校,除在中央设置官学外,各路、府、州、县,也普设学校,据1288年(至元二十五年)统计,全国学校数达24 400所,而当时全国人口,却只有5 883万人,平均每26 000人,就有学校一所;元代统治微弱后,学校也跟着衰废。明代地方学校最盛时,全国还有学校1 700余所,学生总数不下8万人。科举制度实行后,一直到清代中叶,中央及地方官学,只剩下一个空名。

历代官学中,以汉代的太学、唐代的科技艺术的专门学及明代的社学,最值得注意:

1. 汉代的太学 汉代的中央官学,在汉初已有酝酿,汉武帝刘彻时产生过博士弟子制,从事官僚后备军的培养,但是中央官学的形式,还未确立。到西汉末年,即公元1世纪初,经过王莽的提倡,才在都城长安,兴建"有市有狱"的规模很大的太学来培养知识分子。东汉建都洛阳后,又在洛阳重建太学,校舍宏大(包括240房、1 850室),太学生最多时竟达3万人,可谓盛极一时。如此规模的大学,出现在2世纪中叶,不能不算是世界教育史上一大奇迹,而奇迹的创造者,正是勤劳、勇敢而智慧的中国古代劳动人民和知识分子。太学中的教授称为"博士",学生须经中央选拔或地方保送,而师生都必须是统治阶级成员,教师以"不与妖恶交通"为选任的条件之一,学生必须"好文学、敬长上、肃政教、顺乡里、出入不悖所闻"的也就是"笃行孝悌"的年轻一代,学生一经取得学籍,就可以免除兵役劳役,考试成绩优良者有希望委派官职,因而入太学肄业,就成为地主阶级子弟升官发财的敲门砖。在学习内容上,主要是儒家经典。这般在太学肄业的太学生,后来还形成为东汉政治上一个重要的正义集团,与腐朽的统治者,曾经展开过剧烈斗争,发生了历史上有名的"太学生运动"。

2. 唐代的科技艺术专门学　随着社会经济及文化发展的需要,历代统治者,除了设置儒学外,东汉时,就曾在洛阳设立鸿都门学,招收学生学习书画艺术。到了唐代,更大规模地建立各种专门学,其中除上述的崇玄学外,还有律学、书学、算学等。算学的教学,包括了算术、代数、几何学等科目,并和土地测量、历法推算、水利及建筑工程等实际问题,联系起来。唐代还有许多无学校之名而由中央政权各业务部门,直接招收八品以下官僚子弟及平民出身的学生,进行各种专门职业教育,如:

太医署　设医、针、按摩、咒禁等四科博士,教授学生,其中医科并分体疗(内科)、疮肿(皮肤科)、少小(小儿科)、耳目口齿角法(即今耳科、眼科、口腔、牙科、外科),并且都与临床实习结合。学生结业时,按实习时治好病人的多少,考取为医师、医正、医工等职衔。还有药园,相当于今之制药厂及附设的药剂学校。至于各都督府及州,也都设医药博士及助教,来培养医药科学生。所有这些,在普及和提高医药知识技能上,起着重要作用。

太仆寺　设兽医博士,教授畜牧及兽医。

司天台　设天文、历数等博士,就天文、气象、历数等,分别教授学生。

太卜署　设卜筮博士和助教,教授学生,培养迷信职业中关于卜筮的从业者。

校书郎　也招收学生,学习校刊书籍、楷书、抄书技术。

文学馆　后曾一度改名习艺馆,再改名万林内教坊,后仍称文学馆。设宫教博士,教宫女以书算、众艺(包括舞蹈音乐等)。

此外,在西京和东京,还各设外教坊两所。皇宫里又设有梨园和宜春院,搜集民间音乐并安置和训练各种乐工。

唐代这类专门学,至宋还继续存在,宋代除设算学、医学、律学、书学外,还有画学,各专科的教学内容,更形丰富。此外,又有武学和军监学,以培养军事的和武器制造的人才。宋以后,学校教育地位,进一步为科举所夺,像唐宋的各类专门学,也就停办。

3. 明代的社学　这是出身平民的明太祖朱元璋做皇帝后,下令设置的:

> 今郡县皆有学,而乡社之民,未睹教化。有司其更置社学,延师儒以教民间子弟。

于是各乡镇都设立社学,要求民间15岁以下子弟,入社学学习,除进行识字教育外,须读所谓"御制大诰"及明朝律令,成绩优良的学生给以奖励,后来并准许他们补儒学生员,学习内容还增加了讲习冠婚丧祭等礼节。这种社学,到明中叶以后衰废。清代,也规定各省的府、州、县所属的大乡区堡,各置社学,由秀才为社师,收12岁至20岁间有志文学的各乡子弟入学。这种社学,略具普及教育的意味,具有一定的人民性,也是贯彻统治思想政策的地方。

(二)私学 这是中国教育史上历史长久、影响巨大的一种学校教育机关,春秋战国时期已很发达。秦代统治者,为了贯彻专制愚民政策,禁止人民入私学学习。到了汉代,随着封建经济的发展,中小地主和商人,一致感到"遗子金银满籯,不如教子一经",少数的官学不能满足多数中小地主和商人的要求;由于官学,一般只是中等以上的教育程度,缺少启蒙阶段,统治阶级中上层子弟,也必须入私学去受启蒙教育;再加上知识分子中,不少的做不到官,有的做了官又下野,还有的做官时有野心有闲暇,因此往往以从事私学教育教学工作,当做过渡性的职业、当作提高声名的手段、当作待机再起或退休娱老的办法。这些,正为私学的发展,创造了条件。

汉代私学,并无一定制度,大体上是按学生程度和学习内容,分成三阶段:

第一,启蒙阶段 当时称为"蒙学"或"书馆",收6岁至8岁的儿童,以识字、写字为主,编为叶韵①易读的"字书",四字、七字或三字一句。例如汉元帝时史游所作《急就篇》,一直流传至今,其内容包括:姓氏、衣着、饮食、器用、飞禽、走兽、生理、医药、农业、音乐、兵器、人事等常用字汇。宋元通行的《千字文》和《百家姓》,可能都系仿此而作。书馆内还用体罚:

> 书馆小僮百人以上,皆以过失袒谪,或以书丑得鞭。(王充:《论衡·自纪》)

儿童入学,必须缴纳学费。

---

① 叶韵:亦作"协韵",又称"押韵"。一般指诗词曲等韵文句尾、联尾用字在声韵上和协统一。——编校者

第二，专经的预备阶段　一般是9岁至十二三岁的学生。他们在学完字书的基础上，进一步学习《孝经》《论语》，两书包括了儒家关于做人问题的基本看法，汉代的读书人，纵使不读《孝经》，《论语》却人人必读。读毕《论语》后，有的学僮出任"小吏"或从事别种职业，也有的继续学习。

第三，专经阶段　读完了"专经预备阶段"而继续学习的儿童，在已掌握了《孝经》《论语》的基础上，专研儒家经典中的一种，其程度略与太学相当。在这阶段，有的学生在私学里直接跟老师学习，称为"及门受业弟子"；有的学生并不经常入学，只是遇到问题时才向老师请教，称为"著录弟子"；"著录弟子"中有些由于老师的社会政治地位或学术地位很高，在名位利禄引诱下，缴费注册，取得弟子身分，既不亲来受业，也不随时请教，而只是挂名的学生。

以上从教学内容来分的私学三阶段，不是每一私学全有：农村"蒙馆"以第一阶段为主，也有包括了第二阶段的；在大小城市由中级高级知识分子所设私学，可能三段都有，而重点则在第二、三两阶段。这三阶段，也不能理解为今天这样的学校系统，三个阶段中并没有显著的年级年龄的界限。就当时每个私学中学生人数说，并不很多，教师完全可用个别教学方式，并且以个别教学为教学的主要形式；但在学问好、声名高的名教师底私学中，情况可大不相同，西汉经学家，常有千余学生，到了东汉，儒家学者在家庭内设私学教授的人很多，学生之多也远远超过西汉的经师，如蔡玄底门徒，经常保持千人，著录弟子则有16 000人，如马融底学生，也是"常有千数"，如郑玄未成名时，学生已有"数百千人"，晚年竟有学生几千人，由于学生太多，无法一个个亲自教学，因此班级上课制①可能已经流行，今天虽还不能明确考定，但是可以确定的，他们已采用了由教师亲自教授高材生，再使高材生转相传授，这与手工业生产中，师傅带徒弟与师兄带师弟的办法仿佛。西汉董仲舒就已采取这种办法，"弟子传以久次相受业，或莫见其面"；东汉马融，也是"弟子以次相传，鲜有入其室者"，郑玄在他门下，三年不能见老师一面，而由"高业弟子，传授于玄"。这些学生，往往从遥远的地区，跑到名师那儿受教，也有的因为经济困难，不得不"佣作执苦，以助读书之资"。跟着这些名师学习的内容，除了经学外，还包括周秦诸子学，如道家、法家、阴阳家之说，以及天文、算学、气象、医学等等。

私学经过魏晋衰落时期，到南北朝时又渐发展，但远赶不上汉代私学那样发达，由鲜卑奴隶主贵族所建立的北魏王朝，在太武帝拓跋焘统治时，甚至用严

---

① 班级上课制，亦称班级授课制。——编校者

刑限制人民入私学受教育,私学教师违背规定者要处死,设立私学的"东家"还要全家处死。

唐代,知识分子在家设私学来讲学的风气也流传着。

宋、元两代,知识分子以教私学为做官以外的主要出路;贫苦的知识分子并靠教授蒙童为生活资料的主要来源,他们常在"野市茅檐"下,设立私学,靠村童所缴学费(束修)来维持贫困的生活,从11世纪北宋人叶梦得,在所著《避暑录话》中描写幼时就学于塾师乐某所见情况,可想见当时私学教师们是在饥饿线上挣扎的,也可想见广大教师们对于私学的教育教学工作是非常热爱的:

> 家贫甚。……一妻二儿一跛婢。……草庐三间,以其二处诸生,而妻子居其一。……一日,过午未饭,妻使跛婢告米竭,乐君曰:"少忍,会当有饷者。"妻不胜忿,忽自屏间跃出,取案上简击其首,乐君袒而走,仆于舍下,群儿环笑掖起之。已而,先君适送米三斗,乐君徐告其妻曰:"果不欺汝。饥甚,幸速炊!"

明、清以后,私学学生的学费,或用送束修及赘敬金的办法,或采轮饭办法。

至于私学启蒙阶段的教材,在宋、元时期,进一步发展了汉、唐以来的"字书",编出了一系列的蒙学教本,其中最著名、最通行并流传至今的是:

第一,《三字经》 南宋时所编。至元,由宋遗民改编。作者是谁,传说不一,可能是王应麟或区适子,书中备述封建社会做人标准、教育的重要性、学习的程序。全书356句,每句三字,共有1 068个汉字,其中生字约有800个。这是一种识字课本。自元以后的七百年中,都很流行。辛亥革命后,章太炎复有《改编三字经》,但流传不广。

第二,《百家姓》 唐人虞世南首作《百家姓》一卷。宋初改编,据考证,可能是宋初吴越国知识分子所著,所以首二句为"赵钱孙李,周吴郑王",宋王朝姓赵,吴越国姓钱,其余多为宋初皇帝的后妃姓氏。全书都是四字一句,也都押韵,共600余字。

第三,《千字文》 梁武帝时周兴嗣或萧子范所作,唐代就已盛行。也是四字一句,总计250句1 000字,内容包括天文、博物、历史、封建伦理、教育及生活各方面的常识,流行极广。

这三种蒙学教本,其目的不仅在于识字,同时也贯彻了封建道德教育的目的,并进行了一定的常识教养。宋、元蒙学,在学过"三、百、千"之后,便要依次读《大学》、《论语》、《孟子》及《中庸》等四书和《孝经》,还要读"唐诗"并练习作对。所有这些,在性质上,都是科举考试的准备教育。此外,当时蒙学,还注意练习楷法,初习字时须经过"描红"阶段,即用印好的

    上大人,丘乙己,化三千,七十士。尔小生,八九子,佳作仁,可知礼也。①

25个正楷红字,由蒙童用墨笔描绘。这种描红法,流传至今,在年幼儿童写字教学中是一种有意义的方法。至于这25个正楷红字的写字教材中,也贯穿着尊孔和封建礼教及道德教育。经过"描红"阶段后,便进入"影写"阶段,再进入"临帖"阶段,为学生书写汉字的学习过程,作了较好的安排。

  明、清时期,官学既都变成有名无实的学校教育机关,这使私学,成为地主阶级及富裕的农民和手工业者底子弟,接受教育教养的主要场所。清代私学,从形式看,有:

  教馆或坐馆——地主商人们聘教师在家教育子弟;
  家塾或私塾——教师在自己家内设塾招生并进行教育教学;
  义学或义塾——由地方的地主、商人们,集资聘请教师;
  在公共场所设塾,招收家境贫寒子弟。

从程度分,有蒙馆与经馆两种:蒙馆教学,与宋、元时期,大致仿佛,惟读"三、百、千"等识字课本时,还用"方字"进行识字教学,约识完千字以上才开始教《书》,读完"三、百、千"以后,便教《龙文鞭影》、《史鉴节要》、《幼学琼林》及《四书》,再进一步便要读古文、学八股。教学中的优点是:注重记忆的稳固和技巧的熟练;缺点是:重视呆读死记,很少讲解意义,束缚了学生认识力、思考力的发展,所有教材都限在儒家思想这一范围内,都以早经过去的陈腐东西为内容,而与现实的社会和生活脱节,并使学生终日在紧张严厉的气氛中学习,抑制了学生学习的自觉性与积极性。

  但是必须指出:这种私学,正是统治阶级下层及一部分劳动人民,得到学

---

① 宋代时已被儿童传唱,不知何时起,其文特取笔画少的汉字以便童蒙,而且涵盖了汉字的基本笔画。——编校者

校教育教养的唯一场所。历代私学,总的说是为统治阶级服务的,但是它也有着一定人民性的。

(三)书院 早在唐代,就有了"书院"这一名词,当时还只是收藏书籍与校订书籍的地方,而不是学校。五代时,由于战争影响,官学衰废,一些知识分子,在魏晋以来佛教徒禅林讲经说法的影响下,选择风景优美的山林名胜地方,作为"群居讲学之所",例如10世纪中叶,南唐以李善道为洞主的"庐山国学",就是最早具有学校性质的书院。宋代,随着封建经济的发展、印刷术的进步,也由于统治者只重视科举而不振兴学校,于是边藏书、边讲学的书院,有了兴起的可能与必要,并产生了许多书院,像江西庐山的白鹿洞书院、湖南衡阳的石鼓书院、湖南长沙的岳麓书院、河南商丘的应天府书院、河南登封的嵩阳书院及江苏江宁的茅山书院等,都是地主阶级知识分子集资创办起来聚书教徒的地方。这些书院,有下面几个主要特点:

第一,仿佛教禅林讲经藏经办法,选择山林名胜为院址,来藏书和教学;经费来源,也与禅林的靠官僚、地主、商人的施舍类似,也是以向他们募捐为主,有时,并依赖封建政权的拨款。

第二,仿佛教寺院由主持执事来领导的办法,以洞主或山长为领袖,下设事务人员,保持一套特殊的组织形式。

第三,仿佛教禅林讲经时集体讲说与个别点化的办法,书院也采取类似今天的班级教学形式,进行集体讲解,并与个别深入钻研和修心养性问题的相互质询方式结合。

宋代书院兴起不久,因为宋代统治者大力提倡科举,并有几次大规模兴学,书院便沉寂下来。到了南宋,才又由于官学败坏、知识分子厌弃科举、理学研究盛极一时等原因而得到发展,几乎每一州县都建有书院,儒家学者如朱熹、吕祖谦、杨时等,都曾在书院讲学。

从元代到明、清,书院是继续存在的。元代的书院,比南宋更多,惟主讲人除了极少的富有部族气节、拒绝仕元的学者外,多数是"挂俘籍"的奴才、下第的举人。主持书院的山长,一律由元代统治者任命,书院学生也在地方长官的荐举与考核下,受到像官学一样的控制。如果说,宋代书院具有追求真理、培养部族气节的精神,那么,元代书院正是蒙古奴隶主贵族实行对汉人、南人进行部族压迫,并从思想上奴役和麻痹的场所。明初,为了贯彻思想统治的阶级压迫,对书院是抑制的。后来因为官学和科举都渐腐败,书院又逐渐兴盛,经过著名的思想家并掌握军政大权的王守仁到处倡办,并亲自聚徒讲学,这也在一定程度上推动了明代书院的发展。但是明代书院,一方面保留一些自由讲学的传统,一方面仍不能超脱科举的影响,甚至有书院讲学不得妨碍学生从事科举的规定,到了16世纪末与17世纪初,还在书院中定出了科举名额。

  清初,在汉满部族矛盾中,曾于公元1652年(顺治九年),以皇帝命令,禁止民间创办书院。后来又巧妙地采取了官办书院的办法,并以准备科举考试的一套,作为书院学习的主要内容,只有极少数的书院,能在一定程度上摆脱科举束缚,形成重视实践的,重视古文、诗赋及考据训诂的学风,或在研究文史的同时,注意到数学、天文学、地理学的研究。鸦片战争后,外国资本主义侵入中国,书院中广泛地设置社会科学及自然科学课程,这使书院,在形式和内容上,都起了很大变化,后来许多书院多改办为学校,从此曾在中国教育史上有过长久历史、起过一定作用的"书院",就成为历史上的陈迹了。

第四章　秦汉魏晋八百年间教育学的发展

第一节　秦汉魏晋八百年间教育学发展概述

正如前章所述,以公元前 221 年秦始皇嬴政建立大一统的专制王朝为标帜,中国古代社会的生产方式,为封建社会的生产方式所代替,封建地主阶级完全取得政治经济上的统治地位。随着秦汉之际的社会大骚乱,到地主政权在汉武帝刘彻时完全稳定后,社会阶级构成中占统治地位的是贵族大地主、中小地主和商人,而广大农民和手工业者则处在被统治、被剥削和被奴役的地位。从秦汉到魏晋南北朝的 810 年间(公元前 221 年—公元 589 年),社会主要矛盾,在秦汉是地主阶级与农民阶级的矛盾,在魏晋是汉部族与落后部族部落间的部族矛盾。

八百年间政治经济发展的情况,反映在哲学和政治学领域内,在秦、秦汉之际乃至汉初,便有统一春秋战国时期百家争鸣的倾向,产生了在形式上杂糅儒、道、法、阴阳、纵横等各家之言的"杂家"思想,这在汉以前可以《吕氏春秋》为代表,在汉初可以《淮南子》为代表。当时的"杂家者流",在教育学方面,如同在哲学和政治学上一样,走着调和折衷路线,倾向于统一各家学说,以为新兴的封建统治阶级服务。例如由出身大商人的秦相吕不韦主编的《吕氏春秋》,依据道家思想,一方面认为人有认识客观存在的感官,"感而必知"(《吕氏春秋·圜道》①),来说明人有受教育的可能性,一方面又认为这种认知能力,尤其是知"道"的能力,是圣人所专有的,因为"圣人之所以过人,以先知;……众人则无道至焉"(《观表》)。由此,《吕氏春秋》作者便得出"民不可以感化举始"(《乐成》)的论断,只可依据人君"无智、无能、无为"(《分职》)的原则,对民实行"不教之教、无言之诏"(《君守》),当这种"不教之教"失效时,便只能针对民"欲荣利、恶辱害"的本性,靠法家所重视的"赏罚"和"纪纲"来"用民"(《用民》)。教育只对统治阶级子弟才是必要的,这种教育是要培养统治阶级子弟,成为"知礼义"与行"忠孝"的"人子人臣"(《劝学》)。例如由贵族大地主刘安(刘邦之孙,封淮南王)主编的《淮南子》,杂采老庄、阴阳家及儒家之说,认为教育以培养出世的人

---

① 以下所引《吕氏春秋》只注篇名。——编校者

生观为理想,而以提倡"内功"的神仙家言"清静无欲"之说入手。《淮南子》著者们认为:教育之所以可能和必要,由于物质的我以外还有精神的我,有精神就有智慧,有智慧身心就有了主宰(《淮南子·俶真训》),但是这种智慧,并非人人相等的,以马为例,"良马不待策錣而行,驽马虽两錣之不能进,为此不用策錣而御则愚矣"(《修务训》),在这里,良马和驽马正如人之"上智"和"下愚",策錣而御的马,正如中材之人,这又吸取了儒家思想,并为后来董仲舒提倡的"性三品说"的先声,而马之"可驾驭",由于"教之所为",由此得出人也是"待教而成"的结论。

儒家的哲学和教育学,在汉初,已跟着高、惠、文、景诸帝王封建地主政权的逐渐发展和巩固,而逐渐取得优越地位。例如汉初儒生贾谊(公元前200—前168年),在教育学上就是主要采取荀况观点,要通过教育实现"礼义积而民和亲"(《治安策》)的理想,要通过"教习"来化释百姓黎民的恶性,要提倡"胎教"从妊娠时就接受好环境的影响。至汉武帝刘彻时,儒家便在儒道斗争中取得合法的、正宗的地位,而儒家学派中的唯心论观点,却开始抬头,而以"汉代孔子"董仲舒学说——神学化了的儒家学说,在较长时期内支配着大地主阶级的哲学和教育学。直到公元初年,也就是西汉末年,才又重新燃起唯物论反对神秘主义和唯心论的斗争,出现了思想史上也是教育学史上一个伟大的学者王充(公元27—89或97年),接着又出现了一个杰出的教育家郑玄(公元127—200年)。王充底唯物论哲学,至公元5世纪时为南朝人范缜(公元405—507年)所承继和发展,但是范缜在教育学方面仍然是唯心论者。

关于秦汉到魏晋南北朝八百年间教育学的发展,这里以董仲舒和王充两个思想家为代表,来反映本期间教育学领域内唯心的与唯物的两派思想斗争发展梗概,并对汉末杰出教育家郑玄的教育活动和教学论观点,作简要叙述。

第二节 所谓"汉代孔子"的董仲舒

(一)董仲舒的生平和思想 董仲舒(约公元前179—前104年)是一个出身大地主阶级的儒家学者,是一个援引阴阳家言来解说《春秋公羊传》的"汉代孔子"。汉景帝刘启时,担任过博士的官,"下帷讲论,弟子传以久次相授业,或莫见其面"(《汉书·董仲舒传》)。汉武帝刘彻时,命令各郡国选举"贤良文学",董仲舒应征对策得第一名,先后做过宗室贵族易王和胶西王的"相",晚年回乡,在家专门著书讲学。著作有《上疏条教》123篇,《春秋繁露》十余万言。所著《天人三策》,揣摩汉武帝"罢黜百家、独尊儒术"的统治思想政策,发动了当时黄老与儒家思想的斗争,通过汉武帝雄才大略的钦定,确立了我国中世纪的形式上是儒学、实质上是神学的统治思想,为中世纪神学化了的"经学",开拓了基地。而他也因此取得"汉代孔子"的称号。

就哲学观点说,董仲舒采取着神学的世界观,他说:

> 道之大原出于天。天不变,道亦不变。(《汉书·董仲舒传》)天者,群物之祖也。(《天人三策·第三策》)

他把"天"当做宇宙的主宰,由于"天"底智力与意志,主宰着宇宙的构造和运动,由阴阳、五行、四时等相配合而形成宇宙构造,这宇宙虽然经常地循环运转,但是绝不改动,用他自己的话说,是"天之道,终而复始"(《春秋繁露·阴阳终始》)的。在这里,他用目的论的神学的天道观念,支配着自己的世界观。从这样的世界观出发,在天人关系上,他认为:"人受命于天"(《汉书·董仲舒传》),由"天"或有意志的上帝,按照自己的构造,创造了人,使人灵长万物,替天行道,天所创造的人,只能顺天之命,而不能逆天之志,作为人间最高统治者的最大地主"天子",正是"天"派在人间的代表。

董仲舒依据自己的神学世界观和天人关系论,提出了社会政治观点和人性观点。他认为人类社会历史,是按照"天之道终而复始"的循环论发展的,汉王朝正是按夏商周代兴的天命,而代替秦楚而兴起的合法政权。他根据"阳尊阴卑"的宇宙观和"三纲五常",建立了神学化的"三纲"(君臣、父子、夫妇)、"六纪"(诸父、兄弟、族人、诸舅、师长、朋友)的伦理,把孔子以来儒家所谓"伦理",说成是人类的天性,把"五常"的作用和重要性加以神秘化,他说:

> "夫仁、义、礼、智、信五常之道,王者所当修饰也。王者修饰,故受天之佑而享鬼神之灵,德施于外方,延及群生也。"(《汉书·董仲舒传》)

董仲舒这种"三纲"、"六纪"和"五常"的说法,正是孔子以来"尊尊""亲亲"等阶级等级关系的延长、扩大和神学化,为汉代封建地主所有制的社会关系,制造了新体系,使社会的阶级秩序绝对化,并使阶级对立有所隐蔽。他又从神学的天道观念出发,认为天道既不能有阳而无阴,所以人性也不能有善而无恶,由此他提出了"性三品说"。照他底看法,"性者,天质之朴"(《春秋繁露·实性》),正是与生俱来不待教而然的一种素质,他从汉代社会阶级构成的现实出发,折衷孟轲底"性善说"与荀况底"性恶说",认为人们这种不待教而然的天性,可以分成上、中、下三品,天赋予地主阶级以上品的善性,赋予农奴阶级以下品的恶性,这两个对立的阶级是固定不变的,两阶级的善性或恶性也是"不移"的,只有自耕农小商人等等中间阶层,可能上升为"治人者",也可能下降为"治于人者",因而中间阶层的人性,也动摇于善恶之间,他说:

> 圣人之性,不可以名性;斗筲之性,亦不可以名性;性者,中人之性也。米出禾中,而禾未可全为米也;善出性中,而性未可全为善也。茧有丝,而茧非丝也;卵有鸡,而卵非鸡也。故谓未尽善也。(《春秋繁露·深察名号》)

他所谓上品圣人的"过善"之性、中人未可为善的性,与下品斗筲的恶性,正是统治阶级御用学者口中关于中古社会矛盾的反映,也是为地主阶级的统治权、为地主阶级剥削和奴役广大农奴阶级,从哲学和神学中制造理论根据。至于他把"中人之性"说成是"未尽善"的,这既可使中间阶层如同广大农奴一样服从统治,又可诱惑和麻痹其思想意识,拉到统治阶级周围作为剥削和奴役广大人民的帮凶和帮闲,但是他认为,中人之性,虽可以教化而及于善,不可以教化而及于圣,"过善"的"圣人"之不可及性,正是中世纪最高统治者"天子"的神圣化、"天子"封建统治权的绝对化及封建政权超经济剥削合理化的理论根据。

董仲舒的教育学观点,正是从他神学的世界观、社会政治观和人性观,而发展出来的。

(二)董仲舒底教育观点　董仲舒从大地主统治的利益出发,也从神学的"性三品说"出发,肯定教育的必要性,他说:

> 夫不养士而欲求贤,譬犹不琢玉而求文采也。(《汉书·董仲舒传》)
>
> 夫万民之从利也,如水之走下,不以教化堤防之,不能止也。……古之王者明于此,是故南面而治天下,莫不以教化为大务,立太学以教于国,设庠序以化于邑。……教化行而习俗美也。(《汉书·董仲舒传》)
>
> 中民之性,……待渐于教训而后能为善。善,教训之所然也。(《春秋繁露·实性》)

他还从神化的封建专制君主权能至上的政治观点出发,认为统治者实施的教化,具有决定性的作用,他说:

> 故尧舜行德,则民仁爱;桀纣行暴,则民鄙夭。夫上之化下、下之从上,犹泥之在钧,唯甄者之所为,犹金之在镕,唯冶者之所铸。(《汉书·董仲舒传》)

正是从君权至上而透露了教育万能思想,也就是说,人性好坏,都靠教育而改变,人材造就,正如冶者铸金与甄者搏泥一般,可随意陶铸。

董仲舒从自己底社会政治观点出发,要用教育培养受教育者具有仁、义、礼、智、信的"五常之道",并以仁、义、智三德为重点,成为拥护和实践"三纲六纪"的封建社会的成员。为了培养"五常之道",在性情培养上,他吸取了道家养生论的思想,主张节制欲望,他说:

> 圣人之制民:使之有欲,不得过节;使之敦朴,不得无欲。无欲有欲,各得以足,而君道得矣。(《春秋繁露·保位权》)

他以为饮食男女等等欲望,如通过教育而有所节制,达到"中和"境界,足以延年益寿;如果纵欲,便会害生,甚至戕其天年(《春秋繁露·循天之道》)。他主张适当地节制喜怒哀乐四种情绪,但反对一味抑制(《春秋繁露·阳尊阴卑》),只有培养情感,才能使心意宁静中和(《春秋繁露·阳尊阴卑》)。他以"礼乐"作为节欲制情或养生的手段,以"中和"作为发展情欲的标准,他最重视"乐教",他说:

> 王者功成作乐。……乐者,所以变民风,化民俗也。其变民也易,其化人者著。故声发于和而本于情,接于肌肤,臧于骨髓。(《汉书·董仲舒传》)

董仲舒关于教育的这些主张,主要承袭先秦儒道之说,没有什么新的发明,他底企图,也正是想由此以达到"化民成性"来巩固统治。

董仲舒教育观点中对于历代封建统治下的学校教育,影响最大的,是他所倡导的几个重要的文化教育政策。

第一，独尊孔子罢黜百家的统制思想政策。

他把春秋战国以来各家学说，都统一于自己所解释的所谓"孔子之术"下面，以实现"思想一元化"与精神统治的目的，以"推明孔氏，抑黜百家"（《汉书·董仲舒传》），作为自己从事文教事业的努力方向，他说：

> 今师异道，人异论，百家殊方，指意不同。是以上亡以持一统，法制数变；下不知所学。臣愚以为诸不在六艺之科、孔子之术者，皆绝其道，勿使并进。邪僻之说灭息，然后统纪可一，而法度可明，民知所从矣。

这正是建议汉代统治者，用独尊孔子和六经的办法，用禁绝百家异端"邪说"的办法，来统制思想趋向、实现政治上的统一。同时也可看出，他只反对"法制数变"，并不根本否定"法度"，由于"法度"对统治有利，他仍吸取法家主张，要求做到"法度可明"；同样，百家"指意"中有利统治的东西，他仍然要吸取在"孔子之术"的体系中，例如他曾说：

> "为人君者，居无为之位，行不言之教。"（《春秋繁露·保位权》）

这正是吸取黄老"无为"思想，来防止暴君专横。董仲舒这种"尊孔崇儒"的文教政策思想，实际上为汉武帝刘彻所采取，为中世纪一千几百年封建专制统治者所袭用，使神学化了的儒家学说，在中国封建社会长期居于统治地位，正与欧洲中世纪由基督教占领政治的和文教的统治地位一样，其影响是巨大的。

第二，兴教化立学校以养士防奸的政策。

董仲舒从统治的目的出发，依据自己所提倡的"性三品说"这一欺骗性的阶级理论，强调麻醉性的激化作用，认为"教化立而奸邪皆止，……教化靡而奸邪并出"（《汉书·董仲舒传》），要提倡教化，就必须设立学校来养士，他说：

> 养士之大者，莫大乎太学。太学者，贤士之所关也，教化之本原也，……臣愿陛下兴太学、置明师，以养天下之士，数考问以尽其材，则英俊宜可得矣。（《汉书·董仲舒传》）

他认为设立学校——太学和庠序，能够"渐民于仁，摩民以谊，节民以礼"。他依据三代传统，主张在中央设立太学，以教育贵族大地主、官僚子弟及从一般地主阶级中挑选出来的少数俊秀子弟;在地方设立庠序,教育一般地主子弟,因而影响万民使成"顺奴"形态的被统治阶级。而太学和庠序,在他看来,不仅以六经和儒术教育教养着统治阶级子弟,也是统治者选拔官僚、征得"英俊"的主要源泉。

第三,选士贡贤以网罗人才麻痹知识分子的政策。

董仲舒从自己"性三品说"中所谓可善可恶的"中人之性"的见解上,认为社会地位常在动摇中的诸中间阶层,如在养士政策的基础上,采用选士办法,给以参加政权的遥远的希望,便能麻痹其阶级意识,拉到统治阶级周围,他说:

> 臣愚以为:使诸列侯、郡守、二千石,各择其吏民之贤者,岁贡各二人,以给宿卫,且以观大臣之能。所贡贤者有赏,所贡不肖者有罚。夫如是,诸侯吏二千石,皆尽心于求贤,天下之士,可得而官使也。遍得天下之贤人,则三王之盛易为,而尧舜之名可及也。(《汉书·董仲舒传》)

他认为:"选郎吏如以富訾,未必贤也",在这里,他为寒素有材的知识分子,发出了呼吁,而他主张每年从各级政权管辖范围内,各选拔贤能吏民二人的办法,在鼓励人们学习和争取教育上,是起一定作用的。

总的说,董仲舒关于文教政策的思想,都是从巩固封建地主阶级政权出发的,他直接启发了汉武帝刘彻的文化教育措施,正如班固所指出的:

> 及仲舒对策:推明孔氏,抑黜百家;立学校之官;州郡举茂材孝廉。皆自仲舒发之。(《汉书·董仲舒传》)

这种从董仲舒发其端的文教政策思想,也基本上为历代封建统治者所承袭,因而支配文教发展2 000年之久,一直到20世纪20年代,由于马克思列宁主义的传播与中国共产党的领导,掀起了文化革命,才推翻了儒家思想的统治地位。至于董仲舒的目的论的世界观、唯心主义的思想体系、为封建地主阶级服务的教育观点,在东汉初叶,由于王充的伟大异端体系的出现,而受到严重打击。

第三节 唯物主义的思想家王充

(一)王充生平 伟大的农民出身的唯物论思想家王充,生于公元27年,他是浙江上虞人。出身"贫无一亩庇身,贱无斗石之秩"的"细族孤门"(《论衡·自纪》),祖父和父亲都是具有墨家任侠传统的贾贩。他曾"受业太学,师事扶风班彪(古文经学家)",但他"好博览而不守章句",也不受儒学拘束,而能"博通众流百家之言"(《后汉书·王充传》)。他底一生,虽曾做过州郡小官吏,主要事业却是教育及著述工作,著有《讥俗》、《政务》、《论衡》、《养性》诸书,《论衡》一书,一直流传至今。

(二)哲学观点　王充的时代,在政治经济方面,是西汉农民起义给东汉光武帝刘秀镇压下去以后,广大农民陷于沉寂的慢性饥饿状态,"灾民"、"流民"、"困于道路"的所谓"太平"时代;在思想方面,是由汉武帝"罢黜百家,独尊儒术",变而为汉光武宣布以低级迷信思想的"谶纬之术"为正宗的时代。他站在广大人民——尤其是农民一边,非常关怀农民疾苦,对于统治者用神学或谶纬迷信来麻痹广大人民和知识分子,借以辩护专制统治的神圣不可动摇性,很不满意,因而本着"违儒家之说,合黄老之义"的观点,公然批判儒、墨、名、法、道及阴阳等六家之说,也公然批判了当时钦定的谶纬"正宗"思想,成为两汉反对阴阳谶纬"正宗"思想的最伟大的代表。

王充有着独立的理论体系。他摄取了先秦儒家者荀况在所著《天论》中关于宇宙的看法,反对董仲舒以来迷信的神学的世界观,否定有所谓人格至上神的"天",视"天"为无意志无目的的自然存在,提倡机械的自然发展的世界观。他深信:宇宙万物的成长,乃是非神力操纵的自然过程,所谓宇宙乃是自然存在的客体,天体是云烟质,地体是土质,都是一种实际存在的物质,万物的生长,不是"天"故意创造的,宇宙内一切客体,自生自灭,毫不假手于什么神意的创造或"命"与"数"的决定,至于人也和万物一样,由于"人偶自生"(《论衡·物势》),也就是由于夫妇自然结合而后生子,丝毫没有什么秘密。所以他说:

夫天地,不能故生人;则其生万物,亦不能故也。(《论衡·物势》)

既然"人"和"物"都不是什么"天"或"上帝"创造的,所以"人有死生,物亦有终始"(《论衡·辨祟》),所以也就无须"养生"。他这种机械的唯物主义世界观,不但否定人格神的天道观,还建立了无鬼论的科学思想,肯定"死人无知"(《论衡·薄葬》),他指出:如其"谓人死有知,是谓火灭复有光"(《论衡·论死》)。由此,进而在社会实践上反对"厚葬"。

从这一机械的自然发展的世界观出发，王充提出了关于人性问题的比较进步的看法。他认为：人们所以有寿夭、善恶、贤不肖等种种差别，由于各人所具的体质或阴阳之气不相等，用他自己底话说，正是"禀气不一，安能皆贤?"(《论衡·自然》)，禀气不等，才形成善恶贤愚：

> 人之善恶，共一元气，气有多少，故性有贤愚；禀气有厚薄，故性有善恶也。(《论衡·率性》)

在这里，他统一了孟轲、荀况、杨雄等关于人性善恶问题的分歧，指出他们底论点，是片面地从社会阶级构成的一个方面观察所得的结论：

> 余固以孟轲言人性善者，中人以上者也；孙卿言人性恶者，中人以下者也；杨雄言人性善恶混者，中人也。(《论衡·本性》)

他认为：性的或善或恶，是受不同的地点、条件等客观形势的影响而形成的，是受社会物质生活条件及文化教养的好坏及多少而决定的，他曾引据儒墨各家所述环境影响人性的说法，用水的清浊原因来生动地证明自己底论点：

> 人间之水污浊，在野外者清洁。俱为一水，源从天涯，或浊或清，所在之势使之然也。(《论衡·率性》)

(三)**教育观点** 在唯物论的世界观和人性论指导下，王充提出了自己关于教育作用、目的、方法等诸问题的看法。

1. **关于教育作用的观点** 他满怀信心地肯定着教育的作用：他指出，教育的所有可能，正以可变的"人性"为基础。"人性"虽因天赋体质、环境及教养的不同，而表现为善性或恶性，善性已成的人固已符合了社会的要求，仍须进一步进行"养育劝率"，不使变恶，而恶性已成的人也完全能够通过"教告率勉"，改变成善人，因说：

> 论人之性，定有善有恶：其善者固自善矣；其恶者故可教告率勉，使之为善。凡人君父，客观巨子之性，善则养育劝率，无令近恶，近恶则辅保禁

> 防,令渐于善。善渐于恶,恶化于善,成为性行。……夫人之性,犹蓬纱也,在所渐染而善恶变矣。(《论衡·率性》)

或善或恶的"性行",都是"渐恶"、"化善"的结果,这种能够"渐恶"也能够"化善",都说明人们完全有受教育的可能性的。至于教育的所以必要,在王充看来,正由于人们在后天各种影响下形成了善恶不同的"性",为了长善去恶,就必须进行教育,就必须用教育这武器来矫治恶劣品质:

> 夫人有不善,则乃性命之疾也。无其教治,而欲令变更,岂不难哉!……不患性恶,患其不服圣教。(《论衡·率性》)

放弃了教育与管理,就不能变更恶性,所以问题在于人们是否能得到教育,而不在于"性恶"。他不仅指出了教育的可能与必要,他还非常重视着教育的教育作用,他说:

> 骨曰切,象曰瑳,玉曰琢,石曰磨。切瑳琢磨,乃成宝器。人之学问知能成就,犹骨象玉石切瑳琢磨也。(《论衡·量知》)

他用手工业者能靠切瑳琢磨的技巧和努力,来把骨象玉石创造成为"宝器",来说明人们只要做好切瑳琢磨的功夫,一样可以在学问知能上获得很大成就;也就是说:一切的人,都能够用教育使大家"(夫学者)反情治性,尽材成德"(《论衡·量知》)的。

2. 关于教育目的任务的观点　转到教育目的问题上,王充正是要教育"反情治性,尽材成德",也就是要教育把人们培养成既"能知大圣之事",又能"晓细民之情"(《论衡·程材》)的人材,这种人材,是"多闻博识"和"深知道术"的,是既有"学问"又能"理事"(《论衡·别通》)的。由于人们"禀气不同"、所受环境和教育的影响也不同,因此也就有不同的成就,据王充在《论衡》一书《超奇篇》的分析,可能有以下四种不同的人:

第一,鸿儒　这种人成就最大,能够"精思著文,连结篇章"地来"兴论立说";这是能掌握道理进行创造的哲学家或第一等人。

第二,文人　这种人成就稍次,能够"采掇传书,以上书奏记",也就是能掌握历史知识来从事政治工作的政治家。

第三，通人 这是掌握了书本知识来从事教学工作的学者，他们能够"通书千篇以上、万卷以下，……以教授为人师"，但不能"掇以论说"，也就是说，这种人并不能把所掌握的知识创造性加以应用，而仅"属于鹦鹉能言之类"，是知识分子中第三等人。

第四，儒生 这是王充所最鄙视的知识分子。他们在学问修养上"能说一经"，但是把自己底识见，局限于一隅，"不好广观，……守愚不览"，实际上变成"不闻古今，不见事类，不知然否"的"目盲、耳聋、鼻痈"的残废，由于知识偏狭，特别由于与实际事功严重地脱节，最后变成"栗栗不能当剧，将有烦疑不能效力"的无用之人。

由此可见，教育所要培养的理想人格，在王充看来，第一是鸿儒，第二是文人，是善于思考、创作发明并使理论与实际联系的人；而通人和儒生那样形态的鹦鹉或残废，都不是社会需要的，都是既未"尽材"又不能"成德"的，必须好好改造的人。

3. 关于教育教学问题的卓越见解 为了培养"尽材成德"的人材，王充在教育教学问题上提出了自己底卓越见解。就教学问题说，他首先依据自己关于人性问题的观点，坚决否认有所谓"生而知之"，肯定知识起源于后天的感觉和学习，他说：

> 不学自知，不问自晓，古今行事，未之有也。……故知能之士，不学不成，不问不知。……人才有高下，知物由学，学之乃知，不问不识。……天地之间，含血之类，无性知者。……实者圣贤不能性知，须任耳目以定情实。……孔子曰："吾尝终日不食，终夜不寝，以思，无益；不如学也。"(《论衡·实知》)

所谓"须耳目以定情实"，正是以对客观事物的感觉为知识的起点，所谓"不问不知"与"不问不识"，正是要求以先进的经验作为认知和推理的根据。但是王充并不把感觉和经验，当知识的全部，除了依靠"耳目"感官获得感性知识外，还要求重视依靠由"心意"而产生的理性知识，他说：

> 夫以耳目论，则以虚象为言，虚象效，则以实事为非。是故是非者，不徒耳目，必开心意。(《论衡·薄葬》)

这就是说，感知的东西，并不完全可靠，单纯了解事物现象，并不能得到真知，甚至还会由于表面现象使人发生错误的认识，"以实事为非"，只有进一步运用"心意"，也就是开动脑筋，才能够正确地辨认"是非"。他认为：一切的学习和讨论，如其违背客观实际，也不使所学所知得到证实和考验，便得不到真知，因而也不能使人信仰，用他自己底话说：

> 凡论事者，违实不引效验，则虽甘义繁说，众不见信。……事有证验，以效实然。（《论衡·知实》）

他在教学问题上，正是把"目见"、"目为"、"开心意"、"有证验"，当作统一的过程，以耳目为起点，以实事为对象，以心意（思考）和证验（行动）为求得真知的主要条件。这对秦汉以来脱离实际的教条烦琐学风，是一个致命的抨击，是把教学引向科学道路的重要启示。

就教育问题说，王充认为：人们底气质完全可用礼乐来培养，所谓礼乐，正是产生于治性节情的实际要求：

> 情性者，人治之本，礼乐所由生也。……性有卑谦辞让，故制礼以适其宜；情有好恶喜怒哀乐，故作乐以通其敬。礼所以制、乐所为作者，情与性也。（《论衡·本性》）

但是，作为治性节情工具的礼乐，王充认为，只有在人民物质生活有保障的条件下才能生效，他说：

> 让生于有余，争起于不足，谷足食多，礼义之心生；礼丰义重，平安之基立矣。……礼义之行，在谷足也。（《论衡·治明》）

统治阶级手里的教化和刑罚，在谷不足、食不多的条件下所能起的作用，是很有限的。礼义的有无，并不就能直接使人民"身肥"或"化衰"，所以他说：

> 故礼义在身，身未必肥；而礼义去身，身未必瘠而化衰。以谓有益，礼义不如饱食。（《论衡·非韩》）

由此可见，王充是有条件地把礼乐当作教育或培养性情的一种手段的，在人民不能饱食的情况下而要发展教育、宣扬礼义，既已不是人民所迫切需要，因而也就难以得到预期的效果。这与儒家传统的所谓"礼治主义"的说教，正有着根本的区别。

（四）王充哲学和教育学观点的意义　作为古代唯物论哲学家的王充，在他底哲学和教育学观点中，包含了不少在当时极为进步的主张：他关心农民疾苦，反对麻痹人民思想意识和巩固专制主义统治的"正宗"思想；他肯定人和物都是按自然规律发展的，在人性问题上批判地吸取了先秦的唯物观点；他要求培养鸿儒文人，反对教条主义、反对脱离历史的和社会的实际；他提出"礼义之行，在谷足也"的杰出命题，揭穿了"礼治主义"的欺骗性，暗示了变革社会物质生活条件是变革人性的基本途径。当然，他底哲学观点和教育观点，是受了历史的与阶级的局限的，但是必须指出，中国历史上，也是中国教育史上，有王充这样一个杰出的出身贫贱的思想家，这是我们值得骄傲的。

第四节　杰出的教育家郑玄

（一）郑玄生平和文教活动　郑玄（公元127—200年），字康成，北海高密（今山东省高密县）人。他活着的年代，正当东汉地主政权在全国农民起义洪潮中摇摇欲坠，而统治阶级内部的宦官、外戚、宗室及官僚（包括军人及知识分子）等集团的强宗豪族，仍在极其错综复杂地明争暗斗，最后由割据局势代替统一江山的时期。也从这个时候开始，反映在统治阶级意识形态方面：充满迷信神话的、用西汉通行的隶书所写的今文经学，既早失去作为统治武器的作用；比较理智不讲谶纬的、用古代篆书所写的古文经学，也由于文字难懂容易为人附会修改，也不能够"厌悦人心"，因而产生撤废"家法"藩离，走上综合"今"、"古"的折衷的倾向。这样一个政治的及学术思想的历史情况，对郑玄一生的发展，是有着重大影响的。

郑玄是一个出身没落官僚家庭的封建知识分子。二十五六岁时，曾参加地方政权工作，先后担任过"掌听讼、收赋税"等工作的"啬夫"、"乡佐"等小吏，并因著名大官僚杜密（死于公元169年第二次党锢之祸）的赏识，提升为"郡吏"，带俸游学于洛阳的太学，成为盛极一时的三万太学生中的一员。又曾西去陕西，跟着出身"外戚豪家"的经学家马融，学习了一个长时期，正因为他曾是杜密底"故吏"，在党锢之祸中，遭"禁锢十有四年"（《后汉书·郑玄传》）。禁解以后，在朝权贵,如出身大土豪的董卓及外戚何进、袁绍等,都曾罗致过郑玄;他曾坚决拒绝了董卓的征辟;60岁时,曾一度为何进逼去,并对这位外戚大官僚,"多所匡正",还是"不合而去";晚年,袁绍与曹操展开军事争夺时,袁绍硬逼他从军,最后竟老死军中。他对于东汉末政治舞台上的人物,除杜密外,如北海相孔融,徐州牧陶谦、刘备等,都保持着较好的关系:孔融对于郑玄,"推许甚至",为他特别建置"郑公乡";陶谦"接以师友之礼";董卓被杀后部将李傕、郭汜的暴动,他曾与陶、孔等联名要求讨伐。刘备在徐州,"尝以师道事康成",郑玄也常"启告治乱之道",并向刘备推荐过干部,后人认为刘备能够建立蜀汉政权,"续炎刘已坠之绪",与郑玄提供的"治乱之道"有关。(《郑学录》卷一,郑珍按语)。据说:他70岁时,在由徐州回高密的旅途中,遇到黄巾大军数万人,"见玄皆拜,相约不敢入县境"。(《后汉书·郑玄传》)。由此可见:政治上的郑玄,在强宗豪族错综复杂的政治斗争中,主要站在忠于刘汉政权的一边,坚决反对宦官集团,也反对一些危害汉室的外戚和官僚,而与标榜"正义"的宗室反封建知识分子出身的"正派"官僚们,保持着千丝万缕的关系。农民起义的大军,如果真的对他崇敬,可能就由于他的"正派"作风与他在学术和文教活动方面的好名声。

就学术和文教活动说,郑玄是一位"赅通六艺(六经),兼取百家"的经学家,是一位"博极群书,精历数图纬之言,兼精算术"的科学家。年少时就爱学书数及五经、天文、气象,并善于写作,有"神童"之称。入太学后,他学无常师:先从博士第五(姓)元(名),通习《京氏易》、《公羊春秋》、《三统历》及《九章算术》,后来又从通儒张恭祖,研究《周官》、《礼记》、《左氏春秋》、《韩诗》及《古文尚书》。跟马融学习时,由于马融是一位撤废今古文界限、兼注"三礼"的学者,在马融影响下,对于经学研究也出入于"今文"、"古文",进行非常广博的涉猎,所注《三礼注解》,成为中国经学史上权威著作。不过他在经学方面的成就,是与他对科学的钻研分不开的,他利用了一定的科学方法,本着理智的态度来解释经典,例如他把"日食"看做是一种不常见的自然现象,认为"于民无困,哭之为非",认为"不害谷物,故哭非礼"(均见《答临孝存周礼难》)。他对科学研究的兴趣,一直很浓厚,到他70岁时,还跟刘洪学习"乾象历法",并为它做了注释。他在经学上的成就和一定科学方法的掌握,也是他在教育教学工作中获得很大成功的因素之一。由于郑玄,在东汉末年的政治界学术界,是一位有成就有名望的学者,所以从40岁后辞别马融东归,在山东即墨县劳山①上从事教学工作时,"学徒相

---

① 劳山,今作崂山。——编校者

随,已数百千人"(《后汉书·郑玄传》)。党禁解除以后,"弟子自远方至者数千"(《后汉书·郑玄传》)。黄巾起义,他先后避居即墨县不其山及徐州兖州,继续讲学。二十多年的教育工作中,及门弟子,不下数千,著录弟子万人,正是"伊洛以东,淮汉以北"的唯一教育家。到他死时,"自郡守以下受业者,缞绖赴会千余人"。这正说明,他又是一位极其成功的教育家。

(二)教育观点　郑玄从事教育工作的记载,以及他底教育观点,散见在他自己底著作以及他底门人所著《郑学录》、《郑志》等书内。他对孔子以及先秦儒家孟轲等,是极其推崇的,在教育作用和目的等基本观点上,完全承袭着孔子以来儒家底看法。他在教育方面最有影响的贡献,主要是在教养教学的内容和方法问题上。

1. 关于教养教学内容的观点　他认为"教"的工作,一方面必须以确实可靠的、非后人"向壁虚造"的"圣人之道",作为学习的主要内容(见《学记注》);一方面必须从"近者小者"现实具体的内容开始学习,不能用古代圣王的什么大道理或抽象玄妙的理论,来迷惑学者,所以他说:

> 初时,学其近者小者。至于先王大道,性与天命,则遂捍格不入,迷惑无闻。(《礼记·缁衣注》)

从这些话里,明显地看出,郑玄在教养教学内容问题上,已经注意到学生年龄特征,注意到教材对于一定水平的学生们的可接受性。作为经学家的郑玄,把儒家经典在教养教学中的地位,看得很高,而儒家经典流传到东汉末年,正是:

> 经有数家,家有数说,章句多者,或达百余万言。学徒劳而少功,后生疑而莫正。(《后汉书·郑玄传》)

通过郑玄所作"括囊大典,网罗众家,删裁繁诬,刊改漏失"(《后汉书·郑玄传》)的注解和校订工作,解决了学生"劳而少功"与"疑而莫正"的困难,提供了"不以先入为主"的、比较"简约"而又"甚慎"的、也能"见及义理之学"的教科用书。由他校注的儒家经典很多,流传也很长久,这对我国古代文化遗产的整理和保存是一重大贡献,对于儒家思想在中国的传播上也起了很大作用。所注"三礼"一直到清代,还很有权威,他要求学者底一言一行,都能中"礼",以符合"傲不可长,欲不可纵,志不可满,乐不可极"的仁义道德标准(陈澧《东塾读书记》卷九)。由此可见,郑玄在处理教养教学内容问题上,不仅着重正确的知识的掌握,也贯穿着教学培养性的观点。

2. 关于教育教学方法的观点　郑玄在中国古代教育学史上另一杰出处,还在于他用自己治学的客观态度和科学方法影响着学生,在于他用一些有效的教育教学方式,进行着教育教学工作:

首先,郑玄在注经工作中所严格遵守的客观态度,大大地影响了当时以及后来将近二千年间的学风。汉代经学,一直是"经有数家,家有数说"的,尤其从今文和古文的争论尖锐化以后,的确使学者不是"入主出奴",就是"莫知所从"。郑玄在研究经学时,虽然有偏重古文的倾向,可是他却最善于吸取两派经学家底长处,创立为"一家之言";虽然他曾采取一些纬书上的主张,可是他也很能理智地对待迷信附会。他所提倡的"古今兼采",并不是毫无标准的折衷调和,而是依据他自己所提出的"择善而从、毫无偏执"的原则来进行,正如后代学者所分析的:

> 郑注《周礼》,并存故书今书;注《仪礼》,并存古文今文。从今文,则注内叠出古文;从古文,则注内叠出今文。(陈澧《东塾读书记》卷九)

他在统一今古文的努力中,主要是想"兼其所长",力求做到"无偏无弊",力求吸取各家长处,提出比较平允的、能为各方面接受的见解。本来今古文经学之争,除了争执两派经学的是非外,更重要的目的也可说是为了争取多置博士、多设弟子员额、确立官学地位,它反映着汉代统治阶级内部商人地主与贵族地主两阶层底意识形态及政治斗争的过程。到了东汉末年,统治阶级与广大农民的矛盾更加尖锐化以后,统治阶级内部的趋向调和,正是"势所必至"。因而郑玄所采取的"古今兼采"乃至"兼取百家"的比较客观些的态度,正符合阶级内部调和的主观要求,客观上更直接推进了经学的发展,并对此后知识分子的学术研究,提供了一种很重要的态度,培养了一种较优良的学风,并在一定程度上发展着追求真理的自由思想。这对于科举制度占取统治地位以前的古代学校,以及满清统治下民族矛盾尖锐时期的学风,都起过相当巨大的影响。

其次,郑玄在学习问题上所采取的科学方法,影响也很大。郑玄自己,不仅在学习过程中曾是一位"学无常师"的学者,也是一位最讲究"积学"功夫的学者。在"积学"过程中,他自己曾经痛下过"博稽"、"粗览"和"时睹"的功夫,正是：

>博稽六艺,粗览传记,时睹秘书纬术之奥。(《后汉书·郑玄传》,引《戒子益恩书》。)

由于"博稽"、"粗览"和"时睹"的适当配合,才使他在经学上成为一个"括囊大典,网罗众家"的学者。他对于各种经典图书,并不是无重点、无区别地对待,而是采取着"轻重判然"的处理,因此：

>六艺,则曰博稽；传记,则曰粗览；秘纬,则曰时睹。(陈澧《东塾读书记》卷九)

所谓"博稽",是要求学者对于当作教科书的儒家经典的学习,进行着广度和深度都大的钻研,是要求学者把这种儒家经典当作学习重点,把主要的学习时间花在这一方面。所谓"粗览",是要求学者对于当作参考书的各种文献的学习,普遍浏览,着重广度而不要求深入,也不要求占据学者太多的学习时间。所谓"时睹",是选择某些"精确"、"可靠"的文献,作为旁征博引的资料,其参考价值较小,花的时间也较少。这正要求学者以"粗览"与"时睹"两种不同的态度,对待不同的参考资料。虽然,郑玄是同时并重"由博而约"与"由约返博"的两种工夫,是要求从"赅通六艺,兼取百家"入手,进一步从事"沉静精妙"的思维,最终掌握深奥的义理。为了很好地"博稽"、"粗览"和"时睹",郑玄很重视工具书的利用和指导,如《毛诗谱》就是他自己所创造的便于学者检查的一种"表谱",他在《毛诗谱序》中教导说：

>清浊之所处,则循其上下而省之；芳香气泽之所及,则旁行而观之。举一纲而万目张,解一卷而众篇明。于力则鲜,于思则寡。

所谓"循其上下而省"与"旁行而观",正是系统研究与全面观察的结合,正是从上下、左右、历史、社会的各个方面,做好了解与分析的功夫,"纲举目张"是系统掌握的方法,"一解众明"是演绎推理的应用。固然郑玄底出发点,是孔子"一以贯之"的精神,郑玄底研究目标,是指向儒家的经典教条,但是通过"由多求一",做到"以一御万",正包含近代科学方法上"分析与综合"及"归纳与演绎"的过程。这种科学的学习方法的应用与指导,对于中国古代文化教育的发展,却是一个重要贡献。

最后,郑玄在教育——教学方式上,也提供了宝贵的经验。作为教育家的郑玄,他底一生,不仅对于同时代的学者所写文章专著,进行了科学性的辩驳,如对许慎有《驳五经异议》,对何休有《箴左氏膏肓》、《释谷梁废疾》及《发公羊墨守》,对临硕的《七难周礼》,有《答临孝存周礼难》;对于他自己底学生,也主要采取"问难""启发"的教学方式:8篇《郑志》就是流传至今的郑门师弟问答记录,是他底学生,模仿《论语》体例集体编写的著作。从他所注《论语·述而》的话里,可以看出郑玄是很重视启发教学的,他说:

> 孔子与人言,必待其人心愤愤、口悱悱,乃复启发为之说,如此则识思之深也。说则举一隅以语之,其人不思其类,则不复重教之也。

从他所注《孝经解·孝治章》的话里,可以看出他是重视教育——教学中的实践原则的,他认为最有效的教育,应该采取孔子所教导的"因情教民"与"不令而行"的方式,正如他在注文中所说:

> 圣人因情而教民,民皆乐之,故不肃而成也;其身正不令而行,故不严而治也。

所谓"其身正"就能做到"不令而行"及"不严而治",就是要求教师通过"以身作则"的示范或榜样,实行人格感化,而这种感化又须以民"情"为基础来进行。他坚决反对事务主义地进行"言教",而强调实践、强调身教:

> 教不必家到、户至、日见而语之,但行孝于内,其化日流于外。(《孝经解·广至德章》)

他所推崇的"人因情而教民",也正是从受教育者底实际出发。在人们一言一动的实践中,他同时重"礼"与"法"两种作用,所以他在注经的工作中,既注解了礼又注解了律,他认为"礼"与"律"是教育的两个方面:

> 礼,所以为教也;律,所以为戒也。(《三礼目录》)

在"礼"与"律"这两个方面,他认为"礼"是成圣成贤的主要标准,他说:

> 礼者,体也,履也。纪之于心曰体,践而行之曰履。体之为圣,履之为贤。(《三礼目录》)

这就是说:如能按照礼的规范来实践,就是贤人;如能掌握礼的精神实质,就是圣人。不仅圣贤的培养,必须从"礼"入手,对一般人来说,他认为"礼"也能起着很大的教育作用,如其以"礼"为武器,指挥着人们日常的言行,足以从细微末节处规范人们底言行,因而能够不知不觉地"徙善"、"远罪"而且"止邪":

> 礼之教化也微,其止邪也于未形,使人日徙善远罪而不自知也。(《周易注》)

由此可见,郑玄在教育工作中所重视的实践,是用"礼"这武器使人们符合封建伦理道德的要求,是用"礼"这武器来指导实践,使人们积极方面成为圣贤,消极方面不致"为非作歹"。

(三)郑玄教育观点的意义 作为经学家、教育家的郑玄,他在儒家思想方面的贡献,在于他综合今文古文来注经,把儒家经典的研究,从学术宗派成见中解放出来,使它向前发展了一步。他为中古时代封建教育,提供了比较完整的教科用书。他所采取的"择善而从、绝无偏执"的客观态度,他所提倡的科学的学习方法,他所重视的启发、践履的教育教学原则,对于中国古代朴实学风的形成、自由思想的萌芽,都有巨大的影响。但是从此在中国学术界教育界滋长起来的烦琐训诂风气,在束缚知识分子的思想与逃避现实消磨有用精力于故纸堆中的后果,也正与郑玄底"成就"分不开的。如果说,王充的思想是汉以后中国古代学术和教育上的一面进步的旗帜,那么郑玄却是统治阶级学者们追求"周孔之道"的一个"实事求是"的榜样。

第五章　隋唐宋明一千多年间教育学的发展

第一节　隋唐宋明一千多年间教育学发展概述

从公元589年,隋文帝杨坚,重新建立了封建专制的大一统王朝起,至1644年,明末农民起义,明思宗朱由检自杀止,这一千多年间的中国封建社会,经过了隋唐时期(589—907)封建地主经济的复兴、五代两宋辽金时期(907—1279)阶级矛盾和部族矛盾的扩大、元代(1279—1368)蒙古奴隶主贵族的统治及明代(1368—1644)由地主经济的复兴到崩溃和资本主义因素的萌芽,社会的诸阶级阶层,虽然经过几度重新编制,基本上有大土地所有者(世俗地主和僧侣地主等)、中间阶层(中小地主和自由商人等)及农民手工业者等阶级阶层,在大土地所有者统治下,社会的基本矛盾是地主对农民的残酷剥削,而中间阶层和大地主之间,也存在着深刻的利害矛盾。一千多年间,推动社会前进的主要因素,是时起时伏的农民起义和各部族间的斗争。

反映到意识形态上,在隋,跟着统治阶级内部各阶层利益,重新得到协调,表现为以儒学为主体的儒、佛、道等"三教合一"倾向,而以王通的代表作《文中子》为代表。在唐,统治阶级内部,一面产生了代表世俗大地主的、以韩愈和李翱等为代表的、参有佛学成分的儒家学派,一面产生了以僧玄奘和杜顺等为代表的佛家学派,并在世俗地主和佛教僧侣地主利益矛盾下,形成儒佛的对立;从中小地主和商人利益出发的中间阶层,产生了以柳宗元为代表的"三教合一"论;代表农民利益的思想家,我们现在还未能从可靠的文献中,指出有力的代表人物,只能从杜甫等人的文学作品中、从"道学家"吕才传中、及从各种统治阶级文献中,发掘一些零片。

至北宋,跟着社会的中间阶层的扩大和自由商人集团的形成,以及都市行会手工业的发展,大地主经济虽仍占着统治地位,但已开始动摇,从而大地主内部的冲突便缓和下来,思想领域内因而产生了儒佛的交流,并在生产力得到较高的发展和社会诸矛盾的更加复杂化的基础上,产生了以程颢和程颐等为代表的唯心主义的心学和理学;也在经济发展和部族矛盾尖锐的基础上,产生了以张载为代表的、反映中小地主利益并在一定程度上注意到农民土地问题的、基本上采取唯物观点的思想,产生了以王安石为代表的、反映中间阶层(包括中小地主和自由商人在内)利益的、从唯心论出发逐渐走向唯物论的思想。到了南宋,跟着部族矛盾的更加尖锐,产生了从大地主立场出发的、以陆九渊为代表的、承继程颢的心学的"右派"理学,产生了从中小地主立场出发的、以朱熹为代表的、承继程颐理学的"左派"理学,如果说陆九渊的思想属于主观唯心论的体系,那么,朱熹的思想正是客观唯心论的流派。也产生了反映自由商人集团思想意识的、以叶适、陈亮等为代表的具有唯物因素的反理学思想。

在元,由于奴隶主半奴隶主的暴力统治,哲学思想,没有得到进一步的发展,至少现在还未能发掘出更多的材料来。

至明,由于庞大的大地主阶层的统治,激起地主阶级内部大地主与中小地主间利害的尖锐冲突,也跟着都市经济的发展,特别是自由商人势力的成长,工场手工业的出现,促使封建经济开始崩溃,所有这些,反映到思想意识上,产生了几个重要流派:首先是主观唯心论者王守仁,承继陆九渊的"右派"理学,建立起为大地主利益服务的保守主义的哲学,他底学说,曾在中国及日本广泛流传,而其门徒王艮、李贽等"王学"左派,却随农民群众反封建斗争的深刻化,以唯物论观点,指引和震动着16世纪的中国思想界。

从隋至明的这些思想家,不少也是著名的教育家,并在学校和教育学领域内,有过重要贡献或起过重大影响,由于资料限制和钻研不够,这里只能就韩愈、张载、王安石、朱熹和王守仁等关于学校和教育学观点,略述梗概。

第二节 "文人之雄"的韩愈[①]

(一)韩愈生平和文教活动 作为"文人之雄"的韩愈(768—824年),南阳人,出身官僚地主家庭,3岁而孤,随伯兄韩会,谪居韶州,在禅宗学说浓厚的气氛中,度着童年,钻研儒家学说。从25岁成进士,至57岁逝世,这三十多年间,担任过推官、县令、刺史等地方官吏,也做过唐代中央政府的刑部、兵部、吏部的侍郎。当他贬官潮州刺史时,与潮州老僧大颠很接近,在长安时,与和尚道士也有来往,同时,他又是一个极力排斥佛老、并因"谏佛骨"而得罪被贬谪的儒家学者。

就教育活动说:韩愈在35岁时,担任过四门博士一年;39岁起,又担任过国子博士约三年;45岁时,再任国子博士一年;53岁时,一度担任国子监祭酒。

[①] 本节所引韩愈文章皆出自中华书局《四部备要》本《昌黎先生集》,以下凡引此书,只注篇名。
——编校者

他不仅做过大学教授和大学校长,亲自从事过教育教学工作,当他担任地方官吏,特别是在潮州刺史任内,对于地方学校教育,也极力提倡。当时知识分子,凡经韩愈指导传授的,都自称"韩门弟子",门徒中以李翱、李汉、皇甫湜等最有名。遗著由李汉编为《昌黎先生集》410卷700篇,又有《论语注》10卷及《顺宗实录》5卷。从所作《论佛骨表》、《与孟尚书书》、《原道》及《原性》等文,可以看出韩愈关于哲学的及社会政治的观点;关于学校及教育学观点,散见所作《师说》、《进学解》、《子产不毁乡校颂》、《潮州请置乡校牒》等文。

(二)关于哲学的和社会政治的观点　韩愈在中国思想史上,是一个提倡儒家道统、以崇儒卫道著名的学者,是一个勇敢排斥佛教、道教但又受佛道一定影响的战士。他从世俗大地主的立场,指斥僧侣大地主;他依据孔子、孟轲的观点、吸取汉儒董仲舒的一些见解并在禅宗启发下,提出自己底主张。他所提倡的道统,用他自己的话说:

> 曰,斯道也,何道也?曰,斯吾所谓道也,非向所谓老与佛之道也。尧以是传之舜,舜以是传之禹,禹以是传之汤,汤以是传之文武周公,文武周公传之孔子,孔子传之孟轲,轲之死不得其传焉。(《原道》)

在这里,他正是奉儒学为正宗,把秦汉以来孟荀两派的并峙局面,转变成特别推崇思孟学派,推崇《孟子》和《小戴礼记》中的《大学》,吸取《大学》中"明明德"、"正心"、"诚意"之说,沟通儒释,并且指出:

> 古之所谓正心而诚意者,将以有为也。今也欲治其心,而外天下国家,灭其天常。(《原道》)

他想融会抽象的心性说与具体的社会政治关系,从谈心说性出发,实现济世安民的理想,"天竺为体,华夏为用"(陈寅恪《论韩愈》)[①],而他所理想的社会政治正是:

> 其文,诗书易春秋;其法,礼乐政刑;其民,士农工商;其食,粟米梁蔬鱼肉。其为道易明,而其为教易行也。是故:以之为己,则顺而祥;以之为人,

---

① 参见陈寅恪著:《金明馆丛稿初编》,上海古籍出版社1980年版,第288页。——编校者

则爱而公;以之为心,则和而平;以之为天下国家,无所处而不当。是故:生则得其情,死则尽其常,郊焉而天神假,庙焉而神鬼飨。(《原道》)

他尊崇以儒家古典教条为中心的文化思想,他要用礼乐政刑为世俗大地主的统治武器,他用"四民"分工,隐蔽着当时社会阶级结构的内容,他指出社会经济的命脉是农业生产,而把儒家所标榜的"道",当作政治经济及文化教育的最高指导原则。他认为当时社会政治的关键问题,在于生产劳动的人少,而剥削坐享的人多,正是:

古之为民者四,今之为民者六;古之教者处其一,今之教者处其三;农之家一,而食粟之家六;工之家一,而用器之家六;贾之家一,而资焉之家六。奈之何民不穷且盗也。(《原道》)

在剥削坐享的"不课丁"的人当中,又包括了很大一部分的和尚尼姑与道士女冠等宗教徒,宗教徒中又以信奉佛教的僧尼占多数,形成"齐民逃赋役,高士著幽禅,……耕桑日失隶,朝暮时遗贤"(《送灵师》诗)的不事生产、空谈幽禅的现象;而信奉道教的道士女冠,也放弃足以解决"寒衣饥食"的"纺织耕耘"等劳动生产(参看《谢自然》诗)。他为了实现世俗大地主的理想统治,既反对道家"圣人不死,大盗不止,剖斗折衡而民不争"的言论,也反对佛家"弃而君臣,去而父子,禁而相生养之道,以求其所谓清净寂灭"的办法(均见《原道》),他认为,作为"夷狄之一法"的佛教,如果上下奉信,普遍流传,会使"老少奔波,弃其业次"(《论佛骨表》),会使世俗大地主的政权,更加动摇,所以他在《赠译经僧》诗中说:

万里休言道路赊,有谁教汝度流沙。只今中国方多事,不用无端更乱华。

他反对佛道,主要是从世俗大地主利益出发,来反对僧侣大地主,当然也在一定程度上反映了中小地主商人乃至农民手工业者的利益,包含着一定的人民性和现实性。但在他底哲学的及社会政治的观点中,却贯穿着封建统治阶级的唯心论的说教,突出地体现在他底人性问题的看法上。

关于人性问题,韩愈没有提出什么新鲜的主张。他依据传统儒家底阶级观,尤其是他自己所代表阶级利益,承袭汉儒董仲舒"性三品说",适应当时大地主、中间阶层及农民手工业者诸阶级存在的现实,来分析人底性情。他认为:性是先验的、"与生俱生"的,具有"仁义礼智信"诸道德品质的,但是性所具备的"五常",并非人人相等,完全受仁德支配来实现义礼智信的人,是"上品"的人,其性是"善"的;性所具有的仁德,或者偏多,或者偏少,其他四德也是杂而不纯的人,是"中品"的人,其性是"善恶混"的;"下品"的人性,既无仁德,也违背其他四德,这便是恶人。至于人"情",在韩愈看来,是"接于物而生"的,它包括"喜怒哀惧爱恶欲"等七种,跟着三品的人性,在"接于物"之后,有着不同的表现,具有"上品"的性的人,七情的表现,都能适"中";具有"中品"的性的人,要求七情适中,但往往"有所甚、有所亡",而不能恰如其分;具有下品的性的人,"直情而行",毫不控制。韩愈在他《原性》一文中关于性情的这些议论,完全是从阶级偏见出发的,也就是说,只有统治阶级具有善良的"五常"之性,并有"制其情"的本能,因此是天生的统治阶级,是尧舜禹及文王一流人;中间阶层底社会地位,可上可下,因此性情也可善可恶,主观上都想"求合其中";只有农民手工业者是天生的被统治阶级,无论是性或情,都是"恶而已矣",都是"活该"被统治的。他认为:这三品的人都固定在天生的"品"的界限之内,是"不移"的,是不能从"下品"转化成"中品",或从"中品"跃进为"上品"的;但在"品"的内部,可用教化和刑罚,使人发生一定的改变,也就是"上之性就学而愈明,下之性畏威而寡罪",在他看来,"畏威寡罪"是统治者所以能用刑罚来"制"民的依据,"就学愈明"的本性,是统治者对本阶级实施教育的或者"可教"的依据,而"始善而进恶,与始恶而进善,与始也混而今也善恶",正是统治阶级可以对中间阶层兼用教化和刑罚的理由。他所以反对佛老,这与韩愈所持阶级观点的人性论,也是有着不可分的关系的。

(三)教育观点　在上述韩愈关于哲学的及社会政治的观点中,已经接触到他对于教育作用的看法,也可看出,他是要用教育这武器,来"明先王之教",从而巩固世俗大地主的封建统治的。作为唐代一个重要的教育家的韩愈,在教育观点上必须说明的,至少有以下几点:

1. 对于科举及学校教育的批判　韩愈自己虽是科举出身的知识分子,但他根据亲身参加考试时几次失败的经验,指出当时科举考试的主要流弊是:

有司者,好恶出于其心。(《答崔立之书》)

无论是参加礼部或吏部考试及格者的诗赋文章,他认为简直"可无学而能"或"类于俳优者之辞"。而及格以后也还不可以就达到做官食禄行道的目的,正如他的自述:

> 四举而后有成,亦未即得仕。(《答崔立之书》)

关于当时的学校教育,尤其是地方教育,韩愈也不满意。他在《潮州请置乡校牒》一文中,一方面指出学校教育的政治意义,他说:

> 孔子曰:道之以政,齐之以刑,则民免而无耻。不如以德礼为先,而辅以政刑也。夫欲用德礼,未有不由学校师弟子者。

一方面也指出潮州州学废弛所产生的后果,他说:

> 此州学废日久,进士明经,百十年间不闻有业成贡于王庭、试于有司者。人吏目不识乡饮酒之礼,或未尝闻鹿鸣之歌。

这正由于"里闾后生,无所学从",因而虽有几万人口的潮州,却找不出封建统治合适的助手。

2. 论教师 著名的《师说》一文,是韩愈关于教师问题的重要论文。在这一论文中,他指出教师应该担负着三大任务——传道、授业、解惑:传儒者之道,授古文六艺经传之业,解学者对于"道"、"业"上发生的疑惑。从这三大任务出发,他认为,人们无分老少贵贱,只要具备传道、授业或解惑的能力,便具备了为师资格,由于"闻道有先后,术业有专攻",所以比我年长、位高、先我"闻道"或"术有专攻"的人,我固应尊之为师,跟他学习,比我年幼、位卑、但如先我"闻道"或"术有专攻"的人,我也应尊之为师,跟他学习。他认为"圣人"和"众人",在道业上所以会发生越来越大的距离,这由于"圣人无常师",由于圣人深信"三人行,则必有我师",只要发现别人有一定长处,他就"从师而问",并不计较这个人的一般水平是否比自己高明;而一般知识分子,反而"耻学于师",甚至对于"巫医乐师百工之人不耻相师"的行为,反而采取"群聚而笑之问之"的鄙视态度,错误地以为与自己年龄接近、水平差不多的人,就不该做自己的老师,甚至以为向社会政治地位比自己低的人学习是"足羞"的事,相反的,如其向社会政治地位很高的人学习又认为是"近谀"。韩愈认为:"圣益圣,愚益愚",或"圣人之所以为圣,愚人之所以为愚"的主要秘密在此。由此韩愈在师生关系问题上得出的结论是:

弟子不必不如师,师不必贤于弟子。

韩愈这种"道之所存,师之所存"的思想,这种向群众学习的思想,是宝贵的,至今还有意义的,问题只在"道"的性质内容不同。

3. 论教育教养内容　如上所述,韩愈是一个崇儒卫道和排斥佛老的学者,是一个以"文人之雄"的姿态出现的文学家和教育家。从他关于哲学的和社会政治的主张出发,来考虑教育教学的内容问题,他便要求教育从"正心"、"诚意"入手,做好个人"修身"的功夫,为"齐家"、"治国"、"平天下"打好基础,进一步来济世安民。为了这个具有现实意义的目的,他曾反对佛老虚幻出世的、使帝王臣民沉迷的、宗教家的修心养身的方式方法;也为了这个具有现实意义的目的,他提倡所谓"古文运动",引起了语文教学上的重大变革。

韩愈对于汉魏以来,崇尚"正义义疏"的繁琐主义的儒家"章句学",极力反对;他对于因唐代科举制度中"明经"科的提倡,而形成单纯记诵章句而无丝毫发明的学风,很不满意;他对于魏晋至唐逐渐腐化僵化的骈体文,也很反对。在唐代佛家新禅宗,扫除僧侣的烦琐章句学,直指明心见性成佛的启发下,在梵文佛教文学中"改诗为文"的作品启发下,韩愈提倡"古文运动",提倡学习先秦两汉的文体,用便于了解、便于说明道理的散文,作为学习写作的范式,提倡"以文为诗",使"韵散同体、诗文合一",摆脱平仄音韵的拘束,但又能叶韵和谐优美流畅。因此,韩愈提倡的"古文运动",名虽复古,实则通今,在当时社会历史条件下,正是切合实际的文体。他高喊"文以载道",这就大大矫正了讲究形式而内容空疏的文章作风;他要求"学所以为道,文所以为理"(《送陈秀才彤序》),反对"夸多而斗靡"(《送陈秀才彤序》),这就为文学教学指出了明确方向;他认为"为文……宜师古圣贤人,……师其意,不师其辞"(《答刘正夫书》),这又为所谓"古文",作了较深刻的说明,不是提倡过时的语言文字,而是吸取古代思想家的精神遗产。由韩愈发起的"古文运动",对于唐宋以来的学术文化和文学教养内容,都有着重大影响,使从烦琐的、呆板的、空疏的气氛中,得到一定的解放。

4. 论教育教学方法　韩愈在所作《进学解》这一著名的论文中,首先揭示了教育教学问题上"业精于勤荒于嬉,行成于思毁于随"的指导原则,他认为只要勤勉善思,总可掌握"一艺"或"小善"。他继承发挥着先秦儒家"因材施教"的思想,认为教师必须学习工匠处理木材的原则,他说:

> 大木为㭼(屋的大梁),细木为桷(屋的方椽)①,椳(户枢)闑(门橛)扂(户牡)楔(门两旁木柱),各得其宜,施以成室者,匠氏之工也。(《进学解》)

他要求学者用"焚膏油以继晷,恒兀兀以穷年"的精神,在"口不绝吟于六艺之文,手不停披于百家之编"的基础上,做好"提其要"、"领其玄"的工作,"贪多务得,细大不捐"地掌握材料,如良医之对待各种药物,"俱收并蓄,待用无遗",同时,他又反对"窥陈编以盗窃",反对"学虽勤而不繇其统,言虽多而不要其中,文虽奇而不济于用,行虽修而不显于众",要求学者系统地、中肯地、济用而又能显于众地来勤学、发言、为文和修行。

(四)韩愈教育观点的意义　韩愈在宗教问题上,大胆反对佛教,也反对道教,这有一定的进步意义。但他在哲学上却吸取了佛学和道家思想,从世俗大地主利益出发,宣扬儒家孟轲一派的观点,在人性问题上并发挥董仲舒的"性三品说",发出拥护大地主统治的说教,他高喊的儒家道统说,成为唐宋以后极有影响的、有利于封建统治的主张。他这种排斥佛老而又援佛老入儒学的观点,经过他的学生李翱的进一步发展,成为宋明理学前驱。

唯心论者的韩愈,在中国教育学史上的重要影响,首先在于他用儒家道统说,局限着知识分子研究的范围,《论语》、《孟子》、《大学》、《中庸》等"四书",成为唐宋以后最权威的教科书,正是由韩愈开始的。所著《师说》和《进学解》等论文,对于教师问题、对于教育教学问题,都有着一定的进步意义,他所提倡的"古文运动",实际上是当时具有现实性的、引起了语文教学上重大变革的努力,纠正了魏晋以来烦琐虚空的学风。

第三节　进步的教育家张载

(一)张载生平和教育活动　张载(1020—1077年),字子厚,北宋大梁(今开封)人,父死后,侨居陕西省凤翔县横渠镇,学者称为横渠先生。他出身于中小地主阶级的封建官僚知识分子家庭,曾是一个爱谈兵事、想纠集同志,起兵

---

① 据中华书局《四部备要》本《昌黎先生集》卷十二,此句后还有"槏栌(柱上托染的斗拱)侏儒(梁上短柱)",括号内注释为编校者所加。——编校者

保卫西北边疆的青年,成进士后,做过县令及军事判官工作,一生主要时间,放在学术研究及教育工作上。就他所从事的教育工作说,在成进士以前,已在开封私设讲坛,招生讲论《易经》;后来又受文彦博聘请,担任长安学宫教授;在出任云岩县令时,他很提倡教化;王安石执政时,他因政见有些不合,回到横渠从事著作和教学工作,学生很多,北宋末年的抗敌名将如游师雄、种师道、李复等,都曾是他底学生。在他一生的教育教学工作中,师生间充满了"尊师爱生"的气氛:他自己,

  虽贫不能自给,而门人无赀者,辄粗粝与共。(《宋史·张载传》)

而学生对他也有着真诚的敬爱的情感,到他死时,许多学生都来"奔哭"吊丧,由于他"囊箧萧然",无力收殓,就是靠学生们集资入殓的。他底主要著作是《正蒙》,有名的《西铭》和《东铭》,就是《正蒙·乾称》中的二段,此外还有《文集》、《易说》、《礼乐说》、《论语说》、《孟子说》及《语录》等。

(二)哲学观点和社会政治观点　就哲学观点说,张载是北宋时的唯物论者,在他底思想体系中,也包含了一定的辩证观点。他以为一切存在都是"气",这种"气",是独立存在于人类意识之外的客观实在,是无生命无知觉的物质;由于"气"的聚散变化,才形成"太虚"和"万物",由虚空与万物共同构成了无限的物质世界,而"气"的聚散变化所以能形成"万物",由于气在自己运动中分化成阴阳二气,二气的升降聚散,或者说二气的对立斗争,才演化为万物,他把这一道演化过程称之为"道",而把演化运行的规律称之为"天理",万物都具有一种运动的潜能,这正是万物运动变化的根源,万物是与前后四周的事物有关联的,用他底话说,正是:

  物无孤立之理,……事有始卒乃成。(《正蒙·动物》)

这种运动变化又有"著变"和"渐化"两种形式,正是:

  变言其著,化言其渐。(《易说·乾卦》)
  变则化,由粗入精也。化而裁之谓之变;以著显微也。(《正蒙·神化》)

在他看来,"著变"是以"渐化"为基础的:

> 雷霆感动虽速,然其所由来亦渐尔。(《正蒙·参两》)

而一切变化他认为是对立两方的互相作用,因此他说:"两故化"(《正蒙·参两》),并且说:"不有两,则无一。"(《正蒙·太和》)没有对立就没有统一,没有对立的统一就不能发生作用,正是:

> 两不立则一不可见,一不可见则两之用息。两体者:虚实也,动静也,聚散出,浑浊也,其究一而已。(《正蒙·太和》)

在对立物的交互作用中,才发生万事万变,才会"生人物之万殊"(《正蒙·太和》)。

在这样的世界观基础上,一方面,张载认为:所谓"性",正是"气"或"物质"所赋有的,"太虚"及"万物"都具有"浮沉、升降、动静相感之性"(《正蒙·太和》)。另一方面,他又把"气"和"性"对立起来,把作为所谓气本体的"太虚"和其变化运动的"客形",对立起来,因说:

> 太虚无形,气之本体。其聚其散,变化之客形尔。至静无感,性之渊源;有识有知,物之交感尔①。客感客形,与无感无形,惟尽性者一之。(《正蒙·太和》)

他从这里转入到唯心观点,最后归结到"凡天地之法象,皆神化之糟粕耳"(《正蒙·太和》)的结论。转到人性问题上,他便把人性分割成所谓"天地之性"与"气质之性"的两种:前者是人人相同的、"无不善"的、独自存在不生不灭的天性;后者是人人不相同的、不可缺少的、有形体之后因其特殊形体而有的性,是指的"饮食男女"及"口腹"、"鼻舌"等"攻取之性"(《正蒙·诚明》)。转到认识问题上,他便把人们底知识分成"德性所知"与"见闻之知"两种:前者是超智力、超思辨的"不萌于见闻"的知识;后者是起源于感官对客观事物的感受。正如他自己所说:

---

① 据今1978年中华书局本《张载集》,"物之交感尔"句作"物交之客感尔"。——编校者

> 人谓己有知,由耳目有受也。人之有受,由内外之合也。知合内外于耳目之外,则其知也过人远矣。……人病其以耳目见闻累其心,而不务尽其心。……耳目虽为性累,然合内外之德,知其为启之之要也。……民何知哉,因物同异相形,万变相感,耳目内外之合。(《正蒙·大心》)

在这里,他也指出"见闻之知"的局限性,他认为人们的知识,除以客观存在的世界为依据外,还要求"务尽其心",必须"耳目内外之合",才能够得到进一步的知识;他还指出,个人的"见闻之知"并不完全可靠,必须以"共见共闻"作为知识的标准,他说:

> 独见独闻,虽小异,怪也,出于疾与妄也。共见共闻,虽大异,诚也,出阴阳之正也。(《正蒙·动物》)

这正是说,大多数人的"共见共闻",才是客观现实的真实反映。关于"见闻之知"的这种说法,应该说是属于唯物论反映论的观点,而他从"天地之性"所引出的"德性所知",则为一套唯心论的说教。

就社会政治观点说:他鼓吹封建社会所可能有的平等博爱思想,他要把从君主到穷苦无告的一切人,都看作兄弟,他说:

> 乾称父,坤称母;予兹藐焉,乃混然中处。故天地之塞吾其体,天地之帅吾其性。民吾同胞,物吾与也。大君者,吾父母宗子;其大臣,宗子之家相也。尊高年所以长其长,慈孤弱所以幼其幼。圣其合德,贤其秀也。凡天下疲癃残疾,茕独鳏寡,皆吾兄弟之颠连而无告者也。于时保之,子之翼也,乐且不忧,纯乎孝者也。(《正蒙·乾称》)

在这里,他把天地视同父母,把一切人民视同兄弟,把外物视同朋友,把君主视同大家庭中的老大哥,而大臣又是老大哥底助手,把一般残废和孤苦的人们,都视同兄弟亲人,这在当时确为具有平等博爱观点的进步思想。他所理想的社会,虽是理想化的中国古代社会,但他称扬先秦儒家所说:

> 百姓足,君孰与不足?百姓不足,君孰与足?(《经学理窟·周礼》)

他主张实行井田,他要为农民"制其产",要让农民"使其力",这也有着一定的进步意义,当然实行井田的复古号召,是一种近乎开倒车的空想,空想由此来调和阶级矛盾,但他注意到了人民对于土地的要求,这是有进步意义的。

(三)教育观点　张载在提出解决社会政治问题的主张时,同时也注意到"教养"问题,注意到"兴学校、成礼俗"的问题,他说:

> 仁政必自经界始。贫富不均,教养无法,虽欲言治,皆苟而已。(《行状》①引张载语)

他与学生和同志们所拟空想的井田方案试验计划是:

> 共买田一方,画为数井。上不失公家之赋役,退以其私正经界,分宅里,立敛法,广储蓄,兴学校,成礼俗,救灾恤患,敦本抑末,足以推先王之遗法,明当今之可行。(《行状》)

由此可见,张载是把"教养"当做实现"理想"政治的手段之一的,是要在解决了土地问题、贫富不均问题以后,还要积极解决教养问题的,是把"兴学校、成礼俗"与政治经济的其他措施配合起来的。

张载从他底人性观和认识论出发,提出了关于教育作用和目的问题的观点。如上所述,他把人性分成所谓"天地之性"与"气质之性"两种,"天地之性"虽善,关键却在于"气质之性",善于修养"气质"而不使发生偏差,那么,天赋的善性,就能和谐发展变成有"才"的人,相反的,如果不善于修养"气质",就会发展成为"不才"的人:

> 人之刚柔缓急,有才与不才,气之偏也。天本参和不偏,养其气,反之本而不偏,则尽性而天矣。性未成,则善恶混。(《正蒙·诚明》)

因此他认为学习或教育能够"变化气质",他说:

> 为学大益,在自能变化气质,不尔卒无所发明,不得见圣人之奥。(《经

---

① 系吕大临撰《横渠先生行状》,以下简称《行状》。——编校者

学理窟·义理》)

他认为气质有"美"有"恶",教育具有改善恶气质的作用:

> 人之气质美恶,……如气质患者,学即能移。(《横渠理窟·气质》)

所谓变化气质,是指"气质之性"转移为"天地之性",而"圣人"是"天地之性"最饱满的理想人格,因而张载便提出了"学为圣人"的教育目的,他以"学为圣人"来要求学生,并说:

> 学必如圣人而后已。以为知人而不知天,求为贤人而不求为圣人,此秦汉以来学者之大蔽也。(《宋史·张载传》)

至于气质之性所以能够改变,一方面,如前所述,由于人有感知客观事物并能通过"心"的思维作用而认识事物的能力;一方面,由于人有接受好环境、好教育的影响,通过主观努力而变成好人的可能,他说:

> 居仁由义,自然心和而体正。更要约时,但拂去旧日所为,使动作皆能中礼,则气质自然全好。(《经学理窟·气质》)

在这里,他把"动作皆能中礼"当做变化气质的主要途径,由此,他有"知礼成性"的主张,一方面须有高深的知识,一方面要谦恭合礼。他对学生所提"学为圣人"的教育计划是:

> 其学以易为宗,以中庸为的,以礼为体,以孔孟为极。(《宋史·张载传》)

所谓"以礼为体",正是把"礼"当作做人的尺度与修养的一个主要方面,另一方面是"虚心",他说:

> 修持之道,既须虚心,又须得礼。内外发明,此合内外之道也。(《经学理窟·气质》)

既要致力于礼的实践,又要虚心认识真理,他并且把"礼"当作是爱的实践,他说:

> 恭敬撙节退让以明礼,仁之至也,爱道之极也。(《正蒙·至当》)

他把初期封建社会思想家所推崇的"礼",当作教育的重要法宝,实际上"礼"有它底一定时代的具体内容,它正反映一定时代统治阶级底社会政治要求,因此,他提倡"礼"的实践、把"礼"当做教育上的一种要求的思想,当然是可以的,问题却在于他所推崇的古礼,正起着巩固封建专制统治的作用。

在修养或教育问题上,张载重视"人为"、重视"有为"、重视"笃行"。为了变化气质与修养成圣,他很重视"人为",在他看来,虽圣人也当努力思维,力求有所作为,他说:

> 圣人苟不用思虑忧患以经世,则何用圣人?……盖圣人成能,所以异于天地。(《易说·系辞上》)

因此一般学者既要尽天性,又应该尽人谋以补天性的不足:

> 天能为性,人谋为能。大人尽性,不以天能为能,而以人谋为能。(《正蒙·诚明》)

在修养时必须经常地努力不懈,他说:

> 言有教,动有法,昼有为,宵有得,息有养,瞬有存。(《正蒙·有德》)
> 益物必诚,如天之生物,日进日息。自益必诚,如川之方至,日增日得。(《正蒙·乾称》)

他认为学者在穷理精义的同时,还必须如自然那样运行不息地笃行理义,如果穷理精义而不努力实践,那是顶不智慧的人,所以他说:

> 将穷理而不顺理,将精义而不徙义,欲资深且习察,吾不知其智也。……行之笃者,敦笃云乎哉,如天道不已而然,笃之至也。(《正蒙·中正》)

在他看来,只有"闻斯行"的人,才是"好学之徒"(《正蒙·中正》)。

在教学方法问题上,张载认为:作为教师必须要掌握学习的难易与了解受教育者的个性,然后安排自己的教学法系统,由浅入深、由易到难地因材施教,他说:

> 教人者,必知至学之难易,知人之美恶。当知谁可先传此,谁将后倦此。若洒扫应对,乃幼而孙弟之事,长后教之,人必倦弊;惟圣人于大德有始有卒,故事无大小,莫不处极,今始学之人,未必能继,妄以大道教之,是诬也。知至学之难易,知德也;知其美恶,知人也。知其人且知德,故能教人使入德。(《正蒙·中正》)

> 大率玩心未发,可求之平易,勿迂也。若始求太深,恐自兹愈甚。(《横渠语录》)

他认为:作为教师必须善于指导学生学习,首先必须鼓励学生决定志向,有了坚定的方向教学才容易成功:

> 有志于学者,都更不论气之美恶,只看志如何? 匹夫不可夺志也,惟患学者不能坚勇。(《横渠语录》)

> 志常继,则罕譬而喻;言易入,则微而臧。(《正蒙·中正》)

学者有了坚定方向后,还须"自强不息"地学习钻研,否则将如"木偶人"一般,他说:

> 学者有息时,一如木偶人,牵搞则动,舍之则息,一日而万生万死。学者有息时,亦与死无异,是心死也,身虽生,身亦物也。① 学者本以道为主,道息则死矣,终是为物。当以木偶为譬以自戒。知息为大不善,因设恶譬。如此只欲不息。(《经学理窟·气质》)

在"自强不息"的学习中,学者将努力思维来解决疑难:

---

① 据今 1978 年版中华书局本《张载集》,本句后还有"天下之物多矣"。——编校者

> 不知疑者,只是不便实作,既实作则须有疑,必有不行处,是疑也。譬之通身会得一边,或理会一节未全,则须有疑是问,是学处也,无则只是未尝思虑来也。(《经学理窟·气质》)

因此,他指出:

> 在可疑而不疑者不曾学,学则须疑。譬之行道者,将之南山,须问道路之出;自若安坐,则何尝有疑!(《经学理窟·学大原下》)

在学习过程中,多读书、多思考,虚心、无我,就能有心得、有成就,他说:

> 读书少则无由考校得义精。……不读书则终看义理不见。……所以观书者,释己之疑,明己之未达,每见每知所益,则学进矣,于不疑处有疑,方是进矣。(《经学理窟·义理》)

疑难发生后,就须去掉成见,好好思索,去掉主观,争取别人帮助,他说:

> 义理有疑,则濯去旧见,以来新意。心中苟有所开,即便札记。不思则还塞之矣。更须得朋友之助。(《经学理窟·学大原下》)

只有虚心无我,学业才能成就,他教导说:

> 学者大不宜志小气轻。志小则易足,易足则无由进;气轻则虚而为盈,约而为泰,亡而为有,以未知为已知,未学为已学。人之有耻于就问,便谓我好胜于人,只是病在不知求是为心。故学者当无我。(《经学理窟·学大原下》)

他用窃盗为例,形象化地指出学习过程中好好思索的必要:

> 譬之穿窬之盗,将窃取室中之物,而未知物之所藏处。或探知于外人,或隔墙听人之言,终不能自到,说得皆未是实。观古人之书,如探知于外人;闻朋友之论,如闻隔墙之言。皆未得其门而入,不见宗庙之美、室家之

好。……譬如既凿一穴,已有见,又若既至其中,却无烛,未能尽室之有,须索移动,方有所见。言移动者,谓逐事要思。譬之昏者睹一物,必贮目于一;不如明者,举目皆见。(《经学理窟·目道》)

照他的看法,学习时既"须行实事",又"须于虚中求出实",只有虚心的人,才能"挥善自精",做到"圣人践形"的"至实"地步。(以上引文均见《横渠语录》)他深信:"有不知则有知,无不知则无知。"(《正蒙·中正》)

第四节　杰出的政治家王安石

(一)社会政治观点和哲学观点　王安石(1019—1086年)字介甫,江西临川人,是中国历史上杰出的政治家之一。从22岁成进士后,历任鄞县、常州、江宁等处地方官、翰林学士兼侍读、两度出任宰相,也曾担任过教学工作。他出身于中小地主阶层,生活在部族矛盾尖锐,社会危机严重的宋代,曾是一个什么书都读、什么人都请教,"农夫女工无所不问"(《答曾子固书》)的学者。为了要缓解部族矛盾及缓和社会危机,他从中小地主及中间阶层的利益出发,提出一整套以"理财、整军、富国、强兵"为主旨的"新法",来限制和打击豪强大官僚地主的兼并剥削,企图从缓和阶级矛盾入手来缓解民族矛盾。他所主张的"新法",如保甲法、保马法、置将法、设军器监等整军办法,如农田水利法、青苗法、免役法、方田均税法、市易法及均输法等理财办法,的确符合当时情况和社会要求,在一定程度上缓和了国内阶级矛盾,摆脱了财政困难,增强了国防力量,积极推进了社会发展。由于大官僚地主的顽强反对,由于北宋的腐朽官僚机构在执行新法中产生不少弊病,他才在强大的敌对阶级的压力下退出政治舞台。但是王安石确不愧为中国历史上一位杰出的政治家。

就王安石底哲学观点说,他是从当时流行的唯心论哲学出发,逐渐走向唯物主义的道路的。他采取了代表大地主阶级意识形态的理学家们关于宇宙起源于"太极"的观点,认为宇宙的原始,是由太极派生着金、木、水、火、土等"五行",即五种物质元素,然后演化出万物和人,他正深信:"太极生五行"(《临川文集·原性》)[①]的说法,认为"道"与"命",是"天"或自然用来规范万物的一种法则或规律,他说:

[①] 以下所引《临川文集》(《四部丛刊》本),只注篇名。——编校者

> 道者,万物莫不由之。(《洪范传》)
> 命者,万物莫不听之。(《洪范传》)

天之"陵历斗蚀"与地之"崩弛竭塞",都是按"常"或规律而变化发展的(《原过》)。但是,他指出所谓"道",还是变化多端的,所以他说:

> 尚变者,天道也。(《河图洛书义》)

把握了天变之"常",便无所畏惧。至于"人道",他认为必须顺乎"天地自然之意"(《河图洛书义》),必须"因其变而制之法"(《夫子贤于尧舜论》),决无一成不变的"人道",要把握"人道"变动的法则,就得精通万物"至理",就得在精通万物"至理"的基础上,研究如何"致用之道",研究如何利用天下之物来"安吾之身"(《致一论》)的道理。他就这样从天道多变,说到"事物之变尤众"(《九卦论》),得出"必度其变而时有损盈而后可"(《九卦论》)的结论,这就为他"变法"主张,建立了哲学上的根据,而他勇敢喊出的:

> 天变不足畏,祖宗不足法,人言不足恤。

这句名言,也正反映着他底世界观和社会政治观的基本出发点。转到人性问题,在他看来,并不是什么具有神秘意义的东西,他从孔子底"性相近、习相远"的命题出发,否定了历来所谓性善、性恶、性善恶混或性三品等等唯心观点,认为人性中没有什么善恶之分,人们所以表现为或善或恶,这是由于"人情",情又是在"习"或环境影响下产生的,他说:

> 夫太极生五行,然后利害生焉;而太极不可以利害言也。性生乎情,有情然后善恶形焉;而性不可以善恶言也。(《原性》)

他曾分析"性"与"情"的关系说:

> 性情一也。……喜、怒、哀、乐、好、恶、欲,未发于外而存于心,性也。喜、怒、哀、乐、好、恶、欲,发于外而见于行,情也。性者情之本,情者性之用。……故此七者,人生而有之,接于物而后动焉;动而当于理,则圣也贤

也;不当于理,则小人也。……性情之相须,犹弓矢之相待而用。(《性情论》)

在这里,他指出所谓七情,是"接于物而后动"的,而所谓君子与小人之分,关键也正在于所"养"或"外物之所感"不同,这正是说,社会物质生活条件不同,决定了情的或善或恶,也正说明,人们的阶级地位,不是被所谓先天的"性"所规定的。在他看来,人性是能动的、无善恶之分的。社会物质生活条件改变了,人们的思想意识和要求也跟着改变,所以他肯定:"风俗之变,迁染民志"(《风俗》),从而所谓"三纲五常"以及法令制度,在他看来,都是"文"而不是"本","文"是由"本"决定的。由于他出身中小地主阶层,他底基本立场仍站在统治阶级方面,所以他虽然要求"变法",实际是从拥护旧制度的统治出发,来缓和社会危机,增进一些统治内部中间阶层底利益。

(二) 教育观点

1. 对于传统学校和教育学的批判　王安石是把变革学校教育当作变革社会政治的重要武器之一的。早在1058年,他在"外侮急迫,内政衰退"的刺激下,就提出《上仁宗皇帝言事书》,在这一个万言书中,他对于传统的学校和教育学,作了极深刻的批判。他指出宋代地方学校只有校舍而无教师以及无教育教养的情况说:

　　方今州县虽有学,取墙壁具而已。非有教导之官、长育人才之事也。(《上仁宗皇帝言事书》)

至于中央的太学,虽有教师并且进行教学,但是教师既不称职,学生也只学些无用的东西:

　　学者之所教,讲说章句而已,固非古者教人之道也。近岁乃始教之以课试之文章。夫课试之文章,非博诵强学穷日之力则不能。及其能工也,大则不足以用天下国家,小则不足以为天下国家之用。故虽白首于庠序,穷日之力以帅上之教,乃使之从政,则茫然不知其方者,皆是也。(《上仁宗皇帝言事书》)

由这种学校培养出来的学生,顶好的也只能"强记博诵而略通于文辞",呆读死记一些儒家经典上的许多词句,学会一些文学诗赋以及声韵的作法用法,靠了一套雕虫篆刻的学问,科举考试及格便可参与政治,统治人民,因此弄成"大则不足以用天下国家,小则不足以为天下国家之用"的结果,也就是说,从政做官以后,既无掌握国家大计的本领,也没有接受领导支配使用的能力。他不仅反对传统学校关于"讲说章句"、"课试文章"、"性命理气之说"、"诸经异同之辨"及"风花雪月之吟"等"无补之学",他对于传统学校的教学方法,也正确地指出其严重缺点说:

"为师,则有讲而无应;为弟子,则有读而无问,……岂特无问,又将无思。"(《书洪范传后》)

在这里,他指出教学过程中教师的"教"和学生的"学",也是互相脱节的,所谓"讲而无应"与"读而无问……无思",正道破传统教学的完全破产。

2. 关于学校教育的主张　关于学校教育问题,王安石提出了一系列的积极主张。

首先,王安石从他关于人性问题的观点出发,肯定着学校教育的作用。前面说过,他以为"性"既"不可以善恶言"(《原性》),又"非生而不可移"(《性说》)的,这正是说,白纸般的"性"是能动的,它是"接于物而后动的","性触外物"生情,由于受外物的感染不同,才分化出善和恶,才产生出"上智"与"下愚"的差别,他认为孔子所说的"唯上智与下愚不移",是指后天的外物加在人性上所产生的后果,因此说:

习于善而已矣,所谓上智者;习于恶而已矣,所谓下愚者;一习于善,一习于恶,所谓中人者。(《性说》)

在他看来,善恶智愚都是后天形成的。前面提到他所说"风俗之变,迁染民志"的名言,正说明他所谓"习",包括了教育和社会环境的两种力量的影响,他很强调"礼"的作用,正说明他很重视人为的行为规范在陶铸人的个性中的作用。所有这些,也正说明王安石对于教育作用的肯定,说明人的教育为什么是可能的和必要的。

其次,在学校教育目的问题上,他从自己底社会政治观点出发,要求学校以培养具有"理财整军富国强兵"本领的人才为目的,这种人才,既是懂得"礼乐政刑之事"的专家,又是兼习文武的知识分子,他要求"边疆宿卫,皆得士大夫为之",他指出国家所以会"常抱边疆之忧",正由于"文武异事",正由于知识分子把"边疆宿卫之任,推而属之于卒伍。"

从培养这种"为天下国家之用"的人才出发,王安石认为教养和教学,都必须环绕这一目的来进行。在教养内容问题上,他认为选择教材时只有一个标准,就是:

苟不可以为天下国家之用,则不教也;苟可以为天下国家之用者,则无不在于学。(《上仁宗皇帝言事书》)

依据这一标准,学校教养既要重视"用"的原则,又要符合"专"的原则,不仅应该研习经义文辞,还应该学习礼法、天文、政教及军事等时务。为了学生能学些"专门"的本领,他除了改革太学、整顿州县学外,他还建置了武学、律学、医学等专门学;为了使学生能够得到有"用"的学问,他与其子王雱及学生陆佃等合编《三经新义》,即《周官义》、《诗义》、《书义》,作为标准的关于经学的大学教科书,使学生学习"先王之法言、德行、治天下之意",联系社会实际与书本知识来进行学习。在教学方法问题上,他依据孔子所说"不愤不启,不悱不发;举一隅不以三隅反则不复也"的著名指示,认为教学中教师的讲授,"非将善其口耳也"(《书洪范传后》),必须由教师"问之切",而后才能够使学生"听之专";必须使学生"思之深",才能够让学生"取之固",他说:

作圣五事(貌慕、言从、视明、听聪、思睿),以思为主,而貌最其后也。(《书洪范传后》)

在这里,他正把学生学习中的积极思维,提到首要的地位,当做是修养成圣的中心环节。这也就是说,他要求学生不要把学习停留在感性的口耳感受的阶段,还要做好系统的加工,使能融会贯通,进入于理性阶段,更进而入于实践阶段,所以他说:

传之以心,受之以意,切问近思,而资所学以施于世。

关于教育方法问题,王安石所提出的原则是"崇本轻文";这是使受教者在社会实践中,通过榜样的作用,得到感化,而不是用严厉的制度、烦琐的预防及法令告诫的词句来自外而内地强制。他在《原教》一文中,就"自然而然"的方法与"以道强民"的方法,作了鲜明的对比。他认为"善教者"总是用"自然而然"的方式方法,来进行教育,而他所指的"自然而然"的主要办法,正是中国教育学史上传统的优良方法——以身作则,他说:

> 善教者之为教也:致吾义忠,而天下之君臣义且忠矣;致吾孝慈,而天下之父子孝且慈矣;致吾恩于兄弟,而天下之兄弟相为恩矣;致吾礼于夫妇,而天下之夫妇相为礼矣。……岂有制哉,自然然耳。(《原教》)

在这样的方式下,他认为完全可以达到"民化上而不知所以教之之源"的效果,可以做到"浃于民心而耳目无闻"的境界,正是最成功的教育。相反的,"不善教者"总是采用"以道强民"的方式方法,来进行教育,而所谓"以道强民",正是只利用许多制度、预防及命令等等,他说:

> 不善教者之为教也:……暴为之制,烦为之防,劬劬于法令诰诫之间,藏于府,宪于市,属民于鄙野。必曰:臣而臣,君而君,子而子,父而父,兄弟者无失其为兄弟也,夫妇者无失其为夫妇也。率是也有赏,不然则罪。(《原教》)

但是赏诱罪胁的方式方法,在他看来,仍然有"不服教而附于刑者",甚至连"弃之于市朝"的死刑,也不能得到什么成效,其原因,照王安石的分析是:

> 施于民之耳目,而求浃于心,以道强民者也。……其犹囿毛羽、沼鳞介乎!一失其制,脱然逝矣。(《原教》)

由此可见,王安石是要求按照自然的原则来进行教育的,按照自然原则施教,他认为是从"本"入手,如其强调用规章法制来强迫命令,那正是"失其本而求之文",他底结论是:"失之本而求之文,吾不知其可也。"(《原教》)

第五节 "正统派"教育家的著名代表——朱熹

（一）朱熹生平和教育活动　朱熹（1130—1200年）字元晦，安徽婺源人。他出身地主阶级知识分子家庭，是南宋部族矛盾尖锐时期一个著名的教育家，是提倡理（精神）气（物质）二元论的客观唯心主义的哲学家。他底父亲朱松，曾是一位受过宋学洗礼、刚直而不肯附和秦桧投降政策的知识分子。朱熹一生，从19岁成进士，到69岁罢官回乡，50年中，除了担任过福建、江西、浙江、湖南等省的地方官吏兼教学工作，并曾一度做过南宋皇帝赵扩（宁宗）的老师（40天）等重要职务14年外，私人讲学的时间很长，先后约达三十多年之久。他曾创办过同安县学，重修过白鹿洞书院，并到处鼓励州学、县学的设置，提倡所谓"移风易俗"的教化；他也曾亲自拟订《白鹿洞书院教条》及《增损吕氏乡约》，编著小学、大学通用的教科书如《小学书》（15岁以下儿童用）、《近思录》及《经筵讲义》（对皇帝赵扩讲学时所编大学书）等，他底《四书集注》，不仅是他自己教小学用的教科书，也是他死后七八百年间，中国封建社会上唯一最有权威的教本；他在教学工作中有着"诲人不倦"的热情，正如他底学生黄勉斋所说：

> 从游之士，迭诵所习，以质其疑。意有未喻，则委曲告之，而未尝倦；问有未切，则反复戒之，而未尝隐。务学笃，则喜见于言；进道难，则忧形于色。讲论经典，商贯古今，率至夜半。虽疾病支离，至诸生问辨，则脱然沉疴之去体。一日不讲学，则惕然常以为忧。（《晦翁学案》附录，引黄勉斋所述《行状》语。）

他的确是一个有热情、有经验的教育家，他拥有广大的学生群众，正是及门弟子遍天下的名教师。到他晚年，汉奸当国，很想陷害朱熹，诬说他底学问是"伪学"，死时，又放出谣言，硬说朱熹底"伪徒"将利用送葬"伪师"的机会造反，因而特别监视，但是他底学生从各地远道赶来送葬的仍有千人之多，可见这位"老师"，在当时确是一位成功的教育家了。

（二）社会政治观点和哲学观点　在政治上，朱熹拥护赵宋政权，反对与金人议和，他针对南宋当时"祖宗之境土未复、宗庙之仇耻未除、戎虏之奸谲不常、生民之困悴已极"的社会政治现实，提出"修政事、攘夷狄"的爱国纲领，要用外与金人"闭关绝约"，内行"任贤使能、立纪纲、厉风俗"的办法，做到"国富兵强"、"复仇制胜",而把"斯民之休戚"当做内政的关键问题,他认为"天下之务,莫大于恤民",他的办法是讲求荒政、改善刑狱、减免人民赋税的负担及其他"爱养民力"等措施。而实现爱国纲领的"要道先务",是"讲学、定计、任贤",他说:

> 然求其所谓要道先务而不可缓者,此三事是也:夫讲学所以明理,而导之于前,定计所以养气,而督之于后;任贤所以修政,而经纬乎其中。(《壬午应诏封事》)

在这三个"要道先务"中,"讲学"被视为首要之图。他这个"修政事、攘夷狄"的爱国纲领,基本上符合中小地主的要求,同时,也部分地符合着商人及中间阶层乃至农民的要求,而受到大地主投降派的排斥。

就哲学观点说,他接近北宋理学家中程颐一派。他底世界观,是周敦颐底"太极说"与程颐底"理""气"二元论的综合,他认为"太极"是宇宙万物的根源,而"太极即理",因此唯心地以为宇宙万物是由精神派生的,是由"太极"所生阴阳二气的配合,才生出万物和人,"太极"正是万物和人底"极好至善的道理"。但他在肯定这个所谓"理"的同时,认为"气"也很重要,在他看来,"理"是形而上的,是精神的独立存在;"气"是形而下的,是事物的客观存在。"理"挂搭在"气"的上面:没有"理"不能有"气";没有"气","理"就没有挂搭处,因而也失其作用。当"气"凝聚起来时,"理"就存在于"气"中。"理"与"气"的统一,生物也生人。他不了解精神依存于物质的真理,而把"理"与"气",或精神与物质,对立起来,并用"太极"来统一这个对立,以为"太极"这个"极好至善的道理",正如"月印万川",使得"人人有一太极,物物有一太极"。

从这一唯心主义世界观出发,他认为:具体的个人,正是"理"、"气"统一的结果,因此,他也错误地肯定:人性中既包括至善纯一的"天地之性",也就是仁义礼智四端的"良知",也包括清浊偏正程度不等的"气质之性",禀气清正的是圣人,禀气偏浊的是愚人。他认为:"气质之性"经常掩盖着"天地之性",也就是"人欲"经常掩盖着"天理",只有圣人才是天理充沛的。因此,人的问题,在朱熹看来,是一个"存天理、灭人欲"的问题,是一个保存天地之性与克服偏浊的气质之性的问题,是一个如何修养成圣的问题。在世界观问题上,他说"理"挂搭在"气"上,在人性问题上,他说"性"挂搭在"心"上,"性"与"心"的统一,便发生精神和知觉的作用,"性"不是被派生的而是独立存在的,"心"则是感觉知觉的本体。当他肯定性有四端时,他作出了先验主义的结论;当他认为知识是由人的感觉知觉,摄取客观事物经过思维而后形成时,这中间包括了唯物主义的因素。又他在肯定人有"四端"的"良知"时,他承认各阶级阶层的人们,在这方面是平等的,因此,中间阶层乃至农民手工业者,正可与大地主阶级一样得到发展,这有着一定的进步意义,当然也正反映了阶级调和的或妥协的观点,起着一定的麻痹人民的作用的。

(三)教育观点

1. 所谓"学以变化气质" 朱熹从上述哲学观点出发,唯心主义地理解着教育作用问题,把教育所以可能,归结为由于人性中包括了至善纯一的"天地之性",由于人性中有仁义礼智四端的"良知",能够"即物穷理",正如他自己所说:

> 人心之灵,莫不有知;而天下之物,莫不有理。惟于理有未穷,故其知有不尽也。(《补大学格物致知传》)

而教育所以必要,在他看来,正由于人性中包括了清、浊、偏、正程度不同的"气质之性",他说:

> 人品之不同,是气有昏明厚薄之异故也。(《朱子语类》)

由此,他肯定了"学以变化气质"的这一教育作用。所有这些关于教育作用的观点,当然都是不正确的,而错误的根源,正在于他唯心主义的世界观和人性论。

转到教育目的问题上,他要求教育以"存天理、灭人欲"为目的,也就是要通过教育,来变化"气质之性"、回复"天地之性",来发扬气质中清正的部分,去掉气质中浊偏的部分,最后培养成"能尽其伦"的理想人格,而这样理想的人,在朱熹看来,便是能够实现《大学》上"三纲领"和"八条目"的人,便是有条件来维护南宋江山、使"夷狄知畏不能久肆其毒"的贤君忠臣孝子。他要培养抗敌爱国的人,这是正确的;他所说"学以变化气质"的主张,这是不妥当的。

朱熹教育观点中比较宝贵的部分,是他关于教育教养的内容和方法的主张。

2. 论家庭教育 朱熹在谈到家庭教育问题时,他重视孕妇的卫生,他也重视保姆的影响:他从理气统一而生人的唯心命题出发,肯定遗传的作用并提出所谓"胎教"法,要求孕妇注意"一寝一坐、一立一食、一视一听"等生活的各方面,以使胎儿能够"气禀正而天理全"。他认为婴儿出生后,"乳母之教,所系尤切",因此他主张"生子必择乳母"(均见《小学集解·立教第一》),乳母必须有"宽、裕、慈、惠、温、良、恭、敬"等道德品质,以便很好地影响婴儿、完成保育婴儿的任务;到儿童6岁以后,乳母还要教以数目、方名等等知识。在这里,他重视妇婴卫生、重视儿童入学前的教育教养,这是有意义的;但他强调遗传与提倡胎教,显然是不科学的。

3. 论学校教育——小学和大学　关于学校教育问题,朱熹从他的社会政治观点出发,从他所理解的认识发展过程出发,提出了教育教养内容的主张。总的说,他认为:

> 立学校以教其民,……必始于洒扫应对进退之间、礼乐射御书数之际,使之敬恭,朝夕修其孝弟忠信而无违也。然后从而教之格物致知,以尽其道,使知所以自身及家、自家及国而达之天下者,尽无二理。(《南剑州尤溪县学记》)

就小学说,儿童从8岁起入学,在"师范端严、学明德尊"(《小学集解·立教第一》)的老师教导下,培养"圣贤坯模",学习的重点是"事",这中间包括了"洒扫应对进退之间"、"爱亲敬长睦师亲友之道"(均见《题小学》)及"礼乐射御书数之文"(《大学章句·序》)等具体的礼节、道德和知识技能,而"六艺"学习中要从"书数"开始,他说:

> 六艺先学书计。……不学六书,不学九数,则不识算。(《小学集解·立教第一》)

由此,进一步以《大学》、《论语》、《中庸》、《孟子》等四书,为主要教材,依次读完后,再学"诗、书、礼、乐"(《答黎季忱》)。他指定所编的《小学书》为学生必读书,他认为从《小学书》可以学到"做人底样子",可以学到"事君、事父兄等事",但是他也指出必须"知之浅而行之小"(引文均见《小学集解》),仅仅要求培养成上述的"圣贤坯模",作为"修身齐家治国平天下之本"(《题小学》)。

就大学说:儿童从15岁起,在"小学已成之功"的基础上,进入大学,受"大人之学",以"进乎明德新民以止于至善"(《小学集解》)的境界,学习的重点是"理",他认为大学教育教养的着力处,是从格物致知下手增长许多知识见闻,使学生懂得"事君事父兄等事"的道理,凡所学习,都要求"知之深而行之大"(引文均见《小学集解》),尤其要钻研"穷理、修身、齐家、治国、平天下之道"(《经筵讲义》),力求"就切身处理会"礼、乐、射、书、数(无御)的道理,并须按照"合当理会底,皆是切用"的原则,力求"察乎义理,措诸事业"(引文均见《小学集解》),也就是力求把理论应用到实际上。

在教育教养的内容问题上,朱熹认为:小学和大学,虽然有重事和重理的不同,方向却是一致的,正是"然其为道,则一而已",如果说小学和大学有上述着重点上的差别,那只是程度上的差别,这种差别,主要由于:

> 少长所习之异官,而有高下、深浅、先后、缓急之殊。(《小学集解》)

最后,朱熹对于教育教学的方法问题,也有许多宝贵的见解。他是一个非常重视方法问题的教育家,他指出中国古代教育所以能有很大成就,主要由于方法好,他说:

> 古之教者,自其能食能言,而所以训导整齐之者,莫不有法。而况家塾党庠术序之间乎!彼学者,所以入孝出弟,行谨言信,群居终日,德进业修,而暴慢放肆之气,不设于身体者,由此故也。(《跋程董二先生学则后》)

他吸取了孔子以来儒家学者关于教育教学方法的主张,结合自己对教育教学工作的实践,提出了不少宝贵经验:

朱熹对于教育教学方法问题上第一个重要体会,是要求"穷理"和"笃行"并重。他认为:

> "古者圣贤,所以教人为学之意,莫非讲明义理,以修其身,然后推己及人。"(《白鹿洞书院教条》)

他认为:学生的学习,应按照《中庸》一书所说"博学、审问、慎思、明辨、笃行"的程序来进行,把前四个步骤看作是"穷理"的功夫,但是他认为仅仅使学生了解"理之当然",这是不够的,还必须完成"笃行"这一程序,也就是必须在所了解的"理之当然"的基础上,"责其身以必然"。在他看来,"讲学"或教学的目的,就在于能够"力行"、"践履",所以他说:

> 知而不行,则前所穷之理,无所安顿,徒费讲学之功。(《白鹿洞书院教条》)

> 为学之实,固在践履。苟徒知而不行,诚与不学无异。然欲行而未明于理,则其践履者,又未知其果何事也。(《答曹元可》)

知与行或学习与实践,必须结合起来,学而不行或行而不学,都是不对的,学习与实践的结合,足以提高和加深知识,使所知更加明确,正是:

> 方其知之,而行未及之,则知尚浅;既亲历其域,则知之益明,非前日之意味。(《答曹元可》)

在这里,朱熹并重"穷理"和"笃行",主张以"知"来指导"行",用"行"来提高"知",这是对的,是他教学观点中宝贵的地方。但在朱熹述及"知"与"行"的先后轻重问题时,他所作的结论,却不完全正确:他认为"知先行后",要求学者努力于儒家经典的教条学习,企图用所掌握的教条来指导实践,他不懂得真知正是从实践中来;他主张"行重知轻",以为一切"昔之诵而说"的知识,都是以"可践而履"当作目的,机械地区别知行的轻重问题,他忽视了系统理论学习的重要性,他把学校中教养教学中的实践与社会政治上的实践,混为一谈。但在南宋不重"实学"的学风下,朱熹强调"笃行",确是可取的。

其次,朱熹在教育方法上提出积极教导的主张。他要求教者:"多说那恭敬处,少说那防禁处。"这正是要多作积极的指导说明,少作消极的预防性和取缔性的告诫命令;他认为消极的防范,只能收效一时,不能保持长久,他说:

> 专务克己私欲,而不能充长善端,则吾心与所谓私欲者,日相斗敌,安伏得下,又当复作矣。(《朱子语录》)

他的主张是:多做"充长善端"功夫,使学者深明"理义",其效果要比法规制度大得多,他说:

> 苟知其理之当然,而责其身以必然,则夫规矩禁防之具,岂待他人设之,而后有所持循哉。(《白鹿洞书院教条》)

> 尝谓学校之政,不患法制之不立,而患理义之不足以悦其心。夫理义

之不足以悦其心,而区于法制之末以防之,……亦必不胜矣。(《同安县谕诸职事》)

这正是说,认识水平、觉悟水平的提高,这是教育工作中主要的一面,如其"理义"不足以使学生心悦诚服,虽订出一系列的烦琐制度规章,也并不能解决问题,在教育上,只有使学生"知其理之当然",才能够"责其身以必然"。但是,朱熹并不否定一定制度规章,例如他所订的《训学斋规》,关于衣服冠履、语言步趋、洒扫清洁、读书写字以及其他杂细事宜,都有缜密而严格的规定。这正说明:他一方面反对"迫致而强为之"(《小学集解》),提倡"主敬",并"以乐教养中和之德";一方面仍然用制度规章来约束学者。

关于学习,朱熹提出"循序而渐进、熟读而精思"(《读书之要》)的著名原则。就循序渐进的原则说,他认为各种不同的教材或读物,要按顺序去讲习,例如《四书》中的《论语》和《孟子》,他认为应该"先论而后孟,通一书而后及一书";同一部书,他指出:"其篇章文句首尾次第,亦各有序而不可乱也";而在同一篇章文句中,必须一字一句不放过,必须"字求其训,句索其旨。未得乎前,则不敢求其后;未通乎此,则不敢忘乎彼"。在循序渐进的学习中,他更要求:"量力所至,约其程课而谨守之"。在这里,正包括了系统性原则,也包括了量力性原则。他认为:只有把握"循序而渐进"的学习方法,才能做到"意定理明,而无疏易凌躐之患"(引文均见《读书之要》一文)。就熟读精思的原则说:他要求从反复练习入手,做到"学"、"思"结合,最后才能够彻底掌握。他说:

> 观书:先须熟读,使其言皆若出于吾之口;继以精思,使其意皆若出于吾之心。然后可以有得耳。(《读书之要》)

观书要熟读和精思,这是对的;但他在这里是把书中的"言"和"意",当做颠扑不破的至理名言看待的,如此对待教条所进行的精思,想来想去,总不能越出这范围而别有心得体会的。此外,他又指示学者,在学习中遭到困难,例如某问题同时有多种不同的说法或答案,就必须"虚心静虑,勿遽取舍于其间",也就是说,碰到这样境界时,就必须把各种说法,一一加以考虑、证验或互相诘难,而不很快地作出结论,那么是非自明,似是而非的说法,必然被攻破,在解决这类学习困难的过程中,他认为:必须"如解乱绳,有所不通,则姑置而徐理之"(《读书之要》)。

（四）朱熹的意义　朱熹在世界观和人性论上，他是唯心论者；在社会政治观点上，他有着满腔爱国主义的热情。在学校和教育学领域内，他反对"贪利禄而不贪道义"的学风，也反对"虚无寂静之教"，这都有着积极的意义；但他承袭"格、致、诚、正、修、齐、治、平"的儒家学说，把它当做政治和教育的主要法宝，主观上虽也重视实学实用，实际上是"无补时艰"的。在他教育观点中值得重视的东西，是关于作为我国教育教学上优良传统的方法论的实践和发展，例如他明确指出小学和大学的重点，他并重穷理和笃行，提倡积极教育与消极防禁的结合，提倡循序渐进与熟读深思的学习原则，这些都是宝贵的。

第六节　主观唯心论者王守仁

（一）阳明生平和思想　王守仁（1472—1529年），字伯安，别号阳明子，浙江余姚人，出身官僚地主阶级知识分子家庭。其父王华是明宪宗朱见深统治时的进士第一人（状元），官至皇帝的"侍讲"及南京吏部尚书。他自己28岁时成进士，历任刑部和兵部主事，后因触怒当权的宦官刘瑾，受廷杖四十和贬谪贵州龙场驿丞的处分，赴贵州途中，刘瑾又曾派人迫害他。刘瑾被杀死后，王阳明的政治地位逐渐提高，并因镇压江西农民起义、西南少数民族起义及平定宁王宸濠的叛乱等军功，历官赣南巡抚、副都御史、左都御史总督两广兼巡抚，得到新建伯的爵位，死后谥号文成公，从祀孔庙。

王守仁不仅在政治上是巩固朱明大地主阶级政权的"功臣"，在哲学的和社会政治的观点上，也在教育活动和教育观点上，反映大地主阶级思想意识，用主观唯心主义的学说，来维护大地主阶级利益。他的一生，用在学习和教育工作的时间很多。他曾经"留情武事，凡兵家秘书，莫不精究"；他曾学习词章并参加科举考试；又曾"遍求考亭（朱熹）遗书读之"，"为宋儒格物之学"（引文均见《年谱》）[①]。他在程朱理学影响下，曾一度穷格竹子的道理，格了7天，"以劳思致疾"（《传习录·黄以方录》）[②]，也曾一度研究"仙释二氏"的道术。摸索到30岁以后，他认为："词章艺能，不足以通至道"，只是"以有限精神，为无用之虚文"，而"仙释二氏"之说，也只足以"断灭种性"（均见《年谱》），而当时流传的程朱学说，也由于"世儒之多言"，变成"日就支离、决裂、……湮晦"（《朱子晚年定论》）。他推崇宋儒陆九渊"心即理"的说法，认为"吾心即物理"，认为"心外无物，心外

[①] 系钱德洪撰《王阳明年谱》，以下简称《年谱》。——编校者
[②] 以下凡引《传习录》，只注篇名。——编校者

无事，心外无理，心外无义，心外无善"（《与王纯甫书》），事物义理善，都在吾心中，因此"六经之实，具于吾心"（《稽山书院尊经阁记》），吾心具有"不待虑而知"的、包含天理在内的"良知"，作为判断一切事理的标准，吾心也具有"不待学而能"的天赋的"良能"，作为衡量客观是非的本领。依据"心即理"说，他提出"致良知"说，他认为良知常为外物或"物欲"蒙蔽，人们如能"只在此心去人欲存天理上用功"（《徐爱录》），便能"致良知"，而不需要在心外去格物，也不需要在良知之外，追求什么知识，他甚至认为"良知之外，别无知矣"（《答欧阳崇一》）。依据"致良知"说，他提出"知行合一"说，他认为：只要"实实落落依着他（良知）做去，善便善，恶便恶"，"便是格物的真诀，致知的实功"，他认为："知是行的主意，行是知的功夫。知是行之始，行是知之成"（《徐爱录》），他用"知行合一"的原则，来指导人们实践，但他所谓"知"，不是对客观世界的科学认识，而指的是先验的"良知"，他所谓"行"，不是对于客观世界的实践，而是内心修养方面的实践。这种"心即理"说、"致良知"说及"知行合一"说，正是阳明思想的三大纲领。他要求理于此心，他肯定有所谓先验的良知良能，他提倡内心修养方面的实践，都是主观唯心论的说教，都是贵族大地主离开现实、不敢面对现实的玄学思想的反映；但他反对用"徒考索于影响之间，牵制于六经之末"的研究六经的教条的烦琐的方法，反对"狃于旧闻，不求是当"的拜倒于圣贤偶像的态度，肯定人人都有良知，肯定"良知良能，愚夫愚妇与圣人同"，指出"知行合一"，指出"真知即所以为行，不行不足谓之知"，都包含了一定进步的、民主的、积极的因素。

所有这些思想，对于阳明从事教育工作，都有很大影响。他从34岁开始在北京讲学起，就以"倡明圣学"为宗旨，谪居龙场驿时，很注意夷民教育，曾伐木构龙岗书院，后又主讲贵阳书院，任庐陵知县时，他曾"谆谆告慰父老，使教子弟"。自后在北京南京等地做官时，也都随时讲学，平"乱"以后，更是到处建立"社学"，并修建濂溪书院、稽山书院，创建阳明书院，兴建南宁学校。他视"社学"为初等教育，要求"各县父老子弟，互相戒勉，兴立社学，延师教子"；他把"书院"看成是一种高等教育，晚年退休以后，各地从学者很多，凡余姚附近寺庙，都变成王门弟子的宿舍，环坐听讲的学生，常达三百多人。遗著有《王文成公全书》38卷，其中《传习录》《文录》等，还在他活着的时候，就已到处流传，简直支配了当时中国南部的教育界、思想界和政治界。明亡后，并由义士朱之瑜，把他的思想，传入日本，"知行合一"说对于明治维新，曾经成为一种思想武器，起过鼓动作用。

（二）论学校教育的目的和任务　　阳明从自己底主观唯心论的哲学观点

出发,肯定圣人与愚夫愚妇,都具有所谓"良知","圣"与"凡"的差别,在于圣人"良知"常在,天理纯全,生而知道"义理",而凡人受了习俗影响和私欲蒙蔽,"良知"埋没,因而不能知道"义理"。正由于人人都有"良知",因而都有受教育的可能;也由于"良知"常为私欲蒙蔽,因而都有受教育的必要,通过教育来去人欲、致良知,并把这良知推行于人伦日用之上,最后实现"身修、家齐、国治、天下平"的理想。在阳明看来,"致良知"正是教育的主要任务,也是教育的根本功夫。他在《答顾东桥书》中,曾提出所谓"拔本塞源之论":他所谓"拔本",就是要"致良知",要倡明"圣学",要用"天地万物一体之仁以教天下,使之皆有以克其私,去其蔽,以复其心体之同然",这种"拔本"的教育,他依据儒家传统说法,指出了纲领和节目,他说:

> 其教之大端,则尧舜禹之相授受,所谓"道心惟微,惟精惟一,允执厥中"。而其节目,则舜之命契,所谓"父子有亲,君臣有义,夫妇有别,长幼有序,朋友有信",五者而已。(《答顾东桥书》)

他把唐虞的原始教育和夏商周的奴隶主教育,当作理想的"拔本"教育,并且认为:"下至闾井田野农工商贾之贱,莫不皆有是学,而惟以成其德行为务",因此,阳明以为学校教育的基本任务是"成德",是在"成德"的基础上发展不同的"才能",他说:

> 学校之中,惟以成德为事,而才能之异,或有长于礼乐,长于政教,长于水土播植者,则就其成德,而因使益精其能于学校之中。(《答顾东桥书》)

他认为,学校教育的"大端","惟在复心体之同然,而知识技能,非所与论",在这里,阳明正是要利用学校教育这武器,培养统治阶级知识分子,使成统治的助手,"以共安天下之民";教育所谓"才质之下者",使能"安其农工商贾之分,各勤共业以相生相养,而无有乎希高慕外之心",由此以巩固阶级统治。

他所谓"塞源",既反对"圣学"以外的异端,又反对训诂、记诵、词章等汉宋以来的儒家学。他说:

> 三代之衰,王道熄而霸术昌;孔孟既殁,圣学晦而邪说横,教者不复以

此为教,而学者不复以此为学。

他对这种学风很不满意。他对学者专搞训诂"以为名"、专靠记诵"以为博"及专研词章"以为丽"的世儒俗学,更为反对,他指斥说:

> 记诵之广,适以长其傲也;知识之多,适以行其恶也;闻见之博,适以肆其辨也;辞章之富,适以节其伪也。(《答顾东桥书》)

如此学校教育,他认为只能形成坏的学风。即:

> 相矜以知,相轧以势,相争以利,相高以技能,相取以声誉。(《答顾东桥书》)

他认为这种学风决不能培养出有益于统治的人才来。他得出来的结论是:只有"拔本塞源",以"致良知"和"倡明圣学",才能实现学校教育的目的和任务,才有可能进入"唐虞三代之世"的理想社会。

从他关于学校教育目的任务的观点出发,阳明对于书院所提出的教育方针;消极方面是要求书院讲学,不要"沦入于老佛词章"(《东林书院记》);积极方面是以"明人伦"为中心任务,肯定"明伦之外,无学矣",搞好"明伦之学",就能够做到"家齐国治而天下平",离开了"明伦之学",就是"异端",就是"邪说"(引文均见《万松书院记》)。这是他对统治阶级专享的学校教育,所提出的方针。阳明对于"社学"所提出的教育方针是:

> 今教童子,惟当以孝弟忠信礼义廉耻为专务。(《训蒙大意示教读刘伯颂等》)

简单地说,就是"教以人伦"。他认为,不但要用这方针来"训饬其子弟",也要用来"化喻其父兄"。从而社学所当包括的教育内容,"不但勤劳于诗礼章句之间,尤在致力于德行心术之本",只有贯彻这一方针,才能使"礼让日新,风俗日美"(引文均见《颁行社学教条》)。由此可见,阳明是把"社学"当做"化民成俗"的武器,这从所拟《南赣乡约》中,也可看出,他要同"约"之民,都要做到:

> 孝尔父母,敬尔兄长,教训尔子孙,和顺尔乡里,死丧相助,患难相恤,善相劝勉,恶相告戒,息颂罢争,讲信修睦,务为良善之民,共成仁厚之俗。

而他所理想的"良善之民"与"仁厚之俗",正是对大地主统治最有利的人民和风俗。

(三)论教育教学的原则和方法 "知行合一"的原则,是阳明哲学观点中一个重要组成部分,这一原则,在他底教育教学方法论中,也占着突出的地位。他曾分析社会上有两种人,他说:

> 有一种人,懵懵懂懂的任意去做,全不解思维省察,也只是个冥行妄作;所以必说个知,方才行得是。又有一种人,茫茫荡荡,悬空去思索,全不肯着实躬行,也只是个揣摸影响;所以必说个行,方才知得真。(《徐爱录》)

在这里,他正要求学者通过思维再去实践,通过实践避免悬空思索,求得真知。他认为,只有"知行合一",才是学习的"实功"。依据"知行合一"原则,他要求学者,首先要"立志",而所谓"立志","只念念要存天理"(《陆澄录》),假如不立定这个志向,正如"无舵之舟"(《教条示龙场诸生》),也正如"不种其根而从事培拥灌溉,劳苦无成矣"(《示弟立志说》)。志向既定,处处以"致良知"为主,便能"勤学":他认为,"凡学之不勤,必其志之尚未笃"(《教条示龙场诸生》),如已立志学为圣人,便会全神贯注,勇猛精进,正是:"如猫捕鼠,如鸡复卵,精神心思,凝聚融结,而不复知有其他"(《示弟立志说》),"时时刻刻,须是一棒一条痕,一掴一掌血"(《黄以方录》),但又须"各随分限所及"(《黄以方录》),逐步渐进,不可躐等,把握一点,"扩充到底"(《黄以方录》)。他认为,在"勤学"过程中,最要勇于"改过从善":对于"攻我之失"的一切人,都尊为"我师";对于一切的忠告,都要做到"乐受而心成";对于老师,也要"责善",不过态度言语,都须审慎,他说,"谏师之道,直不至于犯,而婉不至于隐乎",在老师之前,"使吾而是也,因得以明其是;吾而非也,因得以去其非"(引文均见《教条示龙场诸生》)。只有做好师生"责善"功夫,才能够达到"教学相长"的结果,也才符合"知行合一"原则。阳明在自己教育工作中,最有接受学生提意的"雅量",他曾宣称:"诸生责善,当自吾始"(《教条示龙场诸生》)。阳明理想中的教师,是要能"庄敬自持,外内若一",是要能自己先辨明义利的分别,"以身先之"地走在学生前面,才能在教育教学中贯彻"知行合一"原则。

在"知行合一"原则下,阳明一方面主张对师生都要提出严格要求,一方面也反对宋明以来束缚身心的传统的儿童教育方法,他曾揭露"近世"儿童教育的缺点说:

> 近世之训蒙稚者,日惟督以句读课仿,责其检束,而不知导之以礼;求其聪明,而不知养之以善。鞭挞绳缚,若待拘囚。彼视学舍如囹狱而不肯入,视师长如寇仇而不欲见,窥避掩复,以遂其嬉游,设诈饰诡,以肆其顽鄙,偷薄庸劣,日趋下流。是益驱之于恶,而求其为善也,何可得乎。(《训蒙大意示教读刘伯颂等》)

在这里,他指出了当时学校教育的严重缺点,主要是教学上的机械注入、教育上的粗暴体罚,以及由此而造成的师生严重对立等等。他认为要培养儿童"孝弟、忠信、礼义、廉耻"等封建道德品质,应该依据儿童天性施教,而儿童天性,在他看来,主要是"乐嬉游而惮拘检",也就是说,喜欢游戏而怕管束,因此,他把儿童教育,比作栽培花木:

> 今教童子,必使其趋向鼓舞,中心喜悦,则其进,自不能已。譬之时雨春风,沾被卉木,莫不萌动发越,自然日长月化。(《训蒙大意示教读刘伯颂等》)

他认为:能使儿童"趋向鼓舞,中心喜悦"的教育,也最能使儿童进步,而把"歌诗、习礼、讽书",视为最好的工具:"歌诗"不仅足以诱发儿童的"志意",尤其能在"咏歌"中发泄其"跳号呼啸"的情感,能在"音节"中宣导其"幽抑结滞"的情感;"习礼"不仅足以能使儿童严肃,通过"周旋揖让"的礼节,并能"动荡血脉,固束筋骸";"讽书"不仅能启发智慧,更能发生"存心""宣志"的作用。通过"歌诗、习礼、讽书"诸方法,积极方面,足以"顺导其志意,调理其性情",消极方面,足以"潜消其鄙吝,点化其粗顽",最后达到使儿童"渐于礼义而不苦其难,入于中和而不知其故"。为了很好地教育儿童,阳明还在《训蒙大意示教读刘伯颂等》中,规定了五条教约:第一,每天早晨,要检查儿童在家庭里、在街道上、在一切言行心术中,对爱亲敬长、步趋礼节、忠信笃敬等道理,"曲加诲谕开发",然后开始业务学习;第二和第三两条,分别规定了"歌诗"和"习礼"的各种要求,间日分班递歌,朔望合唱或分班习礼朔望合演等制度;第四,授书"不在徒多",但贵精熟而不厌苦,务使"专心一志",字字句句,反复思考,最后自能掌握"义理";第五,为了使儿童"乐习不倦,无暇及于邪僻",他又订出一个日课表来,每天都按"先考德,次背书论书,次习礼或作课仿,次复诵书讲书,次歌诗"的程序,进行品德检查、巩固旧课、讲授新课的各环节,并把习礼与歌诗,适当地配合进去。在这样的教育教学要求和逐日计划中,正包括了德育、智育、体育、美育等多方面的教育教学工作。固然阳明教育观点,是为大地主阶级服务的,属于唯心论的——特别是主观唯心论的体系,但他吸取了先秦以来历代教育教学宝贵经验,提出自己的主张,注重多方面的教育和教学工作,这是宝贵的。

第六章 明末清初先进的教育观点

第一节 明末清初先进教育观点产生的社会历史条件

早在宋末元初,中国封建社会内部,已经隐约可见资本主义生产因素的萌芽,由于蒙古帝国奴隶主统治的残酷破坏,才又转入社会经济发展的停滞时期。至明,跟着奴隶主贵族压迫的解除与统一的封建帝国再建立,也跟着明初在一定程度上实行了促进社会生产发展的政策,使社会经济获得迅速恢复与发展,在生产力提高、手工业商业发展及城市经济繁荣的条件下,再孕育着新的生产方式。一般说来,从明到清中叶外国资本主义侵入前,是中国封建社会内部商品经济高度发展的时期,是中国资本主义因素萌芽时期,但是封建的自然经济仍占统治地位,专制封建统治,仍然阻挠着新的生产力与生产关系的成长,残酷地压迫和剥削着中国广大农民、手工业者和商人。

随着明末清初资本主义因素的萌芽,也随着由阶级矛盾和民族矛盾造成的"民不聊生"情况的严重发展,反映在社会阶级斗争上,就出现了明末连续发生的城市"民变"和农民起义,出现了明清之际包括新兴市民阶级、农民手工业者和爱国进步的知识分子在内的群众抗清运动,反映在思想意识上,就表现为明末反理学思潮和民主主义的启蒙思想的泛滥,就产生了一些杰出的思想家、教育家,如王夫之和颜元等,他们底基本观点是:政治上,反对封建压迫与民族压迫;学术思想上,反对空虚的宋学、佛家和道教思想与烦琐主义的汉学,并在复古的儒学形式下,鼓吹民主思想与提倡经世致用的实学。

第二节 农民出身的教育家颜元

(一)颜元生平和教育活动　颜元(1635—1704年),别号习斋,河北省博野县人。他活着的70年,正当明清之际,当时封建经济正开始解体,不少的农民和手工业者,在民族矛盾、阶级矛盾中,破产、逃亡或起义抗清。颜元底父亲颜昶,就是一个破落农民,为蠡县地主朱翁养子,颜元生后3年,他便流亡辽东从事手工业,其妻也改嫁。颜元童年是在朱家长大的,当时他叫朱邦良,19岁成秀才以前,他学过"神仙导引术"以及八股文章;后来又曾务农、学医、读兵书、学技击、研究陆王程朱学说,最后转而钻研周公孔子的所谓"正学",著《存学》、《存性》、《存治》、《存人》四编以立教。在35岁到57岁的二十多年间,除了一度出关寻父外,一直在家从事教育工作;57岁以后,曾游历河南以及河北省南部;62岁时,曾接受肥乡漳南书院的聘请,按照自己理想,为漳南书院创立制度,分为文事、武备、经史、艺能等四种,适遭漳水决口,书院被淹,他便回家,越8年而死。

(二)哲学观点和社会政治观点　颜元一生,是一个始终不曾脱离生产劳动和农民生活的知识分子,是一个正视民族矛盾和阶级矛盾而企图通过实事实功来救国救民的知识分子。他认为"人之世"与"世之人",都在人情物理之内,必须正视实事实物,而不能蹈入空疏、追求虚无寂灭。他对于宋明学者沉醉佛老、高谈理学,斩截痛快地加以反对说:

> 予未南游时,尚有将就程朱附之圣门支派之意。自一南游,见人人禅子,家家虚文,直与孔门敌对,必破一分程朱,始入一分孔孟,乃定以为孔孟程朱,判然两途,不愿作道统中乡愿矣。(《年谱》①五十八岁告李塨语)

> 仆尝有言:训诂、清谈、禅宗、乡愿,有一皆足以惑世诬民。宋人兼之,乌得不晦圣道误苍生至此也!……每一念及,辄为太息流涕,甚则痛哭。(《寄桐乡钱生晓城》)

他指斥佛学是"释氏镜花水月幻学"(《年谱》);他指斥宋明学者更是"以吾儒虚字面,做释氏实工夫"(《存学编》),比佛学更虚幻;他底结论是:

> 宁使天下无学,不可有参杂佛老章句之学;宁使百世无圣,不可有将就冒认标榜之圣。庶几学则真学,圣则真圣云尔。(《存学编》)

他在复古的儒学形式下,在提倡所谓周孔真圣学的号召下,讲究经世致用的实学,提出正视事物界反对虚灵界的世界观和人生观。由此转到人性问题上,他首先把"性"理解为不是言之无物的玄虚的东西,而是万物和人所具有的一种性能,万物都各有它底"形"和"性",这种"形"和"性"的统一,便是物,而所谓"形"和"性",正是事物的形式和内容或现象和本质,他说:

---

① 系李塨纂《颜习斋先生年谱》,以下简称《年谱》。——编校者

形,性之形也。性,形之性也。舍形则无性也,舍性亦无形矣。(《存人编》)

由此,他反对历来所谓性善性恶之辩,也反对朱熹所谓"理"、"气"二元的说法,他说:

若谓气恶,则理亦恶,若谓理善,则气亦善。盖气即理之气,理即气之理,乌得谓理纯一善,而气质偏有恶哉?(《存性编》)

他虽采取了"性善说",但他所谓性善,实质上有别于先验主义的性善观点,而是从万物各有其性能这一方面来理解的,他说:

譬之目矣:眶疱睛,气质也。其中光明能见物者,性也。将谓光明之理专视正色,眶疱睛乃视邪色乎?……能视即目之性善,其视之也,则情之善,其视之详略远近,则才之强弱,皆不可以恶言。盖详且远固善,即略且近亦善,第不精耳,恶于何加?(《存性编》)

他认为:人们所以有"恶",由于环境或"习染"造成,与气质无关,他说:

手持他人物,足行不正途,非手足之罪也,亦非持行之罪也;耳听邪声,目视邪色,非耳目之罪也,亦非视听之罪也。皆误也,皆误用其情也。误始恶,不误不恶也;引弊始误,不引弊不误也;习染始终误,不习染不终误也。(《存性编》)

所以他极重视"习染",反对"山河易改、本性难易"的旧传统,他说:

孔孟以前责之习,使人去其所本无;程朱以后责之气,使人憎其所本有,是以人多以气质自诿,竟有山河易改、本性难移之谚矣。其误世岂浅哉!(《存性编》)

改正了"习染",也就容易做好修养工夫,而"习染"的改正,除了用礼乐做武器进行"礼陶乐淑"的培养外,还主张"教人习事",能够"见理于事",就能"彻上彻下"

地明白道理,而"习事"正是努力生产劳动实践,他说:

> 吾力用农事,不遑食寝,邪妄之念,亦自不起。……力行近乎仁也。(《年谱》)

转到社会政治问题上,他认为劳动人民所以贫穷痛苦,由于社会上有一部分不劳而食者的存在,而剥削阶级所以能够实现其不劳而食的生活,最主要的由于他们不合理地占有土地、占有农业上最主要的生产资料,因此,他从农民利益出发,提出农业的社会主义空想,要求均田均贫富:

> 天地间田,宜天地间人共享之。若顺彼富民之心,即尽万人之产而给一人,所不厌也。王道之顺人情,固如是乎?况一人而数十百顷,或数十百人而不一顷;为父母者,使一子富而诸子贫,可乎?……况今荒废至十之二三,垦而井之,转移于流离无告之民,给牛种而耕焉,田自更有余矣。(《存治编》)

他从人民实利出发,极力提倡功利:反对所谓"正其谊不谋其利,明其道不计其功"的说法,他说:

> 世有耕种而不谋收获者乎?有荷纲持钩而不计得鱼者乎?抑将恭而不望其不侮,宽而不计其得众乎?这不谋不计两不字,便是老无释空之根。惟吾夫子先难后获、先事后得、敬事后食三"后"字无差。盖正谊便谋利,明道便计功,是欲速欲助长,全不谋利谋功,是空寂,是腐儒。(《言行录·教及门》)

他也反对所谓"谋道不谋食"的说法,他说:

> 宋儒正从此误,后人遂不谋生。不知后儒之道,全非孔门之道。孔门六艺,进可获禄,退可以食力,如委吏之会计,简兮之伶官可见。故耕者犹有馁,学也必无饥。夫子申结不忧贫,以道信之也。若宋儒之学,不谋食,能无饥乎?(《言行录·教及门》)

在正谊谋利、明道计功的总原则下,他所提出的政策是:

> 如天不废予,将以七字富天下:垦荒,均田,兴水利;以六字强天下:人皆兵、官皆将;以九字安天下:举人才,正大经,兴礼乐。(《年谱》)

他这一个"富"、"强"、"安"三策,正是针对人民疾苦、民族危亡及文教衰敝的政治经济现实而提出的,正是面对民族矛盾、阶级矛盾以实事实功来救国救民的一种理想。

(三) 对于宋明学校和教育学的批判　作为教育家的颜元,对于宋明以来的学校和教育学,做了深刻的批判。如前所述,颜元对于以程朱为首的宋明道学,极力反对,认为"其祸甚于扬墨,烈于嬴秦"(《寄桐乡钱生晓城》)。他认为:理想的学校教育应该以孔子的教育实践为范例,而不应模仿程子,他在答复陈天锡关于"程朱与孔孟隔世同堂,似不可议"的问题时说:

> 请画二堂,子观之:一堂上坐孔子,剑佩觿决杂玉革带深衣,七十子侍,或习礼,或鼓琴瑟,或羽籥舞文,干戚舞武,或问仁孝,或商兵农政事,服佩亦如之,壁间置弓矢钺戚箫磬算器马策及礼衣冠之属。一堂上坐程子,峨冠博带,垂目坐如泥塑,如游、杨、朱、陆者侍,或返观静坐,或执书伊吾,或对谈静敬,或搦笔著述,壁上置书籍字卷翰研梨枣。此二堂同否?(《年谱》)

他所描绘的这两幅图画:前一幅,正说明他所追求的学校教育,是礼乐兼习、文武并重、道德与商兵农政等实事实学都须讲究,是要通过学校教育,来培养身心健全、气象活泼、吃苦耐劳而又具实学能实用的人才,以"富天下""强天下""安天下"的理想。后一幅,正说明他所坚决反对的学校教育,是专以读书、著书、静坐、空谈为内容的"汉宋佛老交杂之学",正是宋明以来最流行的学校教育,这种教育唯一的大弊病是"无用",在北宋和南宋,都曾通过这种学校教育,培养出不少所谓大儒,正是:

> 前有数十圣贤,上不见一扶危济难之功,下不见一可相可将之材,两手以二帝畀金、以汴京与豫矣;后有数十圣贤,上不见一扶危济难之功,下不

见一可相可将之材,两手以少帝付海,以玉玺与元矣。(《存学编》)

到了明代,承袭宋代学校教育的这一"无用"的传统,加上"科举俗学"的恶劣影响,学校教育只能"以章句误苍生",形成:

> 上者但学先儒讲著,稍涉文义,即欲承先启后;下者但问朝廷科甲,才能揣摩,皆务富贵利达。(《存学编》)

的学风,明代科举八股所造成的文章之祸及纸墨讲诵之害,颜元极为愤慨,他把八股时文,看做是"四秽"之一:

> 为治去四秽①:时文也,僧也,道也,娼也。(《存学编》)

他对于宋明两代学校教育,在理学和八股时文影响下所造成的结果,深致慨叹,他说:

> 吾读"甲申殉难录",至"愧无半策匡时艰,惟余一死报君恩",未尝不凄然泣下也。至览和靖"祭伊川","不背其师有之,有益于世则未"二语,又不觉废卷浩叹,为生民凄惶久之。(《存学编》)

颜元曾分析宋明学校教育的无用和有害,不仅在于教养内容上只注重理学及八股时文,更重要的还在于教育教学方法上采用着静坐和读书两种形式,他曾极其痛切地指出静坐和读书之害说:

> ……吾尝目击而身尝之,知其为害之巨也:吾友张石卿,博极群书,自谓秦汉以降,二千年书史,殆无遗览;为诸少年发书义,至力竭偃息床上喘息久之,后起讲,力竭后偃息,可谓劳之甚矣。不惟有伤于己,卒未见成起一才。……祁阳刁蒙吉,致力于静坐读书之学,书诵夜思,著书百卷,遗精痰嗽无虚日,将卒之三月前,已出言无声。元氏一士子,勤读丧明。……况今天下兀坐书斋人,无一不脆弱,为武士农夫所笑者,此岂男子态乎?(《存

---

① 据1987年版中华书局本《颜元集》,此句后还有"其清明矣乎"。——编校者

学编》)

在这里，他指出传统的静坐和讲书、著书、读书，其结果只能培养些为武士农夫所笑的脆弱书生。这样的书生，他认为，从来没有对国家和人民作出什么贡献来，他说：

> 古今旋乾转坤，开物成务，由皇帝王霸以至秦汉唐宋明，皆非书生也。(《言行录·教及门》)

而知识分子终日静坐读书和著书的结果，除使身体脆弱外，还耗损精神而不能增进才德，正如他所指出的：

> 读书著书，能损人神智气力，不能益人才德。……为书损耗，非受益也。(《存学编》)

不仅对个人有害无用，并且足以病天下、祸生民，他说：

> 书之病天下久矣！使生民被读书者之祸，读书者自受其祸。而世之名为大儒者，方且要读尽天下书，方且要每篇读三万遍以为天下倡(按此指朱熹——作者)，历代君相，方且以爵禄诱天下于章句浮文之中。此局非得大圣贤大豪杰，不能破矣。(《言行录·禁令》)

这样的读书，他比作自吞砒霜，不知埋没多少气力、心思和人才，因此他总是劝人勿多读书，他说：

> 仆亦吞砒人也，耗竭心思气力，深受其害，以至六十余岁，终不能入尧舜周孔之道。但于途次闻乡塾群读书声，便叹曰，可惜许多气力；但见人把笔作文字，便叹曰，可惜许多心思；但见场屋出入人群，便叹曰，可惜许多人才。故二十年前，但见聪明有志人，便劝之多读，近来但见才器，便戒勿多读书。(《朱子语类评》)

他把教天下人多读书所造成的毒害，归罪于朱熹，他说：

千余年来,率天下入故纸中,耗尽身心气力,作弱人病人无用人者,皆晦庵为之也。(《朱子语类评》)

颜元也很反对著书,他认为宋明学者的著书,正是"空言相续,纸上加纸"(《习斋记余·大学辨业序》),如果说读书如吞砒,那么著书正如贩砒,他说:

文章之祸中于心则害心,中于身则害身,中于家国则害家国。陈文达曰:"本朝自是文墨世界",当日读之,亦不觉其词之惨而意之悲也。(《年谱》)

他认为:"后儒之口笔,见之'非'无用,见之'是'亦无用。此益伤吾心也①。"(《年谱》)所以他告诫自己学生说:

今即著述尽是,不过宋儒为误解之书生,我为不误解之书生耳!何与儒者本业哉。(《年谱》诫李塨语)

他指出宋明诸儒的议论著作,只是些纸笔上的工夫,而与身世无关,毫无用处:

诸儒之论,在身乎?在世乎?徒纸笔耳!则言之悖于尧舜周孔者坠也,言之不悖于尧舜周孔者亦坠也。(《习斋记余·未坠集序》)

他所持的理由是:

盖书本上见,心头上思,可无所不及,而最易自欺欺世,究之莫道一无能,其实一无知也。(《言行录·习过之》)

他对于清初学者爱搞考订书籍的学风,也很反对,他说:

离此(经济)一路,幼而读书,长而解书,老而著书,莫道讹伪,即另著一种四书五经,一字不差,终书生也,非儒也;幼而读文,长而学文,老而刻文,

---

① 据1987年版中华书局本《颜元集》,本句作"此所以吾心益伤也"。——编校者

莫道帖括词技,虽左、屈、班、马,唐宋八家,终文人也,非儒也。……但得此义一明,则三事三物之学可复,而诸为儒祸者自熄。故仆谓古来诗书,不过习行经济之谱,但得其路径,真伪可无问也,即伪亦无妨也。今与之辨书册之真伪,著述之当否,即使皆真而当,是彼为有敝之程朱,而我为无敝之程朱耳,不几揭衣而笑裸,拖薪而救火乎!(《寄桐乡钱生晓城》)

颜元既反对当时的讲书、读书和著书考据,更反对宋明以来静坐的教育方法,他指出:

朱子教人半日静坐,半日读书,无异于半日当和尚,半日当汉儒。试问一日十二时,那一刻是尧舜周孔?(《朱子语类评》)

他曾做过静坐工夫,学过神仙法术,依据亲身体会所得的结论,只是无用而有害。他分析静坐的无用说:

洞照万象,昔人形容其妙,曰镜花水月。宋明儒者所谓悟道,亦大率类此。……予戊申前(三十四岁),亦尝从宋儒用静坐功,颇尝此味,故身历而知其为妄,不足据也。天地间岂有不流动之水?天地间岂有不著地不见泥沙不见风之水?一动一著,仍是一物不照矣。……今玩镜里花、水里月,信足以娱人心目,若去镜水,则花月无有矣。即对镜水一生,徒自欺一生而已。若指水月以照临,取镜花以折佩,此必不可得之数也。故空静之理,愈谈愈惑,空静之功,愈妙愈妄。(《存人编》)

至于静坐的大害,颜元认为一方面足以使人病弱,正是:

终日兀坐书房中,萎惰人精神,使筋骨皆疲软;以至天下无不弱之书生,无不病之书生。生民之祸,未有甚于此者也。(《朱子语类评》)

而另一方面,静坐还足以误才败事,他说:

为主静空谈之学久,则必至厌事,厌事必至废事,遇事即茫然。贤豪且不免,况常人乎?故误人才、败天下事者,宋人之学也。(《年谱》)

（四）关于学校教育的主张　颜元重视"实文、实行、实体、实用，为天地造实迹，而民物以安以阜"（《上太仓陆桴亭先生书》）。他认为只有这样，才不致"蹈宋明书生复辙"（《恕谷年谱》引颜元语）。从这观点出发，在教育问题上，他要求学校培养"通经致用"的通儒。这种人才，必须体格健壮、气象活泼、能耐劳苦、有实学能实用，也就是说，必须是学有专长的、文武兼备的、在"富天下强天下安天下"的事业中有用的人才。这种人才，能扶危济难，不是浮夸的文人或无用的书生。他认为学校教育所培育的人才不能是：

> 白面书生，微独无经天纬地之略、兵农礼乐之才，率柔脆如妇人女子，求腹一豪爽倜傥之气亦无之。（《习斋记余·泣血集序》）

颜元既要求教育以培养实学实用的人才，因此，在教育教养内容问题上，便主张用"真学真圣"与"实学实用"为标准，而他所说"真圣真学"是"六府"、"三事"、"乡三物"：

> 唐虞之世，学治俱在六府三事，外六府三事而别有学术，便是异端；周孔之时，学治只有个三物，外三物而别有学术，便是外道。（《言行录·世情》）

"六府"谓金、木、水、火、土、谷，"三事"谓正德、利用、厚生，"三物"为六德（知、仁、圣、义、忠、和）、六行（孝、友、睦、姻、任、恤）、六艺（礼、乐、射、御、书、数）。在这里，他又把兵、农、礼乐，当做实学三大纲领，当做必须学习的"有用之学"：就兵学说，他认为兵法和技击，都要讲究，他自己就曾学过兵法，精于技击，能骑射剑戟，他认为这是一种强天下的教养；就农学说，包括农田水利在内，垦荒、水利、均田、农艺，都要讲究，这是一种富天下的教养；就礼乐说，他特别重视并认为：

> 圣人无他治法，惟就其性情所自至，制为礼乐，使之习乎善以不失其性，不惟恶念不生，俗情亦不入。（《年谱》）

他要用古礼古乐来培养学生，认为礼乐之教能够"化人之急躁暴慢，而调理其性

情"(《言行录·学问》),是一种安天下的教育。礼乐和射御之学的结合,其结果能够:

> 健人筋骨,和人血气,调人情性,长人仁义。(《言行录·习过之》)

所有"礼乐兵农"这些教育教养内容,都应严守"宁粗而实,勿妄而虚"的原则。他这一关于教育教养内容的理想,在所拟漳南书院分斋讲学计划中,有了具体的表现,他把全院学生分编为四课两斋,四课是:文学(包括礼、乐、书、数、天文、地理等科目)、武备(包括兵法、攻守营阵、陆水诸战法、射御技击等科目)、经史(十三经、历代史诰、制度、章奏、诗文等科目)及艺能(包括水学、火学、工学、象数等科目);两斋是理学(课静坐编著程朱陆王之学)和帖括(课八股举业)。这四课类似高等学校中的四系,所学都是周孔正学,除经史外都是实科,着重科学技术的学习;两斋类似两个专修科,是暂设性质,设在与四课对立的地位,时风改变后就停办。他在教育教养内容中虽有礼乐兵农三方面,在漳南书院分斋计划中虽有四课二斋,但他却明确指出,学者只能"各精其一"而不可能要求学者"兼长"。至于理学、帖括两斋的设置,也反映颜元教育观点中迁就现实而不能坚决贯彻理想的缺点。

在教育教学方法问题上,颜元提出的原则是:"得之于习行,见之于身世,验之于事功。"所谓"得之于习行",便是"教人习事"(《存学编》)便是要求学者"见理于事"(《存学编》),"向习行上做工夫,不可向语言文字上着力"(《言行录·王次亭》),而这种习行上的工夫,必须"时习"才能有心得,所以他说:

> 孔子开章第一句,道尽学宗。思过读过,总不如学过;一学便住,也终殆,不如习过;习三两次,终不能与我为一,总不如时习方能有得。(《言行录·学须》)

更重要的是把所"习"贯彻在行动中,他极重视"动"的作用,他认为"养身莫善于习动",治天下国家也靠这个"动"字,他说:

> 五帝三王周孔,皆教天下以动之圣人也,皆以动造成世道之圣人也。①

---

① 据1987年中华书局本《颜元集》,此句后还有"五霸之假,正假其动也"。——编校者

汉唐袭其动之一二以造其世也。晋宋之苟安,佛之空,老之无,周程朱邵之静坐,徒事口笔,总之皆不动也,即人才尽矣,世道沧矣。① 吾尝言:一身动则一身强,一家动则一家强,一国动则一国强,天下动则天下强。(《言行录·学须》)

得之于所"习"所"动"中的道理,颜元还要求其能够"见之于身世,验之于行事",这正是要求学者把知识与实际结合起来,符合实事实用的要求,并从实际行事中得到检验。依据这一个"得之于习行,见之于身世,验之于行事"的原则,他认为教育教学,必须在习行上多做工夫:

> 仆妄谓性命之理不可讲也,虽讲人亦不能听也,虽听人亦不能醒也,虽醒人亦不能行也。所可得而共讲之、共醒之、共行之者,性命之作用——如诗书六艺而已。即诗书六艺亦非徒列坐讲听,要惟一讲即教习,习至难处来问,方再与讲。讲之功有限,习之功无已。……惟愿主盟儒坛者,远溯孔孟之功如彼,近察诸儒之效如此,而垂意于习之一字,使为学为教,用力于讲读者一二,加功于习行者八九,则生民幸甚,吾道幸甚。(《存学编》)

关于教学上讲读和习行的比例,虽然不是一个顶合适的分配,但是颜元重视习行的这主张,在当时是很宝贵的。他认为无论是学琴、学医或学习其他科学知识技能,都必须重视习行:就学琴说,虽能"烂熟琴谱",但"手不弹心不会",仍然不算学琴,更谈不上习琴、能琴。(《存学编》卷二《性理书评》)。就学医说,虽然"读尽医书,而鄙视方脉药饵针灸摩砭",仍然不能"瘳疾救世",当不起医生的称号(《存学编》卷一《学辨》)。至就学习"天文地志律历兵机等类"知识技能说,也都"须日夜讲习之力,多年历验之功",决不是单纯"理会文字之可坐而获"的。他底结论是:

> 心中惺觉,口中讲说,纸上敷衍,不由身习,皆无用。(《存学编》)

在学习过程中,他认为必须"各专一事",他说:

---

① "即人才尽矣,世道沧矣"句作"圣道亡矣,乾坤降矣"。——编校者

> 人于六艺,但能究心一二端,深之以讨论,重之以体验,使可见之施行,……不必更读一书,著一说,斯为儒者之真,而泽及苍生矣。(《言行录·学须》)

只要认真对待所学习的一艺一能,通过讨论、体验、施行,就能对人民有所贡献。他要求学生做到"三减":

> 减冗琐以省精力,减读作以专习行,减学业以却杂乱。如方学兵且勿及农;习冠礼未熟,不可更及昏礼。(《年谱》告诫李塨语)

这正是教学中实事求是的态度。在修养问题上,他提倡"习恭"和"主敬",所谓"习恭",是要学生在态度仪表上做到:"正冠整衣、挺身直肱、手交当心、头必直、神必悚"(《言行录·学人》);所谓"主敬",是要求师生以严肃的态度对待教学和工作,他说:

> 古人教洒扫,即洒扫主敬;教应对进退,即应对进退主敬;教礼乐射御书数,即度数音律审固馨控点画乘除莫不主敬。故曰执事敬,故曰敬其事,故曰行笃敬,皆身心一致加功,无往非敬也。(《存学编》)

他正是要求以恭敬的态度对待一切问题,而反对一切静坐空谈。

(五)颜元教育观点的意义 作为教育家的颜元,始终不曾脱离生产劳动,毕生想通过实事实功来救国救民,来解决民族矛盾和阶级矛盾,反对沉醉佛老、高谈理学、迷恋八股时文及训诂注疏的学风,重视"习染"或环境在个性形成中的作用,要求学校教育培养"富天下"、"强天下"和"安天下"的人才,标揭兵农礼乐为"实学"的三纲领,肯定教育教学须在习行上多做功夫,指出教育教学上实事求是的态度和严肃认真的态度,在当时,都是非常宝贵的见解。虽然他自己的社会政治观点的实现,主要寄托在学校教育工作上,虽然他反对理学和八股,而所拟教学计划中仍保存了理学和帖括二斋,表现了这位农民出身的思想家教育家观点中弱点,仍然是明末清初值得注意的一个教育家和学者。

第三节 卓越的唯物论者王夫之

(一)王夫之生平和文教活动 王夫之(1619—1692年),字而农,又字姜斋，湖南衡阳人，晚年隐居湘西石船山，自号船山老人，学者称他为船山先生。他是17世纪中国的伟大思想家，唯物论者，有多方面成就的爱国学者。他出身中小地主阶层的知识分子家庭，他的父亲朝聘、叔父廷聘、大哥介之，都从事讲学授徒及研究学问的工作，他自己幼从父兄学习，14岁考中秀才后，到衡州州学深造，24岁到武昌参加乡试，考中举人，这年年底，拟去北京参加会试时，以李自成、张献忠为首的农民起义部队，已把通北京的路途梗阻不通。出身中小地主的船山，既有坚决反抗满洲部族侵略的思想，又视张献忠的农民起义军为"流寇"、"草窃"，拒绝合作，不惜引刀自刺，装成重伤模样，骗过起义军，在南岳双髻峰下，搭了几间茅屋，名为"续梦庵"，继续其读书研究工作。1644年（崇祯十七年）5月，满洲军队占北京，接着南下湖南，他便高举"反清复明"的旗帜，在衡山举兵起义，失败后至桂林，在瞿式耜推荐下参加桂王的抗清政权，后因母病还乡，桂王不久也溃败，到这时他觉得国事已无可作为，只得埋头学术研究及从事教学工作，立志"为往圣继绝学，为万世开太平"，从思想上来启发人民爱国热情。他勤恳写作40年，传世的《船山遗书》有77种250卷，此外未刻及已佚者很多；他的学生管永叙、罗瑄、章有谟、唐端典、唐端笈、戴日焕、萧子石、王灝、蒙之鸿、曾岊、曾文芳、刘永治、刘存孺等14人，都有著作行世。

（二）哲学观点和社会政治观点　船山的思想，不仅反映了明代中叶以后资本主义因素发展的要求，更重要的是，从自己出身的中小地主阶层利益出发，目睹大地主阶层的兼并、剥削和投降部族敌人，以及反映大地主意识形态的学术思想，严重脱离现实，异族侵入后的屠杀汉族人民，他自己饱尝亡国的痛苦滋味及积极参加反抗异族的斗争，这种种正形成了他近代的人文主义思想和强烈的爱国主义思想，孕育着唯物论倾向。此外，他批判地吸取了中国传统哲学的朴素唯物论部分，如《周易》变动的理论，王充的唯物思想，张载思想中辩证的与唯物的因素；他吸收了老庄、佛学的方法论；他还通过与历算家方以智的密切交往，接触了西洋科学如天文算学等，影响着自己底唯物世界观的产生。所有这些，正是船山思想产生的理论前提。

就哲学观点说：船山的世界观是肯定物质世界的独立存在的。他认为一切事物都是客观存在的实体，都是物质构成的，他称具体事物为"器"，构成"器"的原始物质为"气"，他称"气"和"器"变化时所遵循的规律为"道"、"理"，这"道"、"理"，依"器"依"气"而生，是人们对于客观存在的认识，是客观存在底有规律的运动反映在人们思维中的法则，用他自己的话说，正是：

> 天下惟器而已矣。道者器之道，器者不可谓之道之器也。……无其器，则无其道。(《周易外传》卷五《系辞上传第十二章》)
>
> 道不虚生，则凡道皆实也。(《周易外传》卷五《系辞上传第二章》)
>
> 气者，理之依也。(《思问录》内篇)
>
> 天下之务因乎物，物有其理矣。(《尚书引义》卷一《益稷》)

在这里，他指出物质世界的独立存在与物质变化规律的客观性，确立了存在决定意识与精神依存于物质的命题。他从这一唯物论基本观点出发，进一步认为天地万物都在变动日新之中，他说：

> 今日之风雷，非昨日之风雷，是以知今日之日月，非昨之日月。(《思问录》外篇)

这说明一切都在推陈出新，不会死守旧的而不发展新的，如其只"守其故物而不能日新"，其结果"虽其未消，亦槁而死"(《思问录》外篇)，而新事物亦非突然而来，是从旧事物中发展出来，正是"生非创有，而死非消灭"(《周易内传》卷五《系辞上传第四章》)，"新故相资而新其故"(《周易外传》卷五《系辞上传第五章》)，"推故而别致其新"(《周易外传》卷二《无妄》)，是由渐变而至于突变的、由低级而进到高级的，就由于这样无穷止的运动和"万变"，引起"由一而万"、"有而富有，有而日新"、"备于大繁"的无止的发展。他认为本质和现象之间有其因果关系，他说：

> 物生而形形焉，形者质也；形生而象象焉，象者文也。形则必成象矣，象者象其形矣。在天成象而或未有形，在地成形而无有无象。视之则形也，察之则象也。所以质以视章，而文由察著；未之察者，弗见焉耳。(《尚书引义》卷六《毕命》)

认识本质，应从分析现象入手，但如单从局部的现象着眼而忽略现象的全面，是不能达到本质的认识的，他曾举白人、白马、白雪、白玉等几个本质不同的例子来说明这个问题，他说：

> 白马之异于人也，非但马之异于人也，亦白马之异于白人也，即白雪之

异于白玉也。疏而视之,雪玉异而白同;密而察之,白雪之白,白玉之白,其亦异矣。人之与马,雪之与玉,异之质也;其白则异以文也。……故文质不可不分,而弗俟合也。(《尚书引义》卷六《毕命》)

人、马、雪、玉,其"质"不同,只在白色这局部现象或"文"上相同,甚至同样是白色,其"白"也有差别,同属于人类,这同一性也是相对的,存在着一般性,也存在着个别差异,正是:

耳目手足之为体,人相若也,而不相为贷。……易衣,可别号为一人也;故疏而视之相若,密而察之,一文一理,未有果相若者。(《尚书引义》卷六《毕命》)

要区别现象和本质、个别和一般,必须兼用归纳和演绎、综合和分析的方法,以由现象(文)达到本质(质)的认识,由个别达到一般、由一般达到个别的认识。

他对于周秦以来思想家教育家,纷歧很久的人性问题,也提出比较卓越的看法,他说:

性者生也,日生而日成之也。……故性屡移而异。……未成可成,已成可革。性也者,岂一受成形,不受损益也哉。(《尚书引义》卷三《太甲二》)

在这里,他正用人性可变的发展观点,来对待个性形成问题,而否定了关于性善恶问题的先验主义的看法。他认为,人的个性,是以"受于天"的"形气"为其发展的物质基础,他说:

一人之身,居要者心也。而心之神明,散寄于五脏,待感于五官;……一脏失理,而心之灵已损矣。无目而心不辨色,无耳而心不知声,无手足而心无所指使。一官失用,而心之灵已废矣。(《尚书引义》卷六《毕命》)

他肯定,人们底思想意识行动,正是由感官摄取生活上环境中各种情况,通过"心"的作用而形成和改变的,"心"不能离开身及外物以为灵明。"性"的或善或恶,是在"新故相推,日生不滞"的过程中,受了不同的物质生活条件的影响而形成的:如果"饮食起居见闻言动,所以斟酌饱满于健顺五常之正",就可能"日以成性之善";如果"卤莽灭裂,以得二殊(阴阳二气)五实(五行之实)之驳",就必然"日以成性之恶"。(引文均见《尚书引义》卷三《太甲二》)。他说:

  古之善言性者,取之有生之后,阅历万变之知能。(《诗广传》卷四《大雅》)

人性正是在初生的基础上,在社会物质生活条件的影响下,日生、日新、日成的结果。

  关于社会政治问题,船山认为:如同整个宇宙一样,也是不断变化发展的,是由"饥则呴呴,饱则弃余"的野蛮时代,逐步向文明时代前进的,而走向文明的中国社会,曾经过了尧、舜、禹、汤、文、武及秦汉以来等几次变迁。这些变迁,都是步步前进的,虽然每次变迁都能使"生民之困"、"少衰",但都不是合于理想的政治。到了船山活着的时代,他认为已到了"不容不改"的时候,他所追求的社会政治,要有一个"统一于大同,风教日趋于画一"、能够"纾(解放)富民"而不给予"生民之困"的符合人民利益的政权,也就是要求一个真正统一的国家和代表人民利益的政府,要求一种"必循天下之公"的"非一姓之私"的"天下"。这政权不能"泥古过高,菲薄方今",不能容许"故家大族"、"皇亲国戚"及"墨吏猾胥"等,用巧取豪夺、横征暴敛的方式方法,对广大人民进行超经济剥削与兼并土地。他认为"大贾富民(市民阶级),国之司命",商贾及士农工医各界人民,都是社会上有用之人,都应得到国家的保护,满足其自己的欲望。他深信:"人欲之各得,即天理之大同",统治者都应从"仁"出发,爱护人民,因为"天道人情,凝于仁","君天下者,仁天下也"(散见《尚书引论》、《噩梦》、《择首问》、《黄书》、《礼记章句》等书)。他还主张开发富源、移民垦荒,他说:

  与其重征于力农之民,何如取给于天地之产。
  移人之余,就地之旷,……劳费于一时,而利兴于千载。(均见《读通鉴论》)

他要用兴修水利的办法来积极救荒,他说:

  救荒无良策,不如修水利。(《噩梦》)

他又有着爱国思想和进步的民族观点,一方面主张各民族之间应该互相尊重,"彼无我侵,我无彼虞"(《宋论》卷六《神宗》);一方面又如前面所说,他曾以实际行动反抗满族对汉族的侵略、屠杀和奴役,并在所著《春秋家说》、《宋论》、《读通鉴论》、《黄书》等著作中,洋溢着非常强烈的民族意识,提出"严夏夷之大防"的保国卫族的迫切要求,指出民族国家"保类而卫群"的神圣任务,高喊"孤秦陋宋"的口号,反对统治者只图一家一人的享乐、钳制臣民以自弱其民族。在他的社会政治观点中,正充满了人民性和爱国主义的思想,也有着历史发展的进步观点。

(三)论环境和教育在个性形成中的作用 船山从朴素的唯物论观点出发,肯定物质生活条件在人底培养中起着决定性的作用,他说:

> 督子以孝,不如其安子;贤弟以友,不如其裕弟;督妇以顺,不如其缓妇。魄定魂通而神顺于性,则莫之或言而若或言之。君子所以为天道养人民①,荣之以名以畅其魂,惠之以实以厚其魄,而后夫人自爱之心起。德教者,行于自爱者也,亲之而人不容疏,尊之而人不容慢。(《诗广传》卷一《周南》)

这是说,如其要子、弟、妇,各能养成孝、友、顺的道德品质,首先必须安子、裕弟、缓妇,也就是必须先使子弟及妇,在物质生活条件上得到满足,在精神生活上得到荣誉的鼓励,由此以激发其自爱之心,所谓道德教育,他认为,正是在自爱者群中才能实践。他认为,生活环境最能影响人们的思想意识和行为,最能教育人们成为圣人:

> 道生于余心,心生于余力,力生于余情。故于道而求有余,不如其余情也……无余者悁滞之情也。悁滞之情,生夫愁苦,愁苦之情,生夫赽倦,赽倦者,不自理者也。生夫愊佽,怍愊佽而甘之;生夫傲侈……天下未有不安而能行者也。安于所事之中,则余于所事之外;余于所事之外,则益安于所事之中。见其有余,知其能安。人不必有圣人之才,而有圣人之情,悁滞以无余者,莫之能得焉耳。(《诗广传》卷一《周南》)

---

① 据今1964年版中华书局本《诗广传》,"君子所以为天道养人民"作"君子所为以天道养人也"。——编校者

这是说：环境愁苦贫乏的人，思想意识也一定贫乏；环境骄纵邪侈的人，思想意识也将变成骄纵邪侈。虽无圣人之才，有了好环境，完全可能培养成圣人那样的思想意识。因此，要使人民善良，关键在于改造生活环境，改善了生活环境，就是做好了"求适其情"的工作，因而也就改造了人们底思想意识和行为。正是"丰饱贻矣，性情贻矣"(《诗广传》卷五《周颂》)。

船山认为：教育正是要在"丰饱"的基础上，依据人们底自然性情，依据人们性情的个别差异，来进行培养，不能任其自然性情而不加以培养，所以他说：

> 朴之为说，始于老氏，后世习以为美谈。朴者，木之已伐而未斲者也。已伐则生理已绝，未斲则不成于用。终乎朴，则终乎无用矣。……人之生理在生气之中，原自盎然充满，条达荣茂。伐而绝之，使不得以畅茂，而不施以琢磨之功，任其顽质，则天然之美既丧，而人事又废。君子而野人，而禽兽，胥此为之。(《俟解》)

如果听任人之自然而不加工，必然成为无用之木；生气充沛的人，得不到"琢磨"或"任其顽质"，将与一般动物无异。由于人底性情，存着个别差异，因此，他认为政治与教育的措施，如果违反了人们不同的现实要求，那么，父便不能管子、师便不能教徒、政府也不能领导人民，所以他说：

> 人之有情不一矣。既与物交，则乐与物而相取；名所不至，虽为之而不乐于终。此慈父不能得之于子，严师不能得之于徒，明君不能得之于臣民者也。故因名以劝实，因文以全质，而天下欢欣鼓舞于敦实崇质之中，以不荡其心……情者，性之依也。拂其情，拂其性矣。性者，天之安也。拂其性，拂其天矣。(《读通鉴论》)

统治阶级代言人尽力教人民从精神生活方面找出路，要求人民做涵养或克制的功夫，而告诫人民不要追求现实的物质生活，这在船山看来，全是一种欺骗性的说教，所谓"礼"或教育，必须在一定的物质生活的基础上进行，而人在环境和教育影响下，完全可以培养成为善人或恶人，用他自己所作譬喻来说：

> 一亩之田，可粟可莠；一罋之水，可沐可灌。(《周易外传》卷二《无妄》)

（四）主"动"和重"习"的教育论　船山肯定了环境与教育在人底培养中的作用、指出了教育的可能、必要和依据之后,关于教育教养的方法和内容问题,也提出了自己底看法。关于教育问题,他从人性底"日生日成"的特点出发,反对教人主敬和主静,他指出：粟帛足以使民饱暖,礼乐足以教民实践、使民快乐,政刑足以导民于正途、责民以犯罪,都是必要的措施;主敬的结果,将使人"执一以废百,拒物而自立其区宇"(《尚书引义》卷五《无逸》)。他认为：人心也是"昼夜用而不息"的,并且"才以用而自生,思以引而不竭"的;主静的结果,将使人变成"饱食终日之徒",整天陷于"寤寐之倾"的状态,不能够"穷物理,应事机,……智力沛发而不衰",其贤将赶不上"圈豕",更赶不上"顽石飞虫"(《周易外传》卷四《震》)。他的积极意见是要"动",他认为"不动不生"(《周易外传》卷六《系辞下传第一章》),不动便不能静,他说：

　　与其专言静也,无宁言动。……天下之不能动者,未有能静者也。(《诗广传》卷一《郑风》)

"动"是自然之理,只有"动"才能够发展性情才能。这种主"动"的修养观点,是有其积极意义的。在个性培养问题上,船山很重视"习",他说：

　　人之皆可为善者,性也。其有必不可使为善者,习也。习之于人大矣。耳限于所闻,则夺其天聪;目限于所见,则夺其天明。父兄熏之于能动能言之始,乡党姻亚导之于知好知恶之年,一移其耳目心思,而泰山不见,雷霆不闻。……故曰,习与性成,成性而严师益友不能劝勉,酷赏重罚不能匡正矣。(《读通鉴论》)

这是说,人性有为善的可能,由于见闻的局限,更由于社会环境的影响,从小就形成一定不良习性后,虽有师友赏罚,都不能矫正,他认为"习气移人,为不可复施斤削"(《俟解》),因此,在培养个性的过程中,必须重视习惯,以防止恶习气的形成。

（五）论教养教学　关于教养问题,船山着重分析了知识的涵义、认知过程以及知行关系问题。他认为知识的内容,包括名实两方面,他说：

> 知实而不知名,知名而不知实,皆不知也。……目击而遇之,有其成象,而不能为之名。如是者,于体非芒然也,而不给于用。无以名之,斯无以用之也。习闻而识之,谓有名之必有实,而究不能得其实。如是者执名以起用,而芒然于其体。虽有用,固异体之用,非其用也。夫二者则有辨矣。知实而不知名,弗求名焉,则用将终绌。问以审之,学以证之,思以反求之,则实在而终得乎名,体定而终伸其用。……知名而不知实,以为既知之矣,则终始于名,而惝怳以测其影,斯问而益疑,学而益僻,思而益甚其狂惑,以其名加诸迥异之体,枝辞日兴,愈离其本。(《姜斋文集》卷一《知性论》)

显然,船山认定,名实兼知,才算真知,知识必须包括这两个主要方面,而认知的过程,包括问、学、思等三方面,包括了解、证验及反求的三步骤,只有如此,才能掌握知识底名实体用。由此,船山认为,教养的关键问题,在于正确对待知行的关系,他说:

> 且夫知者,固以行为功者也。行也者,不以知为功者也。行焉可以得知之效也,知焉未可得行之效也。将为格物穷理之学,抑必孜孜而后择之精、语之详,是知必以行为功也。行于君民亲友喜怒哀乐之间,得而信,失而疑,道乃益明,是行可有知之效也。其力行也,得不以歆,失不以恤,志壹动气,惟无审虑却顾,而后德可据,是行不以知为功也。冥心而思,观物而辨,时未至,理未协,情未感,力未瞻,俟之他日而行乃为功,是知不得有行之效也。行可兼知,而知不可兼行。……君子之学,未尝离行以为知也。(《尚书引义》卷三《说命》)

在这里,他把知与行,当作统一体看待,而以行为重点,在教养上必须着重"动"、着重"行",以"行"来衡量知,以行来考验知识的真伪虚实深浅得失,通过实践使知识起作用,因此,他极重视效能,他说:

> 夫能有迹,知无迹。故知可诡,能不可诡。异端者于此,以知为首,尊知而贱能,则知废。知无迹,能者知之迹也。废其能,则知其知,而知亦废。(《周易外传》卷五《系辞上传第一章》)

在这里,船山正指出了教养教学过程中实践的重要性,离开了"动""行"或实践,所谓知识,都将是"浮解虚知","浮解虚知"对上升的新兴市民阶级说来,是坚决要反对的。当时船山关于教养教学见解的进步意义,正在于此。

(六)王夫之学说的意义　作为明末清初中国资本主义因素萌芽时期的杰出的唯物论者的王夫之,在哲学观点上,指出物质与精神的关系,指出世界的物质性及其运动变化和发展,指出本质与现象的关系以及把握本质的方法,指出人性的日生日成的性质;在社会政治观点上,反映新兴市民阶级要求解放生产力、要求统一的思想,指出了具有民主意义的公天下的要求;从这样的哲学及社会政治观点出发,提出了关于教育作用及教育教养问题的宝贵意见,对于宋明大地主阶级思想家主敬主静的说教,进行了深刻批判,要求把知行当作统一体,据此以指导教育教养教学,指出教育教学过程中实践的重要性,要求名实兼重的知识,都是极其宝贵的意见。

第四节　唯物论者戴震

(一)戴震生平和文教活动　戴震(1722—1777年),字东原,安徽休宁人,出身"贾贩"家庭。年少时生活贫困,从10岁起,读过七八年私塾,曾跟着他父亲,"为贾贩,转运千里"(见章太炎《释戴》①)。在随父客居南丰时,曾设私塾,以教育"童蒙"为生。回休宁后,从汉学家江永,研究小学、礼经、算术、舆地等学问,受益很多。29岁时成秀才;在休宁旱灾中,仍然刻苦学习。32岁到北京,寄住歙县会馆,虽在三餐不继、行李衣服也都缺少的穷困生活条件下,还是努力学习,钱大昕见到他,叹为"天下奇才",推荐给尚书秦蕙田,助理《五礼通考》的编纂工作。后来清代汉学家,一般都推崇"戴段二王",而段玉裁、王念孙及其子王引之,都是他这时的弟子。50岁后,他到浙江,主讲于浙东金华书院。1773年,满清政府开四库馆,他担任纂修官。他在科举中始终未能考中进士,53岁时,才给他一个"同进士出身"的称号,为翰林院庶吉士,在馆数年死。

东原一生,主要从事著书和教学工作。他不仅留下了许多关于"考据之学"的专门著作,辑校了很多古代数学、天文、地理的书籍,并且著有《原善》《绪言》及《孟子字义疏证》等三书,专谈"义理之学",说出他关于哲学的进步观点。所以东原不仅是一位著名的汉学家,也是18世纪我国历史上一个重要的哲学家、

---

① 章太炎:《释戴》,《太炎文录初编·文录》卷一,《章太炎全集》四,上海人民出版社2014年版,第122页。——编校者

科学家、教育家,是船山以后一个著名的唯物论者。

（二）哲学观点　东原哲学观点,是在反对正统的程朱理学的尖锐斗争中成长起来的。他坚决反对程朱所谓"理在事先"的唯心观点,反对他们所谓一般先于特殊、抽象先于具体而存在的说教。他认为生命是一个按条理变化发展的过程,而所谓"道",就是讲的这一变化不已的"条理",他说:

> 道言乎化之不已也。……生生者,化之原,生生而条理者,化之流。(《原善》卷上)

他把"道"理解为天地人物生生不息的发展,他说:

> 大致在天地,则气化流行,生生不息是谓道。在人物,则人伦日用凡生生所有事,亦如气化之不可已是谓道。(《绪言》卷上)

他指出宋儒所以有"理气之分",所以要"以道属之理",由于程朱把"品物流形同归之粗",冀图"别求之无迹象以为其精",而不了解"自然"与"必然"的关系,他说:

> 阴阳流行其自然也,精言之期于无憾,所谓理也。理非他,盖其必然也。阴阳之期于无憾也,犹人之期于无失也。……期于无憾无失之为必然,乃要其后,非原其先,乃就"一物"而语其不可訾议,奈何以"虚"语夫不可訾议指为"一物"与气浑沦而成主宰枢纽其中也。(《绪言》卷上)

这正是说,天地人物的自然发展中,存在着必然的规律或理,这规律或理,是人们从天地人物发生发展中寻找出来的,不能用"虚"语来代替的,不能用"虚"语作为天地人物发展的主宰的。因此他指出:

> 就天地人物事为求其不易之则是为理。……就天地人物事为求其不易之则,以归于必然,理至明显也。谓理气浑沦不害二物之各为一物,将使学者皓首茫然求其物不得。(《绪言》卷上)

他深信,理不在气或事之外,更不在气或事之先,也不是在气或事之上有什么

"主宰","理"或"必然"的法则,正存在于气或事中,而是天地人物事为本身所具有的内在的"条理",所以说:

> 举生生即该条理,举条理即该生生,……知条理之说者,其知理之谓矣。(《绪言》卷上)

他所得的结论是:

> 天地、人物、事为,不闻无可言之理者也。诗曰:"有物有则"是也。……实体实事,罔非自然而归于必然,天地、人物、事为之理得矣。(《孟子字义疏证》卷上)

这也就是说:理在事中,一般存在于特殊之中;所谓理,就是实体实事走向"必然"的条理、秩序或法则,而实体实事也就是他所谓"自然",因而理或"必然",正存在于"自然"之中。

其次,东原还反对程朱所谓"理欲之辨"。他对于程朱辈把"理"与"欲"对立起来并教人"存天理、去人欲"的说教,非常反对,他说:

> 宋儒程子朱子,……辨乎理欲之分,谓"不出于理则出于欲,不出于欲则出于理",虽视人之饥寒号呼男女哀怨以至垂死冀生,无非人欲,空指一绝情欲之感者为天理之本然,存之于心。及其应事,幸而偶中,非曲体事情,求如此以安之也;不幸而事情未明,执其意见方自信夫理非人欲,而小之一人受其祸,大之天下国家受其祸,……凡以为理宅于心,不出于欲则宅于理者,未有不以意见为理而祸天下者也。(《孟子字义疏证》卷下)

他指出宋儒理欲之分,应用到社会政治问题上,对于人民的迫害,要比申韩以法镇压人民还要残酷,他说:

> 圣人治天下,体民之情,遂民之欲而王道备。人知老庄释氏异于圣人,闻其无欲之说,犹未之信也,于宋儒则信以为同于圣人。理欲之分,人人能言之。故今之治人者,视古贤圣体民之情遂民之欲,多出于鄙细隐曲,不措诸意、不足为怪,而及其责以理也,不难举旷世之高节,著于义而罪之。尊

者以理责卑,长者以理责幼,贵者以理责贱,虽失谓之顺;卑者幼者贱者以理争之,虽得谓之逆。于是下之人不能以天下之同情、天下所同欲,达之于上。上以理责其下,而在下之罪人不胜指数。人死于法,犹有怜之者,死于理其谁怜之。(《孟子字义疏证》卷上)

东原反对宋儒理欲之辨,正是对于封建统治者"以理杀人"的抗议。他从"理在事上"的命题出发,指出"理即人情",肯定"理存乎欲",他说:

理也者,情之不爽失也,未有情不得而理得者也。(《孟子字义疏证》卷上)

凡事为皆有于欲,无欲则无为矣。有欲而后有为,有为而归于至当不可易之谓理。无欲无为,又焉有理。(《孟子字义疏证》卷下)

他确切指出理本乎情和欲,正是:

通天下之情,遂天下之欲,权之而分厘不爽谓之理。(《孟子字义疏证》卷下)

离开了情和欲而言理,只能是主观的"意见",以"意见"为理,正是离人情而言物理,正必然如宋儒那样,用理欲之辨来小之祸己、大之祸天下国家。

复次,在人性问题上,东原也反对宋儒所谓"义理之性"与"气质之性"的说法,他认为:

阴阳五行,道之实体也;血气心知,性之实体也。(《孟子字义疏证》卷中)

这正指出,所谓"性"是就人底自然禀赋或人底发展的生理基础而言,因此他认为人底禀赋大致相同;并没有什么天生的"义理之性",因为他肯定:"理义"只"存乎典章制度"(《题惠定宇先生授经图》)中,是由"心之明"来区别天下"事情"而得来的(《原善》卷中)。所谓"性",在他看来,包括人欲和知觉,他说:

人与物同有欲,欲也者,性之事也;人与物同有觉,觉也者,性之能也。

(《原善》卷上)

他把人欲看成是人性发展的动力,同时也指出,无限制地追求人欲的满足,其结果将如洪水横流,因此他说:

> 性,譬则水也。欲,譬则水之流也。……依乎天理,为相生养之道,譬则水由地中行也。穷人欲……譬则洪水横流。(《孟子字义疏证》卷上)

这正是把天理人欲辩证地统一起来,不是要去人欲,而是要按人的自然发展规律,满足其必要的人欲,因而使人性得到合理的发展。他把耳目鼻口"心"等,辨别声色臭味理义的各种知觉感觉和思维的能力,看做是人性发展的自然条件,这些条件或能力,在他看来,只有人,才完全具备,所谓"性善",也仅就人完全具有这些条件或能力而言,才是有意义的:

> 耳能辨天下之声,目能辨天下之色,鼻能辨天下之臭,口能辨天下之味,心能通天下之理义,人之才质得于天,若是其全也。……惟据才质为言,始确然可以断人之性善。……物不足以知天地之中正,是故无节于内,各遂其自然斯已矣。人有天德之知,能践乎中正,其自然则协天地之顺,其必然则协天地之常。莫非自然也,物之自然,不足语于此。孟子道性善,察乎人之材质,所自然有节之谓善也。(《孟子字义疏证》卷中)

人与物的主要差别,在于人有"能通天下之义"的"心",据此以使自然之性,向着"善"的"必然"之理发展,他说:

> 善,其必然也;性,其自然也。归于必然,适完其自然。此之谓自然之极致。天地人物之道,于是乎尽。(《孟子字义疏证》卷下)

所谓"完其自然,归于必然",无疑的,是具有一种从可能到现实的发展过程的看法,既肯定"必然"为"自然之极致",因此"归于必然",便是"自然"的完全发展、完全实现。在"完其自然,归于必然"的命题中,"性恶说"也失其依据,所谓"恶",东原认为起源于欲、情、知之失,他说:

> 欲之失为私,私则贪邪随之矣。情之失为偏,偏则乖戾随之矣。知之失为蔽,蔽则差谬随之矣。不私,则其欲皆仁也,皆礼义也。不偏,则其情必和易而平恕也。不蔽,则其知乃所谓聪明圣智也。(《孟子字义疏证》卷下)

欲、情、知之失,是由于"味与声色,在物不在我"的社会物质生活条件的影响,而不是天生的先验的,所以他既要使欲、情、知,得到合规律的发展,又要"去私"与"解蔽",以防止个性向"恶"的方面发展,以求最后实现"归于必然"的"至善"境界。

东原关于"理在事中"、"理在欲中"以及人性的"完其自然,归于必然"的诸论点,基本上都是进步的、具有唯物因素的和发展的观点,这就决定了他的教育观点的进步性。

(三)论人底教育的可能与必要　如上所述,东原以为,"人"与"物"的差别,在于人有"知"而物无"知",在于人能"完其自然,归于必然",而物只能循其"自然",这正指出人能接受教育的根据,不仅在乎具备耳目口鼻诸官,并且由于人具有"心"这样"能通天下之义"的才质。就人与物来比较,他认为:"人得之也全"(《原善》卷上);就人与人互相比较,他认为,由于"人虽得乎全,其间则有明暗厚薄,亦往往限于一曲,而其曲可全"。这正说明了人们都有受教育的可能性,指出了人与物及人与人间发生差异的由来。为了使人独具的"心","通天下之义",为了使人不致"限于一曲",更为了"完其自然,归于必然",东原认为,这正是教育的所以必要:

> 人之初生,不食则死;人之幼稚,不学则愚。食以养其生,充之使长;学以养其良,充之至于贤人圣人。……才虽美,譬之良玉,成器而宝之,气泽日亲,久能发其光,可宝加乎其前矣;剥之蚀之,委弃不惜,久且伤坏无色,可宝减乎其前矣。(《孟子字义疏证》卷下)

所谓"不学则愚",所谓"学而养其良,充之至于贤人圣人",正是从消极的和积极的两方面,指出教育的必要,而"充之至于贤人圣人",正是"完其自然,归于必然",正是依据和发展自然本性,使达到"仁且智"的境界。他认为:如果以自然为宗而废学问,那么,"其心之觉有所止,不复日益"。因而不仅不能成圣成贤,也正是"害道"的行为。在东原看来,后天的"充养",正是个性发展中必要的现

实的要素。释老和宋明理学家要用教育来"复性之初",而东原却是要用教育来"成才之终",他说:

> 形体始乎幼小,终乎长大;德行始乎蒙昧,终乎圣智。其形体之长大也,资于饮食之养乃长,日加益,非复其初;德行资于学问,进而圣智,非复其初,明矣。……然人与人较,其材质等差凡几,古贤圣知人之材质有等差,是以重学问,贵扩充。(《孟子字义疏证》卷上)

这正是东原依据他哲学观点中"理后非先"的论点而立论的,从幼小到长大,从蒙昧到圣智,东原正看做是一种发展过程,教育在这发展过程中,正是很必要很重要的。他说:"君子……贵学"(《原善》卷下),也正是积仁智以成才之终,所以他又说:

> 惟学可以增益其不足而进于智,益之不已,至乎其极,如日月有明,容光必照,则圣人矣。(《孟子字义疏证》卷上)

由此可见,东原对于教育作用问题,对于教育的可能性与必要性问题,是满怀信心地予以肯定的,而教育目的,正在于使人"归于必然",又正是要使人得到"完全"的发展。

(四)论教养内容　为了实现"完其自然,归于必然"的人的发展,东原从"理在事中"的哲学上的命题出发,提出他对于教养问题的见解。他把六经当作教养的主要内容,并分析为哲学(义理)、科学(制数)和文章等三科目,他说:

> 古今学问之途,其大致有三:或事于义理,或事于制数,或事于文章。事于文章者,等而末者也。……圣人之道在六经;汉儒得其制数,失其义理;宋儒得义理,失其制数。譬有人焉履泰山之岭可以言山,有人焉跨北海之涯可以言水,二人者不相谋,天地间之巨观,目不全收,其可哉?(《与方希原书》)

但他并不把义理、制数和文章,看作平行的三科目,而是以"义理"为重点,以制数和文章为掌握"义理"的工具,这正如段玉裁所作轿夫和轿中人的譬喻:

> 六书九数等事如轿夫然,所以异轿中人也。以六书九数等事尽我,是犹误认轿夫为轿中人也。(段玉载《戴东原集序》)

为了掌握"义理"或哲学,东原认为必须讲究"制数",所以他说:

> 凡经之难明,有若干事(指恒星七政所以运行、古者宫室衣服等制、古今地名沿革、鸟兽虫鱼草木之状类名号、字学故训音声、勾股缀术、钟律等——作者),儒者不宜忽置不讲。(《与是仲明论学书》)

这正是要求学者,掌握名物度数等科学知识,来"会通"或深入了解六经底义理,要求把"义理"和"制数"密切配合起来,掌握"制数"以为掌握"义理"服务,他反对汉儒的"得其制数,失其义理",也反对宋儒的"得其义理,失其制数",必须"全收"、"天地间之巨观",才真能掌握经典。他虽然不把"文章"当做与"制数"有一样重要的地位,但仍肯定它是不可少的"轿夫",他说:

> 经之至者道也,所以明道者其词也,所以成词者字也,由字以通其词,由词以通其道,必有渐。(《与是仲明论学书》)
> 由文字以通乎语言,由语言以通乎古圣贤之心志,譬之适堂坛之必循其阶,而不可以躐等。(《古经解钩沉序》)

由字通词,由词通道,是东原关于学习的重要步骤,不掌握字和词,便不能了解"载道"的经典,他极反对宋儒不重"故训"而只重"义理"的治经态度,他说:

> 宋以来儒者,以己之见硬坐为古贤圣立言之意,而语言文字实未之知。其于天下之事也,以己所谓理强断行之,而事情原委隐曲实未能得。是以大道失而行事乖。(《与某书》)

为了读书通经,必须一字一词,都不放过,他指出:

> 有一字非其的解,则于所言之意必差,而道从此失。(《与某书》)

由此可见,东原对于"文章"这轿夫,仍然非常重视。前面说过,东原这一位哲学家,同时又是著名的汉学家与掌握许多科学知识并有科学专著的科学家,在教养内容上对于"义理"、"制数"和"文章",各给以一定地位,这比汉儒和宋儒,都前进一步。

(五)论教育教养的方法 关于教育教养的方法问题,东原也是从"理在事中"和"理在欲中"的论点来提出的。他认为:人们所以不能尽其材,由于"私"与"蔽",他说:

> 天下古今之人,其大患,私与蔽二端而已。私生于欲之失,蔽生于知之失;欲生于血气,知生于心。(《孟子字义疏证》卷上)

要教育人们去私去蔽、成仁成智,必须做好"强恕"与"学"的功夫,他说:

> 去私莫如强恕,解蔽莫如学。……仁且智者,不私不蔽者也。得乎生生者仁,……得乎条理者智。(《原善》卷下)

做好"恕"的功夫,便能同情别人,由"多欲"变而为"寡欲",便能"以天下之大共,正人之所自为"(《读易系辞论性》);做好"学"的功夫,便能"救知""去蔽",因为"学"正所以"牖吾心智"(《读易系辞论性》),达到"虽愚必明,虽柔必强"(《与某书》)。他要求学者做的"强恕"功夫,不是克制人欲,而是要"使人之欲无不遂,人之情无不达"(《孟子字义疏证》卷下),是发展不偏的"情"与不私的"欲";他要求学者做的"学"的功夫,也不是要人"强记""死背"或"生吞活剥",而是着重"自得之学"(《与某书》),他说:

> 苟知学问犹饮食,则贵其自化,不贵其不化。记问之学,入而不化者也。(《孟子字义疏证》卷上)

"食而不化"的学习,不是真的掌握"知识",因而也就没有掌握"理"。东原在提出"解蔽莫如学"这论点时,是把它和教育联系起来的,是要通过"解蔽"、通过"学问"达到"心知之明",进而"通情遂欲",这正是"德性资于学问"(《孟子字义疏证》卷上),所以他说:

> 人之知,小之能尽美丑之极致,大之能尽是非之极致。然后遂己之欲者,广之能遂人之欲,达己之情者,广之能达人之情。(《孟子字义疏证》卷下)

为了很好地掌握知识,也就是获得"十分之见",他认为,必须做到:

> 必征之古而靡不条贯,合诸道而不留余议,巨细毕究,本末兼察。(《与姚孝廉姬传书》)

这就是说,必须历史地、合原则地、全面深入而系统地进行学习,才可能达到"十分之见"。如果只靠"传闻""众说",来决定是非优劣,用"空言"和"孤证",来决定论点和信其可靠,而没有亲眼见到源泉、亲手感到歧异,都不是已达"十分之见",用他自己底话说,正是:

> 若夫依于传闻以拟其是,择于众说以裁其优,出于空言以定其论,据于孤证以信其通,虽溯流可以知源,不目睹渊泉所导,循根可以达杪,不手披枝肆所歧。皆未至十分之见也。(《与姚孝廉姬传书》)

由此可见,东原正是极力提倡用科学方法来治学的。他也反对学习中为名的思想,他说:

> 其得于学,不以人蔽己,不以己自蔽;不为一时之名,亦不期后世之名。有名之见其弊二:非掊击前人以自表襮,即依附昔儒以附骥尾,二者不同,而鄙陋之心同。(《答郑文用牧书》)

这正指出:学者无论是为一时的或身后的名誉,只要他"有名之见",就会用打击别人的手段来抬高自己,就会用摇旗呐喊的方法使自己得到"附骥尾而名益彰"的结果。

(六)戴震学说的意义　唯物论者戴震,是18世纪中叶我国思想史、教育史上一个出色的学者,在哲学方面与在科学方面,他都有重大成就,他反对宋儒和释老,他指出"理"的客观性,指出物循自然人能知其必然的道理,进而明确了教育作用问题,他以"完其自然,归于必然"当作教育目的,以"去私"、"解蔽"作为教育的具体任务,提出"强恕"与"学"是去私及解蔽的途径,着重"自化"、"自得",提倡科学的学习方法。这都是他所提出的宝贵的主张。由于他在认识问题上,先肯定了一个"天下万世皆曰不可易也"的"自然"之理(《孟子字义疏证》卷上),知识在实践过程中的活动,被理解为"置身庐山外"照察庐山真面目的过程,因而主张"知重于行"与"知先于行",强调着知识的凌空指示性,在教养教学上认为:"有志闻道,谓非求之六经孔孟不得,非从事于字义制度名物,无由以通其语言"(《东原年谱》)[①],虽然他自己是要义理与制数全收,是把制数与文章都当作追求义理的工具,然而他的求道于六经孔孟和重视训诂注疏的学习,仍然难把学者从教条主义及烦琐主义中解放出来。

---

① 系段玉裁作《戴东原先生年谱》。——编校者

结束语

伟大的祖国，约在公元前30世纪以前，即在氏族公社制社会瓦解、奴隶占有制社会发生时，就产生了象形文字和"成均"、"虞庠"等学校教育机关。按文字与学校的这一开始出现的时间来说，在全世界范围内，要算很早的一个国家，这比幼发拉底河畔马利城，用楔形文学教学的宫廷学校，要早500年，而马利城的宫廷学校，又比埃及的学校，更要古老。因此，中国古代教育学史，如果截至19世纪40年代外国资本主义侵略者侵入时，那么，这期间，我们的学校和教育学，已经走了五千年独立发展的道路。

我们的学校，在奴隶社会的夏商周"三代"，无论就形式或内容来说，都是多样而丰富的，到了西周，已经形成了国学和乡学、小学和大学的两极体系。"三代"的学校教育，所以在商周得到很好的发展，不仅由于作为统治者的奴隶主们，对于本阶级年轻一代的教育教养，曾经给以一定的重视，更重要的是由于广大奴隶们辛勤的生产劳动和卓越的智慧，虽然作为学校教育的真正建立者的奴隶阶级及其后一代，并不能享受这种学校教育，甚至这种学校教育，还培养了奴役自己的剥削者和压迫者。

春秋战国时期，是我国社会由奴隶占有制阶段向封建所有制阶段发展的过渡时期，是我国学校和教育学发展的一个非常辉煌的时期。随着生产力的发展与生产关系的逐渐变革，随着奴隶主专利的"官学"的衰废，便在争取解放的劳动人民和争取统治地位的新兴的地主商人，努力争取和支持下，产生了"私学"这一新的学校形式，成为后来二千多年间，统治阶级中下层和劳动人民得到学校教育的主要形式，也由此涌现了许多知识分子，其中包括了不少的卓越的思想家教育家，展开了一个"百花齐放、诸子争鸣"的历史时代，中国古代教育学，也正是在这时，大放光彩，杰出的教育家如孔、墨、孟、荀等等，各以丰富的教育教学经验和理论，奠定了我国教育学的基础，他们底一些著作正是我国教育学史上宝贵的遗产，他们活着的时代，略与希腊的一些著名的思想家教育家相当，如就他们的贡献和影响来比较，应该说，也是不比希腊学者稍有逊色的。

从秦统一到清中叶的二千多年间，是中国史上的封建所有制阶段，社会按螺旋状态向前发展，以劳动人民为主角而展开的阶级斗争和部族斗争，成为进步的动力，统治阶级和统治部族，虽在许多方面采取阻挠学校教育发展的措施，但是这二千多年,不能用资产阶级史学家概括欧洲中世的"黑暗世纪"一词来概括,我们有过世界著名的"汉唐盛世",我们在科学、文学、艺术各方面,历代都曾取得巨大成就,有些方面,甚至远远超过当时的世界水平,我们在学校和教育学领域内,也同样留下许多宝贵遗产,像汉代太学的规模,远非西方中世纪的大学所能比较,像唐代专门学的设置和成就,在当时的全世界范围内,也是远远走在前面的。如果要在西方中世纪和我国这二千多年间的学校教育领域内,找出某些相同的特点,最基本的共同点是封建统治阶级手里的学校教育,都表现为教条的、烦琐的特点,宗教在中国虽没能取得像在欧洲中世纪学校的那样统治地位,但如佛教道教等宗教学校都曾出现过,神学的唯心主义也曾伸出魔手向世俗学校的教育教养的内容和方法上进攻。至就这二千多年的教育学来说,思想家如王充、张载、王夫之、戴震等,政治家如王安石等,教育家如郑玄、朱熹、颜元等,都曾经用杰出的理论和经验,丰富着古代教育学。在哲学和教育学战线上,如同春秋战国时期一样,不断地展开着唯物与唯心、进步与落后反动的斗争。

由于中国古代教育学史还是一门极年轻的学科,丰富的史料,发掘得还很不够,所谓"正史",又只限于对统治阶级有利的学校和教育学的描述,因此,现在还不能对几千年来的人民教育和进步的教育学,作全面的、系统的、深入的叙述,这也为教育史领域内的科学研究工作,提出了严肃的课题。

著　者　1956年5月

从鸦片战争到五四运动时期的教育

沈灌群 著

教育科学出版社

一九八四·北京

内容提要

本书联系1840—1919年中国民族民主革命的实际,运用丰富的史料,从教育思想、教育教学制度等方面,着力分析革命与反动,进步与落后的矛盾,力求作出符合马克思列宁主义、毛泽东思想的评价,是一部属于中国教育专题的断代史著作,可供高等师范院校、教育学院师生、教育科学研究人员、中高级教育行政干部阅读、参考。

目录

前言 …… 156

第一章　中国人民反侵略斗争开始时的教育 …… 159
第一节　西方侵略者对旧中国文化教育的侵略 …… 159
一、形势概述 …… 159
二、西方侵略者的文教侵略活动 …… 161
三、"社学"组织下的人民抗英斗争和知识分子的爱国运动 …… 165

第二节　龚自珍的"经世致用"的教育观 …… 168
一、龚自珍的生平 …… 168
二、更法论 …… 170
三、育才论 …… 171
四、师儒论 …… 173

第三节　魏源的"经世致用"的教育观 …… 175
一、魏源的生平 …… 175
二、论经世致用 …… 176
三、论"师夷长技以制夷" …… 180
四、论学习和教化 …… 183

第二章　太平天国政权的革命教育 …… 187
第一节　教育的指导思想和目的任务 …… 187
一、太平天国革命运动 …… 187
二、革命教育的指导思想 …… 187
三、培养革命"正人"的"正道"教育 …… 188

第二节　教育的组织形式和学习内容 …… 189
一、《天朝田亩制度》中的一些规定 …… 189
二、几种组织形式 …… 191
三、新的学习内容 …… 191
四、反对封建旧教育的斗争 …… 192

第三节	洪仁玕的革命教育思想	194
	一、走向革命的经历	194
	二、主张向西方学习	195
	三、培养"新人",反对"妖俗"	197
	四、鼓励科技和劳动,反对"惰民"	199
	五、提倡朴实文风,反对"虚浮"	200

第三章　洋务教育和教会教育……203

第一节	半殖民地半封建教育发展的社会历史条件	203
第二节	为封建统治服务的洋务教育	204
第三节	帝国主义侵略者的教会教育	206
第四节	洋务教育家张之洞和他的《劝学篇》	213

第四章　维新运动的改良主义教育……217

第一节	维新运动中新旧文化教育的斗争	217
	一、资产阶级改良主义的维新运动	217
	二、新学思想、宣教活动和改良措施	218
第二节	康有为的改良主义教育观	221
	一、康有为的政教活动	221
	二、对于"据乱世"教育的批判	223
	三、万木草堂讲学和改良教育的建议	225
	四、关于"太平世"教育的空想	227
第三节	梁启超的改良主义教育观	229
	一、要求改良的政教活动	229
	二、湖南时务学堂的办理和斗争	230
	三、评封建旧教育和洋务新教育	233
	四、论教育宗旨和培养新民之道	234
第四节	严复的改良主义教育观	236
	一、严复的政教活动	236
	二、"西学"救亡论	237
	三、体用一致的文教纲领论	239

四、"自强之本"的三育论　　242

第五章　辛亥革命运动的革命民主主义教育　　246
第一节　辛亥革命前夕的封建旧教育　　246
一、关于辛亥革命　　246
二、清朝政府在文教领域的垂死挣扎　　247
三、帝国主义者文教侵略的加强　　250
第二节　孙中山领导的革命派在教育战线上的斗争　　253
一、革命教育的指导思想和目的任务　　253
二、对于封建教育和洋务教育的揭露　　255
三、对于改良主义教育思想的斗争　　258
四、民国成立时的教育改革和"壬子癸丑学制"　　260
五、激进民主主义者对封建复古教育复辟的斗争　　264
第三节　蔡元培的革命民主主义的教育观　　267
一、现代中国知识界的卓越前躯　　267
二、关于民国教育宗旨的论述　　269
三、关于高等教育的理论和实践　　272
四、五四前后对于西方资产阶级教育学说的传播　　274

后记　　277

前言

从1840年鸦片战争到1919年五四运动前夕的近八十年,是中国民族资产阶级和小资产阶级领导的中国旧民主主义革命时期。

"自从1840年的鸦片战争以后,中国一步一步地变成一个半殖民地半封建的社会。"①

"帝国主义和中华民族的矛盾,封建主义和人民大众的矛盾,这些就是近代中国社会的主要矛盾。……而帝国主义和中华民族的矛盾,乃是各种矛盾中最主要的矛盾。这些矛盾的斗争及其尖锐化,就不能不造成日益发展的革命运动。"②

"帝国主义和中国封建主义相结合,把中国变为半殖民地和殖民地的过程,也就是中国人民反抗帝国主义及其走狗的过程。"③

毛泽东同志关于中国近代史基本线索的这些论述,也是近代中国教育发展的一条线索。中国近代社会主要矛盾的发生发展及其过程,制约着近代中国教育实践和教育理论的发生发展。80年的中国旧民主主义革命时期,略可分为三个阶段:太平天国农民革命运动、戊戌变法维新运动和义和团运动、辛亥革命运动。革命运动的发展,推动了新教育的发生、发展;新教育的发生、发展,又回转来推动了革命运动的发展。

第一阶段(1840—1864)19世纪中期的25年,是中国人民反侵略斗争开始和农民革命战争高涨时期。外国资本主义侵略者,以传教士传播宗教文化教育的活动来作为军事政治侵略的先导。他们在军事政治侵略取得一定胜利后,又利用不平等条约推进其文教侵略。他们通过传教、办医院、办报纸、办学校和吸引留学生等活动,进行殖民地半殖民地教育,来加深军事政治经济的侵略。

两千多年来,以儒家思想为中心的封建文化教育,到了清朝中期以后,十分空疏腐朽,已经不能为崩溃中的封建政治经济服务,地主阶级开明派的教育更新和资产阶级的新教育开始产生。龚自珍、魏源等主张"更法"和"师夷长技以制夷",大力提倡"经世致用"的教育,以求强国御侮。它虽不能为清朝政府的顽固派接受,但影响还是不小的。

---

① 《中国革命和中国共产党》,《毛泽东选集》第2卷,人民出版社1966年版,第589页。
② 《中国革命和中国共产党》,《毛泽东选集》第2卷,人民出版社1966年版,第594页。
③ 《中国革命和中国共产党》,《毛泽东选集》第2卷,人民出版社1966年版,第595页。

这阶段,教育战线上的斗争,最突出的是太平天国的革命教育。太平天国的革命教育,反对清朝政府军阀官僚曾国藩等崇奉的封建旧教育,反对"以理杀人"的"理学"教育和以洋枪大炮杀人的"西学"教育。洪仁玕主张向西方学习,提出培养"新人"、鼓励科学技术和劳动、以及提倡朴实文风等等教育思想,是具有一定进步意义的。

第二阶段(1864—1901)这阶段,帝国主义列强加紧侵略中国,帝国主义与中华民族的矛盾加深。由于中国资本主义的发生发展,从60年代起,出现了官僚资本和民族资本,反映在文教领域内,斗争也很激烈。

1. 外国侵略者的传教、办医院、办学校、办报纸和吸引留学生等文教侵略活动,旨在发展奴化教育,造就买办阶级知识分子,愚弄广大的中国人民。

2. 封建官僚洋务派曾国藩、李鸿章以及后来的张之洞等,通过洋务活动,举办方言教育、军备教育等等,培养了一些通事和科技人员。另一方面,也"为洋人广蓄买办之才"。后期洋务派领袖张之洞的"中学为体,西学为用"的口号,主要是以中国封建主义的"旧学"为一切政教的主体,维护封建统治的"三纲五常"伦理道德,在这个前提下,再采用"西文"和"西艺"等"西学",其目的还是要巩固封建主义政治文化的地位。

3. 维新运动是由新起的中国民族资产阶级上层代表人物康有为、梁启超、谭嗣同、严复等发动起来的,他们在同封建顽固派、洋务派斗争中,反对封建旧学,倡导西方新学,藉以挽救中华民族危亡,发展资本主义。他们的基本群众是一群半资本主义半封建的知识分子,他们变法维新的途径是办学会、办报刊、办学校,做宣传教育工作,以争取皇帝发布命令,自上而下地变法维新。从中日甲午战争前后,到戊戌变法期间,维新志士们积极活动,影响教育很大,所办学堂著名的就有:康有为办的广州长兴里万木草堂(1891—1895),严复办在北京的通艺学堂(1894)①,谭嗣同办在长沙,由梁启超任总教习的湖南时务学堂(1897—1898)等等。严复比较系统地介绍西方资产阶级哲学社会科学和自然科学,大量译著影响很大。他以新的思想武器,武装了新兴资产阶级分子。他鼓吹的德、智、体"三育论",有比较深远的意义。

百日维新期间,光绪皇帝载湉采纳了维新派的建议,发布命令,除旧布新,有关教育的措施主要有:

(1) 废止八股取士,改试策论,选拔"体用兼备"的人才;

———————
① 实为1896年严复协助张元济在北京创办通艺学堂。——编校者

（2）创办京师大学堂，筹设铁路、矿务、农务、茶务、蚕桑、工学、商学和海军等专门学堂；

（3）要求京师办小学堂和首善中学堂，各省兴办小学堂、中学堂；

（4）奖励绅商地主等，设立农工商各种学堂，特赏创办学堂的士民，并要驻外使节鼓励华侨办学；

（5）要求各省把所属省府州县的大小书院，一律改办成兼学中学和西学的高等、中等或小学堂；把祭祀神鬼的乡邑淫祠庙宇，改办成小学堂，以祠庙公产为教育经费。

此外，还选派学生赴日本留学，以培养救亡图存人才。

第三阶段（1901—1919）这阶段，清朝政府向帝国主义侵略者屈膝投降，人民群众则同仇敌忾，民族民主运动高涨。这阶段清朝政府不得不在推行"新政"名义下，搞些"新教育"措施：首先，重申改良科举取士制度，废除八股，改试策论，废除武试。另外，1902年曾由张百熙拟订《钦定学堂章程》（即"壬寅学制"，未及实施）。1903年，再要张之洞、张百熙、荣庆合订《奏定学堂章程》（即"癸卯学制"），在全国实施。清朝末年、民国初年的新学校教育制度，主要以"癸卯学制"为依据。

这阶段，尖锐复杂的阶级斗争形势，反映在文教战线上，帝国主义者加强了对中国人民的奴化教育。帝国主义在与中国封建势力进一步勾结下，支持清朝政府办学堂和派留学生的措施，实行进一步的文化教育侵略，还对中国文化实行取其糟粕、去其精华的手段，用"四书五经"对抗中国人民要科学要民主的进步倾向。例如办在中国的教会学校，就大开读经课。封建顽固派和洋务派，一边废八股、办学堂，一边却用"存古"手法来办"新教育"，妄图麻痹革命人民，实行"量中华之物力，结与国之欢心"的奴隶教育。

这阶段，以孙中山为首的资产阶级民主革命派，为了推翻清朝专制政府，建立民国政权，大力宣扬"革命的教育"，揭露"奴隶教育"，组织革命会社互相砥砺，从事革命宣教活动，还利用已有学校和创办新的学校，开展革命活动。1905年同盟会成立不久，不少学生就参加了有组织有领导的革命活动。民国成立之后，制定了反封建的民国教育宗旨，公布了"民国学制系统"（1912—1913年"壬子癸丑学制"）。这阶段，孙中山的革命教育思想和蔡元培的革命民主主义教育观，贡献是卓越的。由于辛亥革命的果实被北洋军阀篡夺，致使革命民主主义的教育理想和措施，还未实现，就遭到封建反动势力扼杀。一直到反封建的新文化运动兴起，学校和教育领域才转入新的历史时期，掀起新教育的革新浪潮。

第一章　中国人民反侵略斗争开始时的教育

第一节　西方侵略者对旧中国文化教育的侵略

一、形势概述

在19世纪中叶(1840—1864)的25年当中,中国社会的阶级和阶级斗争形势,开始出现了前所未有的新局面。这一时期,西方资产阶级侵略者发动两次鸦片战争,中国开始遭受外国资本主义剥削和奴役,中国人民也开始掀起反对外国侵略者的正义斗争;同时,向外国侵略者屈辱投降的封建统治阶级与中国人民之间的对立斗争,也跟着加深,因而从这时起,落在中国人民肩上的战斗任务,变成了反侵略和反封建的双重任务,既要反对外国侵略者,又要反对甘充侵略者走狗的清朝政府,也就是要同时反对中外两大反动的统治势力。

这25年当中,以英国为首的西方侵略者,逼迫清朝政府先后签订了中英《南京条约》(1842)和《虎门条约》(1843),中美《望厦条约》(1844),中法《黄埔条约》(1844),中俄《瑷珲条约》(1858),中国同俄国、英国、美国、法国的《天津条约》(1858),以及中国同英国、法国、俄国的《北京条约》(1860)等一系列不平等条约,给中国加上了半殖民地的奴役锁链。正是从这时起,帝国主义和中华民族的矛盾开始变成近代中国社会最主要的矛盾。帝国主义用军事侵略、政治经济侵略、文化教育侵略,穷凶极恶地压迫、剥削和奴役中国人民,而富有反抗外来民族压迫的优良传统的中国人民——当时主要是中南沿海地区的广大人民(农民、手工业者以及渔民、盐民和社会其他基层群众),同地主阶级中的爱国士绅一起,对外国侵略者展开了不屈不挠的斗争,与封建统治者走着根本不同的道路。

这25年当中,地主阶级同农民阶级的矛盾继续发展,在最主要的矛盾——帝国主义同中华民族的矛盾的激荡下,这一矛盾越来越尖锐。据《清实录》的记载,仅在1843年至1850年间,全国各地农民反封建斗争的起义和暴动事件,大小就不下七十多起,几乎遍及内地各处,边远地区少数民族的反抗斗争也不断发生,最后爆发为太平天国革命运动(1851—1864),猛烈冲击了封建制度和封建思想,严重破坏了封建统治秩序。太平天国坚持独立自主原则,断然拒绝英国侵略者于1861年底提出的让英船在太平天国境内自由航行,太平军不得进入上海吴淞百里以内及汉口、九江百里以内等无理要求。面对中国旧民主主义革命时期的第一次革命斗争高潮，以英、法等国为代表的西方资产阶级侵略者，就以武力支持清朝政府来镇压革命。中国的封建统治阶级，从中央的那拉氏①、奕䜣等到地方的曾国藩、左宗棠、李鸿章等官僚豪绅富商买办等反动势力，勾结侵略者，借助他们的武装力量来挽救其垂危的统治，结成反革命的军事联盟，共同绞杀了在中国历史上规模空前壮大的这次农民革命。

这25年当中，也有一群爱国知识分子，对腐朽政治不满，要求有所改革，鼓吹"师夷之长技以制夷"的主张，对于中国人民向西方学习起了一定的启蒙作用。至于人民的敌人，除了外国侵略者，还有反动的地主阶级和买办阶级。同外国侵略者勾结一起的中国封建势力，其中又有两派：一派是勾结侵略者绞杀太平天国革命运动的洋务派，以上面提到的曾、左、李和奕䜣等贵族、官僚为代表。他们掌握着中国的内政外交大权，为了稳定封建统治秩序，日益与帝国主义勾结，甘作侵略者的驯服工具。另一派是以满洲贵族、封建官僚和八股士人为基础的顽固守旧派，他们开始幻想闭关自守，终于通过洋务派向侵略者摇尾乞怜，出卖国家主权和民族利益，并向洋务派方向发展，日益买办化，争做外国侵略者在中国的代理人。另外，从40年代起，还在通商口岸逐渐形成了专为外国侵略者服务的买办资产阶级，这中间包括了早期的买办商人、通事译员和通晓一些洋务的知识分子。他们逐渐形成为一种社会势力，在外国侵略者的经济侵略、军事政治侵略、宗教文化侵略中充当爪牙，发财致富和谋取社会政治地位，左右洋务官僚，在中国社会向半殖民地半封建社会蜕变中，起着恶劣的影响。

这25年当中，社会阶级斗争形势的发展，在文化教育领域内也有明显反映。反侵略斗争中，一些地主阶级的爱国知识分子在"师夷之长技以制夷"的启发下，要求向西方学习，如广州的社学就成为组织反侵略武装的据点，太平天国革命政权从建立之初就抓紧教育武器，展开反封建斗争。另一方面，洋务派也同顽固派争夺学校教育阵地，来培养既懂洋务又忠于封建统治的爪牙。同时，西方资产阶级侵略者，更利用宗教和教育手段，从19世纪40年代起，展开文教侵略活动。

总之，这25年当中，中国社会的阶级和阶级斗争形势，反映在各条战线上都更尖锐复杂，的确开始出现了前所未有的变局。

---

① 那拉氏即叶赫那拉氏，慈禧太后。——编校者

二、西方侵略者的文教侵略活动

早在明代中叶,西方国家就有一些传教士和商人到东方传教经商,西方学术文化和教育思想开始传入中国。著名的天主教徒意大利人利玛窦(1583 年抵华,1610 年死于北京)、龙华民(1597 年抵华,1654 年死于北京)、罗雅各(1624 年抵华,1638 年死于澳门)、王丰肃(1605 年抵华,1640 年死于漳州)①和熊三拔(1606 年抵华,1620 年死于澳门)等,葡萄牙人孟三德(1585 年抵华,1600 年死于澳门)和傅汎际(1621 年抵华,1653 年死于澳门),日耳曼人汤若望(1622 年抵华,1666 年或 1669 年死于北京)和邓玉函(1621 年抵华,1630 年死于北京),以及比利时人南怀仁(1659 年抵华,1688 年死于北京)等六七十人,先后到东方传教的同时,也带来了西方的数学、天文学等自然科学知识,还带来了西方哲学和教育学等社会科学知识。例如傅汎际所著《寰有诠》6 卷和《名理探》10 卷,就是两部介绍亚里士多德的形而上学和西方逻辑学的著作;王丰肃所著《励学古言》10 卷、《童幼教育》2 卷、《医学》2 卷等,就是介绍西方哲学、教育学和医学的著作。利玛窦、罗雅各、汤若望、邓玉函、南怀仁等,也分别介绍了一些关于数学、天文学等专著。这些,对于明清之际的思想界、教育学术界,都有一定的影响。

为了造就服从它们的知识干部和愚弄广大的中国人民,约在 1840 年第一次鸦片战争以前,西方侵略者就采取文化侵略政策来麻醉中国人民的精神。这个侵略政策的主要内容,就是传教、办医院、办报纸、办学校和吸引留学生等。

传教是西方侵略者妄想征服中国、奴役中国人民的重要手段和核心环节。还在 16 世纪 90 年代,西班牙殖民主义者就曾企图利用天主教,开展征服中国的罪恶活动。他们曾打算利用已在中国境内肇庆府建立的天主堂,"作武力进攻的前哨,而以众司铎为响导"②。18 世纪以后,西班牙、葡萄牙等国的海外霸权丧失后,法、英、美、德等国侵略者也都陆续以基督教"海外布道"的姿态,分别利用天主教、耶稣教作为侵略先锋,派遣大批传教士来华。其中来自美、英的一些传教士,有的就是鸦片烟贩子的伙计、商行的雇员、侵略军的译员特务、教会学校创办人和主持人、一些不平等条约的起草人。例如第一个来中国传教的抗罗宗③牧师英国人马礼逊(Robert Morrison,1782—1834),就是 1809 年搭乘鸦片贩子的商船来华的,他既做英国东印度公司广州办事处的译员,同时兼做医

---

① 据方豪著《中国天主教史人物传》记载,王丰肃于崇祯十三年(1640)卒于绛州。——编校者
② 裴化行著,萧濬华译:《天主教十六世纪在华传教志》,商务印书馆 1936 年版,第 169—170、305 页。
③ 抗罗宗即新教。——编校者

生、传教士。为使西方传教士学会中文,并让中国教徒学会外文,马礼逊不仅通过自己"勤力学习"弄通中国语言文字,1818年还在马六甲办了"英华书院",训练来华传教人才。他还创办了《每月统计传》刊物,刊载古语、新闻、天文、地理、中国邻邦情况。这个刊物并辟有"市价篇"专栏,记载进出口货物的等级、市价情况。马礼逊死后,广州、香港等地的传教士和商人,捐款成立了"马礼逊教育会",设置奖学金,吸收中国学生入学,供给膳费、宿费、服装费等,学生家长同意时,该会还可保送学生到马来亚、印度或欧美深造;学生每天上午学英文,下午学中文,另外还学圣经、算学、地理等课。1843年,该会还在澳门办了一所女学。二十多年后,这个教育会才解散。1834年,美国传教士布朗(Brown)也在广州办了一所小学,后被当地人赶走,迁往澳门改为马礼逊学校,1842年又迁往香港。中国近代第一名留学生容闳,就是1841年进这所学校学习的。马礼逊的儿子小马礼逊(John Robert Morrison,1814—1843),也是传教士,生于澳门,从小学习中文,1830年,在广州担任英商翻译,1833年,编成《对华通商指南》,1834年,承袭他父亲在东印度公司的职位。鸦片战争中,他随英军北上侵略,担任《南京条约》的起草人,英人割据香港后,担任香港殖民政府的秘书长和立法行政委员会委员。他为人狡诈,又因为熟悉中国情况,成为英国侵华的主要策划人[1]。马礼逊父子,都靠东印度公司的支持,以"中国通"身份,充当英国侵略者的谋士和爪牙。仅从马礼逊父子身上,就反映作为侵略者爪牙的传教士,不仅进行宗教活动,同时又参与经济侵略、军事政治侵略、文化教育侵略等等罪恶活动。

至于美国侵略者,还在19世纪初期,就以所谓"友谊"的面貌,通过宗教、"慈善"事业和文化活动,不断加深对华的侵略。鸦片战争发生后的二十多年中,美国传教士在西方侵略者对旧中国的一系列侵略活动中,都扮演着重要的角色。如同英国侵略者一样,19世纪初,美国传教士也搭乘着美国商人贩卖鸦片烟土的商船来中国。他们硬说:"鸦片无害于中国人,像酒无害于美国人一样。"[2]其中第一个来华的美籍传教士裨治文(E. C. Bridgman)牧师就曾说:他们所以不远万里而来,"与其说由于宗教的原因,毋宁说是由于政治的原因"。他在1830年2月到广州1年后,就创办英文期刊《中国丛报》(Chinese Repository),专向

---

[1] 中国史学会主编:中国近代史资料丛刊《鸦片战争》(六),神州国光社1954年版,第385—386页。

[2] 卿汝楫:《美国侵华史》第1卷,人民出版社1952年版,第39—40页。引摩理逊著《麻塞诸塞航海史》,第278页。

外国人尤其美国人提供情报，鼓吹侵略思想。裨治文以"中国通"的身份提供的情报，不仅使各国商人得利很大，美国政府也得到很多好处，中美《望厦条约》的不少条款，就是根据《中国丛报》提供的意见拟定的①。1834年来华的另一美籍传教士伯驾(Peter Parker)牧师，到广州不久就办了博济医院，广交中国各阶层人士和收买人心，企图"用刀针来开放中国"②，让美国政治经济势力顺利侵入中国。传教士们在中国，任务之一就是调查中国国情，提出调查报告。伯驾就曾在1841年回到华盛顿向国会作了这样的报告③，中美《望厦条约》就是依据伯驾的建议拟定的④。伯驾、裨治文和另一美籍传教士威廉士(S. Wells Williams)等，参加了1844年2月来华的、以顾盛(Caleb Cushing)为首的美国侵略者的订约使团，担任了顾盛的秘书与译员⑤。在他们的合谋下，美国强迫中国缔结了比中英《南京条约》更苛刻的中美《望厦条约》。伯驾由于侵华有"功"，累升为美国驻华使馆的秘书、公使，负起侵华总责。他曾向美国侵略头子建议占据台湾，"不要在……关于台湾的行动上退缩不前"，并荒唐无耻地把为了美国资产阶级利益而阴谋侵占中国领土台湾，说成是为了"人道"，增进"文明"和"关系着势力均衡的伟大原则"。⑥ 在鸦片战争期间，许多美籍传教士乘机扩张教会势力。鼓浪屿、香港、舟山、宁波各地，在战争还未结束时就已有了美籍传教士的足迹。⑦ 而《望厦条约》后，美国除依"利益均沾"原则，取得英国所得的那些全部特权外，美国人还可以在通商口岸建立医院和礼拜堂。美国传教士丁韪良(W. A. P. Martin)于1850年来华后，明明知道"按条约，绝不许入内地传教"，却硬同另一牧师一起到杭州等地传教，还说："吾人奉主命传教万方，即有世俗阻止，安能阻哉？"⑧这帮传教士竟至说什么："中国这个民族，终久要被外国人所征服，虽然

---

① Tayler Dennett, *Americans in Eastern Asia*, NY: Macmillan, 1941. 编者未找到英文版，见中译本泰勒·丹涅特著，姚曾廙译：《美国人在东亚》，商务印书馆1959年版，第241页——编校者
② Arshur H. Smith, *The uplift of china*, Boston: American Board of Commissioners for foreign Missions, p. 175.
③ 麦沾恩著，胡簪云译：《中华最早的布道者梁发》，上海广学会1931年版，第103页。
④ K. S. Latonrett, *The history of early relations between the United states and China*, 1784-1844, New HAVEN: Yale University Press, pp. 123—124.
⑤ Tayler Dennett, *Americans in Eastern Asia*，见中译本《美国人在东亚》，第126—128页。
⑥ 同上书，第246—249页。1857年2月12日，伯驾向美国国务院的建议。
⑦ K. S. Latoarette, *A history of Christian Missions in China*, 编者未找到英文版，见中译本赖德烈著，雷立柏等译：《基督教在华传教史》，道风书社2009年版，第212—216页。——编校者
⑧ 丁韪良：《花甲记忆》。
作者所引版本不详，今可参阅丁韪良著，沈弘、恽文捷、郝司虎译：《花甲记忆：一位美国传教士眼中的晚清帝国》，广西师范大学出版社2004年版。——编校者

免不了要多杀死几个人,也是无关紧要的。"①1858年,美国侵略者又利用第二次鸦片战争机会,由美国公使列卫廉(William Reed),与丁韪良、威廉士两个传教士合谋,迫使中国政府签订侵害中国主权的另一不平等条约——中美《天津条约》。这一条约,把保护传教、习教专款列入②,用政治力量保护宗教侵略。据丁韪良说,这一专款,"系先出于美约,而后英约仿照"的③。就这样,裨治文、伯驾、威廉士和丁韪良等美国传教士,在传教、办医院、办报刊进行文化侵略的同时,又充当了美国的军事、政治和经济间谍、不平等条约的起草人以及美国侵略者的代表。

继英、美之后,法国侵略者也派专使来华讹诈。1844年10月,诱骗中国签订了中法《黄埔条约》,取得英美所谓的全部特权。其中第二十二款规定,不仅允许法国人在通商口岸建造教堂、医院和学校,中国政府还承担了保护教堂的义务,申明要严拘重惩触犯毁坏法国教堂的中国人。这一条约签订后,法国侵略者又在条约之外,就天主教弛禁问题进行讹诈。1846年,中国政府被迫下令,不许各地官兵再查禁天主教,并要各地将康熙年间建造并因教禁没收的天主教堂,除已改为庙宇或住宅的以外,都一律发还,废止了一百多年来的教禁,扫除了外国侵略者利用宗教侵略中国的一个重大障碍。接着又在1858年的中法《天津条约》上明白规定外籍传教士得入内地自由传教。1860年的中法《北京条约》更进一步规定,赔还已经被没收的天主教堂和学堂,准许法国传教士在各地租买田地,自便造建。法国侵略者对华文教侵略活动,与英美两国一样,都在不平等条约上有了"法律"依据。

西方侵略者的文教侵略活动,正是从传教入手展开的,而传教士开始进入中国,又多系跟着鸦片商贩来的。他们一面是贩卖烟毒的市侩兼侵略者的译员、谋士和间谍,一面又贩卖从精神上麻醉中国人民的鸦片烟——宗教。为了通过传教进行侵略,他们的手段之一是办医院。正如1840年的《澳门新闻纸》记载的,西方侵略者过去"虽用尽法子欲解除中国人恨恶之心,总不能得。……各样事业中,只有医学,中国人颇肯信之"。还在19世纪初年,欧洲来的医生,就通过种痘和设立眼科医院,为万千小儿种痘和医好四千个眼病患者,取得了一些中国人的信任。例如美国牧师伯驾,1835年在广州开设的医馆——博济医院,就曾医好重

---

① Ernest O. Hansey:《出卖上海滩》,上海书店出版社1999年版,第20页。——编校者
② 中美《天津条约》第二十九款:"所有安分传教习教之人,当一体矜恤保护,不可欺侮凌虐。凡遵照规定安分传习者,无论其为美国公民抑系华籍教徒,他人毋得骚扰。"
③ 丁韪良:《花甲记忆》。

症患者约 4 575 人,轻症患者治愈更多,以至招引不少各省赶来就医的病人①,得到病人的"欢喜感谢",也就为侵略者利用宗教麻痹中国人,铺平了道路。

另一种手段是办学校。为了通过传教开展侵略活动,西方传教士们首先自己要学会中国语言文字,也要使中国教徒学会西方语言文字。前面说过,老马礼逊就是通过"勤力学习",搞通中国语言文字的。1818 年,他在马六甲办的"英华书院",主要就是训练来中国的传教士学习汉字②,同时也"教化中国之人",使通欧洲语言文字,不致再"以欧罗巴为夷"。③ 美国人在新加坡创办的坚夏书院,性质也是这样的。

《南京条约》签订后,英、美、德和瑞士等国传教士,大量来到中国,其中以美国传教士最多。据不完全统计,1845 年就有 20 人,十年以后增加到 46 人,其中英、美传教士,多数在家中或教堂中附设学校。当时比较著名的:在宁波有英国"东方女子教育协进社"派遣爱尔德塞小姐(Miss Aldersey)于 1844 年办的一所中国最早的教会女校;还有美国北长老会开办的崇信义塾(1867 年迁杭州为育英义塾,1910 年改为之江大学)。在上海,有 1850 年由英国安主日会办的"英华书院",1861 年由美国北长老会办的清心书院(后称清心中学)。在福州,有 1853 年由美国公理会办的格致书院。在北京,有美国牧师裨治文于 1864 年办的裨治文女学,以及 1865 年办的崇实馆。所有这些教会学校,都属于抗罗宗系统。至于在中国传教历史较久(比抗罗宗约早 150 年)的天主教徒——主要是法国传教士,在开办学校作为侵略据点方面,却比较落后,直到《南京条约》之后,才藉口培养天主教内的修士、修女和所留养的孤儿,办起一些"教理学校"和"普通学校",像 1850 年开办的徐汇公学,就是 1847 年耶稣会在上海徐家汇建立教堂以后的事。到了 1853 年,在天津,由望海楼天主堂附设了法汉学堂、诚正小学和淑贞女小学等。

传教、办医院、办报刊、办学校等文教侵略活动,是伴随西方侵略者的商船和兵船来到中国的,是与鸦片贩卖,枪炮屠杀,三管齐下进攻中华民族的。

三、"社学"组织下的人民抗英斗争和知识分子的爱国运动

19 世纪中期,在西方侵略者发动侵略中国的罪行中,一些新起来的买办资

---

① 见《澳门新闻纸》(庚子—1840—六月初六日、十三日),《鸦片战争》(二),第 489、491—492 页。
② 肖令裕撰:《英吉利记》,《鸦片战争》(一),第 20 页。
③ 林则徐译:《华事夷言》,见《鸦片战争》(二),第 538 页。

产阶级和它的知识分子,扮演着可耻的汉奸角色:或者充当"通事",担任中国官吏和洋商间的译员,他们为了赚钱,在官吏恐吓或洋人责骂下,能"圆滑地将官吏对付过去,又使洋人愉快"①。他们或者充当商馆中的"买办",管理钱库,侍候外商,除薪金外获取大笔"规费"或手续费,并用外资从事投机事业,成为侵略者从中国人民身上榨取高额利润的代理人②;或者为洋商购买内地中文书籍和担任洋商子弟中文教师的工作,"课其子弟",充当汉奸③;或者厚颜无耻地乞讨洋商的银货做自己"上进求名"的经费,发誓有朝一日"求得一官,做犬马,报大恩"④。种种丑恶形象,不一而足。这帮无耻角色,后来不少充当了外国侵略者的间谍和帮凶。

与这些汉奸知识分子相反,广大人民满怀爱国义愤,侵略者足迹到处,都给以武装打击。在中英冲突焦点的广东,对于英国侵略者的侵略暴行和清朝政府的腐朽卖国行为,人们看得最清楚,反英反清的义愤也最强烈。1841年5月30日,广州人民抗英斗争走向高潮:为了抵抗英军侵入广州,三元里附近103乡人民以农民为主体,包括"好义善斗"的丝织工人、打石工人、会党和一些爱国士绅在三星旗的指挥下,采取"社学"的组织形式,集合成一支数以千万计的反侵略武装力量,掀起反英起义的广泛群众运动。他们用"平英团"名义,发布《广东义民斥告英夷说帖》,狠狠打击了武装敌人,迫使侵略者退出虎门。如果不是广州汉奸知府余保纯用欺骗威胁手段,强迫解散革命群众,连英酋义律也将为革命人民镇压。随后,广州人民武装仍然得到了进一步发展:6月间,成立了作为团练机关的升平社学公所,把广州附近103乡的平英团进一步组织起来;7月间,东路各县也成立东平社学公所。两处社学公所,成为当时广州人民反侵略斗争的核心组织,"富者助饷,贫者出力,举行团练。按户抽丁,除老弱残废及单丁不计外,每户三丁抽一,以百人为一甲,八甲为一总,八总为一社,八社为一大总",⑤形成了更有组织的反侵略斗争的武装力量。明清以来,为反动统治者从政治上思想上奴役人民服务的这种政教组织,到了鸦片战争时期变成了人民手里抗英斗争的巨大力量。英国侵略者因而不敢强硬要求进城,清朝政府大官僚

---

① 林树惠译:《旧中国杂记》,《鸦片战争》(一),第272页。
② 林树惠译:《广州番鬼录》,《鸦片战争》(一),第273—274页。
③ 故宫博物院编:《清代外交史料》(道光十一年三月初九日"上谕"),《鸦片战争》(一),第165页。及同书第47页《道光朝外洋通商案》。
④ 许地山校录:《达衷集》,"三山举人求帮书"(一)(二),《鸦片战争》(一),第31—32页。
⑤ 夏燮:《粤民义师》,《中国近代史资料选辑》,三联书店1954年版,第58页。

伊里布、耆英之流也不敢私许敌人的要求。在社学的组织教育下，提高了人民爱国抗英的觉悟。正如梁廷枏《夷氛闻记》所说："当是时，人人思奋，翘首企足，以款夷为辱，将待夷船之再入也而尽歼之。……益丰其衣食，时以训练，日饱食于台墩，力无所用，无不磨拳擦掌，以待一试。"①一直到鸦片战争以后，广州人民仍在社学领导下继续坚持反对英国侵略者进入广州城的斗争。设在河南桥内的隆平社学公所，设在南门外的南平社学公所，都与升平社学互相联络。至如丝织工人等，也在西家行组织馆堂，利用业余时间，延请武术拳师，教艺学武。打石工人也有两家石行的组织，在打番鬼时打了许多出色的硬仗。组织起来的人民，当时就这样发挥了抵抗敌人、监视内奸的巨大威力。发展到1848年，广州城厢内外街的团勇，户户出兵，合计不下十几万人。他们按铺捐款，储款几十万两。"无事则各安工作，有事则立出捍卫。明处不见荷戈持戟之人，暗中实皆折冲御侮之士"②，有着严密组织和昂扬的斗志。合乡村外县的武装农民，人数至少有几十万，成为空前的人民武装。当时著名的斗争，有烧洋馆斗争(1842)、反香港开市斗争(1843)、驱逐广州知府刘浔的斗争(1845)以及1849年的一次最大规模的反进城斗争。

在当时广大人民掀起的反英爱国斗争中，不少爱国知识分子也显示了他们的爱国精神。例如1841年斗争中，他们对于汉奸知府余保纯以及南海、番禺的两个无耻的知县，就表示了极为蔑视的反对态度。这年9月（农历八月初三）当余保纯和两知县出现在广州府学的文童考场时，文童们就满腔义愤地宣布罢考，他们说："我辈读圣贤书，皆知礼义廉耻，不考余汉奸试。"虽经教官"禁止劝谕"，他们却越禁劝越坚决。文童们对在场的两知县靠所谓"军功"骗得的六品顶戴蓝翎，尽情地予以嘲弄。他们不仅把余保纯逐出试场，还把这个汉奸乘坐的轿子，用砖瓦打坏。再如1842年底，广州人民以旧例洋人不准进城为理由，藉拒绝英人入城，以抗议英国侵略者强迫签订的不平等条约——《南京条约》。在这一斗争中，知识分子同广大人民一起，遍贴反对侵略者入城的"告示"，发布了《全粤义民义士公檄》。他们并以明伦堂名义粘贴反英"告白"。在明伦堂内召开反对英国侵略者的群众会议，发布反英檄文。浙江监生钱江、生员何大庚，就是《全粤义民义士公檄》的起草人。他们满怀义愤地揭露英帝侵犯我国粤、

---

① 梁廷枏：《夷氛闻记》，《鸦片战争》（六），第46页。
② 范文澜：《中国近代史》第71—73页。参见范文澜：《中国近代史》，生活·读书·新知三联书店出版社2014年版，第105页。——编校者

闽、浙、苏四省,贩卖鸦片,毒我生灵,"据我土地,戕我文武,淫我妇女,掠我资财,致使四省生民惨遭锋镝"的滔天罪行,并揭露清朝政府的"疆臣大帅惜命如山,文吏武臣畏犬如虎"以及"割地输金"的丑恶行径。决心矢忠励节,敌忾同仇,投入团禁,"无事各归农业,有事协心从戎",誓死拒绝广州开埠的条约。他们指出这个条约是"开关揖盗,启户迎狼"。这篇《公檄》,正是抗英斗争中一篇有历史意义的文献,在当时起了教育广大士民的积极作用①。

第二节　龚自珍的"经世致用"的教育观

清朝封建专制主义统治下的中国社会,还在18世纪末期,就由于土地高度集中和统治阶级日益腐朽,阶级矛盾深化,激起白莲教起义,动摇了清朝统治基础。到了鸦片战争前夕,中国封建社会内部资本主义因素滋长,自给自足的封建经济趋向衰落,加上西方资本主义国家侵入,特别是英国殖民主义者可耻的鸦片贸易,造成清朝政府财政枯竭,剥削加重,阶级矛盾益趋激化,社会危机更加严重,促使封建统治阶级内部酝酿起:1. 主张禁烟,对外国侵略者抵抗,与妥协投降的斗争。2. 向西方学习,"更法"图强,与"祖宗之法不可变"的顽固保守的斗争。3. 研习"经世致用之学",与死啃八股、汉学、宋学,埋头在脱离实际的无用之学当中的斗争。像林则徐(1785—1850)、龚自珍(1792—1841)和魏源(1794—1857)等,就是地主阶级知识分子中反对侵略,主张学习西方,研究"经世致用"之学的代表人物。林则徐不仅是中国第一次遭受西方侵略时,依靠人民力量,坚决禁烟御侮,成为当时封建官僚中具有爱国精神,继承优秀历史传统的优秀人物之一,也是具有进步倾向,努力探索西方学识和资本主义国家军事生产技术的知识分子之一。他的朋友龚自珍和魏源等,则在中国近代思想史、教育史上占有重要地位。

一、龚自珍的生平

龚自珍(1792—1841),字璱人,号定庵,又名巩祚;浙江仁和人。他出身官僚知识分子家庭,祖父和父亲都做过京官和地方官,父亲龚闇斋也得汉学传授,主讲徽州紫阳书院多年。他的外祖父段玉裁是著名的古文经学家。龚自珍从小在外祖父和父亲指点下,学过古文经学。段玉裁一再鼓励他多读经学"有用之书"、"努力为名儒",但他面对社会现实,对于章学诚(1730—1801)所谓学问

---

① 《广东夷务事宜》,《鸦片战争》(三),第353—355页。

"要切于人伦日用"①和"学问将以经世"②的说法,体会较深。他主张寻求古代经典中的微言大义,使学术能为社会政治服务。他几经科举考试,27岁考中浙江乡试的举人,第2年到北京会试落第后,师事常州学派经学家刘逢禄(申受,1777—1829),研究《公羊春秋》;从公羊学微言大义中,探索"三世三统"的历史规律。从这里,他学到些辩证的发展的观点,用公羊学为思想武器,来对待社会政治问题。主张更法,为康梁维新运动打下一定思想基础。他的学问,正如他的好友魏源所说:"于经通公羊春秋,于史长西北舆地。其文以六书小学为入门,以周、秦诸子吉金乐石为崖郭,以朝章国故世情民隐为质干。晚尤好西方之书,自谓造深微云。"③

龚自珍于道光九年(1829,己丑)考中进士,由于楷法不合规格,未列优等,没有做到高官。

当英国资本主义侵略者通过鸦片贸易侵略中国时,他坚决主张禁绝鸦片,曾向林则徐作了一系列建议,主张学习西方,"讲求火器",用武力重兵抵御外侮,使中国能在短期内成为一个"十八行省银价平,物力实,人心定"的富强国家。④也正因为他在对待英国殖民主义的鸦片侵略问题上是主战论者,得罪了主和派权臣大学士穆彰阿,次年春天,辞职离京,不胜慨叹道:"进退雍容史上难,忽收古泪出长安。百年綦辙低徊徧,忍作空桑三宿看。"⑤

龚自珍南归后两年,以道光二十一年(1841,辛丑)暴疾逝世。临死的那年50岁时,就丹阳云阳书院讲席,父死,还兼任其父龚闇斋主讲的紫阳书院讲席极短时期。他的一生,正如自己所说:"河汾房社有人疑,名位千秋处士卑。一事平生无龁龃,但开风气不为师。(予生平不蓄门弟子。)"⑥显然他不是一位有丰富教育实践经验的教育家,而是一位开创风气的思想家、文学家。他所开的风气,是学术风气,也是政治风气。对此,梁启超曾说,初读《定庵文集》,如同触电一般,对读者起振聋发聩的作用,有助于晚清思想解放。光绪年间新学家们,大概都经过崇拜龚自珍的一个时期⑦。至于老洋务官僚张之洞,在1903年所作的

---

① 《史释篇》,《文史通义》。
② 《天喻篇》,《文史通义》。
③ 魏源《定庵文录叙》,《魏源集》上册,中华书局1976年版,第239页。
④ 龚自珍《送钦差大臣侯官林公序》,1838年底作,《龚自珍全集》,上海人民出版社1975年版,第171页。
⑤ 《己亥杂诗》,4月23日出都作,《龚自珍全集》,第509页。
⑥ 《己亥杂诗》,《龚自珍全集》,第519页。
⑦ 梁启超:《清代学术概论》,商务印书馆1921年版,第122—123页。

一首诗的自注中则说:"二十年来,都下经学讲公羊,文章讲龚定庵,经济讲王安石,皆余出都以后风气也。遂有今日,伤哉!"①这表面上似乎只责备龚自珍开了新的文风,实质上则因龚自珍的理论基础是公羊经义,政治上以王安石的精神要求变法,而把龚自珍当作乱阶祸首看待。毁誉虽然不同,却从相反角度说出了龚自珍在近代中国思想史、学术史上的巨大影响。他在近代中国教育史上,实际也开创了一定新风气,提倡"经世致用",反对腐朽学风,强调培养有用人才,主张向西方学习,都应在中国近代教育史开篇时占一定篇幅。

二、更法论

阶级矛盾和民族矛盾的浪潮,一直冲击着龚自珍出世后50年的生活和思想,正是在农民起义火炬照耀下,使他窥见了社会的黑暗面貌,久居北京所积累的生活经验,也使他深刻认识到统治集团的腐朽和阶级对立形势的严重性,从而当他还只23岁时就写成《明良论》4篇,严厉攻击了当时的政治。二十四五岁时,写成《乙丙之际箸议(塾议)》25篇,著名的《平均篇》可能也是这时所作,言词激切地揭露了当时的社会矛盾,指出了动荡不安的根本原因,要求通过"更法"来挽救封建统治阶级专政的危机。

龚自珍揭露了当时北京"崇文门以西,彰义门以东"的人民群众,"一日不再食者甚众"的饥饿现象②;揭露了"有金一斛不籴掬粟"的经济危机③;还揭露了贫富不均,矛盾对立的情况,认为如不"变置"或"更法",这个国家就会灭亡。

"其时,贫相轧,富相耀;贫者阽,富者安;贫者日愈倾,富者日愈壅。或以羡慕,或以愤怨,或以骄汰,或以啬吝,浇漓诡异之俗,百出不可止,至极不祥之气,郁于天地之间,郁之久乃必发为兵燧,为疫疠,生民噍类,靡有孑遗,人畜悲痛,鬼神思变置。其始,不过贫富不相之为之尔。小不相齐,渐至大不相齐;大不相齐,即至丧天下。"④面对这样的政治经济危机,龚自珍认为:如果国家对此毫无办法或"无所措术"的时候,将同疥癣患者未得良医治疗时一样,要"终日抑搔之",稍好一些又"日夜抚摩之",为免搔坏疮疤,让患者卧在独木上,用长绳捆缚四肢,使四肢动弹不得,随它很痒很痛,只好听之任之,因为别无良法。他认为,

---

① 诗的题目是《学术》,原诗说:"理乱寻源学术乖,父仇子劫有由来。刘郎不叹多葵麦,只恨荆榛满路栽!"
② 《明良论一》,《龚自珍全集》,第30页。
③ 《乙丙之际箸议第十六》,《龚自珍全集》,第7—8页。
④ 《平均篇》,《龚自珍全集》,第78页。

这就只有"更法"一条出路："仿古法以行之,正以救今日束缚之病。矫之而不过,且无病,奈之何不思更法?……删弃文法,捐除科条,裁损吏议,亲总其大纲大纪,以进退一世,而又命大臣以所当为,端群臣以所当从。……万万世屹立不败之谋,实定于此。"①

龚自珍认为,统治者最要重视"平均"这原则。在这"平均"理想中,既反对封建的土地独占,又反对封建的超经济垄断,为要"平均",就得"更法"。"试之以至难之法,齐之以至信之刑",不到10年,可望实现"平均"。如果像疥癣患者只把手脚束缚起来,听任疥癣自然发展,使得"天下无巨细,一束之于不可破之例"。上上下下,个个"奉公、守法、畏罪",直到社会政治败坏到极点,发生大变,"破坏条例,将有甚焉矣"。他说:"一祖之法无不敝,千夫之议无不靡,与其赠来者以劲改革,孰若自改革?"②他的"更法"主张,显然是要统治者自行更改。

三、育才论

为要把"衰世"更改成为"治世",龚自珍认为,必须学习夏商周三代不忍心"弃才屏智"的措施,优厚养士,探讨世变,藉以克服"左无才相,右无才史,阃无才将,庠序无才士,陇无才民,廛无才工,衢无才商"③这样的衰世景象,好让"才士与才民"出来实现真正的"治世"。相反,如果让许多"不才"的士民,监督捆缚着才士才民,甚至扼杀他们的思想,扼杀他们的能够忧、愤、思虑、作为、有廉耻和无渣滓的心思,归根到底,祸乱也就不远了。

为要免于衰乱,实现治世,龚自珍所要培养的人才,是文儒或通人。他认为,这种"文儒"应该是:"古人文学,同驱并进,于一物一名之中,能言其大本大原,而究其所终极;综百民之所谭,而知其义例,遍入其门径,我从而筦钥之,百物为我隶用。苟树一义,若浑浑园矣,则文儒之总也"④。他认为,只掌握词章和考据,都不能称做"通人";掌握义理,了解一物一名的本质,综合诸子百家议论的真理所在,抓住关键,运用万物,树立起"浑浑园"的理论,才是最理想的人才。

这种人才,龚自珍认为,应该是"实事求是"的、无"门户之见"的"绝特之士"。在读书专经时,能够"涵泳白文,创获于经,非汉非宋,亦惟其是"。也就是要跳出汉、宋的框框,好好体会经文,从经文中创造性地得到收获。不能片面地

---

① 《明良论四》,《龚自珍全集》,第35—36页。
② 《乙丙之际箸议第七》,《龚自珍全集》,第6页。
③ 《乙丙之际箸议第九》,《龚自珍全集》,第6—7页。
④ 《与人笺一》又题《与魏默深笺一》,《龚自珍全集》,第336—337页。

"以名物训诂为尽圣人之道"①。这种人才,他认为应该又"尊德性",又"道问学",两方面统一起来,"不相非而相用"。他说:"圣人之道,有制度名物以为之表,有穷理尽性以为之里,有诂训实事以为之迹,有知来藏往以为之神。……始卒具举,圣者之事也,余则问学以为之阶。…欲闻性道,自文章始。……不以文家废质家,不用质家废文家。"②"文"和"质"不能偏废,"问学"是阶梯、是过程,从文章开始,进而追求"性道"。搞好名物训诂,不能算是已尽"圣人之道",只能从洒扫应对开始、从"六书九数"的"小学"开始,"不由其始者,终不得究物之命"。培养人才一定要遵循从小学到大学的程序,必须"黜空谈之聪明,守钝朴之迂回,物物而名名,不使有遁"。要像算师畴人那样,努力几十年才有所发明创造,要像书师那样繁称博引,才掌握一形一声的道理,符合经、传、子、史的论述,才能进一步学好"性道与治天下"的学问,最后成为"天下国家名实本末皆治"的文儒或通人③。所以他说:"至教不躐等。"他曾在《抱小》一文中指出,"小学"主要是"子弟之学",是"学之以侍父兄师保之侧,以待父兄师保之顾问"的,这种"小学之事"是与侍父兄之仁爱孝弟之行,一以贯之的,必须经常自处学者、自处子弟,"自处子弟,故终身治小学"④。

　　龚自珍认为,各种各样人才,都是天地国家所养,日月所照,山川所咻的结果。天下太平,家庭兴旺,人心稳定的时候,在家庭社会培养下和天地自然露育下,得到深造,得到安居,就会"各因其性情之近,而人才成"。天下国家衰乱,士大夫无暇培养子弟,国人又无力养之于国,便只能听任子弟们"化猿化鹤"或"化虫化沙"⑤。这般猿、鹤、虫、沙似的"近代之士",从他们当官之初,羞耻心就已不多。当官越久,气节越薄;名望越高,诣笑越丑;地位越近,媚态越工。当上三公六卿之后,地位非不崇高,而对古时大臣以崇高师傅自处的风度,不但没有耳闻目睹,连做梦也没想到。人臣节操的盛德,一扫而光。他指出,"士皆知有耻,则国家永无耻矣;士不知耻,为国之大耻"。国家要振作起来,必须"以教之耻为先"。如果所谓"政要之官"只懂得"车马、服饰,言词捷给",所谓"清暇之官"只懂得"作书法、赓诗",一心追求的是获赏、受眷及以科名长其子孙,甚至愿其子孙"以退缩为老成",不去干预国家大事。一旦有缓急,"则纷纷鸠燕逝而已",伏

---

① 《与江子屏笺》,《龚自珍全集》,第347页。
② 《江子屏所著书序》,《龚自珍全集》,第193—194页。
③ 《陈硕甫所著书序》,《龚自珍全集》,第195页。
④ 《抱小》,《龚自珍全集》,第93页。
⑤ 《与人笺五》,《龚自珍全集》,第338—339页。

在栋梁下誓与大厦一起压死的太少了！①

他还指出，科举取士制度毒害人才的罪恶严重，揭露了科举所重视的不是选人才而是"遴楷法"，在所作《干禄新书自序》②中，就一再讽刺了这一点。知识分子纵有真才，"楷法"不合格就被弃置，为了去求官禄，就得把有用精力磨灭在楷法上面。至于一篇科举文章，更是转相胎息剽窃而成。父兄为了使子弟科举成名，强使才"执笔学言"的髫龀童子，就看天下说经之言，他认为，这就是"侮经"。儿童还未有什么感慨，何必勉强？势必抄袭模仿，弄到"心术坏而义理锢"③。封建专制政治的束缚人心，摧残人才，使他痛心疾首，他愤激地指出：在衰世，不仅"庠序无才士"，并且是"陇无才民，廛无才工，衢无才商，抑巷无才偷，市无才驵，薮泽无才盗"④。少数才士和才民，还要受到"百不才"的摧残："督之缚之，以至于戮之。戮之非刀、非锯、非水火；义亦戮之，名亦戮之，声音笑貌亦戮之。戮之权，不告于君，不告于大夫，不宣于司市，君大夫亦不任受。其法亦不及要领，徒戮其心。戮其能忧心、能愤心、能思虑心、能作为心、能有廉耻心、能无渣滓心。又非一日而戮之，乃以渐，或三岁而戮之，十年而戮之，百年而戮之。"⑤

在这里，他正揭露了封建生产关系开始崩溃时，社会风气之坏，士风学风之坏，因而也就培养不出人才来。他在《明良论二》中呼吁："士不知耻，国之大耻"。因而他在1839年过镇江的诗中曾呼吁天公降材："九州生气恃风雷，万马齐喑究可哀！我劝天公重抖擞，不拘一格降人材。"（过镇江，见赛玉皇及风神、雷神者，祷词万数，道士乞撰青词。）⑥

四、师儒论

我国古时，称呼用德行教民的人为师，用六艺教民的人为儒；逐渐师儒连用，称呼乡里教道艺的人为师儒。龚自珍在《乙丙之际箸议第六》一文中，着重论述了"师儒"问题。

在"治"和"学"的关系问题上，龚自珍认为，夏、商、周三代以上，一代的政治

---

① 《明良论二》，《龚自珍全集》，第31—32页。
② 《干禄新书自序》，《龚自珍全集》，第237—238页。
③ 《述思古子议》，《龚自珍全集》，第123页。
④ 《乙丙之际箸议第九》，《龚自珍全集》，第6页。
⑤ 《乙丙之际箸议第九》，《龚自珍全集》，第6—7页。
⑥ 《己亥杂诗》，《龚自珍全集》，第521页。

就是一代的学术,政治与学术的关系是统一的,无论是夏礼、商礼、周礼,都是一代最高统治者的"王"和他的助手"宰",为了统治的目的而开创的。统治天下不是可以只靠口传耳听就成的,还得有文字记载的法、书或礼,由太史或卿大夫把它载之文字而宣之于士民。① 其中包括历法和政教法令等等,都是为本朝政治服务的。他指出,在王的统率下,服从政令,依法缴纳租税的人称做民,人民中能够体认统治者立法企图的人称做士,士当中能够推阐本朝法意或立法企图的人称做师儒。王的子孙大宗继承王位后,称做后王,能听后王言语和缴纳租税的人民称做后王之民。从王到民,贯彻实现了政教法令有所成就时称做治(太平)、称做道。至于士和师儒,以先王、先冢宰之书为法则,相与讲究书中的道理,这就是学。师儒的所谓学,如有载之文字的,也称做书。龚自珍认为,所谓道,所谓学、所谓治,是一件事,是统一的东西。如果师儒中有所谓"兼通之能,博闻之资"的人,能够贯通历史文献、前代政教法令时,上可不必向王报告,中可不必冢宰、太史大夫采纳,下也可不一定要人民信守。一切"陈于王,采于宰,信于民"的,都必须"以诵本朝之法,读本朝之书为率"。这正明确要求师儒的学习和教育活动,完全要以本朝法令文献为准,要为当前的政治服务,不能脱离政治。师儒流散后,虽然同出王官,但是流派成百,所著书也有成百流派,所立言又有成百专书。大家"各守所闻,各欲措之当世之君民"这正反映一代末世政教的衰废。

龚自珍认为,盛世的师儒,在朝习其揖让之礼,闻其钟鼓之声,巡行民间,则关心庠序,熟悉礼器,契其文字。家居则看书唱诗,做官则发布条教号令,在野则熟悉先朝掌故,在朝则为先王子孙效忠。这就是广大人民推崇师儒,国家很依靠知识分子的原因。到了衰世,在朝者忘记祖先遗法,在庠序者还可依自己所学先王遗言,抱残守阙,编纂成一家之言,来"保一国、善一国"。他认为,孔子那样的师儒,就是拥护周礼的,对于夏礼、商礼,只取其能够识记的一些制度而已。他所赞不绝口的是:"郁郁乎文哉,吾从周。"以及"久矣夫吾不复梦见周公"等等。作为儒的孔子,并不高谈前朝的哲王,诚恐因此触犯当代,因而犯错误得罪。至于周及西汉,对于前朝的道德、功业和艺术成就,曾经立官、立师来世袭流传,即使造车、为陶、医、卜、星、祝、仓、庾等等,也都让他们各以祖传本业为生,但是一代大训并不在此。

龚自珍对于后汉至清的师儒,作了揭露批评。他指出,后汉以来的师儒无

---

① 《乙丙之际箸议第六》,《龚自珍全集》,第 4—5 页。

知,重于其君,却不懂得国君怎样使民;重于其民,却不懂得人民怎样事君。一般是,平生不荷耘锄,长大未习吏事,史地书籍很少习读,当代功业德望瞠目不见,并且"上不与君处,下不与民处",而只聚居在士之渊薮、儒之林囿当中,也就是局限在知识分子小圈子当中,政治认识糊涂,王道霸道分辨不清,尚文尚质趋向殊途,甚至于"援古制今"或"訾古驾今"地吵嚷不休。正因如此,虽当代政治距离所谓盛世很远:"道德不一,风教不同,王治不下究,民隐不上达",虽然国家化了养士之资,作为士却无报国之日。

龚自珍在《乙丙之际箸议第六》中,关于更法,育才和师儒等方面的意见,特别要求学术为政治服务,揭露师儒脱离生产劳动实际和脱离政治社会实际等等,显然企图从理论上击破古文经学家以专攻考据,致力名物训诂为尽圣人之道的思想,为经世致用的思想奠立了一定的理论基础。这是他在当时追求改革政治、爱国御侮的思想指导下提出的。这在教师问题上,对于当时重经师、摈人师的风气,正是有力的批判。[①]

第三节　魏源的"经世致用"的教育观

一、魏源的生平

魏源(1794—1857),字默深,湖南邵阳人。还在童年时,他所生活的官僚知识分子家庭,已渐中落,他的父亲又远在江苏做官,难以兼顾家庭,家境更加困窘,他只好过着苦学生活:"家贫无书,假之族塾","夜则燃豆秸,母绩子读,欣欣忘贫"[②]。通过科举,15岁进学,17岁补廪,从此"名闻益广,学徒接踵"。21岁起,跟着父亲到北京,担任工部侍郎李宗瀚京邸的家庭教师。留京期间,曾向胡墨庄请教汉儒家法,向姚学塽问过宋儒之学。他与龚自珍一样,也曾向刘逢禄学过公羊学。与龚自珍、林则徐等要好,时常切磋学问,谈论时政,都主张严禁鸦片。他不满腐朽黑暗的现状,要求社会政治的革新。两汉以来的公羊学微言大义,成为他倡导革新的理论基础,写成一些有关今文经学的著作,奠定了清代今文经学的基础。还撰有《默觚》及《老子本义》、《孙子集注》、《庸易通义》等书,提出一套初具体系的变化发展思想,作为社会革新的理论武器,其中也包括了他的教育观点。他28岁中举后,在江苏为江苏布政使贺长龄、两江总督陶澍的幕友;代贺长龄编成《皇朝经世文编》,为陶澍筹议漕运、水利、盐政,撰成《筹鹾

[①] 《与江子屏笺》,《龚自珍全集》,第346—347页。
[②] 魏耆:《邵阳魏府君事略》,《魏源集》,第847—861页。

篇》。鸦片战争时,参加裕谦幕府,在浙江投入抗英斗争一个时期。鸦片战争失败,愤而编成《圣武记》(1842),宣扬清初武功,激励人心,奋发图强。还在1841年至1842年间,接受林则徐的委托,在林则徐所译《四州志》①的基础上,进一步编撰《海国图志》,几经增补,编成100卷的大书,提倡"师夷长技以制夷"的先进思想。1844年考中进士,曾任东台、兴化两县知县和高邮知州,注意教育事业,改建书院,设立义学,并对前来问学的人,"娓娓不倦"地"反复譬导"。1851年起,又先后撰写《禹贡说》、《元史新编》等书。辞去高邮知州后,隐居兴化。1854年,修禅礼佛,汇辑《净土四经》,法名承贯,后又迁居杭州佛寺。1857年病死,年64岁。

二、论经世致用

作为封建地主阶级的开明知识分子,魏源在学术方面,同龚自珍一起,都是当时今文经学运动的先驱者。当时的知识界,在清朝政府统制思想和利禄引诱下,不是热衷科举用八股文做敲门砖,就是逃避现实,在训诂考据的故纸堆中讨生活。面对鸦片战争前夜,日益高涨的国内外阶级斗争新形势,一些知识分子如龚自珍、魏源等,走向同政治联系、同实际联系的道路,企图用"今文经学"的"经世致用"口号,来改变学风、改变政治,他们想用经学一套来解决实际的社会政治问题,也就是在经学旗帜下提出地主阶级革新派的要求。这个"经世致用"口号,正是他们进行思想斗争的一个合法武器。1826年魏源替贺长龄编选的《皇朝经世文编》,就是按"经世致用"观点,选辑清朝统治以来有关政治、社会和思想各方面的论文而成的一部著作,从他写的《皇朝经世文编叙》可见,他所揭示的四项原则,正是要求研究学术必须联系当前的政治和社会实际。这四项原则是:

1."事必本夫心",但是"善言心者必有验于事"。这就是说,不能离客观而专凭主观。举例说,没有刻上秤星的秤,就无法看出所衡事物的轻重。这是用轻重比心,用秤星比事。轻重生权衡,非权衡生轻重。

2."法必本于人",但是"善言人者,必有资于法矣"。这是说,不能离工具法度而专靠聪明。例如,虽有公输般那样技巧,最高明的木工,如果全凭自己的眼明手巧,而不使用规矩绳尺等工具,就不可能闭户造车,出门合辙。

3."今必本夫古",但是"善言古者,必有验于今矣"。这是说,不能离开现代

---

① 毛雷(Murray)原著:《地理大全》。

而谈古代。高祖、曾祖时的器物,赶不上祖父、父亲时的器物那样合用。

4."物必本夫我",但是"善言我者,必有乘于物矣。"这是说,不能不听别人的意见而专凭自己的意见。因为物相观摩才生精美事物,心相质询才形成疑难,而疑相诘难才生易简的方法。古时有的人就这样不敢自恃其心,就这样善于深入和吸收每个人的心思,来切磋琢磨自己的心思,能够凭藉于物,做到切磋琢磨,搬运输送,"切焉劘焉,委焉输焉"。

这四项原则,都有两方面,反映了他的唯心主义观点,也反映了他思想中的科学因素,具体表现在他具有联系实际的思想。后来他研究外国地理、历史和政治情况,主张学习西方长处以抵抗外来侵略,正是同他的革新政治的愿望和联系实际的思想分不开的。

在"经世致用"思想指导下,魏源说:"君、公、卿、士、庶人,推本今世、前世道器之洿隆所由然,以自治外治,知从违、知参伍变化之谓学。学为师长,学为臣,学为士庶者也。格其心、身、家、国、天下之物,知奚以正,奚以修,奚以齐且治平者也。"①

这正指出,学术是研究今古礼乐及兵刑、食货等政治措施的成效和原因。懂得什么该遵从,什么该反对,也懂得错综复杂的变化情况,据以进行"自治、外治",其目的正是培养政治助手和士庶人。通过格物,懂得如何实现心正、身修、家齐、国治和天下平的封建政治理想。他认为,"经"是记载礼乐、兵刑、食货等政治道理和实施的书籍,把它保存在学校中,由"师儒"来教士,士通经以后,据以从事政教工作,"求道而制事"。正如他在《默觚》中说的:"士之能九年通经者,以淑其身,以形为事业,则能以《周易》决疑,以《洪范》占变,以《春秋》断事,以《礼》、《乐》服制兴教化,以《周官》致太平,以《禹贡》行河,以《三百五篇》当谏书,以出使专对,谓之以经术为治术。"②

他在"以经术为治术"的传统下,搬一套儒家经典作为学的主要内容,但他却认为,除了儒家经典中的"道"永恒不变外,由于天、地、人、物,古今都有不同,所以学者不能"诬今",也不能"诬古"。他说:"三代以上,天皆不同今日之天,地皆不同今日之地,人皆不同今日之人,物皆不同今日之物。……,故气化无一息不变者也,其不变者道而已,势则日变而不可复者也。……古乃有古,执古以绳

---

① 《皇朝经世文编叙》,《魏源集》,第157页。
② 《默觚上·学篇九》,《魏源集》,第24页。

今,是为诬今;执今以律古,是为诬古。诬今不可以为治,诬古不可以语学。"①在他看来,"变古愈尽,便民愈甚"。就赋税制度说,租、庸、调变而为两税制,两税制变而为一条鞭法,因为"便民",虽圣王复作,决不会放弃一条鞭法,回到两税制,再回到租、庸、调办法。就选举、科举说,因为"便民",所以乡举里选变而为以门弟高低或门望来选士,再变而为以科举考试制度来选士,虽圣王复起,不会舍科举而复选举。他说:"履不必同,期于适足;治不必同,期于利民。"②他确信李斯所谓"五帝不袭礼,三王不沿乐"的道理,指斥庄周喜言上古及宋儒爱谈三代的危害性说:"庄生喜言上古,上古之风必不可复,徒使晋人糠秕礼法而祸世教;宋儒专言三代,三代井田、封建、选举必不可复,徒使功利之徒以迂疏病儒术。"③魏源认为,作为君子统治天下国家时,如果不以三代理想政治存心就会失之庸俗,不了解三代以后的情势就会失之迂腐。所以他指出:"读父书者不可与言兵,守陈案者不可与言律,好剿袭者不可与言文;善琴弈者不视谱,善相马者不按图,善治民者不泥法;无他,亲历诸身而已。读黄、农之书,用以杀人,谓之庸医;读周、孔之书,用以误天下,得不谓之庸儒乎?靡独无益一时也,又使天下之人不信圣人之道。"④成败的关键,在于"亲历诸身"这一实践的原则,庸医杀人和庸儒误天下,都与死啃教条、脱离实际有关。真正通经的人,在社会政治生活实践中,又要学古,又要变古,或学或变,唯一标准在于"利民",正是:"天下事,人情所不便者,变可复;人情所群便者,变则不可复。"⑤他认为,江河虽有百源,但都流归大海,妄想江河里的水再流归高山,这是办不到的。不能"便民",不合今日之"用",就算不上"通经"。

在"经世致用"思想指导下,魏源揭露了当时的学风以及科举取士制度。他指斥当时学者,往往是"毕生治经,无一言益己,无一事可验诸治者!"——他非常慨叹地指出,尽管现代和古时的学校相同,所学习的经典也相同,学者努力情况更是差不多,对于天下国家,却都没有什么贡献⑥。

其次,他也指斥了当时科举取士制度的失败。他认为,科举取士正是用"无益之画饼,无用之雕虫"的学问本领,来培养和选拔"不识兵、农、礼、乐、工、虞、

---

① 《默觚下·治篇五》,《魏源集》,第47—48页。
② 《默觚下·治篇五》,《魏源集》,第48页。
③ 《默觚下·治篇五》,《魏源集》,第49页。
④ 《默觚下·治篇五》,《魏源集》,第49页。
⑤ 《默觚下·治篇五》,《魏源集》,第48页。
⑥ 《默觚上·学篇九》,《魏源集》,第23—24页。

士、师为何事"的人才,一经考选录取,却要他们什么官都做,希望很大,失望也很大,最后硬说天下无才,实际上正由于"所用非所养,所养非所用"。他认为科举所提倡的"俗学"(八股文或"词章之学"),汉儒所搞的训诂注疏之学以及宋明道学家所搞的"专言三代"的"迂疏"理学,其"无用"、"病人",比无学问的"俗吏"更坏,完全不能用来治天下,都与人民的"日用饮食"根本大计无关。所以他揭露说:"工骚墨之士,以农桑为俗务,而不知俗学之病人更甚于俗吏;托玄虚之理,以政事为粗才,而不知腐儒之无用亦同于异端。彼钱谷簿书,不可言学问矣,浮藻饾饤可为圣学乎?释、老不可治天下国家矣,心性迂谈可治天下乎?《诗》曰:'民之质矣,日用饮食。'"①魏源正是把"经世致用"的主张,落实到人民根本利益所在的"日用饮食"方面。把搞科举所用空泛的词章之学比作浮藻,是"病人"的"俗学"。把汉学家埋头搞的考据之学比作菜肴里切碎的小粒子。至于宋明理学家关于"玄虚之理"的心性迂谈,也同佛、老之学一样,同样无用。

鸦片战争失败,《南京条约》签订时,魏源在所作《圣武记》中,进一步把自己所重视的"经世致用"观点,落实到培养雪耻御侮的人才上面。他说:"今夫财用不足国非贫,人才不竞之谓贫。……先王不患财用而惟亟人才。……官无不才,则国桢富;境无废令,则国柄强。……皇然以军食延天下之人才,人才进则军政修。"②他最担心的是:官僚机构腐朽瘫痪和统治集团昏愦愚昧。他认为,当时"人心之积患",不是"沿海之奸民"和"吸烟贩烟之莠民",而是士大夫觉悟太低,知识太贫乏,即所谓"寐";而是人才"虚"浮,没有真本领。所以他又在签订《南京条约》后所作《海国图志叙》中指出:"愤与忧,天道所以倾否而之泰也,人心所以违寐而之觉也,人才所以革虚而之实也。……夷烟流毒,罪万准夷。……凡有血气者所宜愤悱,凡有耳目心知者所宜讲画也。"③只有革掉"寐""虚"二患,才能强国御侮。他说:"去伪,去饰,去畏难,去养痈,去营窟,则人心之寐患祛其一。以实事程实功,以实功程实事,艾三年而蓄之,网临渊而结之,毋冯河,毋画饼,则人才之虚患祛其二。寐患去而天下昌,虚患去而风雷行。"④思想认识上的愚昧无知,行动实践上的虚弱无能,都不足以发愤图强。只有认识忧愤的由来,去寐去虚,才能攘夷强国。

为了革除二患,培养有用人才,使广大士大夫阶层都成为"经世致用"的人

---

① 《默觚下·治篇一》,《魏源集》,第36—37页。
② 《圣武记叙》,《魏源集》,第166—167页。
③ 《海国图志叙》,《魏源集》,第207—208页。
④ 《海国图志叙》,《魏源集》,第208页。

才,魏源进一步主张废除科举中的书法八股,学习法律制度和历史,他说:"国家欲兴数十年之利弊,在综核名实始。欲综核名实,在士大夫舍楷书帖括而讨朝章、讨国故始,舍胥吏例案而图讦谟、图远猷始。"①这正要求实事求是,明白指出"楷书、帖括"是弊政,必须废除,好让士大夫们不致成为贻误国家的罪人,因此他说:"沿习不察,积非成是,始于士大夫不讨掌故,道听途说,其究至于贻误于家国。"②

三、论"师夷长技以制夷"

作为中国近代史揭幕时期启蒙思想家之一,魏源的思想对当时思想界、文教界和后来学校设施影响较大的,莫过于他的"师夷长技以制夷"思想,这是他的先进思想的重要方面。

魏源在鸦片战争时,参加过抗英斗争,在反对外国资本主义侵略者的战斗实践中,看到西方"船坚炮利"的"长技",是侵略者打胜仗的原因。他于1842年8月写成的《圣武记》中谈到军政问题时,一再指出:"西夷之海艘,坚驶巧习。"③"红夷,则专长战舰火器"④。他当时就提"以夷攻夷"的主张:"水战之器,莫烈于火炮,有守炮,有攻炮。其制莫精于西夷,其用莫习于西夷,与其制之内地,不如购之外夷。以夷攻夷,上策权奇。"⑤"他国效顺之夷,如法兰西、美利坚,有愿售兵船于中国者矣。以彼长技,御彼长技,此自古以夷攻夷之上策。盖夷炮夷船,但求精良,皆不惜工本。中国之官炮、之战船,其工匠与监造之员,惟知畏累而省费;炮则并渣滓废铁入炉,安得不震裂?船则脆薄窳朽不中程,不足遇风涛,安能遇敌寇?"⑥不过当时魏源还只在西方"长技"面前,从"造炮不如购炮、造舟不如购舟"的经济得失考虑。1842年12月写成《海国图志》50卷时,就更明确提出"师夷长技以制夷"的完整主张,斥责那些墨守成规反对"师夷"的顽固派为"夏虫"、"井蛙",所见者太小。他说:"今日之事,苟有议征用西洋兵舶者,则必曰借助外夷恐示弱;及一旦示弱数倍于此,则甘心而不辞。使有议置造船械,师夷长技者,则曰糜费;及一旦糜费十倍于此,则又谓权宜救急而不足惜。苟有

---

① 魏源:《武事余记》,《圣武记》,世界书局1936年版,第352页。
② 《武事余记·兵制兵饷》,《圣武记》,第351页。
③ 《武事余记·军政篇》,《圣武记》,第391页。
④ 《武事余记·军政篇》,《圣武记》,第393页。
⑤ 《武事余记·水守篇》,《圣武记》,第386页。
⑥ 《武事余记·军政篇》,《圣武记》,第391页。

议番夷刺事者,则必曰多事;则一旦有事,则或询英夷国都与俄罗斯国都相去远近?或询英夷何路可通回部?甚至廓夷效顺、请攻印度而拒之;法兰西、美利坚愿助战舰、愿代请款而夷之。以通市二百年之国,竟莫知其方向,莫感其离合。尚可谓留心边事者乎?"①当时顽固派唱着反对奇技淫巧的传统老调,来反对"师夷长技以制夷"的主张。魏源引证历史给以驳斥,认为"火轮火器"就"等于射御"。他说:"有用之物,即奇技而非奇巧。今西洋器械借风力、水力、火力,夺造化,通神明,无非竭耳目心思之力。"②他一再强调"师夷"的重要性说:"善师四夷者,能制四夷;不善师外夷者,外夷制之。"③他所提倡的"师夷长技"主要指的战舰、火器和英美练兵方法,他已不再停留在"购炮、购舟",而是提倡迅速向西方学习,以便"转外国之长技为自己之长技",自行制造船炮。他建议雇用法国、美国、葡萄牙的头目各一二人,在广东造船局工作,"择内地巧匠精兵以传习之"④。他还积极主张在广东虎门的沙面和大角两处,设造船厂和火器局,让法、美两国各来夷目一二人,分别率领些西洋工匠,负责制造船械,还主张聘用西洋舵师,来向我国闽粤巧匠精兵传授行船演炮的技术,让"工匠习其铸造,精兵习其驾驶攻击"⑤。

魏源当时不仅积极提倡向西方学习,而且认为:"中国智慧,无所不有,历算则日月薄蚀,闰余消息,不爽秒毫;仪器则钟表晷刻,不亚西土;至罗盘壶漏则创自中国而后西行。"⑥他深信,中国有人、有时、有材,只要大家"励精瘁志",一定能富强起来。

他的这种"师夷"思想,后来还在《海国图志》60卷本中,介绍和传播了西方资本主义国家"长技",企图"资博议,备利用"。到他在1852年补成100卷本时,他的"师夷长技以制夷"的爱国思想更为强烈,进一步介绍了西方船炮新"长技",也介绍不少史地政治方面的"夷情"。他在这时,对于西方近代资产阶级民主政体,羡慕不已。1842年,他曾在《外大西洋美利坚洲总叙》⑦中,热情称赞美国独立战争与资产阶级民主政体,流露了他对当时新兴的资产阶级共和国政治、经济乃至外交各方面倾慕之情。1852年,他更在百卷本的《后叙》中盛称:

---

① 《筹海篇·议战》,《海国图志》五十卷本,卷一,第39页。
② 同上书,第46页。
③ 《大西洋欧罗巴洲各国总叙》,《海国图志》五十卷本,第二十四卷,第2页。
④ 《道光洋艘征抚记》,《圣武记》,第324页。
⑤ 《筹海编·议战》,《海国图志》五十卷本,卷一,第41页。
⑥ 《筹海编·议战》,《海国图志》五十卷本,卷一,第44页。
⑦ 《外大西洋美利坚洲总叙》,《海国图志》五十卷本,卷三十九,第1页。

"至墨利加北洲(美国)之以部落代酋长,其章程可垂奕后世而无弊。"①他认为,当时美国正因为有了这样近代资产阶级联邦制度,才能够实现"武"、"智"、"公"、"周"的政治。歌颂它有逐走强敌——"无道之虎狼英吉利"之"武";歌颂它有联法仇英"远交近攻"之"智";歌颂它选举总统,"匪惟不世及,且不四载即受代,一变古今官家之局而人心翕然"之"公";歌颂它的议会民主的"众可可之,众否否之,众好好之,众恶恶之,三占从二,舍独从同"之"周"。还在新增的第61卷中,详细介绍了各州州长和总统选举、任期的"公举迭更"情形以及两院制等等。介绍瑞士时,不仅篇幅扩充,内容增加,还把瑞士说成是"西土桃花源",称赞它"不设君位"和"不立王侯"。魏源作为封建地主阶级开明派知识分子,受了阶级的历史的局限,没能透过表面、虚假、复杂现象,看到西方资产阶级民主共和国的虚伪性和欺骗性的阶级实质,却主要反映了他对腐朽的清朝封建政权的强烈不满。

魏源在鸦片战争前宣扬的"经世致用"论,显然属于封建主义范畴,起了缓和阶级矛盾,维护封建统治的作用。他在鸦片战争后提出的"师夷长技以制夷"说,虽然具有一定的资产阶级思想倾向,但是他并没有进一步朝向资产阶级思想转化。他的"师夷长技以制夷"思想实质,还停留在封建地主阶级水平。不过这种"师夷长技以制夷"议论,却对清朝政府的腐朽封建专制统治,起了一定的冲击、批判作用。到了19世纪60年代至90年代,清朝政府中一些掌握实权的人物,如奕䜣、曾国藩、左宗棠、李鸿章等人,一致主张"借夷助剿",也就是借助于外国侵略者的洋枪、大炮、火轮船,来镇压农民起义,以挽救封建统治。他们在"求强"、"求富"的企图下,掀起所谓"洋务"事业。这种"洋务"事业,与魏源的"师夷"思想,都以学习西方船坚炮利的军事"长技"为中心,这可说是他们的共同处。差别在于:魏源提出"师夷",是为了图强抗敌或"制夷",要求"转西洋长技为中国之长技",做到"不仰赖外夷",具有强烈的反抗侵略的爱国精神。洋务派所倡办的洋务事业,基本上是一种"师夷长技以制民"的思想。

19世纪七八十年代,中国民族资本近代工业开始出现,魏源的"师夷长技以制夷"思想,为形成中的中国资产阶级代表人物王韬、郑观应、康有为等的资产阶级改良主义思想所吸取。在他们的变法维新主张中,赞同魏源的"师夷长技以制夷"说,并把他的"不仰赖外夷"的主张,进一步具体发挥为冯桂芬的《制洋器议》,要求"自造、自修、自用",不"购船雇人"。像游历过外洋的王韬,就很赞

---

① 《海国图志·后叙》。参见魏源:《海国图志·后叙》,《魏源全集》(四),岳麓书社2011年版,第8页。——编校者

美魏源的主张,认为他的"师夷长技以制夷"的主张,实倡先声。康有为也以魏源的《海国图志》,作为讲"西学"的基础。至于魏源注意并有所赞扬的介绍西方资本主义国家的政治经济,这对维新运动的发展更起过一些积极作用。

四、论学习和教化

魏源在认识论问题上,具有一定的唯物主义倾向。他认为,"知"必从"行"中得来,他曾说:"'及之而后知,履之而后艰',乌有不行而能知者乎？繙《十四经》之编,无所触发,闻师友一言而终身服膺者,今人益于古人也;耳聒义方之灌,若罔闻知,睹一行之善而中心惕然者,身教亲于言教也。"①这正明确指出,接触事物才能认识事物,通过实践才能体会困难,不行是不能知的。一个人尽管读书很多,往往无所触动启发,听了师友一句话却能一辈子照着实践,这说明"今人益于古人"。尽管道德教条不断在耳边灌输,好像无所闻知,目睹一件活生生的善行,却使他衷心敬爱,这反映"身教亲于言教"。他还举了具例事例来说明真知来自实践,他说:"披五岳之图,以为知山,不如樵夫之一足;谈沧溟之广,以为知海,不如估客之一瞥;疏八珍之谱,以为知味,不如庖丁之一啜。《诗》曰:'如彼行迈,则靡所臻。'"②看地图、听介绍、钻食谱得来的知识,赶不上樵夫登山、商人泛海、庖丁尝味的亲知那样真切。《诗·小雅》的《雨无正》的名句所说,如果不敢勇往远行,就不能到达任何目的地。这正反映了魏源不赞同只学书本中的知识。他很怀疑圣人"生知、安行"的说教③,认为一切圣、贤、志士,个个都是抓紧时间,勤奋学习,才取得成功的。"圣其果生知乎,安行乎? 孔何以发愤而忘食?④ 姬何以夜坐而待旦?⑤ 文何以忧患而作《易》?⑥ 孔何以假年而学《易》⑦乎？……假年学《易》,可无大过,小过虽圣人不免焉。……故志士惜年,贤人惜日,圣人惜时。"⑧

---

① 《默觚上·学篇二》,《魏源集》,第7页。
② 《默觚上·学篇二》,《魏源集》,第7页。
③ 《礼记·中庸》,"或生而知之,或学而知之,或困而知之,及其知之一也。或安而行之,或利而行之,或勉强而行之,及其成功一也。"
④ 《论语·述而》,"叶公问孔于于子路,子路不对。子曰:'女其不曰,其为人也,发愤忘食,乐以忘忧,不知老之将至云尔。'"
⑤ 姬、周公旦。《孟子·万章下》,"周公思兼三王以施四事,其有不合者,仰而思之,夜以继日,幸而得之,坐以待旦。"
⑥ 文、周文王。相传文王作《易》。《易·系辞》,"作《易》者其有忧患乎?"
⑦ 孔子说:"假我数年,五十以学《易》,可以无大过矣。"《论语·为政》。
⑧ 《默觚上·学篇三》,《魏源集》,第9页。

魏源认为，无论智、愚或中人、上智，都可以"自造自化"，关键在于是否努力，是否开动脑筋。他说："敏者与鲁者共学，敏不获而鲁反获之；敏者日鲁，鲁者日敏。岂天人之相易耶？曰：是天人之参也。溺心于邪，久必有鬼凭之；潜心于道，久必有神相之。管子曰：'思之思之，又重思之；思之不通，鬼神将告之'。非鬼神之力也，精诚之极也。道家之言曰：'千周灿彬彬兮，万遍将可睹。神明或告人兮，灵魂忽自悟。'技可进乎道，艺可通乎神；中人可易为上智，凡夫可以祈天永命；造化自我立焉。'用志不分，乃凝于神'，己之灵爽，天地之灵爽也。'俛焉孳孳，毙而后已'，何微之不入？何坚之不劚？何心光之不发乎？是故人能与造化相通，则可自造自化。"①"人能禽其数十年之精力于技艺，则技艺且必通神，而况禽聚之于道德者乎？"②所谓敏者和鲁者的相互转化，"中人可易为上智"以及可"自造自化"的说法，反映魏源对于人的主观能动性有着很高的信心，他虽认为"天赋"的智慧影响着人，但他不是遗传决定论者，只要用"鞠躬尽瘁，死而后已"的精神努力下去，就不会任"造化"摆布而会摆布"造化"、改变"造化"，从而对学习和教化作用作了很高估计。

在学习问题上，他不仅强调努力，也要求心思"专一"。他认识到，在事物的矛盾对立中必有一个主要、一个次要，因而学习就得抓主要的一面，专心致志对待。他说："天下物无独必有对；而又谓两高不可重，两大不可容，两贵不可双，两势不可同，重、容、双、同必争其功。何耶？有对之中必一主一辅，则对而不失为独。……天包地外，月受日光。虽相反如阴阳、寒暑、昼夜，而春非冬不生，……相反适以相成也。手足之左不如右强，目不两视而明，耳不并听而聪，鼻息不同时而妨，形虽两而体则一也。是以君子之学，先立其大而小者从令，致专于一，则殊途同归。道以多歧亡羊，学以多方丧生。"③不抓住矛盾的主要方面，专心致志，学习一定失败。在学习问题上，魏源重视求友请益。他说："人有恒言曰：'学问'，未有学而不资于问者也。土非土不高，水非水不流，人非人不济，马非马不走。绝世之资，必不如专门之夙习也；独得之见，必不如众议之参同也。巧者不过习者之门，合四十九人之智，智于尧、禹，岂惟自视欲然哉？道固无尽藏，人固无尽益也。是以《鹿鸣》得食而相呼，《伐木》同声而求友。"④学而不问，一定得不到"学问"，知识分子如要担当天下重任，平时就应勤于访问。他

---

① 《默觚上·学篇二》，《魏源集》，第5—6页。
② 《默觚上·学篇十一》，《魏源集》，第27页。
③ 《默觚上·学篇十一》，《魏源集》，第26—27页。
④ 《默觚下·治篇一》，《魏源集》，第35页。

指出：有人德高望重,但是一经做官任事,德望实事却两受损失。这原因在于：
"以匡居之虚理验诸实事,其效者十不三四;以一己之意见质诸人人,其合者十不五六。古今异宜,南北异俗,自非设身处地,乌能随盂水为方圆也？自非众议参同,乌能闭户造车出门合辙也？历山川但壮游览而不考其形势,阅井疆但观市肆而不察其风俗,揽人才但取文采而不审其才德,一旦身预天下之事,利不知孰兴,害不知孰革,荐黜委任不知孰贤不肖,自非持方枘纳圜凿而何以哉？夫士而欲任天下之重,必自其勤访问始,勤访问,必自其无事之日始。"①

关于学习的这些看法,主要是中国哲学和教育学的优良传统的继承,所谓"勤访问"正是重视勤于访师问友。

在教化问题上,魏源认为,教与化是教育工作的两个方面。他说："教以言相感,化以神相感。有教而无化,无以格顽;有化而无教,无以格愚。圣人在上,以《诗》《书》教民,以礼乐化民;圣人在下,以无体之礼、无声之乐化民。……积学未至而暴之遽,积诚未至而教之强,学之通弊矣。故言立不如默成,强人不如积感。"②通过言教,传授《诗》《书》,启发愚蒙;通过神化,以礼乐变革顽劣;这是儒家传统观点。但他强调指出,"言立不如默成,强人不如积感",所谓"默成"和"积感",都是容易奏效的教育途径。这里,包含了"以身作则"的原则,也重视由外而内的环境教育作用。正是："登高使人欲望,临深使人欲窥,处使然也;射使人端,钓使人恭,琴使人和,棋使人竞、事使然也;出林不得直趋,行险不得履绳,势使然也;函矢巫匠,殊欲人之生死,蓄谷蓄帛,分冀岁之饥丰,择术使然也。故《诗》《书》礼乐皆外益之事,而性情心术赖焉,无外之非内也。晋人歧而二之,高者索诸冥冥,荡者曰'礼岂为我辈设',岂知先王所以为教乎？左规右矩,前准后绳,而中权衡焉。"③在教化问题上,他也重视因材施教,并说："天地之生才也,'予之齿者去其角,两其足者傅之翼',是以造化无全功,阴阳无全能。以虞廷五臣皆圣人之材,而明刑、教稼、治水、典胄,终身不易其官。吾知孔子用世,必不使游、夏司繁剧而由、求典文章,必不使曾、冉专对使命而宰、赣师保坐论。天地有所不能强,而况于人乎？"④既要因材施教,也要量材录用。他揭发后世的养人、用人的情况,指出其"专以无益之画饼,无用之雕虫"的本领来培养新一代,不识兵农礼乐工虞士师为何事,一旦任命其做官,却要求能遍任六官之职,或者

---

① 《默觚下·治篇一》,《魏源集》,第35—36页。
② 《默觚下·治篇十三》,《魏源集》,第69—70页。
③ 《默觚上·学篇六》,《魏源集》,第17页。
④ 《默觚下·治篇一》,《魏源集》,第37页。

一年当中遍历四方民夷的风俗,尽管孔门四科所不能兼挑的,唐、虞九官所不能兼摄的,却要求只掌握应付科举用的《兔园册》的知识分子兼挑起来。最初是希望桃李成为松柏,接着是希望彩胜成为桃李,事业失败又叹息天下无才,实际并不这样,问题在于"所用非所养,所养非所用"而已。所以用人也好,教人也好,都要了解各人的短长,否则不能用人,也不会教人。正是:"不知人之短,不知人之长,不知人长中之短,不知人短中之长,则不可以用人,不可以教人。用人者,取人之长,辟人之短;教人者,成人之长,去人之短也。惟尽知己之所短而后能去人之短,惟不恃己之所长而后能收入之长;不然,但取己所明而已,但取己所近而已。"①用人教人,不仅要了解人的短长,还得针对人的短长采取相应措施,正是:"教法因人、因时,原无定适。"②关键在于"各得其性所近"③,反对明朝以来"学者争朱、陆"和清朝以来"学者争汉、宋"的学风,反对把所谓"尊德性"和"道问学"分成两途,主张如孔子那样"合德性、问学为一",指斥孟轲教人"无一言及于身心砥砺之事",以及"无一言及乐,亦从无琴瑟弦歌之事",往往"问其所不必问,答其所不必答,直当在不屑教诲之列"。他怀疑孟轲周游列国时,"后车数十乘,从者数百人,终日追随,所为何事?"④

魏源认为,"学"有两义,应该"会通"起来:"学之言觉也,以先觉觉后觉,故莘野以畎亩乐尧、舜君民之道;学之言效也,以后人师前人,故傅岩以稽古陈恭默思道之君。觉伊尹之所觉,是为尊德性;学傅说之所学,是为道问学。自周以前,言学者莫先于伊、傅二圣,君子观其会通焉。"⑤正是又要"道问学",又要"尊德性",在《小学古经叙》和《大学古本叙》中,要求由"小学"进於"大学",不能"以小学蔽先王造士之法,以六书蔽小学养正之功",不容许"形声诂训,童而究之,白首莫殚,终身无入大学之期"⑥;要求"道问学而不失于支","尊德性而不流于荡"⑦;对于各样的"人",尽管"其教导涵育有简易繁难之不同"⑧,但就"德性"和"问学"两事说都是相同的。

---

① 《默觚下·治篇七》,《魏源集》,第 52 页。
② 《论语孟子类编序》,《魏源集》,第 146 页。
③ 《魏源集》,第 146 页。
④ 《魏源集》,第 146—147 页。
⑤ 《默觚上·学篇一》,《魏源集》,第 1 页。
⑥ 《小学古经叙》,《魏源集》,第 136—138 页。
⑦ 《大学古本叙》,《魏源集》,第 138—140 页。
⑧ 《老子本义序》,《魏源集》,第 254 页。

第二章 太平天国政权的革命教育

第一节 教育的指导思想和目的任务

一、太平天国革命运动

太平天国革命运动(1850—1864),是在外国侵略者和中国封建主义相结合,把中国变为半殖民地和殖民地的过程中,也就是在中国人民反抗侵略者及其走狗的过程中,由农民阶级领导的一次反侵略反封建的英勇斗争。它是以汉族和壮、瑶、苗等各兄弟民族的广大穷苦农民和手工业工人为基本群众,以洪秀全、杨秀清等为领袖,采用拜上帝会的宗教组织形式,发动起来的反对封建阶级剥削压迫的规模空前的革命大风暴。

太平天国革命运动,从1850年1月,在阶级斗争尖锐的广西地区发起后,迅速发展为全国规模的革命运动。它以南京为首都——天京,建成了农民阶级专政的新国家,轰轰烈烈地展开反对本国地主阶级统治和反对外国资产阶级"助妖"的阶级斗争,反对地主阶级的土地所有制,对于"代表了全部封建宗法的思想和制度"的"政权、族权、神权、夫权"①,进行了革命的扫荡,并掀起反封建的文化教育革命,还把外国资本主义侵略者的"西兵""西夷",打得一败再败,不敢"见仗"。千万劳动人民和一些忠于革命的领袖们,在反对国内外敌人的阶级斗争中,表现的艰苦奋斗、英勇不屈的精神,为中国旧民主主义革命史写下了光辉的诗篇。它所掀起的反封建文化教育革命,为旧中国教育史添上具有重大历史意义的新页。

二、革命教育的指导思想

洪秀全(1814—1864),广东花县人。作为向西方国家寻找真理的"先进的中国人"之一,他在鸦片战争刺激下,产生反对外国资本主义侵略和本国封建统治的革命思想,他为农民阶级局限性所制约,从侵略者手里的基督教教义中,吸取了"一神教"思想,与中国古代的大同理想以及农民阶级朴素的平等、平均思想结合起来,在1845年和1846年,写成《原道救世歌》、《原道醒世训》和《原道

---

① 《湖南农民运动考察报告》,《毛泽东选集》,第1卷,第31页。

觉世训》等宗教文件,作为拜上帝会的根本教义。本来是西方资产阶级利用来对外扩张和掠夺中国的精神侵略手段,被他改造成组织农民来反对清朝封建统治、建立太平天国革命政权的一种思想武器。从而在他所提出的"反邪杀妖"的宗教号召下,宣扬政治、经济、民族、男女四大平等的革命民主主义思想。他把地主阶级在精神上统治人民的传统宗教权威,如玉皇大帝、太上老君、佛菩萨、阎罗王以及关帝、岳王、社神、文昌和孔子等等,一切神仙圣佛和妖魔鬼怪,总称做"阎罗妖"。用所谓真神"皇上帝",集中代表革命的农民阶级这一"正"义力量,用阎罗妖集中代表以清朝皇帝为首的反动地主阶级"邪"恶势力,即用宗教上神与妖的对立斗争,折射现实的革命人民与反动统治的对立斗争;要求广大人民都在"皇上帝"和由上帝派在凡间的代表——天王洪秀全统率下,齐心协力,反邪杀妖,要把阎罗妖和菩萨、神仙、孔子、儒先等无数牛鬼蛇神或"妖徒鬼卒"各种偶像,统统打倒;亦即反对掉世俗的皇帝、官吏、地主;反对掉妖、私、不正和剥削压迫,实现国与国平等、人与人平等、男与女平等、贫与富平等的革命号召。把"乖漓浇薄之世(不和谐不敦厚的乱世)"和"陵夺斗杀之世(侵略剥削相斗相杀的时代)",变革成"公平正直之世"、"强不犯弱、众不暴寡、智不诈愚、勇不苦怯之世"。最后实现"天下一家、共享太平"的"大同"理想。

  太平天国运动领导人,把外国侵略者手里的精神侵略手段加以改造后,作为推进运动、实现政教合一的农民阶级专政的思想武器。太平天国的革命教育,也就以拜上帝会新教义作为指导思想,来规定教育目的以及形式、内容和方法。其中既有革命民主主义的进步内容,又有神学唯心主义的落后因素。

三、培养革命"正人"的"正道"教育

  太平天国运动领导人所说的"正道",就是拜上帝会教义中所称的由天父上帝创造出来,觉醒"群贤","祸淫""福善"的"天道"或"真道"。这个"正道"认为,世界是天父上帝真神开辟的,人们的衣食都是天父上帝赐予的。在天父上帝面前,无分贵贱、君王、诸侯、士庶是一律平等的,是"上帝当拜、人人所同"的。这个"正道"还认为,所谓皇上帝是一切人的"大共之父",万国实为一家,男女尽是兄弟姊妹,都靠皇上帝生养保佑,不应该"存此疆彼界之私",更不该"起尔吞我并之念",而应做到像唐虞三代之世那样:"天下有无相恤,患难相救,门不闭户,道不拾遗,男女别涂,举贤尚德。"(《原道醒世训》)实现古来所说"大道之行也,天下为公"的"大同"理想。要实现这个"正道",太平天国领导人认为,就必须对

人们进行"不拜邪神、不行恶事、恪守天条",立志作"正人"的"正道"教育,也就是说,一定要对人们实施一种具有新内容的即资产阶级民主平等的神学世界观教育,实施农业社会主义的"大同"教育。

太平天国运动领导人认为:"天命(自古)君师无异任,只将正道觉斯民。"(《原道救世歌》)也就是实施"正道"教育,把人们教育成为信仰和实践拜上帝会教义的"正人",能够反邪行道、畏天遵诚,能够彼此劝善规过、共同成为社会中坚和救世战士。用洪秀全的话说,这也就是要:"跳出邪魔之鬼门,循行上帝之真道,时凛天威,力遵天诫,相与淑身淑世,相与正己正人,相与作中流之砥柱,相与挽已倒之狂澜。"(《原道醒世训》)他引据孔假(子思)所谓"天命之谓性"的说法,认为人既是天父上帝所造,所以"正乃人生本性"。教育就是"以正化不正",用"正"来"别邪"(《百正歌》);就是要人们革去"鬼心"、"修好炼正"、"返璞而归真",成为"顶天立地"的"正人",时时遵守皇上帝所设的十款天条①。他认为奸邪淫乱、忤逆父母、杀人害人、偷窃劫抢、用巫觋邪术惑众,以及赌博、抽鸦片烟、酗酒和从事堪舆相命等迷信职业,都是"天所恶"的不正当行为。也是"正人"所不能容忍的。

这种培养"正人"的"正道"教育,即利用宗教教义,进行的反侵略、反封建的革命民主主义教育,是要教育广大人民摆脱封建迷信和歪风邪气的束缚,成为农民革命的战士,推翻清朝的封建统治,挡住西方资本主义势力的军事吞并、鸦片侵略和精神侵略,在太平天国革命政权领导下,实现政治、经济、民族、男女四大平等,进一步为奔向空想的"天下为公"的"大同"世界而斗争。

第二节 教育的组织形式和学习内容

一、《天朝田亩制度》中的一些规定

太平天国革命政权,为了贯彻"拜上帝会"的平等精神,实现其主观理想的境界,即"有田同耕,有饭同食,有衣同穿,有钱同使,无处不均匀,无人不饱暖",在 1853 年(太平天国癸好三年)定都天京后,发布了《天朝田亩制度》。在这个革命的政治经济纲领中,主张废除封建地主土地占有制,用好孬搭配、平均分田的办法,实行农民土地占有制和农村生活划一化。它采取古代寓兵于农的组织法,依照《周礼》的编制,以"家"为社会组织的基本细胞,五家为伍、五伍为两、四

---

① 见《天条书》。十款是:崇拜皇上帝、不好拜邪神、不好妄题皇上帝之名、做礼拜、孝顺父母、不好杀人害人、不好奸淫邪乱,不好偷窃劫抢、不好讲谎话和不好起贪心。

两为卒、五卒为旅、五旅为师、五师为军,设置伍长、两司马、卒长、旅帅、师帅和军帅等乡官,由各家出一人当兵,组成乡军,由乡官担任军官,军帅以下的乡官,全由人民公举,军帅以上又有监军(同清朝知县相当)和总制(同知府相当)等守土官,战时带兵打仗,平时主管授田、征粮、工程、辞讼、保举、宗教和文化教育等民政。

据《天朝田亩制度》的规定,由二十五家组成的"两",不仅是军、政、教的基层组织,还是一个自成体系的经济单位。这个农业和手工业牢固结合的农村公社组织,设有国库和礼拜堂。男女都要参加农业生产劳动,"力农者有赏,惰农者有罚"。伍长和伍卒,还要在农闲时从事"两"内的陶、冶、木、石等手工业生产劳动。农业劳动果实,除每人口粮外全归国库,婚娶弥月喜事的费用,由国库按标准开支。"两司马",既是生产劳动的组织者、公共财产的管理者和农民武装的领袖,又是宗教、教育和处理各家争讼的权威。

关于教育制度,《天朝田亩制度》作了以下规定:

一、要求二十五家男女儿童,每天都到礼拜堂,由"两司马"教读《旧遗诏圣书》、《圣经旧约》、《新遗诏圣书》、《圣经新约》和《真命诏旨书》(也称真约,天王在贵县、桂平、永川等地的诏旨和天父、天兄下凡圣旨等)。

二、要求各伍长,每礼拜日率领本伍的男女,到礼拜堂,按照男行女行排列,听"两司马"讲道理,颂赞祭奠上帝,分别赏罚力农和惰农。

三、要求内外所有官民,每礼拜日都要到礼拜堂,听讲圣书,颂赞祭奠上帝。每七周中,师帅、旅帅和卒长,要轮流到所统属各"两"的礼拜堂,宣讲圣书,教化农民,并考察他们遵违天条天命和勤惰的情况。天下诸官,每礼拜日都要虔诚礼拜、颂赞上帝和宣讲圣书,如敢怠慢,罢黜为农。

从这些规定可以看出:礼拜堂在当时,正是各地基层组织的政教活动中心,主要由"两"的首长,对基层的男女成人和儿童,进行宗教的、政治的,生产劳动的和文化的教育。对儿童来说,礼拜堂就是他们得到全日制学校教育的场所,其形式同欧洲中世纪的"村落学校"类似。男女成人,每礼拜日入学,同"星期学校"类似。这种想让社会基层的男女成人和儿童,都能得到学校教育的规定,在当时的社会历史条件下,虽难全部贯彻实现,但这普及儿童教育,并对广大劳动人民和妇女开放学校教育之门的规定,确是中国教育史上具有进步意义的创举,也只有劳动人民自己的革命政权,才会在施政纲领上如此规定。

二、几种组织形式

上述的教育制度,事实上是难以彻底实行的。因之太平天国革命运动的领袖们,还采取了其他一些组织形式,以开展文教活动。

最常用的一种组织形式,是通过群众集会,对基层人民和太平军战士,宣讲"天情道理"和实施军事政治教育。基层人民,除了每礼拜日参加礼拜堂的宗教活动,受到宗教和政治教育外,太平军和革命政权的领袖们,有时还"高扎木台"、"垒土成台"或"于旷地搭起天篷,建立讲坛",聚集人民,宣讲道理,出现过"堂下万人来听讲"的盛况。对于太平军战士,除了每礼拜日须到礼拜堂听讲外,一般是"天晴则操练士兵,下雨则习读天书",并要士兵们学习和遵守《太平条规》(包括《定营规条十要》和《行营规矩》),进行宗教的、作战技术和军风纪的教育,努力"教育兵士,修好炼正"。

其次是由中央和地方,任用教师和特设学校进行教育的形式。例如天京就设有正、副育才官,主持儿童教育。还办有"育才书院",接受诸王子侄、各官子弟和他们的义子义弟(名为"娃崽"),来院学习。太平军所到城市,也常设立"育才馆"或"义学",在各地的育才官主持下,实施儿童教育。此外,各王府还有担任"教读"的专职人员。未设育才官的地方,以及未能入育才学院的各官子弟和义子义弟,也常延师教读。

再有一种形式,是由各级官员和将领们带"娃崽"或带徒弟。他们认领儿童,作为义子,给以教养,其中除少数被送入学校学习外,多数朝夕跟着大人,出行时背负刀剑紧跟在后面,在生活实践中学些军事勤务和打仗武艺。在家时侍从左右,并学习《天条书》和其它政治宗教书籍以及宗教仪式等等。

三、新的学习内容

太平天国领导人,为了培养革命的"正人"来反对清朝封建统治和建立农民阶级专政的新国家,在创立拜上帝会及从军事上和政治经济上摧毁清朝的斗争中,还编写了一系列小册子,作为宣传新教义、传播革命思想和进行道德教育的读物。

据《天朝田亩制度》的规定,《旧遗诏圣书》、《新遗诏圣书》和《真命诏旨书》是"两司马"在礼拜堂内,每天对儿童教读的根本经典,也是师帅、旅帅和卒长等轮流到"两司马"礼拜堂及天下诸官每礼拜日所讲的圣书。《天朝田亩制度》还规定,做礼拜时要唱赞美歌,并把是否遵守"十款天条"和遵从命令,当作忠和奸、贤良和恶顽的道德标准和赏罚依据。所以熟读《天条书》中《颂赞皇上帝恩德》赞美歌、《十款天条》和《主祷文》等，也是很重要的内容。反动派所谓"三个礼拜不能熟记者，斩首不留"①，显然是恶毒诬蔑；但这也反映了太平天国运动领导人对于学习《天条书》的重视。他们是要用"十款天条"作为军民共同遵守的行动准则，让大家明辨正邪是非，以达到拥护新的社会秩序、形成新的道德面貌的目的。至于唱赞美歌，实质在于培养爱天国、天王的宗教热情，好把"无联络的散处四方的农民"组织和调动起来，投入反侵略、反封建的斗争。此外，一再刻印的《太平诏书》②，用杨秀清名义颁行的《太平救世歌》（劝人敬拜上帝修身行善之道），用金田起义以来可资鉴戒的革命史来教育兵士的《天情道理书》等等，也都是"披上宗教法衣"教育人民成为"正人"的读物。

为了儿童识字教育和宗教政治教育的需要，太平天国领导人还仿照封建蒙馆所用课本的体例，在建国之初，就组织编写和刻印了《幼学诗》(1851)、《三字经》(1853)和《御制千字诏》(1854)等几种幼学读本。在教儿童识字的同时，进行宗教教育、政治教育、伦理道德教育和常识教育。关于外语和科技的学习，革命领袖们也多相当重视，像后期章王林绍章、干王洪仁玕和忠王李秀成等的儿子，都学英语，也学过一些科学技术，特别重视地理学和机械学等。一些领袖们，还曾尽力罗致和培养天文、算学、地理、军事和医学等科技人才。这种关于外语和科技的学习，可能还只在各王府子弟中进行，育才书院和育才馆中，有没有这些学习内容，未见记载。

四、反对封建旧教育的斗争

在文教战线上，采用新的形式内容，来教育广大军民和培养革命后代的"换新"过程中，太平天国运动的领袖们对于为反动统治服务的封建旧文化教育，也曾展开疾风暴雨式的"除旧"斗争。

在 1843 年创立拜上帝会时，洪秀全就通过自己编造的宗教故事，对封建统治者崇奉"大成至圣先师孔子"，作了极为大胆的否定。他假托上帝的意思，认为"孔丘所遗传之书，甚多差谬"，包括他自己在内，读过这些书的人，都被教坏。并说上帝在"推勘妖魔作怪之由"时，总是要"追究孔丘教人之书多错"，曾对孔

---

① 张德坚：《贼情汇纂》，"中国近代史资料丛刊"《太平天国》（三），上海人民出版社 1957 年版，第 229 页。

② 洪秀全：《原道救世歌》、《原道醒世训》、《原道觉世训》和《百正歌》。

子作了捆绑鞭挞的惩处(《太平天日》)。在只拜上帝、不敬邪神的宗教宣传中,洪秀全把孔子列为"邪神"之一。他同冯云山、洪仁玕等一起,用毁私塾中孔子牌位的战斗行动,来打倒孔子和反抗占据统治地位的封建传统思想,致使这三位农村知识分子,都失去塾师职业。洪仁玕还受到其兄棍责和一度被逐出家门的惩处。为要把农民从旧神权束缚中解放出来,洪秀全和冯云山等,还曾领导群众破坏偶像和捣毁神庙,使地主阶级用来压制农民的一切封建迷信和权威,从孔子到阎罗王等,都受到严重打击,为用合于农民革命利益的新宗教代替为封建统治服务的神权铺平了道路。

金田起义后,太平天国运动领导人,对于维护反动统治的封建迷信,继续展开了猛烈打击。太平军所到的地方,都"严禁星相巫觋,尽毁庙宇神像",并要"僧道反俗"。1853年起,还创用一种新的历法,删除掉旧历书中"吉凶宜忌"等迷信,明白指出:"年年是吉是良,月月是吉是良,日日时时亦总是吉是良,何有好歹?何用拣择?"

太平军起义后,对于封建统治支柱的儒家思想也继续进攻。太平军所到的地方,祭祀孔子的学宫,多改成军火库、马房或宰杀牲畜的屠场。湖南彬州的学宫、孔子和十哲①的牌位还被焚毁。湖北德安府学的孔子塑像,也全毁弃。为了防止儒家封建思想毒素的传播,太平天国政权,还发布禁令,严厉禁止"念诵教习"和私留未经删改印行的旧本"妖书"(主要指"四书五经")。违犯的人如同抽鸦片、赌博和通敌一样受到惩处。1854年,指定革命队伍中的知识分子曾钊扬、何震川、卢贤拔等,组织"删书衙",删改"六经"和"四书"。删改原则是"不合天情者,概从删除"。《周易》被全部删掉;"四书"和"五经"中涉及"鬼神丧祭"的迷信说教,也一概删除。他们还改变了帝王称呼,并直呼孔子的名字,借以打击封建统治和儒家思想在人们思想中的影响。

但是,太平天国领导人,并没有彻底摆脱儒家的思想影响。在打击儒家思想的同时,为了宣扬教义和阐明革命理想,在自己的革命文件中,还是利用了他们认为"有合于天情道理"的儒家言论。到1859年,洪仁玕领导制定《钦定士阶条例》,并重申洪秀全所谓"孔孟之书不必废,其中有合于天情道理亦多"的说法,认为知识分子除须学习拜上帝会的宗教经典外,还"必须习练诗书技艺",从而"共识天情奥妙"。认为读些经过删改了的孔孟之书,还是"开卷有益"的。它

---

① 十哲指的是孔子学生颜渊、闵子骞、冉伯牛、仲弓、宰我、子贡、冉有、季路、子游、子夏等,德安的塑像,传是元仁宗时雕塑的。

们能够帮助人们探求"道"之"真本真源",也可以"学尧舜之孝弟忠信,遵孔孟之仁义道德"①,但是不应该庙祀孔孟诸贤和礼拜文昌魁星,妄想通过偶像崇拜的迷信活动来图谋功名富贵。

有人认为:太平军"不必把儒经当作妖书";也有人认为:"焚经书、毁孔庙等过激行动,却是不智的。"我们认为:19世纪50年代的革命农民,为了打倒强大敌人手里的反革命思想武器,列孔子为"邪神"而毁其庙,说儒经是"妖书"而禁止在删改前"念诵教习",正是疾风暴雨式的阶级斗争中"好得很"的革命措施。即使不这样把儒经当"妖书",阶级敌人也不会放松他们的武装镇压。反动头子曾国藩(1811—1872),即使少一个"卫道"借口,也还是会用其它反宣传的材料,写一篇像《讨粤匪檄》那样的反动军书,来对革命人民尽情污蔑中伤和威胁利诱的。一些利禄熏心,反动成性的地主阶级知识分子,即使少了一个"卫道"口号,为了反动阶级利益,还是会跑到汉奸阵营、成为革命的死敌的。事实上,太平天国运动在文教战线上的反封建斗争,恰恰使革命阵营少钻进一些阶级异己分子,使人民能从封建思想牢笼中得到一定解放,这对运动的发展是有利的。问题倒在于当时没有无产阶级的领导,斗争不可能彻底。问题也在于当时没有马克思主义指导,对儒学古籍所进行的删改不可能是科学地批判和继承。同时,由于历史的和阶级的局限,也不可能在当时的领导集团中,展开反封建思想的自我改造,清除掉他们所受封建思想的毒害,克服农民阶级的狭隘性、保守性和私有性,以避免领导集团腐化和分裂。但是文教战线上这场反封建的"除旧"斗争,终究是中国教育史上破天荒的大好事。

第三节 洪仁玕的革命教育思想

一、走向革命的经历

洪仁玕(1822—1864),广东花县人。他同洪秀全、冯云山等,最早都是以塾师为职业的农村知识分子和拜上帝会的老同志,都曾因为反对封建传统思想、毁弃孔子牌位而失业。洪秀全等第一次离开花县到广西传教时,洪仁玕到清远教书,当时他虽坚持不拜孔子,却听任自己的学生在孔子牌位前礼拜。他赞同洪秀全闹革命的"心中大愿",曾一同跑到广州美国牧师罗孝全处研究"真道";但在洪秀全再去广西从事革命活动时,他却滞留在清远。金田起义,他也没能及时赶到。洪、冯两姓族人在广东起义,他赶到时又已失败,因而被反动派逮

---

① 洪仁玕:《钦定英杰归真》,《太平天国》(一),第585页。

捕。他挣脱后逃到香港。从1852年4月到1859年3月的六七年间,除一度因为在港无法谋生,化装跑到东莞教私塾一年多以外,主要时间在香港的西方牧师处教中文;也做过伦敦布道会的宣教师。他学习了天文历算、地理学、机械学,还对西方资本主义国家的政治经济制度,进行了研究,因而逐渐醉心于西方文明,想用它来使中国独立富强。1854年春,他曾在瑞典牧师韩山文资助下,取道上海赴天京。此行未成,便留在上海一个时期,而后又回了香港。1858年6月,他乔装商人,再次取道广东、江西、湖北等地,迂回盘桓,终于在1859年3月,到达了天京,回到了革命队伍,先后担任了总理朝政的军师和主持文教考试行政的文衡正总裁,并曾兼理外交事务一个时期,也曾带兵参预了安庆保卫战。1864年7月,天京陷落时,他正在丹阳、常州、湖州,催兵解围。而后他便保卫幼天王洪天贵福,在安庆、浙江、江西、福建等地奔走。君臣失散后,他在江西石城为敌人俘获。这年11月,洪仁玕效法文天祥的凛然不屈的气节,在南昌英勇就义。

洪仁玕的遗著有:《资政新编》①、《钦定士阶条例》②、《钦定英杰归真》③、《钦定军次实录》④和《诛妖檄文》⑤等。还有《克敌诱惑论》和《兵要四则》,都是研究太平天国运动和洪仁玕的重要文献。

二、主张向西方学习

洪仁玕参政之初提出的《资政新编》,是继反封建的《天朝田亩制度》后,一个革新内政、建设资本主义国家的政治纲领。在这著名文件中,介绍了世界形势,提出了向西方资本主义先进国家学习的思想。

洪仁玕看到,当时的西方国家,如英、美等国,已经发展到"技艺精巧、国法宏深"的资本主义时代。他认为英国在当时所以被称为"最富强之邦",不仅因为"智强",还由于"法善"。美国所以"富足",因为善于利用外国帮助、实行民主选举制度及兴办教育和慈善事业。他对于德、法等国,在科学技艺方面走在别国前面,也相当称许。他看到:当时俄国,所以能成为"北方冠冕之邦"是彼得一世向西欧"学习邦法、火船、技艺"后,进行资本主义改革,"大兴政教"的结果。

---

① 1859年提出的资本主义性质的政治纲领。
② 1859年领导制订的用人办法。
③ 1861年春驳斥传统迷信和封建文化思想的作品。
④ 1861年上半年在皖南浙西军中所作诗文集。
⑤ 1862年作。

邻国暹罗①所以也"变为富智之邦",由于它同英国通商,并能"仿造火船大船,往各邦采买"。他预言,与美国通商的日本,"得有各项技艺以为法则"后,一定也将成为智巧的国家。他还看到:土耳其、波斯②、印度、马来③、新加坡、澳大利亚和秘鲁等国,都因为"不知变通"或人人"少联络之法",弄得国家"衰弱不振"。

洪仁玕认为:清朝统治下的旧中国,其所以不能够在世界上"见称于各邦",反而"每年化中国之金银几千万为烟土",是由于采取"拘拘不与人交接"的闭关自守政策,由于只会用"万方来朝、四夷宾服及夷狄戎蛮鬼子一切轻污之字"来"口角取胜",没有"经纶实际"等等原因。他认为太平天国革命政权,为要奠定"太平一统江山万万年"的基础,使中国成为"东洋之冠冕"的国家,就必须掌握"时势之变通"的规律,熟悉世界各国风俗政教和精巧技艺,学习先进国家并和它们通商,以俄国成为"北方冠冕"和暹罗成为"富智之邦"做榜样,善于"因时制宜、审势而行"。他希望在太平天国原有"纲常大典、教养大法"基础上,努力向西方学习,从人事行政、革除不良习俗和提倡宗教教育(风风)、规定政治经济兴革事项(法法)和善待轻犯、注重感化(刑刑)等几方面,来"扩充其训,精巧其技",在中国实现"新天新地新人新世界"。

为了向先进国家学习并和它们通商,洪仁玕在对它们侵略本性认识不足的条件下,提出"柔远人"和"与番人并雄"等两种"书生之见"的办法。他主张准许"技艺精巧、国法宏深"的外国人在通商口岸做生意;准许传教士和传授科技的外国人到内地从事教导,让他们在遵守中国国法条件下为国献策。他又主张在与外国通商的同时,我国也要发展工商业,同外国人展开资本主义的竞争,只要保持"信义",就能够"与外人并雄"。他对外国资本主义侵略者的侵略本性缺乏认识,一直到牺牲时才认识"祸灾之源,即洋人助妖",才明确"鞑妖"和"洋鬼"是"交为中国患"的④,这是用血得来的沉痛教训!他提出的办法,实际给敌人宗教文化侵略和经济侵略,开了方便之门。但是他所主张的向先进国家学习和同他们通商,与清朝统治者的夜郎自大、顽固守旧和最后甘为帝国主义走狗,正是一个鲜明对比。

---

① 今泰国。——编校者
② 今伊朗。——编校者
③ 今马来西亚。——编校者
④ 《洪仁玕自述》。参见洪仁玕:《洪仁玕自述》,《太平天国文书汇编》,中华书局1979年版,第554—555页。——编校者

三、培养"新人",反对"妖俗"

作为拜上帝会信徒、具有资本主义思想和一定科学知识的洪仁玕,把倡办医院、礼拜堂、学馆、四民(鳏寡孤独)院和四疾(跛盲聋哑)院等,当作敦厚风俗的主要设施,而把宗教、科技和文艺美术,当作教化人民的"三宝"。

洪仁玕把宗教当作"上宝"。他认为,拜上帝会的"福音真道",能使人们"革其邪心,宝其灵魂;化其愚蒙,宝其才德",成为"理明欲去万事理"的天父肖子和基督弟徒。他指出,二百年来的中土华人,在异族统治下,忘记自己是华裔夏宗,甘心受异族统治者的愚弄诱惑,"依妖之俗例,拜邪魔,信邪说,叛皇天,恃己力,一切妖样而行",必须彻底改造,弃暗投明、除旧换新,洗净异端杂教等邪说的影响,亟归拜上帝会的正道,经受陶熔磨炼,好脱鬼成人,洗心革面,维新学善,只要涤尽"旧染之污俗",一定能作"天堂之子女",成为具有"妙道"、"神思"的"新心之人"。如果不反对掉"妖俗",也就培养不出"新人"或洪秀全所谓的"正人"。

洪仁玕在提出革新太平天国取士之法的同时,鼓励文武士子们,都要"修好炼正",要崇正崇帝、黜邪辟邪,做到文能辅国,武能诛妖。在向士子提出五点具体劝戒中,他认为,作为士或新人,必须具备"德才兼备"、"体用兼该"和"文武兼通"的理想人格。

首先要"德才兼备"。洪仁玕所谓"德",指的是"行真道而有得于心",指的是"敬天扶主忠孝廉节"或效法"尧舜之孝弟忠信"和"孔孟之仁义道德",指的是"能忠心连络"地复兴"富有之天国"和"礼义之天朝",指的是"富贵不能淫,贫贱不能移,威武不能屈,百折不回,至死不变";也就是要对天父尽孝,要能为自己的信仰和农民阶级的政权献出自己的一切。他认为,"德才兼备"是第一等人;德有余而才不足是第二等人;至于有才无德、不能用才行道,这种才有等于无,是第三等人。他继承传统的"士先器识而后文艺"的说法,肯定德是根本,才是末节。幼学时要"因德以裕才",即在育德的基础上成才。壮年实践中,要"因才以思德",即拿出本领来体现道德,为天国为信仰服务。分清德与才的本末先后关系,才能够实践士的任务,当得起士的称号。他认为,德与才都靠"涵养体行"得来。所有"敬天扶主忠孝廉节"等等道德,要从"人所不见之地',开始修养起来。所有"顶天报国齐治均平"的才能,将在"势有可乘之时"得到施展。都必须像磨良玉、炼精金那样,经常不懈地积德和敛才,细致周到地涵养和学习,才可能学好炼正,成为德才兼备的人。这种人是无从"假冒"或"幸致"的,否则一定要"陷溺凡情、迷惑世道",不能有"真德"和"真才"。他还认为,更宝贵的是要有"坚忍之功",因为形势的发展和个人的遭遇,都有预料不到或把握不住的顺逆和穷通,但也只在忧患当中,最能表现士德和士才。所以他认为,太平时既须"遵天诫、识天情";忧患时更要体会上帝所说"真福多寒"和耶稣所说"越受苦、越威风"的道理,做到"以气节自重而守分安命"。洪仁玕最后为革命献出自己的生命,是实践了他教育人的主张的。

其次要"体用兼该"。洪仁玕把士子应读的书,分成"天情"和"凡情"两类,把记载所谓"天情"的宗教经典,当成是"体"、是最根本的东西,文武士子,都必须"时时讲明而熟识之",从而领悟"天情"。关于"凡情"诸书,包括孔孟之书、历史书(如《纲鉴》)和文艺书在内,都与人们的品学修养有关,如果一字一句,都可免去"邪说淫词",确切地符合所谓"天教真理"并且有助于阐发"新天新地之大观"和探求"真本真源",也都可以诵习或博览。他认为:四书五经,已由洪秀全领导删定,其内容不少"合于天情道理",读了会是"开卷有益"的。其他未经删订的史书篇章,如果读的时候,着重去"寻求书之气骨,暗合于天情者",仍然能从中求出"大学问",找出"经济之方策"。通过这些书的"课学",使学生"目染耳濡",正是"求心之道"。在已通宗教经典之后,善于自修这些书,还是可以用来作为"廷献之资",为太平天国政治服务的。在他看来,天情书和凡情书,并不矛盾,关键在于要以前者为体、后者为用,做到"体用兼该"。

最后要"文武兼通"。洪仁玕说,"文武统名为士"。文士和武士的特长各有不同:文士要有经世济民的抱负和才能,武士要有尽忠报国的决心和本领。但是,文武必须协调,所有士子,都必须兼有文士的"谋议"和武士的"忠烈"两者之长。据此,他要求所有士子,都须读宗教经典,从而领悟天情,也要读删定后的四书五经,从而了解凡情。不过武士还要着重精练弓刀炮火、攻习洪秀全的《武略》和洪仁玕的《兵要四则》,掌握武艺,增加谋略和扩大眼界。他认为,武士的才,靠锻炼而成,有德的武士就能练得精。打仗时,力取不如智取,虽有折冲御侮的本领,决定胜败主要靠运筹帷幄得法,不能使血气之勇,而要靠义理之勇,这就必须敬信上帝,才能"同心同力,同振天威",所以好武士要能"谙兵政,识军机"。鉴于太平天国后期领导集团的不团结,洪仁玕对于士子们的教育,就特别强调"忠心联络"的道德品质和"同心同力"的实际行动。

四、鼓励科技和劳动，反对"惰民"

洪仁玕把科技看成是教化人民的"中宝"。前面说过，他是主张向西方学习的，他认识到俄国和其他东方落后国家所以能够日渐富强，是由于他们学习了当时西方资本主义先进国家的科学生产技术，所以他提倡以科学仪器等"有用之物为宝"，要用它来建设太平天国。他一反19世纪50年代以来，顽固保守的官僚们把西方机器看成"奇技淫巧，坏我人心"的落后观点。他认为，像火船、火车、钟表、电火表、寒暑表、风雨表、日晷表、千里镜、量天尺、连环枪、天球、地球等等，都是永古可行的正正堂堂之技。他主张让技艺精巧的外国人到内地"教导我民"。本国人能够制造发明火车、火船、汽船和精奇利便的器皿者，要给以专利权，并鼓励他们招徒传授。他制订颁行的历书，在破除迷信的同时，依照地区气节变化，提示了播种耕耘收刈的农时，教育农民很好地从事农业生产，以求五谷丰登。他要求士子既须学习诗书，又要重视技艺。他要求医师精通医术，要通过几场考试然后聘用。

为了发展生产、富国裕民，洪仁玕提倡劳动，反对不务正业的一切惰民。他认为，游手偷闲，容易产生不正当的欲望，劳心劳力，足以增进原来力量所不能的本领。他规定："每日无三个时辰工夫者，即富贵亦是惰民。准父兄乡老擒送，递诸绝域，以警颓风之渐。"①

他对于一切骄奢之习，如男子长指甲，女子喜缠脚，讲究吉凶军宾中的琐屑仪文，养鸟斗蟀打鹌赛胜，佩带戒箍手镯金玉等等，都视为伤风败俗的可耻行为；主张予以鄙视、忽视和打击。对于庙宇寺观的和尚尼姑以及其他异端诬民的人，都要教导他们分别还俗和改归正业。对于所谓慈善事业，用白白妄行施舍的办法，来沽名钓誉，他也反对。他要求穷困的人，"作工以受所值"从而"自食其力"，只有残废而无家可归的人，才准许"白白受施"。四疾院中对跛盲聋哑的人，要教以"鼓乐书数杂技"，不能让他们成为废人。四民院中对鳏寡孤独的人，教以"诗书各法"，让这些曾是"有用之辈"的穷民，得到应有的报答。他的想法是：人人都有应该干的活儿和应该各取所值，也都各有一定才德，应该努力表现出来。"凡子臣弟友，各有分所当为，各有俸值，各有才德，各宜奋力上进，致令闻外著。"②

---

① 洪仁玕：《资政新编》，《太平天国史料》，中华书局1955年版，第43页。
② 洪仁玕：《资政新编》，《太平天国史料》，中华书局1955年版，第43页。

五、提倡朴实文风,反对"虚浮"

洪仁玕反对旧中国"素以骄奢之习为宝"的剥削阶级歪风,但他认为,"诗画美艳、金玉精奇",并非一无可取。就文学艺术所能起的教化作用说,与宗教和科技相比,仍然不失其为"下宝"。他揭露"鞑妖"统治下"不务实学,专事浮文"的歪风说:文士们的短简长篇,无非是空言假话;僚属们的书面或口头报告,尽是些毁谤好人、逢迎上司、恭维权贵的恶劣语言文字;商贾们的指东说西,全都为的是骗人赚钱;而勤俭诚朴的农民,却被当成愚夫愚妇。加上杂教九流的将无作有,妖头鬼卒的喉舌模糊,更使农民到处碰着荆棘,经常坠入陷坑。

他发扬着太平天国运动开始以来,一贯提倡"语句不加藻饰,只取明白晓畅,以便人人易解"的进步传统,特别提倡"切实明透,使人一目了然"的文体。他认为,文章重在写实,语言贵乎真诚,所以一切浮文和巧言,都必须删除和禁止,以免诱惑人心,紊乱"真道"。特别是有关政治的"奏章文谕"等等,更应当朴实明晓,不容许"稍有激刺、挑唆、反间,故令人惊奇危惧之笔";不得用"龙德龙颜及百灵承运、社稷宗庙"等封建妖魔字样。再像祝寿浮词中的"鹤算龟年、岳降嵩生及三生有幸"字样,不仅比喻不伦,并且是妄诞词藻,也必须去掉。至如"舞文弄笔"的文墨,一句话抑扬其词,会引出高低差距很大的判断;一件事参差其说,会使人难以分清曲直是非,如果听不仔细,就会造成很大错误。爱用浮文,不只没有好处,并且会给事业带来祸害。所以他依据洪秀全的指示,要求全体官员书士,都要做到"语语确凿,不得一词娇艳,毋庸半字虚浮"。

他在《禁拜泥木偶像》①文中,把反对吟花咏柳的文学写作,同反对迷信和反对吸鸦片烟,并列在一篇当中,来警戒人民。他认为花柳轻浮的诗篇,足以把人熏陶出不正当的行为。他说自己行军所到的地方,接触到的多是这类吟花咏柳之句,感到"六代故习,空言无补",与其读之令人"拘文牵义",不如不读更好,他还反对"多采佳句"为写八股文章作准备的读书方法。他指出,当时这种专搞"八股六韵"来"徒事清谈,抛离实事"的文风学风,对于社会道德才智的提高,毫无帮助。他揭露,"不忠不孝之人,其作忠孝题亦甚节烈"。

洪仁玕这种反对"浮文巧言"、"吟花咏柳"和"八股六韵",提倡文章的"明白晓畅"、"语语确凿"和重视"实事",正是在揭露清朝文教歪风的同时,要求语言、文字、文学,能为太平天国政治服务,能使天国统治下的人民大众都能阅读接受,要改变"日摹书卷"的呆读死记学风,从宇宙实事中寻求"精理名言",由此产

---

① 本段所述出自《钦定军次实录》中《谕天下读书士子》、《论道德才智》两篇。——编校者

生农民革命需要的"大学问"。

太平天国运动,通过反对清朝封建专制统治的战争,直接推动了近代中国历史的发展。它否定了封建地主阶级的土地占有制,提出了走资本主义道路的纲领,狠狠打击了地主武装和西方强盗的侵略军。它用农民阶级自己的血汗,凝成艰苦奋斗和英勇不屈的反封建、反侵略的革命传统,教育了后来的革命人民。它留下来的经验教训也很深刻:首先是没有无产阶级及其政党的领导,单纯的农民战争,不能打垮封建主义同帝国主义的反动同盟,取得民主革命的胜利。第二是半殖民地半封建社会的革命人民,一定要同时肩负起反封建反侵略的双重战斗任务,在反对清朝封建统治的同时,必须丢掉幻想、坚决抵抗外国侵略。第三是当时革命阵营内部,需要从领导阶层起,加强教育改造,做到"忠心联络"和"同心同力",才能立于不败之地。当然这不能苛求当时深受封建思想影响的农民革命领袖们。

太平天国运动的革命教育,形式上披了"宗教的法衣",还袭用了清朝科举取士制度;内容上包含了神学世界观教育、科学知识技能的传授和封建的文化遗产的继承。而实质上却是利用这些形式和内容,进行了革命民主主义教育,使教育为农民阶级的太平天国政治服务、为反对封建阶级的清朝统治的革命战争服务。在当时的社会历史条件下,反对封建迷信、打击孔子权威和删改儒家经典,实行教育的男女平等和坚持劳动人民的方向,提倡向西方资本主义先进国家学习外文、政治经济和科学知识技能,重视生产劳动教育等等,都是很勇敢、很进步、具有重大启蒙意义的革命教育措施。所采取的"讲道理"、"带娃崽"、办育才院(馆)和义学的办法,编印易读易懂的课本和读物,提倡务实和反对虚浮的文风学风等等,也都是教育上贯彻民主方向、有利于革命发展的努力。这些措施和努力的结果,也取得一定成绩。例如:士兵的斗志昂扬和严格遵守纪律;农工商贾做到"各安其业",并同士兵"相处甚得",积极支援革命;妇女在生产劳动、教育工作和行军作战中,多能积极、热情和勇敢;儿童能背弃封建家长,热心革命斗争;上前线打仗不怕死,做到"勇往直前,以一当十"等等,都与革命教育的成功分不开。

洪仁玕的《资政新编》,虽然未能实行,但在旧中国是第一个以纲领形式传播资本主义思想的启蒙文件,他自己也正是一个向西方寻求中国富强之道的先进人物。问题在于对资本主义国家侵略本性认识不足,一度还有幻想;也对劳动人民最迫切的革命要求重视不够,没在新纲领中重申贯彻《天朝田亩制度》的土地政策。应该说,这是洪仁玕没能在挽救革命的努力中取得成就的原因之一。

洪仁玕在文教战线上,总结了前期革命教育的思想和经验,提出"新人"培养的理想目标,提倡学习科学知识技能,重视劳动和要求改变虚浮文风学风等等,都有进步意义。这些应该在我国旧民主主义革命时期教育史上占着重要地位。

第三章 洋务教育和教会教育

第一节 半殖民地半封建教育发展的社会历史条件

从19世纪60年代到20世纪初,以自由竞争制为特点的资本主义,开始进入垄断资本主义阶段,英、法、美、德、俄、日等帝国主义侵略者,加紧了对中国的侵略。孕育在中国封建社会内的资本主义胚胎,在外国资本主义侵入的刺激下有所发展。到19世纪70年代,出现了民族资本主义。到同世纪末年和20世纪初年,中国民族资本主义开始了初步的发展。到第一次帝国主义世界大战的期间,又得到进一步的发展。这个资本主义新经济,在它的发生发展过程中,同时也发生发展着中国资产阶级、小资产阶级和无产阶级等新的政治力量,发生发展着反映这种新的经济力量和新的政治力量并为它们服务的新的文化力量。这种新的政治、文化力量,进而成为发展新经济、新政治、新文化和反对旧经济、旧政治、旧文化的革命力量。正是帝国主义列强侵略中国,促使中国封建社会解体,促使中国更多地产生了资本主义因素,把一个封建社会变成了一个半封建的社会,在中国人民中产生了反抗帝国主义及其走狗的新的革命力量。

与此同时,侵入中国的帝国主义列强,为了实现把中国变成它们的殖民地和半殖民地的罪恶企图,采用了一切军事的、政治的、经济的和文化的侵略手段,来阻碍中国社会发生的新变化和中国资本主义经济的发展。它们在中国沿海和内地造成了一个剥削网,造成了一个为帝国主义服务的买办阶级和商业高利贷阶级,以便剥削广大的中国农民和其他人民群众。它们扶植一批以勾结列强、绞杀革命起家的封建洋务势力,形成所谓洋务派,代表着买办化了的贵族、官僚和地主阶级的利益,来稳定封建统治秩序,作为列强统治中国的支柱。对于封建顽固势力,也通过打打拉拉的手法,迫使它同封建洋务势力沆瀣一气,最后走上"量中华之物力,结与国之欢心"的卖国投降路线。它们同中国封建势力勾结在一起,形成一个在政治上和经济上压迫剥削中国人民的反动同盟。它们还通过传教、办医院、办学校、办报纸和吸引留学生等文教侵略措施,及通过帮助洋务派办学的手段,直接和间接地造就服务于它们的知识干部,愚弄广大的中国人民。反映半殖民地半封建统治并为它服务的帝国主义文化和半封建文化,也结成文化上的反动同盟,反对当时在中国发生的资本主义新经济、新政治和新文化。

毛泽东同志指出:"帝国主义和中华民族的矛盾,封建主义和人民大众的矛盾,这些就是近代中国社会的主要矛盾。"①他又指出:"新的政治力量,新的经济力量,新的文化力量,都是中国的革命力量,它们是反对旧政治、旧经济、旧文化的。这些旧东西是由两部分合成的,一部分是中国自己的半封建的政治经济文化,另一部分是帝国主义的政治经济文化,而以后者为盟主。所有这些,都是应该彻底破坏的。中国社会的新旧斗争,就是人民大众(各革命阶级)的新势力和帝国主义及封建阶级的旧势力之间的斗争。这种新旧斗争,即是革命和反革命的斗争。"②中国旧民主主义革命过程中的这40年,除了农民分散的反封建斗争外,主要有以农民为主要力量的人民群众直接反抗外国侵略的反洋教运动。这个运动兴起于60年代,到70年代大盛,到1900年的义和团运动达到了顶峰。它的斗争锋芒,由指向地主阶级转而主要指向帝国主义侵略者。还有资产阶级改良派的维新运动,它大约在70年代出现,到1898年的戊戌变法达到了顶点。它来源于正在成长的资本主义,中心主张是要求保护工商业,要求国家独立,要求清朝政府作某些民主改革。它在当时中国的新旧斗争中,代表着民族资产阶级新势力的利益,呼吁"救亡图存",改变当时中国半殖民地半封建的地位,客观上反映了人民群众反帝反封建的要求。但它脱离人民群众,没有找到民族独立和发展资本主义的道路,上阵打了一个回合,就被旧势力打退,就在旧势力血腥屠杀中宣告了它的改良主义的破产。

这40年中,新旧势力都在争夺文化教育这个武器。帝国主义利用教会教育,从思想上奴化中国人民。封建洋务势力,大办其封建的买办的洋务教育。顽固势力盲目排斥西学、新学的教育。改良派还错误地把一切问题都归结到教育上,把改良教育当作救亡图存主要出路。他们关于教育问题的许多分歧,体现了这40年中国社会阶级斗争的尖锐复杂性。学习毛泽东同志关于中国旧民主主义革命时期的一系列论述,是我们认识和分析批判这40年教育发展的指针。

第二节 为封建统治服务的洋务教育

上述两派封建阶级,一派盲目排外,顽固守旧,以当权的部分贵族官僚为头

---

① 《中国革命和中国共产党》,《毛泽东选集》,第2卷,第594页。
② 《中国革命和中国共产党》,《毛泽东选集》,第2卷,第656页。

脑,八股士人为社会基础。一派标榜求富求强,要办制造洋枪洋炮水师舰只等洋务企业,这派人,由当权派中多少带有买办倾向的军阀官僚组成。奕䜣、曾国藩、左宗棠、李鸿章和稍后的张之洞等人,就是外国侵略者所要扶植的军阀官僚买办势力在政治上的代表。他们用唯武器论和单纯军事观点,来侈言"抵御外侮",用来掩盖他们中一些人的投降主义。实际上是在封建统治基础上,添了些资本主义皮毛,搞了些又有封建性又有买办性的洋务企事业,用来稳定封建统治秩序,为中外反动势力服务。

办洋务教育,是洋务派"新政"的主要组成部分,其目的是培养所谓洋务人才,为半殖民地半封建的专政服务。

为了培养懂点"西文",能够当通事、办交涉和译西书的人员,洋务派办了些学习西方语言文字的方言学堂,如京师同文馆(1862)、上海广方言馆(1863)和广东广方言馆(1864)等。为了培养懂点"西艺",能够仿造枪炮、从事加工工业、驾驶轮船火车机器和传授科学知识技能的人员,洋务派在方言学堂及兵工、造船和制造机器的工厂内,分别附办了一些专馆或西艺学堂①,还在天津、上海、南京、武昌和广州等地,专设了电报、工艺、铁路、农务等各种西艺学堂。为了培养水师和陆师的新军干部,加强反动武装力量,又办起些水陆师学堂②。当时,除在国内开办学堂培养洋务人员外,还派遣贵族和成批选拔幼童,到西方各国游历和留学。中日甲午战争后,又开始模仿西方学校体系,办起些大、中、小学合校的普通教育学堂,如 1895 年 8 月,大买办盛宣怀奏准在天津开办中西学堂,内分头等学堂(相当大学)和二等学堂(相当小学)。1897 年,他又奏请在上海开办南洋公学,内分师范院及上院(后分内政、外交、理财各专门)、中院(相当中学)和外院(相当小学)。1901 年,袁世凯奏办的山东学堂,也分设备斋、正斋和专斋,实施小学、中学和专门大学三等教育。培养洋务人员的专门教育,发展到这时,逐渐采取了西方近代学校体系的形式。

洋务派虽以求富求强为办学目的相标榜,实际上这种教育是造就了出卖国家主权的交涉人员、政治经济和文教领域的买办人才和扩张军阀武装势力、绞

---

① 1866 年,同文馆添设天算馆,招生专攻天文算学、化学和大地测量;1867 年,江南制造局附设机器学堂,培养工程和机器制造人员,附设翻译馆,翻译理化制造的西书;1866 年成立福建船政局和马尾造船厂时,开办求是堂艺局(后称福建船政学堂),两年后添艺圃、绘事院及驾驶和管轮学堂,培养艺徒和技术人员。
② 先后办起天津水师学堂(1880)和武备学堂(1885)、广东水师学堂和陆师学堂(1889)及南京水师学堂(1890)和陆军学堂(1895)等。

杀革命的刽子手,是为中外反动势力的利益服务的。这种教育兼有封建性和买办性,可以说是相当典型的半殖民地半封建的反动教育。以京师同文馆为例,它作为清朝政府模仿资本主义教育办起来的第一所西式学堂,虽然具有一定启蒙意义,但是它的经费仰给于帝国主义控制下的海关税收,由海关总税务司英国人赫德之流,操纵着学校经济命脉和人事行政大权,决定总教习和部分教职员的聘用。据曾担任总教习约三十年的美国人丁韪良在所作《同文馆记》中供认:赫德是同文馆的"爸爸",而丁韪良自己是这馆的"看妈";他所以放弃牧师职位、长期在馆工作,为的是"同文馆将来的影响,要比北京路旁教堂的力量更大",它能"影响中国的高级官吏、影响中国的教育制度";他曾亲手破坏了同文馆"禁止教授《圣经》"的规定,经常同学生谈宗教问题,还要求别的教习不必删去课本中的宗教课文,做到"大多数学生在理智上同情耶稣教"。由这样的"爸爸"和"看妈"招徕的洋教习,自然也非"专精讲习"的好教师;既然"督理非人,教习充数",当然也就不能造就出"杰出之士"或"非常之才"。正如早期的改良主义者郑观应揭露的,同文馆的学生,"不过只学语言文字;若夫天文、舆地、算学、化学直不过粗习皮毛而已"(《西学》);连丁韪良也不得不承认:学生中成绩顶好的,"只会计算子弹的射径"。同文馆如此,上海和广东两馆也差不多,区别只在于学生来源和毕业后所属宗派不同。前者来自八旗子弟,以后是清朝贵族御用的洋务人员;后者来自汉族地主阶级,以后是湘淮军阀嫡系干部。西文教育如此,西艺和水陆师教育也基本相同。曾经主持北洋水师学堂近二十年之久的严复,在《与熊纯如书》中指出:不仅这个学堂内没有他的"得意"学生,就是曾、左、沈(葆桢)、李等,大讲洋务、大育人才几十年,海陆军中也"实无一士"。洋务教育,通过1895年中日战争的惨败,彻底破产。正如梁启超揭露的,洋务学堂毕业生,无一真才实学,顶多实现了"为洋人广蓄买办之才"的目的而已①。

第三节 帝国主义侵略者的教会教育

毛泽东同志在1949年八九月间写的评论美国国务院白皮书和艾奇逊的5篇文章中,对于以美帝为首的外国侵略者在中国的办学活动的本质,作了最深刻的揭露。我们这里谈的帝国主义的教会教育,实际都是对中国人民进行的

---

① 《与林迪臣太守论浙中学堂课程提倡实学书》。参见梁启超:《与林迪臣太守书》,《饮冰室合集》,中华书局1989年版,第206页。——编校者

"文化上的侵略和压迫",都是"为了侵略的必要",为了愚弄中国广大人民和造就服从他们的知识干部——西方资产阶级需要的买办和熟习西方习惯的奴才,从而影响中国、加速中国的半殖民地和殖民地化过程,造成一些"为帝国主义服务的洋奴",但也替帝国主义自己造成"掘墓人"。

早在鸦片战争后,外国教会就开始在中国办学①。像上海的徐汇公学(1850年)、圣芳济学校(1864)和震旦大学(1906)等,就是天主教会办的。基督教会在香港、澳门、厦门、宁波、福州、上海、北京等地办的教会学校也不少②。披着宗教法衣的美国传教士,在这方面的侵略活动最起劲。他们不仅大办中小学③,还在八九十年代就办起两所教会大学,即东吴大学(1881)和圣约翰大学(1894)。至20世纪初期,更大办高等学校,不少教会大学,都是以这40年中所办教会学校为基础而建成的④。下页附表略述了抗罗宗各教会在旧中国所办教会大学。

从西方传教人员在中国的政治活动、教育言论和教育实施中,充分暴露了教会学校的侵略本性。

首先,在中国传教办学的一些西方传教人员,同时也多参加了侵略中国的军事政治活动。例如1842年在香港办英华书院的英国牧师马礼逊,就是在鸦片战争中,以领事身份参与中英交涉的英方秘书和译员,《南京条约》起草人。1864年开办北京俾文治女学⑤的美国牧师裨治文,就是《望厦条约》起草人之一。他在寄回美国的家信中供认,他到中国传教,"与其说由于宗教原因,不如说由于政治原因"。因而他在中国办学,也只能为的是侵略中国。再如前面提到的那个丁韪良,不仅长期担任同文馆总教习,并在1865年办起北京崇实馆(后改称崇实中学),而且他也参加了《天津条约》的起草工作。他还荒谬地提出"由各国共管中国"的反动透顶的主张。由这样的人帮中国办学和开办教会学校,其目的不是侵略,又是什么呢?

---

① 据1878—79年统计,江南一带有男校345所,学生6,222人,女校213所,学生2,719人;1897—1898年,学生总数增加到16,571人,义和团起义前的河北、山西、山东、河南四省,约有初等学校500所,学生万人以上,中学三十几所,学生400余人,大小修道院十几所,院生约350人,还有育婴堂、医院和施药局几十所。
② 1876年统计,学校289所,学生4,909人;1889年,学生计有16,236人之多。
③ 1898年统计,有初等学校1,032所,学生16,310人,中等学校74所,学生3,812人。
④ 岭南(1904)、金陵(1907)、之江(1910)、齐鲁(1917)、燕京(1919)、华中(1924)和广州夏岛医科大学(1905),都是这四十年所办教会学校的基础上扩建的;沪江(1906)、华南女子文理学院(1908)、华西协合(1910)及福建协和(1915)等,是后来新办的。
⑤ 俾文治即传教士裨治文(E. C. Bridgman),北京俾文治女学即贝满女学(华北第一所女学,后发展为贝满女中)。——编校者

美英抗罗宗各教会在旧中国开办的教会大学概况表*

校名	建时校间	校址	主办教会和校长	创办经过	向美英政府立案情况
东吴大学	1881	上海苏州	美国监理会。1927年以前,校长均为美国人。	由苏州博习书院(初称存养书院,成立于1870年)与上海中西书院(成立于1881年)合并组成,文理科在苏州,法科在上海。	1900年成立校董会,得美国卫理公会国外宣传部核准,推纳西州州政府立案,得授予学位权。
圣约翰大学	1894	上海	美国圣公会。抗战胜利前,校长均为美国人,直到解放前夕,校务仍在卜舫济掌握下。	由培雅各学堂(1865)与度恩学堂(1866)于1879年合并为圣约翰书院,再改成圣约翰大学。	1906年,得驻美董事会同意,按照美国哥伦比亚(州)大学条例,加以改组并注册立案,获得特许状有授予学位权。
岭南大学	1904	广州	美国纽约万国传道总会。从1886年起至1927年止,校长均为美国人。	1864年,由美国牧师哈巴等筹款创设,至1886年在广州成立,称为格致书院,1904年改称岭南大学。	1893年,向美国纽约州政府立案,设立董事局,并得纽约州立大学特许状。
沪江大学	1906	上海	美国南北浸礼会。1928年以前,校长均为美国人。	初名浸会大学。1915年始改为沪江大学。	1917年,向美国文琴尼亚州立案,获得学位授予权。
金陵大学	1907	南京	美国基督会、美以美会、长老会、浸礼会联合主办。1926年以前校长为美国人包文。	由汇文书院(1888年美以美会创办)与宏育书院(前身为基督会在1891年办的基督书院,与长老会在1894年办的益智书院)合并组成。	1911年,向美国纽约州教育局及纽约州立大学立案,得特许状,有授予学位权。

续表

校名	建校时间	校址	主办教会和校长	创办经过	向美英政府立案情况
华南女子文理学院	1900	福州	美国美以美会。1927年6月以前,校务由美国人掌握。	筹设于1908年,至1922年,校舍全部建成。	1922年,美国纽约州立大学,特发证书,许可这个学院有授予毕业生以学士学位之权。
华西协合大学	1910	成都	美国浸礼会、公谊会、美以美会和英美会合办,1933年以前校长为美国人。	前身为华西协合中学,成立于1905年。	1933年与美国纽约大学订约,毕业生得授纽约大学的的学位。
之江大学	1910	杭州	美国南北长老会。1929年以前,校长为美国人。	前身为美国北长老会于1845年创办在宁波的"崇信义塾"。至1867年迁杭州为"育英义塾"。1910年改组为大学。	1920年,向美国哥伦比亚州立案,得特许状,有授予学位权。
金陵女子大学	1913	南京	美国美北长老会,美以美会女部,监理会女部,美北浸礼会女部,基督会、圣公会、复初会、英国伦敦会等联合主办。1928年以前,校长为美国人。	1912年开始筹备。	1918年,得美国纽约州立大学临时特许状,授予该校毕业生以学士学位。至1934年,复得永久特许状。
福建协和大学	1915	福州	美国公理会、复初会、美以美会及英国圣公会等联合主办。1927年以前,校长为美国人	1912年开始筹备。	1918年,得美国纽约州立大学临时特许状,授予该校毕业生以学士学位。至1934年,复得永久特许状。

续 表

校名	建校时间	校址	主办教会和校长	创办经过	向美英政府立案情况
齐鲁大学	1919	济南	美国长老会、英国浸礼会。1931年以前,校长为美国人。	以1904年成立的潍县广文学堂(由美国教士狄考文在1864年办的登州广文书院与英国教士康寿龄在1866年办的青州广德书院,合并组成)为基础,成立文科和理科,以1907年成立的济南共合医道学堂(由美国教士聂会东在1882年所办的济南医学堂,与英国教师代城献等所办青州医学堂,合并组成)为基础,成立医科。	1924年,向加拿大政府立案,得特许状,有授予学位权。
燕京大学	1919	北京	美国长老会,美以美会及该会女传道部、公理会、英国伦敦会等主办。1919—1928年,校长为美国人司徒雷登,1937—1941年暨1945—1946年,也由司徒雷登以校务长代行校长职务。	前身包括华北协和大学(1867年,由长老会及公理会所办,设在河北通县)、汇文大学(1870年,由美会所办,设在北京)、潞河书院(1893年,由公理会所办,设在河北通县)及华北协和女子书院(1905年,由公理会、伦敦会及长老会所办,设在北京)。	1890年,汇文大学校董会成立于纽约,得纽约州政府特许状,有发给文凭,授予学位权。
华中大学	1924	武昌	美国圣公会,英国循道会及伦敦会合办,美国雅礼会及复初会加入合作。校长为美国人。	前身包括文华大学(1871年,圣公会设立文华书院于武昌,1909年改称大学)、博文书院(1902年设大学部于武昌)两校。至1929年,长沙雅礼大学(1902年,雅礼会所办)和岳	文华大学于1909年向美国联邦政府备案,湖滨大学1922年向美国联邦政府备案。

续 表

校名	建校时间	校址	主办教会和校长	创办经过	向美英政府立案情况
				阳湖宾大学（1907年，复初会所办）并入。1927年停办,原属文华大学的文华图书馆学专修科,仍继续办理,至1929年,改为武昌文华图书馆专科学校,经费仍靠美国圣公会补助。	

＊本表系作者于1954年为《中国教育史纲要》第五章第五节所作。

其次,他们的教育言论,也露骨地供认:他们所以在中国办学,完全为了侵略中国,为了灌输奴化思想、培养为其所用的知识干部,以控制中国教育的发展方向。他们妄想利用宗教作为麻醉中国人民思想意识的鸦片烟,要在"冥冥之中,换其（指中国）人民之脑筋,使同化于己（指西方侵略者）"。他们在两届"在华基督教传教士大会"(1877、1890)和第二届大会组成的"中国教育会"头两次集会(1893、1896)中,都说明教会学校的任务,在于传授基督教的所谓"真理"知识,培养服从这个"真理"的知识干部,妄图以此来"改造"我们这样一个"以刻苦耐劳著称于世,同时又是酷爱自由、富于革命传统"的伟大民族。他们胡说要通过教会学校教育,"打破中国人民的骄傲和去掉中国人民的'惰性'"[①],要使中国人民"去掉愚昧和迷信"[②],从而维护他们所要维护的所谓"社会的稳定秩序"。他们感到这个秩序,在西方已受到非宗教性原则的威胁,特别是法国大革命和俄国唯物主义思想的威胁,进而他们恐惧地感到中国"有可能成为世界的威胁"[③]。他们企图通过教会学校教育,在中国培养为其所用的"有势力的人物",好代替中国旧的士大夫,占据思想上政治上领导地位,充当西方侵略者在中国的代理人。因为他们认为:"真正的基督教学校,其作用并不在单纯地教授宗教,从而受礼入教",更重要的是对"受礼入教的学生,以智慧的和道德的训练,

---

① 美国传教士潘慎文即巴驾,在1893年中国教育会的发言。
② 英国传教士李提摩太在1893年中国教育会的发言。
③ 曾任南京汇文书院院长,主持上海南洋公学,做过张之洞、刘坤一、袁世凯顾问的美国传教士福开森语。

使其能成为社会上及在教会中有势力的人物,成为人民的导师和领袖"。美国教会在中国办的教会教育,所以特别着重发展教会大学,主要就是为了这个培养"有势力的人物"的侵略目的。因为他们把受过高等教育的人,看成是一支燃着的烛,人们会跟着他们的"光明"前进。他们感到:旧中国受过高等教育的士大夫阶级,都是"儒学思想的支柱",因此就必须"准备好自己的人们,用基督教和'科学'来教育他们,使他们能胜过中国的士大夫",才有可能"取儒学的地位而代之"①;同时他们还认为,中国需要的西方哲学和科学,只能"从基督教传教士手里获得",胡说:"如果哲学和科学的知识,离开了基督教,那知识就会使人们自大和自信。……只有使哲学和科学的研究,浸润于基督教教义中,才能使人们的内心卑怯,使其在宇宙的创造主面前低头。"②剥开这口供的宗教画皮,实质就是迫使中国人民向侵略者低头。他们从思想上征服中国人民,把中国人民改造成"内心卑怯"、不敢进行反帝斗争的懦夫;利用"基督教义"当武器,要把在中国所培养的"有势力的人物",在传教士这个"宇宙的创造主"前面低头。

最后就教会教育实施说,也全贯彻着帝国主义强盗们的侵略目的。他们重视中外两种"圣经";要用基督圣经来控制自然科学的教学,正如狄考文在1896年公开胡说的:"科学是善的力量,也是恶的力量;它的善恶,是按教者与教的方法为转移的。教会如果聪明的话,应抓住这机会,不让魔鬼在中国开动这强大机器。"(在"中国教育会"第二次会议上的发言)这种胡扯,自己揭穿了他们的帝国主义嘴脸。美国国务卿艾奇逊在1949年的《白皮书》中,胡说什么他们曾在19世纪中期,给中国"带来了发展得盖世无双的西方技术,带来了为以往的侵入者所从来不曾带入中国的高度文化"。也正如这个狄考文供认的:教会学校重视科学教育,主要是为了使教会学校出名、使毕业生有能力控制中国社会向有利帝国主义的方向发展;他们要破除中国人的封建迷信,实际上是要使中国人改信基督教,从思想上变成侵略者的俘虏;传授点科学知识也是服务于这一目的的侵略手段。他们也重视另外一种圣经——中国儒家经典,这是为了适应中国封建落后的要求,把它当作同基督教圣经作用一样的思想武器,让学生头脑僵化,成为殖民地或半殖民地半封建统治的驯服奴才。此外,他们还重视外国语的教学,这也是为了培养买办洋奴的需要。像圣约翰书院,从1880年起,就特别注重英语教学。院长卜舫济,这个美国传教士在1896年就说过:"英文,如

---

① 1890年第二届在华基督教传教士大会上,在山东传教办学的美国传教士狄考文的发言。
② 与狄考文同时在中国传教的另一美国传教士过菲尔,在第二届在华基督教传教士大会的发言。

同拉丁文在古罗马时代一样,可以作为'感化蛮族'的工具。"一系列文教侵略罪行和一派强盗文明的优越感,在艾奇逊之流笔下,都涂上"友谊"的脸谱,吹嘘成"极亲密的友谊的联系"。从1855年起,美国控制下的"基督教青年会",也在教会学校中活跃起来,成为奴化学生思想的重要组织。

这40年中的教会学校,另一侵略罪行是破坏中国教育行政主权的完整。它们只对教会组织负责,美国传教士办的教会大学,都只向美国联邦政府或邦政府注册立案,并由美国政府给以学位授予权;它们在"在华基督教传教士大会"领导下,受大会的"学校教科书编纂委员会"和它的后身"中国教育会"具体领导,不理会清朝政府的法令制度,甚至对抗清朝政府的管理。它们还威胁清朝政府,要它取缔不利于教会学校的社会舆论。一些帝国主义分子,还企图篡夺清朝政府的教育行政主权。这露骨地反映在1895年李提摩太的《新政策》中,他要清朝政府添设一个"新政部",用"半用华官、半用西人"的办法,由帝国主义分子操纵中国练兵、筑铁路和办日报等军事、交通和新闻事业。他还要清朝政府任用两个德国人和美国人,同清朝大臣一起,"合办"中央教育行政机关——"学部",来操纵"人才"的培养。他声称这样就可以医治中国的"沉疴"和延续中国的"生命"。这个狠毒的《新政策》,显然是要把清朝政府改组成外国侵略者的殖民政府,实行殖民统治和发展殖民教育。

第四节 洋务教育家张之洞和他的《劝学篇》

张之洞(1837—1909),字孝达,号香涛,河北南皮人。27岁成进士后,历任督学典试,司业侍讲及阁学等职务,还曾充任山西巡抚,两广、湖广、两江总督,晚年当上军机大臣兼管学部。他是洋务派首领之一,从事洋务新政措施,倡办造船厂、兵工厂、矿务局及京汉铁路等厂矿企业,设立水陆师学堂,派遣学生出国学习科学技术。他还与顽固派结成一气,破坏变法维新。1898年,清朝政府把张之洞所著《劝学篇》,在百日维新中颁发各省施行,反动影响很大。

本来19世纪中叶以来,封建阶级顽固派和洋务派,对资产阶级的学校、新学、西学等等,虽然存在"顽固守旧"和"西学为用"的分歧,而实际是手法不同,基本态度都是一贯反对和破坏的。顽固派一贯排斥西方资产阶级新文化,拒绝引进新鲜事物,把西方科技文明,说成是"奇技淫巧",不应该学习。他们对于洋务派搞的洋务教育,早就进行攻击,不遗余力。例如京师同文馆在1866年添设天文算学馆,招收学生入馆学习天文学、算学、格致学等科学知识和讲求制造轮船机器时,顽固派头目大学士倭仁等,就公开反对,认为学习西学,不是读书学道的文人学士本分。还说什么"天下之大,不患无才,何必夷人?何必师事夷人?"——股反对向西方学习的逆流,到改良派提倡新学时,有了更猖狂的发展。1897年,湖南顽固派头目王先谦、叶德辉和苏舆等,就在所谓"保卫圣道"的旗帜下,用各种手段,对谭嗣同、唐才常等的维新活动和梁启超在湖南时务学堂的讲学,大举进攻,把矛头集中指向康、梁提倡的"新学"和"平等民权之说"。他们胡说南学会提倡"一切平等禽兽之行";时务学堂培养"无父无君之乱党"。他们把康、梁谩骂成"乱民"和"诐士",特别是对梁启超教学上所作的"课艺批",不仅谩骂成"丧心病狂"和"狂吠可恨",还加上"欲人人造反、时时作乱"和用"似是而非之论"来"误尽天下苍生"的叛逆罪名。他们联名请求湖南当局,整顿学风,辞退"主张异学"的教师。叶德辉等还写成《〈长兴学记〉驳义》等文章,来攻击新学;政变后由苏舆辑为《翼教丛编》6卷,"首驳伪学,次揭邪谋",代表了顽固的封建地主阶级对新学的疯狂反攻。

至于标榜洋务、改头换面的顽固分子,洋务派大官僚张之洞等,在反对变法维新中,则大耍两面手法。当变法浪潮高涨,并有"康梁柄国"的消息时,张之洞就拨款赞助《时务报》,也支持《湘学报》,还把梁启超当上宾接待。而当他看到《时务报》发表的梁启超《变法通议》中有"西人攘我员弁之厚薪"的议论,徐勤申讨八股、科举、考据、词章的《中国除害议》触犯了地主买办和西人利益,就指使爪牙控制《时务报》的议论,便下令停发《湘学报》和禁送《时务报》。戊戌政变发生,他电请那拉氏重惩改良派,后来还成为屠杀维新志士唐才常等一百多人的刽子手。更狡猾的是他在1898年春天写的《劝学篇》。通过他的学生黄绍箕(翰林院侍讲)把他这篇著作献给载湉,骗得载湉同意,用命令要各省当局"广为刊行,实力劝导"。这文件依据"中学为体、西学为用"的封建专制思想,提出"旧学为体、新学为用"的教育纲领,偷换改良派主张的"主以中学(君主)、辅以西学(立宪)"的君主立宪主义,扼杀改良派的新学思想,拥护专制、反对改革。

据张之洞在《抱冰室弟子记》中宣称:他所以写成四万字的《劝学篇》上下卷,是由于《马关条约》签订后,外患更严重,士大夫更顽固,而1898年春,又有些"小人"乘机活动,使"邪说"嚣张起来,才迫使他融会贯通中学和西学、权衡旧学和新学的得失,写出这部书来,用以"辟邪说"和"绝康梁以谢天下"。

上卷是所谓内篇,着重阐述中学问题,宣传他的"务本以正人心"的观点,即所谓"求仁之事"。这又分9篇:他认为改良派所谓保国、保教和保种的三件事,实际只是一个意思,只要教育出众多贤才,来效忠清朝、维护三纲礼教,明辨华洋界限,国家自然会强盛。一切学说都必须以孔孟圣贤之道为标准,违犯圣道都不能接受。他主张严格遵守封建统治阶级的"上下"之序,疯狂地攻击民权平等思想,说什么"民权之议"是"召乱之言","民权之说,无一利而有百害","民权之说一倡,愚民必喜,乱民必作";还说什么中国一向有所谓廷臣会议和绅局公议的旧章,无须袭用议院之名,必须到"学堂大兴、人才日盛"之后,才能考虑设立议院;他还宣称,"讲西学必先通中学",要先通经、考史、涉猎子集,有了中学根基以后,才能够"择西学之可以补吾阙者用之、西政之可以起吾疾者取之",否则,要比不通西学的祸害还要严重,因为"西学愈深,其疾视中国亦愈甚"。

下卷是所谓外篇,着重阐述西学问题,宣传他的"务通以开风气"的观点,即所谓"求智、求勇之事"。这又分15篇:主要内容多是重复洋务派的教育观点,他也装成赞同变法的腔调,但又认为,只要把曾国藩等办的洋务教育坚持和扩充下去,就会得到成效。他并顽固地宣称,所谓伦纪、圣道、心术,都是不可变的;只有法制、器械、工艺才是可变的;所以他宣称,在恪守"三纲五常"的前提下变法,谁都不会反对。从这改头换面的顽固思想出发,他在外篇的《会通》篇中,代表着地主买办的利益和要求,提出"中体西用"理论,即用西学为封建专制政治服务的理论。他说:"中学为内学,西学为外学;中学治身心,西学应世事。不必尽索之于经义,而必无悖于经义。如其心圣人之心,行圣人之行,以孝弟忠信为德,以尊主庇民为政,虽朝运汽机、夕驰铁路,无害为圣人之徒也。"(《劝学篇》的外篇《会通》)在这一理论前提下,他在《设学》篇中,吹嘘了广立学堂的必要性,提出建立学校体系的主张,按"旧学为体、新学为用"原则,要各级学校"新旧兼学"和"政艺兼学",既须学四书五经、中国史事、政书、地理等旧学,又须学西政(学校、地理、度支、赋税、武备、律例、劝工、通商)、西艺(算、绘、矿、医、声、光、化、电)和西史。他针锋相对地反对改良派的新学思想,拥护改良派所反对的旧学。并用偷换概念手法,把"新学"说成只是"西政、西艺、西史",而他所谓的"西政",又只是指的西方学校政法等等,并不包括西方的社会政治学说。他说学校这类西政,是"救时之计谋",学了可以"起吾疾",但还不如旧学重要。说什么旧学可使学生"知本",能够使学生"在海外不忘国,见异俗不忘亲,多智巧不忘圣",成为"智仁勇"兼备的封建统治阶级的忠实奴才。

张之洞就这样通过《劝学篇》,偷换了教育维新的精神实质。帝国主义分子也赏识这篇文章,把它翻译成英文和法文出版,因为这理论在当时,为圣道镀上一层洋金,起了维护半殖民地半封建统治的上层建筑作用,为帝国主义同封建主义反动同盟提供了思想武器。

包括张之洞在内的洋务派官僚们,是封建传统思想的卫道者,他们并无意于学习资本主义和发展西方资产阶级议会政治。其所以兴办洋务,本是强邻交迫之下实逼处此。他们感到,富强的根本在于"朝廷政教",先从造船制器学起是必要的。这就客观上起了一定促进社会经济进步的作用,多少推动了当时教育文化科技的发展。

第四章 维新运动的改良主义教育

第一节 维新运动中新旧文化教育的斗争

一、资产阶级改良主义的维新运动

19世纪六七十年代以后的旧中国,开始出现一批近代资本主义工商业。以投资于这些企事业的向资产阶级转化的官僚地主和商人为阶级基础,形成了中国的资产阶级。作为它的政治代表,形成民族资产阶级改良派。在近代中国半殖民地半封建社会形成过程中,这个新的经济因素和新的阶级力量,同中外反动势力既有矛盾,又有瓜葛;既怕列强瓜分,又怕农民革命;既要维护它的阶级利益发展资本主义,又不敢走资产阶级民主主义革命的道路。他们幻想效法俄国彼得大帝改革,效法日本明治天皇维新的办法,把希望寄托在居于最高统治地位的清朝皇帝身上,希图实现资本主义的政治经济改良。

还在1884—1885年的中日战争前后,以上海、香港为中心,一些半封建半资本主义的知识分子,已经对于标榜"求富求强"而实际阻遏民族资本主义发展的洋务新政,反映着不满情绪,起而倡导改良主义的变法。例如冯桂芬(林则徐的门生)在所著《校邠庐抗议》一书中就主张:"以中国之伦常名教为原本,辅以诸国富强之术。"①这个富强之术就是:"人无弃材,地无遗利,君民不隔,名实必符。"②它以废除八股,开办学校肄习西学,设立船炮局制造洋器,当作首要之图。

再如曾经游历英国,精通西方科学的王韬,也曾从事办报著书,鼓吹变法。在他所作的《上当路论时务书》中,指出洋务新政,只能使人民痛苦,而不能为人民造福;只能害民而不能利民。他主张像日本那样,"国中一切制度,概法乎泰西";要变更中国的"取士、练兵、学校、律例"四种旧制度,藉以"收拾民心"。

郑观应、何启、胡礼垣、陈虬等人,提倡变法的态度更加明显。他们分别在所著的《盛世危言》、《新政真诠》和《蛰庐丛书》中,一致主张开议院,实行君主立宪制度。所谓"主以中学(君主),辅以西学(立宪)"③的君主立宪主义,就是这派

---

① 冯桂芬:《采西学议》,《校邠庐抗议》,上海书店出版社2002年版,第57页。
② 冯桂芬:《制洋器议》,《校邠庐抗议》,第49页。
③ 郑观应:《西学》,《盛世危言》,上海古籍出版社2008年版,第98页。

改良主义者的基本主张。这同李鸿章、张之洞等洋务派的所谓"中学为体(君主专制),西学为用(办洋务)"的封建专制主义,形成矛盾的对立。

1888年,康有为在北京乡试时,提出了《上清帝第一书》。他在请求"变成法、通下情、慎左右"的同时,指责中法战争后李鸿章的大办洋务,只是带来"奸蠹"、"巨害",呼吁要从政治上变法维新。到了19世纪90年代,随着瓜分危机加深和兴办工业、挽救危亡浪潮的高涨,民族资本主义和民族资产阶级的力量有所发展。面对令全国愤怒的甲午战争惨败和《马关条约》的签订,康有为又在北京号召1300多名会试举人,联名写信给皇帝,请求拒和、迁都、变法。这就是有名的"公车上书",即他写的《上清帝第二书》。在这次上书中,提出了改良主义的纲领:政治上,反对屈辱投降和君主专制,要求反抗侵略和实行君主立宪的民主政治;经济上,反对由官僚资本操纵的官办企业,要求发展民营资本主义工商业;文化教育上,展开资产阶级新文化对封建阶级旧文化的斗争。这都是严重打击洋务派和顽固派的。此后,维新运动在上海、湖南、广东几个地区,继续发展。在这种形势下,1898年6月11日到同年9月21日,以光绪皇帝载湉的名义,发布了一系列变法命令,出现了百日维新的政局。随后以太后那拉氏为首的封建顽固派发动了疯狂的反攻,血腥屠杀了维新运动的代表人物谭嗣同、康有溥(广仁)、林旭、杨深秀、刘光第和杨锐等"六君子",维新运动因而失败。

二、新学思想、宣教活动和改良措施

维新派在文教领域内,展开的资产阶级和封建阶级之间的新旧斗争,首先表现在文化教育的指导思想问题上。封建阶级顽固守旧派抱着孔孟幽灵,作为垂死挣扎的武器,沿用封建主义儒学思想指导文化教育,继续麻醉人民,把中学、旧学和科举制度,当成是神圣不可侵犯的"祖宗成法",反对新式学校和西学、新学,仇视一切新思想。自命为"识时务"的封建阶级洋务派,在以学习封建专制主义的"中学为体"的根本前提下,把西学限制在西文、西艺和西式军备操练的范围内,主张学习这样的"西学",作为"用"来为"体"服务,这即所谓"中学为体、西学为用"。在"西学为用"这点上,洋务派和顽固守旧派有分歧,而在"中学为体"的前提上,洋务派正与顽固守旧派完全一致,因而洋务派也就在指导思想上成为改头换面的顽固守旧派。他们的教育指导思想,都是为封建专制主义的政治服务,也就是为半殖民地半封建的统治服务的。洋务派主张:八股可废,西方学校形式可以搬用，西学也不妨学习，但是孔孟之道不可废，西方资产阶级的社会政治学说不可学，"祖宗之法"的根本关键仍然"不可变"。

在"主以中学（君主）、辅以西学（立宪）"的君主立宪思想指导下，维新派领袖们康有为、梁启超、谭嗣同等，在文化教育上，都倾向构成一种"不中不西、即中即西"的"新学"，以代替封建阶级旧学思想原有的统治地位，指导文化教育的实施。他们要求效法欧美资本主义国家的学校制度，废除八股取士的科举考试制度；主张既要学习西文和西艺（如制造、测量、驾驶、操练等），更要学习夹杂有许多中国封建余毒在内的、基本上是资产阶级需要的自然科学和资产阶级的社会政治学说，也就是要通学包括西文、西艺、西方社会政治学说在内的所谓新学；反对教学"词章诗字"等八股文、试帖诗和楷法等无实无用的旧学。他们也强调尊孔，像这个时期的康有为曾说孔子是上帝派来的圣王和万世教主，是一个主张随时因革，反对沿袭旧制的圣人。他藉此打击顽固守旧派，从事君主立宪变法活动。

其次，维新派由其资产阶级软弱性所决定，害怕斗争，不敢发动群众性的民主主义革命，只是把教育当做变法图强的主要武器，只是通过开办学堂、创立学会和发行报刊等来展开宣传和培养干部工作。在1896—1898年间，由他们发起推动和组织的学堂、学会和报馆，多至300余所，主要分布在江苏、湖南、广东、河北各省，其中很多是宣传变法维新思想的，在当时广大知识分子中，产生了很大的影响。

1. 开办学堂　以1891—1894年康有为在广州讲学的"万木草堂"为最早。1895年后，据梁启超说，改良派办的学校，有19所之多。其中1897—1898年，谭嗣同等在长沙办的"湖南时务学堂"和1894①年严复帮助张元济在北京办的"通艺学堂"等，比较著名。

2. 办学会和办报刊　用来组织、教育维新志士和宣传变法。据梁启超说，1895—1898年间，计有学会24所、报馆8所。开风气之先的，要算1895年内康有为等先后组织的北京强学会和《中外纪闻》，以及上海强学会和《强学报》，公开组织同志和宣传变法维新。在被解散和被强迫停刊以后，1896年8月又在上海创刊《时务报》（旬刊），由梁启超主笔，宣传变法，销行到一万多份，推动了各地学会的组织和报刊的兴起。其中著名的有：湖南南学会及它所出版的《湘学新报》和《湘报》（唐才常等执笔）；天津的《国闻报》和《国闻汇编》（严复等办的日

---

① 应为1896年（清光绪二十二年）。——编校者

报和旬刊);澳门的《知新报》(康广仁等经理、徐勤等主笔)。不少地方还成立"不缠足会"。这些活动的社会影响都不小。此外,他们还组织了一些专门性学会和出版报刊,如"上海农学会"(1896)及其所出版的《农学报》(1897年5月创刊),上海"译书公会"及其所出版的《译书公会报》(周刊,1897),偏重数理的《新学报》、《算学报》和《格致新报》,专门研究外国语的《通学报》①等等。当时在上海,还有叶瀚、汪康年等,以"务欲童幼男女均沾教化"为目的,组织了提倡师范教育的"蒙学公会"和出版了《蒙学报》(旬刊)②。这个刊物译述西文通俗儿童作品,以供童蒙阅读。1898年,又有薛绍元主编的《求我报》,提倡儿童教育,内分方言和正蒙二编,由浅入深,类似小学教本。1898年由裘廷梁创办《无锡白话报》(五日刊),以话代文,使力能购报的农工商人和学塾子弟,了解中外古今大事以及西政、西艺的知识,从而广开民智。这也是有利于推广教育的创举。它和《蒙学报》的出版,对后来的文学改革,也有一定影响。

所有这些学堂、学会和报刊的组成和出版,在鼓动变法、激扬士气和启发民智方面,都有一定的启蒙作用。特别是1897③年保国会的成立,更在知识分子当中提高了对于列强瓜分中国的危机的警惕性,为百日维新运动扩大了社会影响。

最后,改良派在百日维新期间,以光绪皇帝载湉发布《诏定国是》命令为起点,用皇帝名义陆续提出了一系列"布新"和"除旧"的变法措施,企图发展资本主义,实现一些资产阶级民主制度,如言论、出版和结社自由,以及改良教育。

在载湉宣布变法的《诏定国是》文件中,要求官民:"努力向上,发愤为雄;以圣贤义理之学,植其根本;又需博采西学之切于时务者,实力讲求,以救空疏迂谬之弊。专心致志,精益求精,毋徒袭其皮毛,毋竞腾其口说。总期化无用为有用,以成通经济变之才。"这里,明白提出了培养"通经济变之才"的教育方针,这种人才,既要忠于清朝,又要精通西学,不能像八股士人那样"空疏迂谬",也不能像洋务人才那样"徒袭其皮毛",而必须在五六十年来国耻义愤下,努力成为"有用"之才。

百日维新中,文教方面一项重要的除旧措施,是废止八股取士的科举制度。康有为在请求载湉发布这项命令的奏折中,揭露了八股楷法取士的危害性。他

---

① 1897年,由任独编辑,载有英语和世界语,分为史地理化各科,由浅入深,很像后来的函授讲义。
② 1897年11创刊,上海徐家汇天主堂图书馆所藏最后一期为第38册。
③ 当为1898年4月,康有为等联合在京会试的各省举人成立保国会。——编校者

指出,正由于以"八股清通、楷法圆美"作为取士标准,使得知识分子既"废时"、又"无用";录取来做官的高才生正是:"翰苑清才,而竟有不知司马迁、范仲淹为何代人,汉祖、唐宗为何朝帝者!若问以亚非之舆地、欧美之政学,张口瞪目,不知何语矣!"①这些人竟连中国历史、外国地理和国际政治的常识都没有!他认为,全国300万童生,把他们最有用的时间精力,浪费在八股楷法中,成为"不识不知、无才无用"的废物,最后眼瞎、耳聋、身死,要比秦将白起活埋赵国兵士40万人的罪过,严重到十倍。当时的山东道监察御史宋伯鲁也指出:既然"公卿大夫,皆从八股出身;农工商贾,皆为生童所教",而生童们又非常"无知"、"无实学",其结果只能"愚民"和"误国"。当时,不止废止八股、改用策论取士,还决定以后科举考试,都以实学、实政为取士标准,不再注重楷法;另外,还曾通知各省保荐专门人才、举办经济特科。关于科举制度的这些变革,在当时都有一定进步意义,对学风和学习内容的改变及新式学校教育的发展,都有一定推动作用。

百日维新中,文教方面另一项重大布新措施,是设立新式学堂:由清朝中央政府,创办京师大学堂及筹设铁路、矿务、茶务、蚕桑、工学、商学和海军等专门学堂;命令京师开办小学堂和设立首善中学堂;要求各省兴办小学堂和中学堂,把各地书院改办成兼习中学和西学的中学堂,有的改办成高等学堂;并要各地把祭祀鬼神的庙宇改办成小学堂,并用庙宇公产为学堂经费;奖励绅商地主等开办私立农、工、商各种学堂,对创建学堂的士民,给以特赏;此外,还挑选学生派往日本留学。像京师大学堂的创办和各地开办各级各类学堂,把西方资产阶级学校制度和教育内容移植到中国来,都是企图让地主资产阶级子弟,不再受无实无用的封建传统旧教育,而在半资本主义半封建的新学校里,培养成发愤为雄的"通经济变之才",这显然是幻想。但是维新派在文教方面这种除旧布新措施,对我国近代教育的发展,是有启蒙意义的。

第二节　康有为的改良主义教育观

一、康有为的政教活动

康有为(1858—1927)是19世纪后期,旧中国向西方寻找救国救民真理的先进的中国人之一,是近代中国资产阶级改良主义思想最重要的代表,是变法维新运动的政治活动家和教育家。他是广东南海人,出身官僚知识分子家庭,

---

① 《请废八股试贴楷法试士改用策论折》,参见杨家骆编:《戊戌变法文献汇编》(第2册),鼎文书局1973年版,第208页。——编校者

小时受过严格的程朱理学教育。19岁以后,在同县朱次琦的礼山草堂学习3年,逐渐博通今文经学、中国史学和佛学,并背弃程朱理学,倾向陆王心学。22岁起,开始接触西学,游览香港、上海后,大购西书,大讲西学,思想开始解放。二十七八岁时,酝酿成大同思想,写出《人类公理》(据说是《大同书》初稿)。31岁起,感到外国侵略天天加深,本国封建统治集团依然"上兴土木,下通贿赂",认为只有变法维新,才能挽救瓜分之祸。为了推动和实现这个爱国救亡主张,他在1888年后十年中,展开三方面活动:

第一是七次向光绪皇帝载湉上书。其中以1895年联合在北京应考的1 200名举人的"公车上书",影响最大。上书反对签订《马关条约》,请求拒和、迁都、变法,提出富国、养民、教士、练兵的资本主义纲领,在知识分子当中,掀起改良主义的政治运动和思想运动潮流。

第二是进行变法维新的理论工作。他继1884年撰写《礼运注》之后,又写成《新学伪经考》①(1891年刊行)和《孔子改制考》(1897年成书)等著作,作为变法维新运动的理论根据。《礼运注》宣传社会进化必须因时而变的思想;《新学伪经考》,在政治上打击顽固派"恪守古训",在学术上驳斥古文经学家所谓孔子"述而不作"的说法;《孔子改制考》认为,"六经"是孔子托古改制的著作。他把孔子尊为教主,用孔教名义,提出变法维新的理论,发挥"通三统"(这是说夏商周三代不同,应当随时因革)和"张三世"(这是说据乱世、升平世、太平世的三个政治发展阶段,越变越进步)的说法,反对沿袭旧制和"荣古虐今",主张逐渐改良,让人民"自主自立"。通过这些著作,鼓动知识界投入维新运动,想把"据乱世"的封建旧中国,改变成西方资本主义强国那样的所谓"升平世",幻想由此走向所谓"太平世",实现《大同书》(1901—1902年定稿)中描绘的空想。

第三是进行变法维新的干部培养和宣传组织工作。在1890—1897年间,他先后在广州讲学4年之久,也曾一度在桂林讲学。1895年起,他还从事学会活动和发行报刊,展开组织和宣教工作。他从事教育工作,开始于1880年,当时在自己家内教授诸弟读经。1890年,搬家到广州云衢书屋以后,开门授徒,陈千秋、梁启超和陈通甫(礼吉)②等,就从这时开始成为他的学生。1891年,他在广州创办万木草堂(堂址最初在长兴里),讲学著书,培养了不少维新骨干和

---

① "新学"谓新莽之学,"伪经"谓《周礼》、《逸礼》、《左传》及《诗经》的毛传等,刘歆所力争立博士的各种经书。
② 误。陈通甫,即陈千秋。——编校者

学者。

他在1895年考中进士后,清朝政府授以工部主事的职位。戊戌变法期间,他被派在总理衙门章京上行走,实际是一系列维新措施的领导人,提出过一系列关于政治经济和文化教育进行资本主义改革的建议。政变以后,逃往海外,宣传保皇。1927年,他在青岛病逝。

二、对于"据乱世"教育的批判

康有为在《大同书》中认为,当时的旧中国,处于"据乱世"或"全世界皆忧患之世"。他指出:在这"据乱世"里,因为有了"阶级之制",便产生种种人情之苦,即:"以强凌弱,以众暴寡,以智欺愚,以富轹贫。"由此就使得"普天下人皆忧患之人",而"人情诸苦"中,又以"愚蠢之苦"居于首位。至于为什么愚蠢,他认为,不仅由于人自己的"愚不肖",也由于管理和实施教化的制度不完备。家富能学的子弟,父兄虽能让他们在20岁以前入学受教,但又听他们濡染家庭、市井、都市的恶习,很多时间浪费在家事、疾病、送死、吉凶、祭祀上面,常为贫贱、死丧、困苦、哀伤等感情扰乱,没有清洁广大的公共校舍、校园,没有完备有趣的歌乐、图画、书籍、仪器和模型,没有万千同学齐驱并进的策励,也没有学级、学类、良师、益友的教导观摩。至于天下子弟中的大多数,或者少失父母、无人教化;或者穷不得学、不识之无;或者仅能学上一年半载、不能通艺;或者父兄塾师鲁愚不知所教,以致成为"不通算数、不识文字"的人。就这样造成了许许多多"愚者"。能学的人,"既不能考大地万物之理,又不能收今古诸圣之华",所有"大地新世治教之良、物理之新、文学之美",都毫无所知,弄得"生同为人而所知乃与牛马等",不能用同类先哲的奥妙伟大成就来启迪培养自己的魂灵。不学的人,"知识既愚,则制作亦蠢",所制器物无不丑恶,劳作也极辛苦。他认为由于"愚则必顽",这就不可能走向升平和大同。

其次,他对当时用八股、楷法取文士,和用拉弓、举刀、抱石取武士的科举制度,也作了尖锐的指责。他认为,唐朝阶级制度,禁止"乐丐奴房"那样的"贱族"做官读书,也禁止他们同贵族结婚、共同宴游和通语言等等,都与太平大同之世的理想不合。但他错误地认为,唐朝的科举制度,却是"文明"措施,能使人人登高科和做公卿,能够使"全中国绝无阶级",似乎问题只发生在明清以来采用了"八股试帖楷法取士"上,也发生在鸦片战争以后仍用弓刀石进行武试上。

康有为揭露说:清朝政府自从袭用了"前朝以之愚民"的八股取士制以后,

知识分子只要"八股清通,楷法圆美",就有可能考中高科进士,取得高官厚禄。由于八股文章,既有规定的格式和许多清规戒律,不中式决不录取,内容上又要在解释经义时只尊朱熹,不允许"旁称诸子而杂其说"和"述引后世而谬其时",这样学者也就非三代之书不读、非诸经之说不看了。当时的生员一般是"荒弃群经、惟读四书;谢绝学问,惟事八股",从童年到白首,功夫都化在摹仿新科考中的"闱墨"上。他们不去从事科学,讲求政艺,而殚精费神地钻研八股文章作法,最后是"不识不知,无才无用,盲聋老死"。所以康有为认为,甲午战争的失败和割地赔款,都是"八股致之"。"学八股者,不读秦汉以后之书,更不考地球各国之事,然可以通籍(即在朝廷里作为新进的官吏,列上姓名籍贯)累致大官。今群臣济济,然无以任事变者,皆由八股致大位之故。故台(湾)辽(东)之割,不割于朝廷,而割于八股。二万万之款,不赔于朝廷,而赔于八股。胶州、旅大、威海、广州湾之割,不割于朝廷,而割于八股。"①他对当时知识分子"业八股而致科第",对当时学校,只教些词章诗字,很少能讲求"圣道",弄得"用非所学,学非所用,空疏愚陋,谬种相传"的学风和选士育才制度,感到非常愤慨,认为非变不可。至于弓刀石武试制度,他认为,都是"古旧无用之物"。这种制度使百万武举生童等一国壮佼膂力的勇夫,"敝精力、破身家、糜禄食",日夕习练,想用"欧人六百年前之军械、博物院之古玩"的弓矢武器,来同克虏伯炮、开花弹对敌,正是"弃民伤财"的古玩儿戏,可痛、可怪、可笑。

最后,他还着重揭露了"据乱世"妇女不能平等享受学校教育权利的问题。他认为,中外古今的社会历史实际证明,男女在"执事穷理"的能力方面,完全相同,然而古今以来女子的遭遇,都达到可惊、可骇、可嗟、可泣的不平等地位。旧制度压制女子,使她们不得做官、应科举考试、为议员、为公民,过问公事和做学问,乃至不得自立、自由,不得出入、交际、宴会、游观,甚至逼使她们为囚、为刑(穿耳、裹脚、缠腰)、为奴(当奴婢役使)、为私产、为玩具,这实在大大损害人权、违悖公理。他认为,人人都必须靠学问来扩大才识、增加见闻,从而养身和用世,而女子比男子更需要学问。因为女子不仅要有独立营生的专门学问和通力济众的普通学问,还要有胎教、育婴、课子等改良人种的教育人的学问。所以他极力反对禁止妇女为学的旧习俗。他认为所谓"无才为德"以及"男女既别,不能出于学校以求师"的说法,只是要女子当"候补奴隶"和充当"鹿豕蠢蠢"的"异

---

① 《康南海自编年谱》答载湉语。参见中国史学会编:《戊戌变法》(四),上海人民出版社1957年版,第107页。——编校者

类"。至于个别"名士之家",虽让女子"习礼明诗",也只是"吟风弄月",说不上有什么"学问"。所以总的说,他认为都只是"率二万万人有用之才而置之无用之地"而已。

三、万木草堂讲学和改良教育的建议

康有为认为,成为富强的国家,实行立宪政体的欧美日本,赋予人民以自由平等权利,开始了"升平世"之先声。至于"泰西(指欧美)之所以富强",他认为,"不在炮械军器,而在穷理劝学"①。他说,泰西办了许多乡塾,强迫学童入学,读书识字的人占70％用于学塾的经费很多,而文物之邦的中国,读书识字的人仅30％,学塾经费比兵饷要少几十倍,郡县中的知识分子,甚至没有人能够"通古今,达中外",从而导致"外侮交侵"。他的结论是:"才智之民多则国强,才智之士少则国弱"。他所以创办万木草堂讲学,据梁启超说,就由于他认为:"欲任天下之事,开中国之新世界,莫亟于教育"②,而把"激励气节,发扬精神,广求智慧",当作办学宗旨,并要"以孔学、佛学、宋明学为体,以史学、西学为用",来教育学生。他在维新运动中,特别提倡学会和提出一系列改良教育的建议,也是从这才智士民多少决定国家强弱的观点出发的。

他在所著当作万木草堂学规的《长兴学记》中,把孔子所谓"志于道、据于德、依于仁、游于艺",当作草堂的教育纲领:前三条关于德育;后一条涉及智育和体育,包括礼、乐、书、数、图、枪等六艺。他把音乐和兵式体操突出来,在当时是一创举。至于具体科目虽然袭用了义理、考据、经世和文字之学等传统提法,但在义理之学中包括泰西哲学,在考据之学中包括万国史学、地理学、数学、格致学,在文字之学中包括外国语言文字学等等,都反映了对于西学的重视。他为经世之学所列的学科,有政治原理学、中国政治沿革得失、万国政治沿革得失、政治应用学和群学5门。他主张学些当时可行的学问,务求使所学"通变宜民",可算是当时教育内容上的一大革新倡议。此外,他还设立所谓"科外学科",要求学生在校内朔望练习演说、天天写读书札记,在校外间日上体操,放假时出外游历,在当时也都比较开明。据梁启超说,草堂的教育,"德育居十之七,智育居十之三,而体育亦特重"。它由康有为自任总教习、总监督,由学生分任

---

① 《上清帝第二书》,参见康有为著:《康南海教育文选》,广东高等教育出版社1989年版,第32页。——编校者
② 《康有为传》,参见梁启超著:《康有为传》,团结出版社2004年版,第31页。——编校者

博文、约礼、干城三科学长和书器库监督,协助智育、德育、体育工作和主管图书仪器,这样的组织形式,在当时也比较先进。作为教育家的康有为,据梁启超的描绘,他能"诲人不倦",也善于使用生动语言和耐心说服教育:

"其讲演也,如大海潮,如狮子吼,善能振荡学者之脑气,使之悚息感动,终身不能忘;又常反复说明,使听者涣然冰释,怡然理顺,必悦而诚服。"①在维新运动中能有不少"得力弟子"协助进行,正说明康有为在教学方法上是相当成功的。而他在清朝专制统治"以讲学为大戒"的旧风气下,为了变法维新,"昌言追孔子讲学之旧",改变"猎奇炫博,于人心世道,绝无所关"的"著书"风气,也是值得肯定的。他的讲学动机,正如陈千秋为《长兴学记》作的《跋》文流露的,还包括了防止再出现"道咸之季,大盗猖狓"的危机的思想因素在内。

在他向载湉请求变法维新的"上书"和"奏折"中,关于反对封建教育、采用西方教育制度的建议很多。1895 年"公车上书"中,他把各乡村落普设学塾,京师和各省州县遍开艺学书院(包括天文、地矿、医、律、光、重、化、电、机器、武备、驾驶等学堂),奖励民办报馆,以及改良科举、开道学科和广设孔庙祀孔等,作为教民教士大雪国耻变法自强的新政重要项目。维新前夕的《应诏统筹全局折》②中,他建议清朝政府,专设学校局,负责在京师、各省和各府县,开办大学、高等学、中学、小学和专门学等各级各类学堂,并请派人出国游历以通外情及大译西书和游学外国以得新学。百日维新时期,他更向载湉提出《请开学校折》和其他奏折,要广开学校、以养人才:他认为,废除八股取士的科举制,还只像病重服些泻药,还必须服补品来培养中气,而广开学校就是最重要的一帖补药。他在这个奏折中,着重阐述了欧美日本近百年间学校教育发展情况,特别介绍了德国的国民学校制度,并援引俾斯麦所谓"我之胜法,在学生而不在兵"的说法,认为百业、千器、万技,都靠学校作育的人才制成以后,才能够打胜仗。他还认为,甲午战争中日本战胜中国,也由于"其国遍设各学,才艺足用"。所以他建议,远法德国、近采日本,来制定清朝学制:各乡立小学作为普及教育,所有 7 岁以上儿童都须入学;各县立中学;各省府可立专门高等学、大学和图书仪器馆;京师早拟设立的大学,要督促它早日建成。还建议专设"学部",作为全国最高教育行政机关。与此同时,他还提出《请广译日本书派游学折》③,认为这是"通世界之

---

① 参见梁启超著:《康有为传》,团结出版社 2004 年版,第 39 页。——编校者
② 即《上清帝第六书》。——编校者
③ 1898 年 6 月,康有为奏请广译日本书,大派游学。——编校者

识、养有用之才"的大计,藉此可以通晓"各国之新法新学新器"。在派游学生问题上,他主张派往德国最合适,因为德国"文学最精"、又是君主国家。他反对派学生到法国留学,因为法国实行民主,不合于中国国体。至于师范速成人才,也可派赴日本,因为"道近而费省"。所有这些建议,在百日维新期间,部分得到实现。关于学制部分,对清末新学制的建立,有一定影响。

四、关于"太平世"教育的空想

康有为在《大同书》中认为:封建社会是"据乱世",资本主义社会是"升平世"(小康),公产主义社会是"太平世"(大同)。"据乱世"由家庭教育后代,宗族虽有"义田、义庄以恤贫兴学"的办法,受益的只限同族而别族无份。"升平世"的欧美一些国家,除由家庭负责教育后代外,还用"捐千百万金钱以为学院"的办法,来教育穷人后代,这比中国收族之道,范围来得广大;但是只给孤贫儿童以"最粗"的教养8年后,就要他们去做工,这些儿童无力入"学费甚重"的专门学,更去不了大都会的大学被培养成"高才"。这种教育办法不能把所有的人"自生至长,皆驱之于学校",致使许多人都是"无化半教之民"。他认为,只有大同之世,"天下为公,无有阶级,一切平等",无私有财产,也无家界国界,能用公养、公教、公恤办法,使所有后一代自生至长,受到"学校二十年齐同之教学",即用"无家而全归学校以育人"的制度,使得"人人为有用之美才、人人为有德之成人"。

康有为设想的公养制度,是设置人本院(或胎教院)、育婴院和怀幼院,使孕妇产妇得到适当的医疗卫生和解脱妇女抚育婴幼的负担;使胎儿以至6岁前的婴儿和幼儿,得到健康的成长;使胎儿受到所谓胎教,婴儿得到好的抚育,3—5岁幼儿,能在保姆教育下"养儿体、乐儿魂、开儿知识",并在知识稍开时,学制世界有形各物的模型,立下长大后"熟悉工艺,多能鄙事"的基础,从6岁起入学校受公教15年后,参加工作。至于他所设想的公恤制度,包括恤贫院、医疾院、养老院和考终院等机构,除考终院负责人的死葬外,其他三院,都要进行教育。由于懒惰而无职业无衣食的人入恤贫院,在"傅"的教导下学作苦工自给,在"师"的教育下得到劝勤讲善的教育,在"保"的关怀下使身体健康起来。医疾院有讲师对病人讲古时善行、名理和卫生之道;盲哑的年轻人,一面医治盲哑,一面在各级学校,识字读书和学习一技之长营生,20岁后可自由就业。养老院让60岁以上、为公家劳苦几十年的人,入院养老,也可读书著述,并有讲堂每日讲道,谈古今天下名理，让老人领悟接受、养魂积德。

他所设想的公教制度，包括了小学院（6—10岁）、中学院（11—15岁）和大学院（16—20岁）等三级学校体系。他说："太平世以开人智为主，最重学校"，所以从公养制度中的慈幼院起，到公教制度的小学、中学、大学，人人都自幼而学、都学到20岁。因为人人没有家累、没有恶习，图书仪器设备齐全，语言文字同一，道德一致、教化相同，学的结果一定要胜过今天千万倍以上。教育内容要时时公议改良，不能预定，但是在德育、智育、体育以外，更要重视实际有用的教育，所以大学要特设专门学分科施教。公政府要专设学部统率学校，各度小政府也要专设学曹来管学务。他设想，太平之世，地地相等，没有都会和乡邑的差别，所以学校的设置，只选择适宜于养生的好地方，地地相同、地地平等，学生不必裹粮远学，学校也不会像"据乱世"那样集中京都而听乡村处于蔽塞无文化的状态。由于大地一家，培养后一代就是要他们担负起这个大家业，所以学官如同父兄，学生都像子弟。

他设想，太平之世的小学，专用"女傅"，兼挑慈母和教师双重任务，"以育德为先"，"以养体为主，而开智次之"，让儿童在女傅善良的举动、颦笑、言语、行为的熏陶濡染下，先入为主地刻印模仿起终身善良的德性。小学院舍的环境要好，操场校园要宽大适应，图书仪器模型都要完备；要多讲仁爱故事，把它编入课文，编成诗歌，让儿童学习和歌唱，使他们有所感动；要使儿童熟习金工、木工、范器、筑场等工艺，以便长大从事这些生产劳动；要减少"学时"，使儿童能有时间养身康乐，并可在假日游览跳舞、爬树、游水。由于大同世文字语言统一，学习时事简功倍，所以学习内容可以丰富一些。

他认为，中学是打好"一生之学根本"阶段，养体和开智以外，以育德为重；要学礼习乐，通过学礼锻炼肌肤筋骨，人世交际之道和公家法律之宜；通过习乐涵养性情，调和气血，节文身体和感染激发精神思想。一般学习内容是小学基础上的"高等普通学"。依学生资禀的"敏钝好尚"，设课开班，随时议增，使最高年级学生的学业水平，能超过各国大学、专门学的水平。凡有才德的男女都可担任教师。院舍要宽大，要有食堂、藏书楼、操场、校园、操舟渚等；专门学方面的工商矿实验设备都要齐全。

对于大学，他看作是人生之学的最后阶段，学的是普通之学基础上的专门之学、实验之学；是"专以开智为主"的教育。由学生"各从其志、各认专门之学以求专科之师"，如政治法律、教育哲理、贸易、种植等。学通后为君为长、为傅为师、为农为商，只学一技一能就为工为匠，都听学生自由。学生各从所好，分业成能,然后通力合作为公众之用。学生在学 5 年中,虽要有事于虚文,更须从事于实验:学农从事田野,学工从事作场,学商入市场店铺,学矿上矿山,学医讲于医院,学法律讲于审判所,所有各科专门,都要做到"试于经用而后可信"。因此大学各科的设置,不能放在一处,而须设在各科最适宜的地方,以便"亲切而有用、征实而可信"。教师不分男女,但都须挑选"专学精深奥妙实验有得者"担任。学生在这 5 年中,坚强聪敏的听其兼通几种专门学,中才的也得精通或妙解一门,最愚下的资质,如笃守一个专业,毕业后起码可以自养其身,好的还足够为公家之用,不会有一个"不成之材"。对于特别高才的学生,毕业后就业 1 年,给以学士衔,别给俸禄 3 年,使其继续研究,成其"绝学"。

维新运动中的康有为,从"要救国只有维新,要维新只有学外国"的信念出发,宣传和领导了向西方学习,变法维新和爱国救亡的政教活动,反对封建旧教育,提倡普及教育和女子教育,提出资产阶级学校体系,还在传统大同思想和西方空想社会主义思想影响下,写出了《大同书》等等,在当时是先进启蒙人物之一。但是正如毛泽东同志所指出的,"他没有也不可能找到一条到达大同的路"。

第三节 梁启超的改良主义教育观

一、要求改良的政教活动

梁启超(1873—1929),字卓如,号任公,又号饮冰室主人。广东新会人。出身于封建知识分子家庭,从小由祖父和父亲授以四书、五经、《史记》《纲鉴易知录》以及帖括文字。12 岁进学,后入广州学海堂肄业,专攻训诂词章,17 岁考中举人。18 岁开始接触西学,由学海堂同学陈千秋介绍,一同师事康有为,决心舍去旧学,向康有为学习陆王心学,兼习史学西学。19 岁起,在康有为的广州长兴里万木草堂学习 3 年,自称"一生学问之得力,皆在此年"①。

1894 年(甲午),梁启超离开了万木草堂入京会试。面对日本军国主义者侵略中国、朝鲜的战局,他非常愤慨,更身努力习读译本西书,研治算学、地理、历史等科。不平等的《中日马关条约》签订后,他代表广东公车百九十人,向清朝政府上书,陈述对时局意见,又参加康有为领导的公车上书,请求变法维新,担任京师强学会书记,博览会中所藏译书。强学会遭禁后,黄遵宪于 1896 年在上

---

① 见《三十自述》,"此年"指 19 岁。参见梁启超著:《饮冰室自由书》,商务印书馆,1916 年版,第 164 页。——编校者

海办《时务报》旬刊,梁启超应邀担任主笔,他积极宣扬君主立宪,15个月间,发表了《变法通议》、《西学书目表》、《读西学书法》和《论君政民政相嬗之理》等文,比较系统地宣传了变法维新理论,并批评秕政,主张废科举兴学校,也提倡民权论。

1897年11月,梁启超应湖南巡抚陈宝箴、督学江标之聘到长沙,在谭嗣同、黄遵宪、熊希龄等办的时务学堂任总教习,讲授《公羊传》和《孟子》。唐才常等担任助教,教授学生40人,李炳寰、林圭、蔡锷等都是其中的高材生。梁每天在课堂4小时,夜则批答各生札记,所言都是一派民权论以及清廷失政,学术方面则多抨击从荀况下至汉宋明清学者。他认为,"兴民权者断无可亡之理",而是挽救中国危亡的唯一途径。他又痛斥清朝入关时屠杀汉人的残酷暴行,在他批改的学生日记中,曾有"屠城屠邑皆后世民贼之所为,读《扬州十日记》,尤令人发指眦裂"等语①。他对谭嗣同、唐才常等组织的南学会,也很赞助。于是湖南新旧派大閧,叶德辉所著《翼教丛编》就曾逐条痛诋康有为的著作和梁启超所批学生札记,以及梁发表在《时务报》、《湘报》、《湘学报》上的论文。张之洞也在1897年2月,写成反动旨趣略同的《劝学篇》,硬说"民权之说不可行"。对此,梁启超曾愤激指出《劝学篇》的谬论,"不十年将化为灰烬为尘埃,其灰其尘,偶因风扬起,闻者犹将掩鼻而过之"。

1896年(戊戌),26岁的梁启超在上海医好病后,再上北京赞助康有为组织保国会,办理京师大学堂译书局事务,积极参预"百日维新"的新政活动。八月政变时逃往日本,在横滨创办《清议报》,在东京开设高等大同学校,为留日学生预备科。不久赴夏威夷,组织夏威夷维新会。一度回上海转香港、南洋、印度、澳州。1900年(辛丑)4月②,再到日本办《新民丛报》,介绍西学。

二、湖南时务学堂的办理和斗争

1897年10月,梁启超应聘担任时务学堂总教习,并参与南学会的建立。反映在《上陈宝箴书论湖南应办之事》一文中,梁启超认为:振兴民权是当时中国救亡之策,而开民智、开绅智和开官智,是兴新法和行新政的一切根本,湖南官绅正是感到民智的重要性而开设时务学堂。他建议,把学生分为二等:一部分在5年内尽心竭力教育,要求专精,要中西兼习,根柢深厚,养成大器;一部分在

---

① 梁启超:《清代学术概论》,上海商务印书馆1922年版,第140—141页。
② 据《梁启超年谱》应为1902年2月。——编校者

3年内培养,要求他们略知政学本原和中外情形,开通风气,消除推广新政新学的阻力。这样,就可使全省60余州县的风气同时并开,民智同时并启,人才同时并成。为了急救国家的危亡,他认为,最好由朝廷大变科举和州县遍设学堂。如果这一时难以实现,那么官绅力所能及而收效又快的办法则是:一、全省书院的官课师课,改课时务,童生考试的县政府考,除第一场外,都试时务;二、由时务学堂广设外课,各州县都调人来学,反复讲习外国政法道理,强调不除旧习不能立国,还授以外国史地和内外公法诸术,以及古经古子精华和各门格致流派,这样,大概读书不过10种,为时不过数月,就可更新见解,激励忠愤,以保国保种保教为己任,以大局糜烂为一身耻辱。要求隔一天必有讲论,读书必有札记,师法胡安定的经义、治事分斋学习办法,半年后所教人才可以拔十得五。他认为,为要厚植根柢,学习专门,宜招年幼学生;为要推广风气,观其大略,加速成就,可招年龄稍长的学生。如果学生年在20以上,对于中学曾经略有接触,思想已渐开通,对他们宣讲政治道理都能听受,就更易于有得。所以外课生以不限年龄为妥。

在《湖南时务学堂学约》中,梁启超规定,以立志、养心、治身、读书、穷理、学文、乐群、摄生8条,作为学堂每日功课"所当有事";以经世、传教2条,作为学生学成以后"所当有事"。要求学者关心国蹙、种弱、教微的国家大事,立志以天下为己任,不为科第衣食所累,变成学究市侩。其次,要求学者做养心功夫,一是通过静坐养心,二是通过阅历养心,养成"富贵不能淫,贫贱不能移,威武不能屈"的大丈夫气概。第三是治身,要扫除旧习气,专务笃实,不效名士狂态或洋务膻习。第四要读书,以求达古今,通中外,对国家社会有好处。在时局变化,外侮交迫的形势下,西方的声、光、化、电、格致、算学等著作,农、矿、工、商、历史、法律等记载,应接不暇,学生必须用几年功夫打好经史大义根基后,肆力西方书籍,纵览中外之学,以求深造有得。要求每人专设札记一册,就专精和涉猎两门,逐日写心得;写疑义投入待问甑①,以待解答。第五要穷理,认为瓦特、牛顿、阿基米德、伽利略等关于一切格致制造的创造发明,多从粗浅道理开始,偶然触悟,产生新机。中国人聪明不落人后,问题发生在用与不用的差别。"智慧日浚则日出,脑筋日运则日灵",正是"始教所当有事"。第六是学文,指出觉世之文,只求辞能达意,做到条理细备,词笔锐达为止。学无心得而想以文传世,是可羞的事。学文的功课,每月应课卷一次。第七是乐群,在劝善规过方面,友

---

① 学生读书有所疑义,用待问格纸书而纳入甑中,由院长当堂批答榜示。——编校者

朋的好处要比教师大,要求同学相爱相敬,集思广益。每月会讲时,彼此规劝问答,议论心得,收益无穷,每次会讲,教习都要参加监督。第八是摄生,注意藏修息游,起居饮食各有定时,勿使过劳,要习体操,要有摄生课。第九是经史。第十是传教。

  关于经史的学习,强调经世致用,否则就是俗学。他所谓经世,又同唐宋以来的所谓经世稍有不同,是要稍通六经精意,证以周秦诸子及西方公理公法诸书以为经,以求治天下之理;要博观历朝掌故沿革得失,证以希腊罗马古史以为纬,以求古人治天下之法;还要求详细考察现在天下郡国利病,了解中国积弱的由来以及可以图强之道,证以西方国家近代史宪法章程等书和各国报章,探求现在治天下国家所当有事,然后才说得上所谓经世。至于游历和讲论,又是培养政才的两把钥匙。中学以经义掌故为主,西学以宪法官制为归。当天读书功课完毕,由教习随举报纸上的记事一二条问答,教习作总结。

  关于传教,以宗法孔子为主义,取六经义理制度,微言大义,一一证以近事新理来发明它。宣传所谓孔子垂法万世,范围六合的真理。把宣传他的太平大同之教于万国,作为学习的最大任务。

  对于梁启超的时务学堂理论和实践,顽固守旧派很为不满,反映在叶德辉所作《湖南时务学堂课艺批》的《案语》上,是破口大骂,猖狂攻击:课艺批指出清朝轻赋以致官俸不厚,仍然取之于民,"其祸益烈",《案语》斥为"丧心病狂";课艺批认为变法要先废拜跪礼改为鞠躬,《案语》斥为"悖妄已极";课艺批要把六经所言民权编集成书,《案语》硬说"民有权,上无权矣"。在学堂日记梁批中指出,屠城屠邑都是民贼所为,读了《扬州十日记》,特别使人愤怒,《案语》硬说:书是明末遗老所作,要想到清朝统治二百多年的"深仁厚泽",不能说是"贼民"。梁批认为"能兴民权者,断无可亡之理",《案语》胡说兴民权只会速乱,怎能不亡。梁批认为,议院虽属西方创始,五经诸子传记中也多有这类意思,"惜君统太长,无人敢言",《案语》抓住"惜君统太长"五字,认为大逆不道,诬指梁批要"人人造反,时时作乱"。梁批认为,二十四朝无人当得起孔子王号,间有霸者数人,其余都是民贼,《案语》骂成"狂吠可恨!"梁批认为,变法要先变衣服,《案语》则骂成草寇的"妄言"。在学堂答问梁批中指出,日本所以二千年不易姓,由于君位如同守府,政在大将军;又指出日本所以能自强,由于一二藩士激昂慷慨以义愤号召天下,天下应之,都是侠者之力,中国无此等人,怎么办!《案语》硬说梁启超为要提倡民权,借口于君位如同看守王府宝藏的人,为要鼓吹民权,借口于日本的维新自强,都是用似是而非的议论贻误童子。梁批认为,旧日舆论用能言不能行责难人是荒谬的,并指出,立言的人和行事的人各有所长,不能相非,也不能要求一人兼备;《案语》硬说天下古今从无时务学堂这等教人之法,漫骂梁启超此说,误尽天下苍生!……斗争非常激烈。

三、评封建旧教育和洋务新教育

在《变法通议·学校总论》中,梁启超认为:"自强于今日,以开民智为第一义。"又说:"亡而存之,废而举之,愚而智之,弱而强之,条理万端,皆归本于学校。"他指出,由于科举取士,太学、书院以及郡县的学官,都以制义、诗赋、楷法为教育内容,因此,不必读书通古今就能考取。中材以下读书,要求通古今的人很少。一些奇才异能之士,为了应考,只好辍其所学,去从事制义、诗赋、楷法,不能成为豪杰之士。有些人号称为通人志士,或笺注校勘,效忠于许慎、郑玄;或束身自爱,归命于二程、朱熹,也只能便于统治者驯治天下。正是"秦始皇之燔诗书,明太祖之设制艺,遥遥两心,千载同揆,皆所以愚黔首,重君权",因而培养不出农、工、商、兵各业所需要的士。农产的增值、新工艺的创造,商业的贸易额,都落后于俄、法、美、英等国。由于兵燹,甲午战争中水师军船96艘,如无一船,300营榆关防守兵,如无一兵。有士之名,无士之实,其害至此。而况士而不士,聚集帖括、卷摺、考据、词章之辈千百人,既不通掌故,又不懂外国形势,怎能实施新政,抵御外侮?一谈到治国,就说要"仿效西法",力图富强,这是对的,但是16国使臣、400所领事馆,竟无人可派,总理各国事务衙门办理外交的章京和各省洋务局的交涉使,海陆军各种专门人才,铁路、矿务、器械制造、商务等专门人才,都很缺少,只好雇用洋员,俯首拱手,听命外人。不仅洋务有关人员严重缺乏,就是作为官僚后备军的"士",在中央太学、省的书院和郡县学官所在的儒学,对他们也都没有以历代政术为教,没有以天下郡国利病为教。学的时候不为他们以后居官考虑,他们得官后只能尽弃过去所学,另搞过去所未学。一切公事,受成于胥吏之手,六部书办,督抚幕客,州县房科,上下其手,定其短长,当官的无可如何,因为胥吏学过,当官的未学,弄得全局糜烂。他的结论是:"西学之学校不兴,其害小,中学之学校不兴,其害大。"

关于讲洋务的西学教育,梁启超指出:现在的同文馆、广方言馆、水师学堂、武备学堂、自强学堂、实学馆之类,为什么不能养成"异才"呢?这是由于学习艺能之事的人多,研究政教之事的人少。而其所谓艺能,又不过语言文字之浅和兵学之末。这样不重视远大根本的教育,就是办的极好,成就也很有限,加上科举制不改,进学校的人少,师范学堂未设,难请到好教师,专门之业不分,无从向精深提高,使得这方面的知识分子,往往把六经束之高阁,群籍吐弃一旁,对于旧学既一切不问,询以西方富强的根本和制作的精巧,能够阐明或者能够仿制的人也很少。梁启超曾说:"古人所患者,离乎夷狄,而未合乎中国;今之所患者,离乎中国,而未合乎夷狄。"培养的人才中,能担任通事的已是上才,其他只够充当洋行买办,罔必达之用。间有一二人成就卓然,通达中外,可备国家之任的,一定由于他的聪明才智,能藉其他专精上进,而不是诸馆诸学堂之功。同文、方言等馆的建立和选拔出国留学办法,行了几十年,国家还是得不到有用人才。俄国彼得大帝或日本明治天皇,都善于使用回国留学生,因材委任,而中国的所谓洋务学生,离井去邑,自幼到壮,从事西学,学成归来后,得不到任用,上不足以尽所学,下不足救饥寒。

关于师范、女学、幼学和科举等,梁启超也曾有所论述。他指出"师也者,学子之根核也",但是许多书院山长、蒙馆学究们,不少是六经没有毕业,四史未曾上口,不识八星,不知五洲,如此教师怎能培养人才?同文馆、水师学堂,由于略效西制,思讲实学,而教习乏人,不得不用西人。他指出,二万万妇女不读书是令人痛心的事,"天下积弱之本,必自妇人不学始","欲强国必由女学"。他论述幼学很多,认为"非尽取天下之学究而再教之不可,非尽取天下蒙学之书而再编之不可",呼吁改编或新编识字书、文法书、歌诀书、问答书、说部书、门径书、名物书,提倡幼学要教西文西语等等。

四、论教育宗旨和培养新民之道

作为变法维新的改良主义者,梁启超一贯重视学校教育这一武器。面对外国侵略,他在主讲湖南时务学堂时,就很重视精神教育。戊戌政变后,他亡命海外,仍很注重宣教工作,并在1899年发表了《瓜分危言》。帝国主义列强的八国联军之役以后,他在1902年发表了《论教育当定宗旨》、《教育政策私议》和《新民说》等文。

梁启超认为,教育无宗旨,则寸毫不能有成,父兄教子弟,国家教国民,都是这样。国家教育就是要培养一种有"特色之国民"或"新民",能团结一致,"自立竞存于优胜劣败之场"。想要达到这个目的,决不是东涂西抹,苟且敷衍,杂乱无章地今天学一种语言,明天设一门学科,能够达到的。有志于教育职业的人,先要认清教育是制造国民的工具,次要具备经世的炯眼,抱有如饴的热肠,洞察五洲各国的趋势,熟考我国民族的特性,然后用全力来鼓铸人才,使能自立竞存于列国之间。他指出,当年的同文馆、广方言馆都不过是培汉奸之才,开奴隶之智而已,驻日公使李经方,为公使馆附立学堂所题一联,也反映了这几十年间的教育精神:"斯堂培翻译根基,请自我始;尔辈受朝廷教养,先比人优。"正是舍翻译之外无学问,舍升官发财之外无思想。梁启超指出,尽管八国联军之役以来的教育家可以自我辩解,说什么他们办的新教育并不如是,要教格致物理、地理历史、政治理财等课,但这只可说是学科的进步,难说已是教育宗旨的进步。徒然增加一批有学问、有知识的汉奸奴隶,这就有不如无。他引证了古今中外教育实施情况,并引朱熹所说"教学者如扶醉人,扶得东来西又倒"的名言来论证,指出教育宗旨有所偏误,流弊往往深中人心不能挽救。要制定中国国民教育宗旨,处在所谓民族主义世界,就要考虑本国固有特性,如地理、历史、思想、风俗等等,好的保存,并吸取别国有助于我者,加以增殖,不好的刮去,并寻求别国可以匡救我者,勇猛吸取,务使国民备有"人格",能够自动、自立、自治、自主,为本国之民而非别国之民,为现代之民而非古时之民,为世界之民而非僻壤之民①。

梁启超说:"为中国前途计,莫亟于教育。"他认为,谈维新的政府当局和讲时务的在野人士,大家也都非常重视教育,为什么不少议论发表两年还未开花结果?为此,他提出学制和教育经费的建议。他参据日本的学校制度,认为清朝政府上下,虽然都有州县办小学,府办中学,省和京师办大学的命令和建议,却只见京师大学堂的成立和各省提出的开办大学堂计划,而没看到关于中小学的施设规定,这样兴学会中途挫跌。不少游学日本的学生,突然进入日本的高等学、专门学、大学,讲求政治、法律、经济诸学,由于普通学没有学好,许多问题不能解悟,只好降而学习中学程度的功课,甚至中途辍学回国。至于对国内的翰林部曹举贡生监,要授以大学课程,也是相当困难的。欧美各国从19世纪以来,眼光远大的政治家,都确认教育的本旨在养成国民,德国大将毛奇②把战胜法国的功绩,归之于小学教师。梁启超认为,中国如要学外国,一定要以政府干涉的力量,强迫实施小学义务教育制度。他采取日本人所论教育次第,撮要作成《教育期区分表》(儿童身心发达表)和《教育制度表》,主张教育次第不可躐等,就学年级要与儿童年龄相应。他说,各国小学都实行义务教育,这就是在国

---

① 《论教育当定宗旨》,1902(光绪二十八年)。参见梁任公编辑:《饮冰室文集》(三册),大道书局1936年版,第1—5页。——编校者
② 毛奇(1800—1891),德国著名军事家,是普奥战争、普法战争中打败奥军和法军的实际组织指挥者。——编校者

家行政力量干涉下,凡及年儿童都不可逃免这种教育:第一,这是说及年子弟都有不得不入学的义务;第二,各地区市民都有负担教育经费的义务。如果只凭口舌劝说,促使民间自办小学,义务教育一定难以普及,也难与官立中学、高等学校相接;至于中学,他认为,宁可减缩卒业年限,使其兼程前进,决不可降低中学程度,使之躐级进入大学①。

第四节　严复的改良主义教育观

一、严复的政教活动

严复(1854—1921)是近代中国向西方寻找真理的"先进的中国人"之一,是近代中国著名的资产阶级启蒙思想家和教育家。

严复原名宗光,字又陵,一字几道;福建侯官(闽侯)人。早年父死家贫,15岁考入马尾造船厂办的求是堂艺局(后称福建船政学堂)的后学堂,学习5年,虽然也读《圣谕广训》、《孝经》,并习论策,以明文理,主要接受新式海军知识与训练,读了资本主义国家传入的新学问,如英文、算术、几何、代数、解析几何、割锥、平三角、弧三角、代积微、动静重学、水重学、电磁学、光学、音学、热学、化学、地质学、天文学、航海学等。19岁卒业后,严复在军舰上实习和工作了5年,又被派到英国留学两年多。他先进抱穆士德肄业,后入格林尼茨海军大学,学习高等算学、化学、物理、海军战术、海战公法及枪炮营垒诸学。当时他的注意力并不限于这些功课,对西方资产阶级的政治和文化也进行了广泛涉猎,并注意到中西学术政制的异同问题。

严复27岁(1879年)由英回国,充当福建船政学堂教习1年后,担任北洋水师学堂总教习(教务长)、总办(校长)等职务共20年。他激于爱国热情,对当时极端腐朽的封建政治表示不满,常对人说:"不三十年,藩属且尽,缱如老拧牛耳!"严复深信西方资产阶级的政治和文化可以救中国。在甲午战争(1894—1895)后,面对帝国主义瓜分中国的民族危机,严复反映着当时已有初步发展的中国新兴资产阶级的政治经济要求,通过写作政论和大量译述,鼓吹变法维新,成为维新运动中一个出色的启蒙思想家。1895年,在天津《直报》发表《论世变之亟》、《原强》、《救亡决论》和《辟韩》等文,强烈宣传"尊民叛君、尊今叛古"的理论。还翻译了赫胥黎的《天演论》,亚当·斯密的《原富》,斯宾塞的《群学肄言》,

---

① 《教育政策私议》(1902年)。参见梁任公编辑:《饮冰室文集》(三册),大道书局1936年版第5—12页。——编校者

约翰·穆勒的《群己权界论》、《穆勒名学》,孟德斯鸠的《法意》,甄克思的《社会通诠》,耶芳苏的《名学浅说》等资产阶级哲学社会科学名著。正是他第一个把进化论介绍到中国来,要用"物竞天择,适者生存"的理论,教中国人民走资本主义道路,发奋图强,以免亡国灭种。所译《原富》是资产阶级经济学的经典著作,《法意》是近世奠定资产阶级法学基础的巨著,两本名学(逻辑)以及政治学、社会学诸译本,流传都很广泛。

回国后的严复,除了发表政论和翻译西书外,还曾在1896年,帮助张元济在北京创办通艺学堂,提倡西学,培养维新人才。1897年,严复同王修植、夏曾佑等在天津创办《国闻报》(日报)和《国闻汇编》(旬刊),以通达中外之情,提高国人对西方的认识,企图有利于变法维新,与梁启超在上海办的《时务报》是当时宣传维新思想的南北两大阵地。他积极投入变法维新运动,曾在王锡蕃推荐下,由光绪皇帝召见,询问他对于维新的意见,办海军、办水师学堂和办报的意见,并要他把修改中的《上皇帝万言书》抄呈。由于维新运动失败,通艺学堂并入京师大学堂,《国闻报》被封禁,严复仍任北洋水师学堂总办。1900年脱离水师学堂。1902年又到北京,任编译局总办。1905年,在上海帮助马相伯创办复旦公学。1908年,再到北京任审定名词馆总纂。这时他的主要工作是翻译前述诸书。

辛亥革命后,从1912年到1916年,也就是袁世凯当上大总统到窃国称帝死去的五年中,严复主要是在袁世凯手下讨生活。1912年,袁世凯任命他做京师大学堂校长,不久辞去。后来曾是袁世凯御用的筹安会六君子之一。五四运动时期,他已经走上复古道路,硬说:"孔孟之道,真量同天地,泽被寰区"(《与熊纯如书》),就这样反对五四运动,成为顽固派至死。

严复的早期著作,见于侯官《严氏丛刻》(南昌读有用书之斋校印本)及《严几道诗文钞》(国华书局印),所译著作的总集有《严译名著丛刊》(商务印书馆1931年版)。解放后,出版了《严复诗文选》(人民文学出版社1959年5月北京版)。

二、"西学"救亡论

1895年,严复在日本军国主义侵略中国的甲午战争刺激下,写了《论世变之亟》、《原强》、《救亡决论》和《辟韩》等几篇重要论文,发表在天津《直报》上,指出甲午战败的由来,不是一朝一夕之故。

严复认为，19世纪90年代的旧中国，处于危急存亡之秋，急应自救。他比较中西事理的根本差异是：中国人好古而忽今，西方人力今以胜古。中国人一治一乱，一盛一衰，是循环往复的；西方人则是日进无疆，进化不已的。他要用力今胜古来代替好古忽今，用进化论来代替循环论。他指出，中国圣人之意，把相安相养，当作生民之道，"争"是人道的大患，主张"以止足为教，使各安于朴鄙颛蒙"，所谓《春秋》大一统，秦始皇的销兵焚书，乃至宋以来的科举考试，其作用都在"防争"，用尽心思，牢笼天下人才，平争弭乱，以致民智日窳，民力日衰，简直不能与外国侵略者争一天的命运，四千年文物声名陷于不可终日的危险境界。为了自救，他认为，不独破坏人才的八股文必须废除，一切宋学、汉学以及雕虫小技的诗文小道，即所谓义理、考据、词章之学，也都无用、无实、无救于国家危亡。

在几乎全盘否定中学的同时，严复认为，不论在哪一方面都非学习西学不行。似乎只有全盘西化，才能救亡图存。他指出，中国人称赞西方人时，都说他们善于理财，擅长机巧，实际这些还只是见闻所及的汽机兵械之类形而下的表现，就连最精密的天算格致之学，也都是可以看到听到的，并非命脉所在。"于学术则黜伪而崇真，于刑政则屈私以为公"，才是西方人的命根子。中国历来虽也主张推崇科学的"黜伪崇真"与民主的"屈私为公"，但是西方行得通，中国行起来就有弊端。这是因为西方自由，中国不自由。中国自古以来的圣贤们，从来不以自由为教。中国待人接物的"恕与絜矩"之道，虽与自由相似，实际并不相同。他说："中国最重三纲，而西人首明平等；中国亲亲，而西人尚贤；中国以孝治天下，而西人以公治天下；中国尊主，而西人隆民；中国贵一道而同风，而西人喜党居而州处；中国多忌讳，而西人重讥评。"此外还就财政经济、接物、为学、祸灾等各方面，作了比较。例如为学方面，就说"中国夸多识，而西人尊新知"；祸灾方面，就说"中国委天数，而西人恃人力。"他认为，面对外国侵略者，为要转祸为福，应该看到西洋富强之政，讲求西洋富强之术，养成通达时务的真人才，来谋国救亡，克服亡国灭种之祸。（《论世变之亟》）

严复的"西学"救亡思想，在他的《救亡决论》中，阐述得更为详尽。他认为中国不变法则必亡，而变法的急务是废八股。因为八股的害国，"害在使天下无人才"，使人从小堕入科举考试的八股之学陷坑，弄得谬妄糊涂，寡廉鲜耻或游手好闲，三害有一于此，国家就难得不由弱而亡。科举任务本是为国求才，劝人为学，不管是求才或为学，都应以"有用"为宗，就是有益于国家富强之用，而富强的基础是格物致知，不依据西方格物致知之学，到处都将变成荒虚。他呼吁，要挽救危亡,首先要"痛除八比而大讲西学",所有宋学、汉学、词章小道,也都应束之高阁。他认为,讨论富强之前,当先探讨通过什么途径可以救亡。西学格致之道,最重视实验实践,明确一理或立定一法,一定要在事事物物中得到证实,而后肯定它是不易之理或法;在治学过程中,一定要不抱成见,不用饰词,不擅作主张,不稍行武断,勤奋耐心,谦虚公平,力求至精至实;在民生日用中,据理行术,把握必然道理,追求未然之效。西方学者还说,科学不仅求知于未知与求能于不能,绝大的妙用还在于锻炼智虑而掌握思考,使得习沉不浮,习诚不妄,面对一理,当机立剖。他明确指出,西学格致,决不是迂缓途径,一谈到救亡,没有它是不行的。要挽救中国的危亡,虽尧舜周孔再生,仍然要通知外国事。而要通知外国,不学西学西文与不学格致都不行。西学西文是耳目,不学格致就仅得皮毛,无救于危亡的。他以明治维新中的日本为例,指出日本在明治维新时,尽管它恨死西人,但又极其刻苦地学习西学,因为它深知非西学不独无法制人,而且将无以存国。我们中国如果不问利害是非,拒绝学习西学来自救,就太愚蠢了。

三、体用一致的文教纲领论

1898年,清朝政府把张之洞写的《劝学篇》,发交各省各道刊布。《劝学篇》提到的"中学为体,西学为用"、"旧学为体,新学为用"的文教纲领,是张之洞反对全盘向西方学习的理论根据。张之洞认为:"四书五经、中国史事、政书地图为旧学,西政西艺西史为新学。"他在要求中学与西学、旧学与新学不可偏废的幌子下,认为中学旧学为体,体就是本,西学新学为用,用就是末。这实际上就是顽固地坚持四书五经的教条,反对学习科学,特别是反对学习资产阶级的社会政治学说,只学些西方的造船、练兵、兴办工业来救急和装门面。

对于这个"中体西用"说,严复在1902年写的《与外交报主人论教育书》中指出:体和用是就同一物说的,牛体有负重之用,马体有行运之用,不能以牛为体,以马为用。中学和西学也是这样,各有各的体和用,分之两立,合之两亡。他还指出,所谓"政本艺末"的说法,也是错误的。封建统治者始终将西方的船坚炮利看作技艺之末,而不知西方技艺的主要原理即是科学,所谓"艺"就包括"名、数、质、力"等等科学。西方国家正是运用了科学的公例通理方法到社会政治方面,在处理社会政治问题时,就本着自由思考精神和运用了科学方法,从而产生优良的政治措施,所以科学与政治是本末的关系。"以科学为艺,则西艺实西政之本"。也就是说,科学是本,决不是末。他说:"一国之政教学术,其如具官之物体欤?有其元首脊腹而后有其六府四支,有其质干根萎而后有其支叶华实。"这正是说,政教学术是一整套的,只能本末一致地全面学习西方文化科学知识,不能枝节地片面地学习那为用的西艺。如果本末不一致,那就一点西艺也学不成的。

在这篇《论教育书》中,严复提出了当时的教育,要不要完全去掉我国旧的,换上西方新的这个问题。

反映在1895年发表的《救亡决论》中,严复曾有全盘西化倾向,对于中国固有学术中义理、考据、词章三者,曾取完全否定态度。后来在《论教育书》中,却一反此说,他认为,变法之难不仅在于"去其旧染",更在于"别择其故所善者葆而存之"。他不满意变法潮流汹汹前进时,简直要去旧务尽的倾向。他认为,这由于不知道祖先留下的优秀遗产,乃是经过百王创留的、累世淘汰的好传统,一旦去掉,不仅特色消亡,所谓新的也难以巩固。他认为,要巩固新的,就得保存优秀遗产。困难在于拘谨守旧的人,难以胜任这个去旧谋新的任务。一定要放开眼界,扩大思路,总括新的旧的而考察其通性,包罗中国外国而计较其全面,然后才有所成功。

严复认为:中国的大患在"愚"、"贫"、"弱",一切可以愈愚、疗贫、起弱的措施,都应采取。他感到"神州之陆沉诚可哀,而四万万之沦胥甚可痛",这三件大事中又以愈愚最急。为什么呢?因为愚,才使我们天天走向贫弱而不知道。从今以后,一定要全力追求愈愚的办法,只要能达到这一目标,不管它是中国的还是西方的,是旧的还是新的,都可采取;相反,一切足以使我陷于愚昧,并且由愚昧走向贫弱的途径,虽出之父祖君师也要扫尽。

在教学西学问题上,知识界有人主张"以汉文课西学"。严复认为,学术必要求之初地而后得其真。努力用自己的耳目心思之力,研究天地之间现象的人是上等;其次是乞灵于书本的流传和师友的教授,但是这两点一定要靠本来用的语言文字;最下是求之翻译。这中间隔尘越多,那就去真越远。中国所曾翻译的科学技术论著,寥寥无几;日本虽然译著很多,维新三十年,未必能把西方二三千年的学术译妥译全;借助日译本也是不得已的事。他认为,中国近几十年来,所设学堂,都教外文,最近并以聘请外文教师为首要措施,确属不得已的事。有人担心学了外国语文将站在外人一边,使爱国心衰退,他认为,这真是童稚之见。爱国心以国家民族为根本,爱国心的深浅,与言语文字无关。世界各国的人做学问用国语,这是因为近世文明进步而学术发达;早年学者如培根、牛顿、斯宾诺莎等人著书时，用的都是拉丁文，他们所以不用国语是以为俚浅不足载道。由此可见，国家患在无学，并不患在不尊国语。严复以为，如果因为无学而愚，因愚而导致贫弱，虽然很尊崇国语，也是虚骄无补的。只要国民不愚，国家站得住，人人有爱国心，未见得不尊崇本国语言。国语是精神所寄，首先应该重视精神，不要只尊重精神所寄的国语。

总而言之，严复认为清朝政府之所以诏设学堂，在于要寻求国家原来所没有的，并非把旧有的学问当作急务。显然，中国所本无的是西学，那末西学为当务之急也是自明之理。既要研习西学，就一定要采用西文西语而后得其真谛。至于我国旧有的经籍典章，并未废弃。学者从进中学起，至升学高等，功研专门，约计十几年，十几年的前后，有很长的从事旧学的时间，而况学堂内又不全废中学，只是暂把精力专攻西学，对于中学稍为减轻而已。等到二十年以后，所学稍富，译才稍多，才可考虑用中文传授各门科学，分设各国语言文字为专科。这样做能否成功，决定于实施办法，不以人意为转移。

为了有效地传授西学，严复拟了九条《教育办法划一条例》。首先要求官译西学。要从最浅最实的普通学入手，供小学蒙学用，译文要让汉文清通的中年知识分子一目了然，好与旧学相辅为教。其次，学生入中学前的旧学功课，要大大减少，要改良教法，少背诵，多讲解，做到能够写作"条达妥适"的文章和粗通经义史事。第三，中学生录取年龄为16岁至20岁，要文理通，中学有根柢，能否认识西文可以不论，入学后即课以西学，并须用外文授课，全年课程以外文占七成，中文占三成。第四，在中学堂四五年后，升入高等学堂预备科学习3至4年，就分别学习专门学科；在高等学堂，中文有考校，无功课，有书籍，无讲席，听学者以余力自学。第五，中学堂用中国人担任外文和西学的教学；高等和专门学堂宜用外国人当教习，如果人众班大，则用中国人当助教。第六，小学堂有中学教习，无西学教习，中学堂兼有中学和西学教习，高等学堂有西学教习，无中学教习；专门学堂有经史文词诸学的专科。第七，为了培养中学教习，各省可在省会先设师范学堂，由学政要求各县保送年达20岁的高材生，教以中学教法，学习5年。第八，选派三十上下、旧学根柢深、文才茂美而又不得意的举贡以上知识分子，出国留学。出国以前，至少须学外文（英、法、德、俄文，任选一种）3年，前2年专攻语文，后1年专攻科学。这些聪明强识知类通达之材，只要能使安心向学，一定会有成就。如果不通语言，出洋无益，不懂科学，观察事物必很肤浅。考选要严格，培养要充分，鼓舞要得法，即使年龄较大，还是可望大器晚成的。最后，他放弃了早年主张的尊民叛君的民主思想，而强调尊今叛古的科学教育。他认为，写作西人的政论容易，学习西方科学困难；讲自由平等民主革命的政论往往是一派"骄嚣"之风，研究科学则富于朴实茂盛之意；不通科学的政论多无根据，危害国家前途，因此此后教育，要处处着意科学，使学者的思想集中于因果实证之间的学问，以便学成之后能够疗病起弱，破旧图新。在提倡科学教育，重视实证学问时，他硬说革命政治有害国家前途，是什么"骄嚣"的风气，其立脚点显然站在君主立宪派一边，不良影响是突出的。他从反对"中体西用"，提倡体用一致的西学救国，再回到通新政，苞中外的"中学为体"窠臼，仍在为清朝封建统治效忠。

四、"自强之本"的三育论

严复提出他的"西学"救亡论时，还在《原强》文中，着重阐述了所谓"自强之本"的三育论。他参据英国社会学家斯宾塞（H. Spencer，1820—1903）的《教育论》（Education：Intellectual，Moral and Physical），以为一国的强弱存亡，决定于她的国民的"血气体力之强"、"聪明知虑之强"、"德行仁义之强"。他把民力、民智、民德的高下，看作是一国强弱存亡的标志，三者具备，民生就美好，国威就振奋。用这三条标准来考察中日甲午战争中暴露出来的情况，尽管作为国家元首的光绪皇帝，也想改弦更张，维新变法，但是文武官员们，从殿阁枢府，六部九卿到二十四行省的封疆大吏们，几乎都对时事大势糊涂无知，不肖之徒，甚至企图乘间谋利，无一人挑得起御侮折冲的重担；至于在野的人才也少，简直千万人中难得一二。前线上更是"将不素学，士不素练，器不素储"，一旦有急，只是蚁聚蜂集的乌合之众，武装起来上阵打仗，不是逃跑，就是投降。严复认为，如果这样下去，将成印度、波兰的后继者，一定要亡国，斯宾塞的社会学说未及实施，达尔文的物竞天择之理先得证明。

严复认为，使中国富强的根本办法，一是"鼓民力"，二是"开民智"，三是"新民德"，做到民力、民智、民德真正优良，就各能自治，都获得自由。

所谓"鼓民力"就是提倡体育，以及禁止吸鸦片和缠足等陋习，使国民有强健的身体。严复认为，国家的富强以国民的手足体力为基础，并且认为，这是西方政论家一致公认的当务之急，古今一切国家贫富强弱差别就是这样形成的。"有最胜之精神，而后有最胜之智略"，劳心劳力都须体气强健，所以中国历来的庠序校塾不忘武事，希腊罗马的柏拉图式学园中都有练身院。近代欧美国家更以人种体质日下为忧，不遗余力地操练身体，讲究医药卫生，不但男子如此，女子也都这样,肯定母健而后儿肥,培养先天而后种强;近世中国社会,则以吸食鸦片和妇女裹脚两事,严重危害民力,前者是外国侵入的,后者是习俗使然的,只要认识到足以穷国弱兵的大害,明令教戒,都可禁绝。

什么是"开民智"呢?就是提倡科学,废除八股取士的科举制度,以发展智育。严复认为,学问和事功是不可偏废的,科学和教育是相互推动的。西方的大科学家和大发明家,如牛顿发现万有引力定律,瓦特发明蒸汽机,法拉第在电学上有很多发明,哈维的发现血液循环现象,都以新的科学学说,应用于实际,成为新的技术。他又以亚当·斯密古典政治经济学的经济自由主义,极力反对清朝政府的"病商之政",要求改革;对于作为近代归纳逻辑的创始者培根,严复称其大有贡献于近二百年的学运昌明,研究学问的人要据以倡导新的理论,从事事功的人可用来创建功业。由此得出"民智者,富强之原"的论断。他赞扬西方近世之学是"先物理而后文词,重达用而薄藻饰",注重实际,反对浮夸。教育儿童也是要求他们"自竭其耳目,自致其心思,贵自得而贱因人,喜善疑而慎信古"。在教名学、数学等科目时,是要教学致思穷理之术,在教力学、质学等科目时,在于指导观物察变之方,如同捕鱼捉兔的工具一样,名、数、质、力这些课程,主要在于启发独立思考能力,不能一味因袭古人,亦步亦趋。他认为,西方教民要术正如赫胥黎所说,读书得智是第二手事,只有能把宇宙为我书籍,名物为我文字,这才是真学问。

把西方这种以格物致知为学问本始的情况与中国对比,严复认为,朱熹以即物穷理解释格物致知是对的,但是朱熹的即物穷理仍以读书穷理为主,也就还是在下风而非居上游。而况中国人做学问,总是追求古训,古人之非既不能明,古人之是也不知其所以是。背诵词章已经错了,训诂注疏又很拘泥,至于解释经文的八股文章,更只能破坏人才,怎谈得上什么开民智呢?对于六七岁儿童,脑力发育不全,就教以"穷玄极眇之文字",使其强记,背诵对偶文句之类,很不利于启发心思,对于审核物理,辨析是非的文章,全都没有,这就不能责怪八股士子不懂人情物理,赶不上农、工、商贾们通情达理。在所作《救亡决论》中,严复沉痛呼吁:"今日中国不变法则必亡",而要变法"莫亟于废八股"。他说,八股的害国,害在使天下无人才,其害之一是"锢智慧",使人谬妄糊涂,二是"坏心术",使人寡廉鲜耻,三是"滋游手",使人游手好闲,这三害有一于此,都够弱国亡国。只有"设学堂,讲西学","废八股,别开用人途径",才足以大开民智。

严复认为"新民德"最难,这是用西方民主自由平等取代封建伦理道德。他不满意"后义先利,诈伪奸欺"的社会风气,特别痛心甲午办海防时,竟有人用铁渣泥沙冒充水雷和炮弹的火药,毫不以国家破军杀将,失地丧师为念。他指出,自秦以来的统治者,大多把人民当奴虏,人民为形势控制,无可如何,并非心悦诚服,对专制统治者和他的国家毫无"深私至爱"。他主张学习西方的"使民私其国以为己有",让国民对于国家具有"深私至爱","赴公战如私战",一谈到祖国领土、国名,就流露出无穷之爱,认为想增进我国国民道德,能使同力合志,联成一气抗御外侮,也非教育人民使私其国以为已有不可,所设想的具体办法就是在京师设议院,用议院和地方公举守宰来代替封建专制政治,由此使民忠爱,使教化兴起,使地尽其利,使交通开辟,商务发达,使民束身自好,修养提高。他在《辟韩》中,还揭示孟轲"民为贵、社稷次之,君为轻"的名句,指出自秦以来的统治,尽是"大盗窃国",在这"转相窃之于民"的国中,人民才是"天下之真主",封建统治者为了"长保所窃而永世",制订实施了多如猬毛的法与令,来"坏民之才,散民之力,漓民之德"。这样就破坏了国家富强,长治久安的根本。所以鼓民力,开民智,新民德,才是三项"自强之本"。

刘少奇同志指出:

"中国人民曾经长期生活在帝国主义和封建主义的黑暗统治下面。……许多的先进人物,为了救中国,为了改变自己国家命运,努力去寻找真理。他们努力学习西方资产阶级的政治和文化,以为西方资产阶级的那些东西很可以救中国。他们在学了这些东西以后,就企图按照西方资产阶级国家的模型来改变中国的国家制度和社会制度。

"在1894年中国被日本战败以后,以康有为为首的改良派的变法运动,就是这种企图的一次尝试。他们希望中国有一个不要改变封建制度而可以发展资本主义的宪法。他们的主张在当时受到了许多人的赞成和拥护。他们虽然是改良派,但在当时条件下,他们的变法运动还是有进步意义的,因此引起了反动派的仇视。他们的活动,在1898年受到以慈禧太后为首的反动派的镇压而失败了。"①

这一论断,对于我们正确认识维新运动的改良主义教育是很有启发帮助的。

第一,使我们认识到,在近代中国人民反抗帝国主义及其走狗的过程中,资产阶级改良派的维新运动,是代表一部分自由资产阶级和开明地主利益,向清朝政府争取一部分政权来发展资本主义和救亡图存,在当时条件下具有进步意

---

① 《关于中华人民共和国宪法草案的报告》,《人民日报》(1954年9月16日)。

义。但是幻想通过自上而下的改良,来实现地主资产阶级联合统治的君主立宪制度,来摆脱旧中国半殖民地半封建地位,建立一个富强独立国家,不想也不敢革命,软弱妥协,在帝国主义和封建主义同盟的反动统治下,唯一前途只能是遭到反动派血腥镇压,宣告改良主义破产。

其次,我们认识到:维新运动在中国民主革命准备阶段中,曾在政治上、思想上和文化教育上,产生过一定的启蒙作用,正如吴玉章同志亲身经历感受的[①],它客观上促使许多知识分子走上了资产阶级革命道路。它的启蒙作用主要是初步展开一场资产阶级新文化对封建阶级旧文化的新旧斗争。一些改良派人物,努力鼓吹向西方学习,介绍些西方的艺学(即资产阶级代表们所需要的自然科学)和政学(即资产阶级的社会政治学说),企图构成一种"不中不西、即中即西"的所谓"新学",来代替封建主义的"旧学"。他们在"主以中学,辅以西学"的君主立宪思想指导下,改良政治经济和文化教育,反对八股取士和教学"词章诗字"等无实无用的"旧学"。他们也反对封建专制主义的"中学为体"和只学些西文西艺皮毛的"西学为用",提倡改用策论取士,开办新式学校,学习"政学"和"艺学"并重的"新学",既重自然科学的学习,又提倡学习夹杂许多旧的封建余毒在内的资产阶级的社会政治学说,要用进化论、天赋人权论和君主立宪思想等等,为变法维新,为半资本主义半封建的政治服务。这在当时起了同封建顽固势力和洋务买办势力作斗争的作用,因而也就遭到顽固派的反对和打击。顽固派用"中学为体,西学为用"的狡猾命题,从思想上进行反攻,用血腥屠杀从政治上进行镇压,迫使改良派和他们的所谓"新学",偃旗息鼓,宣告退却,宣告改良主义破产。改良派办学堂、学会、报刊的文教活动和发布些变法维新命令,对人民起了振聋发聩的启蒙作用,但是不走反对外国资本主义侵略者和反对清朝政府封建专制统治的革命道路,不挖掉半殖民地半封建专政的墙脚,是毫无前途的。

---

① 吴玉章:《辛亥革命》,人民出版社 1961 年版,第 42 页。

第五章 辛亥革命运动的革命民主主义教育

第一节 辛亥革命前夕的封建旧教育

一、关于辛亥革命

在好几篇著名论文,如《青年运动的方向》、《中国革命和中国共产党》、《新民主主义论》和《论人民民主专政》中,毛泽东同志都曾对辛亥革命有所论述。在《唯心历史观的破产》中,还驳斥了美国国务卿艾奇逊关于中国近代史问题的谬论。毛泽东同志概括说:"辛亥革命是革帝国主义的命。中国人所以要革清朝的命,是因为清朝是帝国主义的走狗。反对英国鸦片侵略的战争,反对日本侵略的战争,反对八国联军侵略的战争,都失败了,于是再有反对帝国主义走狗清朝的辛亥革命,这就是到辛亥为止的中国近代史。"①

辛亥革命,是中国人民反抗帝国主义及其走狗的过程中,对帝国主义和封建阶级的一次伟大革命,是中国民主革命准备阶段中,在中国革命先行者孙中山先生领导下进行的"比较明确的资产阶级民主革命"。对它的伟大历史意义和它的失败,刘少奇同志作了精辟的分析:"在1911年10月10日爆发的辛亥革命,推翻了清朝的统治,结束了中国两千多年来的封建帝制,产生了中华民国和以孙中山为首的革命的南京临时政府,并产生了一个临时约法。这个临时约法具有资产阶级共和国宪法的性质,是有进步意义的。辛亥革命使民主共和国的观念从此深入人心,使人们公认,任何违反这个观念的言论和行动都是非法的。但是当时的革命派是有缺点的。他们没有一个彻底的反对帝国主义和封建主义的纲领,没有广泛地发动和组织可以依靠的人民大众的力量,因此他们不能取得对于帝国主义和封建主义的彻底胜利。这次革命终于失败了。"②这次革命,取得了赶跑一个皇帝和推翻一个清朝政府的重大胜利,而没有能推翻帝国主义和封建主义的压迫和剥削。领导这次革命的是小资产阶级和资产阶级(他们的知识分子),"中国无产阶级还没有当作一个觉悟了的独立的阶级力量登上政治舞台,还是当作小资产阶级和资产阶级的追随者参加了革命"(《新民

---

① 《毛泽东选集》,人民出版社1960年版,第1402页。
② 《关于中华人民共和国宪法草案的报告》,《人民日报》(1954年9月16日)。

主主义论》),而"在帝国主义时代,小资产阶级和民族资产阶级,不可能领导任何真正的革命到胜利"(《论人民民主专政》),这就决定了辛亥革命不可能完成反帝反封建的革命任务,而只起了先行者的作用,只能使中国人民在精神上和思想上得到一定解放。

二、清朝政府在文教领域的垂死挣扎

1900年帝国主义者联合进攻中国。义和团起义被国内外反动派绞杀以后,清朝政府就采取假维新的手段,来挽救封建统治的垂死命运。清朝统治者还在逃亡西安时,为欺骗人民,除下《罪己诏》外,还宣称要搞"新政",来"渐致富强"。1901年起举办的所谓"新政",就是采纳当时两江总督刘坤一和湖广总督张之洞的联合建议,用"整顿中法以行西法",学点西方资本主义皮毛,预备立宪、改良官制和编练新军的办法来欺骗人民。在文教领域内,他们也要了一套规定教育方针以及废科举、办学堂和派遣留学生的花招。正如1904年,孙中山先生在《中国问题的真解决》中揭露的:"自义和团战争以来,许多人为满清政府偶尔发布的改革诏旨所迷惑,便相信那个政府已开始看到时代的征兆,其本身已开始改革以便使国家进步;他们不知道,那些诏旨只不过是专门用以缓和民众骚动情绪的具文而已。"①

1. **封建主义的"新"教育方针** 清朝政府在签订《辛丑和约》后七八天,就发布了一个《兴学诏书》(1901年农历八月初二),宣称要开办学堂,所提出的教育方针是:"以四书五经纲常大义为主,以历代史鉴及中外政治艺学为辅",来作育"心术端正,文武交修,博通时务,讲求实用"的人才,并把"作育人才"当作"庶政之本"。这个假维新的教育方针,在1903年由张之洞等草拟公布的《奏定学堂章程》的《学务纲要》中,概括为"端正趋向,造就通才",要求学校教育,除智育和体育外,必须特别重视德育,严格拒绝和极力排斥一切所谓"邪说淫词"。1906年,又用皇帝上谕,把这个方针具体为"忠君、尊孔与尚公、尚武、尚实"等五项教育宗旨,当作全国教育的共同趋向,要求所有学校都须以"明伦"为目的、以"造士"为任务。"明伦"的具体要求是"忠君"和"尊孔",即用儒家五伦之教,作为办学的指导思想,这是要把当时人民爱国保家的反侵略正义斗争,引导到充当清朝政府忠实奴才的轨道上,从而稳定崩溃中的封建统治秩序。"造士"的具体要求是"尚公"、"尚武"、"尚实",这就是在德育方面要实行封建阶级的所谓"公

---

① 《中国问题的真解决》,《孙中山选集》上卷,人民出版社1956年版,第59页。

德",教学生具有所谓"合群之心力";在体育方面,教学生具有"振武之精神",以保卫封建阶级国家;在智育方面,教学生讲求农工商各种实学,以培养从事各种实业的买办和技术人才。总的说,所谓五项教育宗旨,实质是要求所兴办的各级各类学堂,在封建阶级国家面临严重危机的情况下,培养出封建的买办的奴才,幻想实行封建主义的所谓"修齐治平之规"。

2."中学为体、西学为用"的癸卯学制 清朝政府发布《兴学诏书》的后一年,即 1902 年(光绪二十八年,癸卯),要求管学大臣张百熙,参考西方资产阶级国家学制,拟了一个学堂章程,用皇帝命令公布,这就是所谓《钦定学堂章程》或"壬寅学制"。这个学制还没来得及实施,清朝政府为了"防微杜渐",使新学制"推行无弊",真能培养一批御用人才,又在 1903 年 5 月派张之洞会同张百熙和荣庆等,重行拟订章程,同年 11 月就废止了实际并未施行的"壬寅学制",另行公布了一个所谓《奏定学堂章程》即"癸卯学制"。"癸卯学制"后来虽也有所修改,基本上一直用到清朝政府垮台。

为了打击清末兴学以来开始出现的所谓学生不知"本分"、言论行动"不免有轶于范围之外"的革命学风,这个学制,在"中学为体,西学为用"思想指导下,规定了上述的"端正趋向,造就通才"的方针或"立学宗旨"。它要求所有学堂都"以忠孝为本,以中国经史之学为基",使学生打好封建思想基础后再学西学,以开通知识、练习艺能,成为"各适实用"的通才。除了依照旧规定,定期宣讲《圣谕广训》和《训饬士子文》以外,特别重视学生品行的考核,强调读经和保卫三纲五常的所谓"圣教",还禁止学生依据所谓"谬说"干预政治,并禁止私立学堂教授兵式体操。在为这个学制规定的《各学堂管理通则》中,着重订了一个"学堂禁令"专章,严厉取缔学生的社会政治活动①。从 1905 年成立学部后,清朝政府又一再通饬所有学堂,都要认真考核学生品行和严禁学生开会演说,用专制压迫手段,在学堂中防止革命思想的传播。如果说,这个"癸卯学制"有什么历史意义,只在于它是近代中国教育史上第一个模仿西方学校体系建立起来和付诸实施的新学制,实质它是一个新瓶装旧酒的封建主义新学制,是为垂死的封建王朝装点门面和欺骗人民的反动教育措施。

这个"癸卯学制",基本上抄袭明治维新后的日本学制,是一个按初等、中等

---

① 不准干预政治和干涉校务;不准违背孔教儒经,妄发议论和著书立说在报刊发表;不准私充报馆主笔和访员;不准私自购买和阅读稗官小说、革命报刊和书籍;不准结党集会演说和参加党会;不准有违背孔教的行动;不准"传布谣言,捏造黑白及播弄是非"等。

和高等三段,实施通人、师范和实业三类型学校教育的宝塔式结构,是一个继承封建传统,剥夺女子入学权利的地主阶级教育体系。它要求儿童 7 岁(即 6 周岁)入学,经过 20—21 年,读完大学,而后入通儒院,成为"通才"。它在高小基础上安排了各级师范学堂,来培养师资;它在中小学基础上安排了三等实业学堂,还为初小和没有进过初小的儿童安排了入艺徒学堂学习的机会,来培养实业人才和徒工。

这个"癸卯学制",是清朝政府费尽心机从外国搬来欺骗人民的东西。首先它以"中西礼俗不同,不便设立女学和女子师范学堂"为理由,拒绝了维新运动以来,为二万万女子争取平等教育权利的呼吁。一直到 1907 年,由于革命运动的高涨,才搞了一个清规戒律很多的《女子师范学堂及女子小学堂章程》,但是仍然根据所谓"启发知识、保存礼教、两不相妨"的原则,实行男女分校,并把"女德"和"礼教"当做女子学校教育最重要的内容,连学习期限,女师也要比男师少 1 年。其次,它一面虚伪地规定了初等小学不收学费的原则,一面限制这种不收学费的"官小学堂"的设立,一个大县城才办上 3 所,僻乡贫户地区要 400 家才办 1 所,这就从实际措施上剥夺了广大农民和城市贫民子弟入初小学习的权利。至于在这初等小学堂基础上接受通才教育和实业教育,更说不上了。能在初小卒业的学生,表面上可入高小、初等实业学堂或艺徒学堂,但是这类学堂办的很少,又多须缴学费,实业学堂还要有"妥实保人保结",才能入学,特别像初等农业学堂,限定招收有恒产的农民子弟,这就明白规定了只有地富①和中小资产阶级以上的子弟,才可在初小卒业后升学,而高小以上的中学和实业学堂就要收学费。所有这些规定,使这个宝塔结构的学制,建立在地主和官僚资产阶级的社会基础之上,完全暴露了这个学制的阶级欺骗实质。

最后,再从这个"癸卯学制"规定的教育内容看,更充分反映了它的封建性和买办性。在"保存圣教"和"巩固国本"的原则下,中小学都要学生以很多时间去读儒家经典,初等小学每周读经 6 小时、高等小学 12 小时(读 6 小时、背诵和讲解 6 小时)、中学 9 小时(读 6 小时、背诵和讲解 3 小时),大学还专设了"经学科"。至于修身、文学和历史等课,也都规定以有益于封建统治的内容为主,如讲历史就必须讲授历代所谓贤君圣王的大事,文学课也"以便读古来经籍"为目标。另外一门很重要的课是外语(英语和日语,也可读俄语或德语),5 年中学里,它占了学生总课时的 19.9%,仅次于读经讲经(占 24.8%),从一年级起,就

---

① 地富,即地主和富农的合称。——编校者

着重培养学生能够会话和看书,便于以后和外国人打交道。至于数理课程,在中学里,只是点缀而已,5年课程总时数中所占比重,数学是11%,博物和理化各为4.4%,合计比一门外语的比重还要小些。

清朝政府在发布《兴学诏书》,逐渐形成这个半殖民地半封建性的学校体系的同时,还发布了鼓励出洋游学、培养专门艺学人才的诏书。当时以留学日本的学生较多。对于科举制度,在1901年又第二次明令废八股、考策论,并废除武科,但是仍在考试策论时束缚学生的自由思想。据说经济特科考试文卷中,还有因为发现"卢骚"①二字作废卷的事。至1905年8月,科举考试完全停止,但是仍用科举出身赐予各级学堂卒业生,使得科举功名的阴魂长久不散。

在辛亥革命前十年中,办起了不少的官立、公立和私立的各级各类学堂,如维新运动中已筹办的京师大学堂,就是1902年11月招生开学的。据1908年统计,全国所办新式学堂,共计有47,995所,学生130万人以上。几十年来,学校与科举之争、新学与旧学之争、西学与中学之争,都在尖锐的阶级斗争新形势下进行着,表面上由学校、新学和西学占了上风,实际上清朝政府的唯一目的是借此缓和革命、培养御用奴才,从而挽救封建阶级统治的垂死命运。由于新的上层建筑不可能为崩溃中的旧基础服务,新学堂里的学生,特别大批留学日本和其他国家的留学生,有一些人成为革命战士,成为反动统治的掘墓人。另一方面,这个"癸卯学制"的主要领导人张之洞之流,眼看革命形势高涨,"西学"并不能为封建专制之"体"所"用",于是在血腥屠杀革命党人的同时,撕下"西学为用"的道具,在1907年办起湖北"存古学堂"来"保存国粹"、培养各级学堂的"中文、中学"教员,后来江苏巡抚陈启泰也办了一个江苏"存古学堂",来努力"端正趋向",都妄想在学校领域内争取封建旧势力的反革命胜利。

三、帝国主义者文教侵略的加强

《辛丑和约》签订以后,帝国主义列强改用政治的、经济的、文化的手段,压迫中国,迫使卖国投降的清朝政府,同它们结成压迫中国人民大众的反动同盟。就文化教育方面说,清朝政府的学部,为了讨好帝国主义,特许外国侵略者可以随意在中国境内办学,不必向中国政府立案,中国的各级政府也不得随意干涉。这就公然在出卖政治经济主权后,把19世纪下半期外国侵略者在中国办教会学校时抗拒清朝政府领导管理的侵略行为肯定下来。并在1906年特别发出咨

---

① 卢骚即卢梭。——编校者。

文①，要各省的总督巡抚们，让帝国主义放手发展教会教育，从思想上奴役中国人民。在中外反动势力勾结下，帝国主义对中国在教育方面的侵略更加深化，它不仅继续大办教会学校，还干涉清朝政府的"兴学"措施并企图从教育上控制中国。

当清朝政府在1902年发布《钦定学堂章程》，把兴学措施具体化时，帝国主义分子的"中国教育会"，就采取非常敌对的态度，认为这"侵犯"了他们在中国包办"新教育"的所谓"合法地位"；认为"中学为体，西学为用"的说法，是轻视"西学"，规定学校举行"祀孔"仪式是"偶像崇拜"，将使信仰基督教的学生无法在中国的"官学堂"学习。在这一年举行的第四届"中国教育会"大会上，他们荒谬地通过了向清朝政府抗议的决定，还决议一定要在中国包办"西学"的传授，要由不任牧师工作的外国基督教徒作教师，来"指导这个大国的年青一代的思想"。大会主席美国人福开森，②还建议从数量和质量上加强教会学校，来同清朝政府的"官学堂"争夺学校教育的领导地位。在1905年举行的第五届"中国教育会"大会上，他们还把"日本教育在中国的影响"，看成是中日两国对教会学校的"威胁"，决定要大肆宣传教会学校为中国培养新学人才的"功绩"，好骗使中国人民也把"侵略当成友谊"，从而争取对中国教育的控制地位。至于更狡猾的帝国主义分子，如前面一再提到的丁韪良之流，则倡议"以华治华"的毒辣手段，主张用调和中西文化和礼节的办法来扩大西方的影响。东吴大学校长安徒生更在1909年发表文章，主张什么基督教育的"中国化"，认为教会学校教育，应该尽量与中国封建旧文化结合，说什么宣传中国儒家提倡的"三纲五常"，正是宣传中国古代圣人传下来的"正理"——好的、真的东西，用颂扬中国封建糟粕的手法，妄想使中国永远停滞落后，便于他们长期控制。

帝国主义利用"庚子赔款"来办学和吸引留学生，是这时它们对中国进行文教侵略的一个新阴谋。通过1901年的《辛丑和约》，帝国主义列强迫使清朝政府赔款四亿五千万两，限在39年当中(1902—1940)付清，利息四厘，总计榨取中国人民血汗十亿两（关银）。美国在帝国主义列强中，是后起的一个，它在19世纪末年，曾因排斥华工、迫害华侨，引起广大中国人民的愤怒，中国人民在1905年掀起抵制美货运动，用经济绝交这武器狠狠打击和教育了它，迫使它转而伪装亲善来笼络中国人心。在同国际帝国主义列强们一起，用战争手段合伙

---

① 《学部咨各省督抚为外人设学无庸立案文》，舒新城编《中国近代教育史资料》下册，人民教育出版社1961年版，第1065页。
② （美）约翰·福开森(John Calvin Ferguson, 1866—1945)教育家，文物专家，1886年来华。——编校者

打劫中国以后，它改用文化教育武器来侵略中国，所谓"退款兴学"，就是1908年美国国会决定对中国人民精神侵略的手段之一。依据这个决定，限定中国从1909年起的4年内，用中国人民血汗凝成的这笔"退款"，每年派100名学生赴美留学；从第五年起每年派50名，直到"赔款"退清为止；另外，还用"退款"在中国办一个留美预备学校，即清华学校。据统计，仅在1905年到1921年间，用"退款"留学的学生有689人之多，他们回国以后，多在半殖民地的旧中国占着优越的社会地位。随着美国帝国主义在中国政治经济势力的扩张，自费留美学生也增多，反动的"亲美、崇美、恐美"思想也滋长起来，这都与1905年起美国搞的"退款兴学"侵略政策分不开。

还在当时，就有一家办在北京的德国报纸指出："美国注重文化活动，打的是永久算盘"。而美国也确实是在处心积虑地筹算着这个精神侵略的计划，这从1907[①]年美国伊里诺大学校长詹姆士给美国总统的《备忘录》中，就完全暴露出来。詹姆士说："如果美国在三十年前，能把中国留学生的潮流引向美国来，并使这个潮流扩大，那么，现在一定能使用最圆满、最巧妙的办法，也就是使用从知识与精神上支配中国领袖的方式，来控制中国的发展。"他眼看中国留学生多为欧洲吸引去，因而十分焦急地说："这就意味着，这些中国人从欧洲回国后，将使中国效法欧洲，效法英、德、法国，而不是效法美国；这就意味着，他们将推荐英、德、法国的商品，中国人将大量购买欧洲各国的货物，而不购买美国的商品，各项工业上的特权，中国人将给予欧洲而不给予美国。"所以他的结论是："为了扩张（美国对中国）精神上的影响而花一些美元，只从物质意义上说，也能比别的办法收效更大。商业追随精神上的支配，比追随军旗更为有效。"这是什么话！所谓"退款兴学"，是"友谊"还是"侵略"，不是非常清楚吗？

美国帝国主义这个"退款兴学"的侵略阴谋，别的国家也多步其后尘。八国联军战争中的八个侵略国，德国和奥地利在第一次世界帝国主义大战时，中国对他们宣战，取消了这笔赔款；十月革命后的苏联，放弃了沙皇俄国勒索来的这笔赔款。英、法、比、荷四国都采用了美帝的办法，以"退款"的一部分从事对中国的文教侵略。它们怀着不完全相同的企图，在中国办学校、设研究所或补助中国文教机关，但都用"退款"吸收中国学生到自己的国家去留学，企图造就自己在中国的御用知识分子。

认真学习毛泽东同志的《"友谊"，还是侵略？》一文，最能帮助我们澄清对帝

---

① 应为1906年。——编校者

国主义的幻想,认识它们在中国办学和吸引留学生等文教活动的侵略本质。

第二节 孙中山领导的革命派在教育战线上的斗争

一、革命教育的指导思想和目的任务

在义和团运动失败、瓜分危机十分严重、民族资本主义初步发展的历史条件下,中国资产阶级革命派,掀起推翻专制,建立民国的民主主义革命浪潮,要求教育为革命服务,作为革命派代表的孙中山先生,在同盟会时期提出的"三民主义"纲领,即列宁所赞扬的"带有共和国要求的完全的民主主义纲领",就是当时革命教育实践的指导思想。

孙中山指出:"我们革命的目的,是为中国谋幸福。因不愿少数满洲人专制,故要民族革命;不愿君主一人专制,故要社会革命。"①他又说:"民族主义,为对于外人维持吾国民之独立;民权主义,为排斥少数人垄断政治之弊害;民生主义,排斥少数资本家,使人民共享生产上之自由。"②孙中山揭示的革命目的,就是反对少数"恨汉人的"清朝统治者之"残"和外国帝国主义之"逼",反对封建阶级专政之"毒",以及反对少数资本家对社会财富之"垄断",而把推翻清朝、建立民国,看成是"不可以更缓"的战斗任务,并想把"排斥少数资本家"当做民国成立后经济革命或社会革命纲领。基于这个革命目的,为要把中国建设成为"至完美的国家",他要求学生"将振兴中国之责任,置之于自身之肩上",在光复"绝好山河"后,"建一大共和国以表白于世界"③,也正是对革命教育提出的要求。

孙中山提出的革命目的和对革命教育的要求,基本上反映辛亥革命前十年间革命派的共同要求。从20世纪初我国早期激进民主主义革命思想传播者邹容(1885—1905)在1903年写的《革命军》中,就曾专章论述了"革命之教育",强调"革命与教育并行",要教育为中国革命培养"百千万亿华盛顿、拿破仑",在道德、智识、学术上,都具有"振衣昆仑顶、濯足太平洋"的革命健儿气概。他要求教育,首先要使国民明确中国是"中国人之中国",对所有"染指于我国,侵占我皇汉民族之一切权利"的敌人,都能"不惜生命共逐之,以复我权利";其次要了解"平等自由之大义",反对一切独夫民贼、大盗巨寇,要"杀尽专制我之君主,以复我天赋之人权";第三还要有"政治法律之观念,否则就会亡国和失去自由"。

---

① 《三民主义与中国前途》,1906 年,《孙中山选集》上卷,人民出版社 1956 年版,第 79 页。
② 《提倡民生主义之真谛》,1912 年,《孙中山选集》上卷,人民出版社 1956 年版,第 93 页。
③ 《中国民主革命之重要》,1905 年,《孙中山选集》上卷,人民出版社 1956 年版,第 66 页。

在这样的目的要求下,邹容揭示了四大教育目标:

1. 养成"上天下地惟我自尊独立不羁之精神";
2. 养成"冒险进取赴汤蹈火乐死不避之气概";
3. 养成"相亲相爱爱群敬己尽瘁义务之公德";
4. 养成"个人自治团体自治以进人格之人群"。

在号召国民拒俄反清的《革命军》中,邹容提出了反帝反封建的资产阶级民主革命的鲜明目的。

也是在1903年,革命派办的《游学译篇》9月号,发表了《民族主义之教育》一文,高举民主教育的革命旗帜,要求教育者把实现"中国民族主义",当作自己的任务,通过"社会教育",使"中等社会"(中小资产阶级和它的知识分子)和"下等社会"(劳动人民),分别成为"革命事业之前列"和"革命事业之中坚"。对中等社会,通过集结团体、组织公共机关、流动秘密书报和鼓舞进取风尚等"社会教育事业",实施革命教育。对所谓"下等社会",通过通俗讲演和文字宣传,使秘密社会、劳动界和军人,用新思想、新手段代替旧思想、旧手段,用新知识、新习惯代替旧知识、旧习惯,并由此以破坏旧势力、旧事物,动员新势力、引导新事物。也就是说,用这种"社会教育"组织形式,进行"中国民族主义"的革命教育,把民族革命引向高潮,通过革命最后实现"最大多数之最大幸福"。

在这样的革命和教育的思想指导下,当时的革命派从事革命活动时,很重视学校教育和"社会教育"等文教阵地。孙中山就明确指出,革命要"以学堂为鼓吹之地"。章炳麟(太炎)、蔡元培等,就在1902年发起组织了革命的中国教育会,鼓吹民族主义的教育和编译教科书,1903年还在上海组成爱国学社,收容南洋公学和南京陆师学堂退学生,反对洋务学堂摧残国民教育的"专制之毒",也反对教会学校的奴化教育①,在学社内宣传革命、教学兵式操和组织义勇军,接着还办起爱国女学和《女学报》,并由教育会到江浙各地组织支会,兴办革命教育。陶成章、徐锡麟等,也在绍兴创办大通师范学堂。这个学堂,1907年,在著名的女革命家秋瑾(1877—1907)领导下,宣传革命、培养革命干部,一度成为江浙一带革命中心。1905年,同盟会成立不久,国内外不少学校的学生,参加了革命斗争,他们在清朝政府反革命镇压下,站在革命的最前列,发传单、请愿、罢课乃至起义流血,在中国旧民主主义革命史上,留下可歌可泣的篇章。正如毛泽东同志指出的:"在中国的民主革命运动中,知识分子是首先觉悟的成分,辛

---

① 《中国教育会致海外各地华侨求助书》。

亥革命和五四运动,都明显地表现了这一点。"①

资产阶级革命派要求教育培养革命的"国民",为中国民族民主革命服务,在当时的社会历史条件下,这是革命的具有进步意义的教育观点。在革命实践中涌现出的"乐死不避"、"尽瘁义务"的战士,他们的革命精神的形成,在一定程度上说明了当时革命教育的成功。但是,革命派在当时进行的革命和教育,追求的"最大多数之最大幸福",只是一些中小资产阶级和它的知识分子们的主观善良愿望,即使辛亥革命不流产,真的建成资产阶级共和国,获得所谓"最大幸福"的人,也只能是占居统治地位的资产阶级分子,"最大多数"的劳动人民是没有份的。

二、对于封建教育和洋务教育的揭露

孙中山在《中国问题的真解决》一文中,揭露了清朝政府在义和团运动后的假维新,指出它的改革诏旨是用来缓和人民革命情绪的,同时还揭露了中国人民长期在清朝封建专制统治下所遭受的"无数的虐待",在其所列举的11项主要虐待事实中,第二项就是"阻碍我们在智力方面和物质方面的发展",使中国人民陷于"穷苦愚昧"。这正反映了当时革命派反对封建教育的呼声,即反对封建统治者搞的愚民教育、洋务教育和顽固守旧的封建主义"法古"论。

对于清朝政府培养奴隶的愚民教育,不少革命报刊和小册子中,作了尽情的揭露。还在1901年6月出版的《国民报》上,《说国民》一文的作者就沉痛指出,当时中国只是一个"奴隶之国",没有"国民"而只有奴隶,"士"或知识分子在这些奴隶中,又是"至愚至贱"的:他们甘受科举八股考试制度的愚弄和侮辱,入考场时低着头听任搜身检查,"行同盗窃而不以为耻",写文章时揣摩主考官命题企图,"行同妾妇而不以为贱",为了骗取"进士举人"头衔好升官发财,就是"断手刖足"也在所不惜。文章还指出,这些人对于国家大事充耳不闻,把听到的国权丧失、封建剥削、专制压迫和瓜分危机等事实,都当成"妖言",个别狡猾的还说:"吾辈学者,唯讲学问而已,国事者君相之事,吾辈可无与也"。同年六、七、八月三期的《国民报》上,还连载了《中国灭亡论》一文,对科举制度也揭露说,既然全国人民的脑袋,都"融洽于词章八股之中",所以大谈"经世伟业"的人们中,竟有看地图找不到亚洲,读历史不知道俾斯麦是何物的人。邹容的《革命军》还指出:清朝政府除了用八股考试和富贵利禄来困辱和埋没知识分子外,

---

① 《五四运动》,《毛泽东选集》第2卷,人民出版社1966年版,第523页。

还采用学宫卧碑的戒律和封建统治的威势,来管束和威胁知识分子,并用编纂一些大部头类书如《佩文韵府》①和《康熙字典》等等,来折磨知识分子的革命思想萌芽。他说,正是这些"好手段",使得中国的知识分子,一个个变成"奄奄无生气之人":有的是所谓汉学家,专搞考据之学,充当"六经"奴婢;有的是所谓宋学家,空谈义理之学,追求死后能在孔庙里吃冷猪头肉;有的是所谓词章家,大唱其"姹紫嫣红"的陈腔滥调;有的是自封名士,却尽干"钻营奔竞"的丑事;还有的自命"通达时务"者,抓住"腐败报纸一二语"和"抄袭皮毛西政之二三事",大做文章,企图通过经济特科考试当上清朝奴隶;间有些"所谓激昂慷慨之士",也只停留在吹嘘民族主义和空谈破坏目的上;而最大多数的八股士人,都是学非所用,比"不学"的人更"愚",他们不求经世之学,不知人间有羞耻事,没有仗义敢死的风格,不敢做豪侠的英雄,"名为士人,实则死人之不若!"陈天华《警世钟》揭露他们,除了"且夫、若曰"之外,完全无知,翰林进士的常识水平也非常低。至于二万万妇女的奴隶般惨状,秋瑾烈士在1907年创办的《中国女报》揭露:"观四千年来,沉沉黑狱女界之现象:曰三从四德也,培养奴隶之教育也;曰缠足也,摧残奴隶之酷刑也;曰女子无才便是德也,防范奴隶之戒律也。"柳亚子先生指出,"无才是德"就是明白禁止女子求学;女子无学,不是女子罪过,而是"奴隶视之,玩物待之,女权既丧"造成的②。

在揭露这些情况时,他们也分析了一些原因。《说国民》的作者指出,除了八股取士的科举制度外,由于清朝政府,把"开民智"诬指为蛊惑人心,把"公理"当成邪说,禁止报馆、出版和集会演说。也由于父兄、老师和夫妇朋友们,都用作为"奴隶之根本、国民之仇敌"的封建道德,如"安分、韬晦、柔顺、服从、做官、发财"等等,来教育后一代或彼此劝戒。这就弄得大家都成奴隶,无一人当得起"国民"称号。《国民日报》的《箴奴隶》也指出:中国所以成为"奴隶国"的原因之一,是奴隶教育,这种教育推崇孔子,而周末的真孔子,已经"不免微倾于奴隶",他对于"君民一关太看不破",后来的儒家学派,多效法"鄙夫、乡愿、学究、伪君子之名目",成为一个奴隶学派,被人们当成"真孔子",使孔子变成"养成各项奴隶之乳姬,生息而不尽",独夫民贼为了保守其帝王之业,就推崇孔子,借他来培养奴隶,奉以"文宣王"、"大成至圣"等徽号,发展到清末,已进入"奴隶摩肩击

---

① 《佩文韵府》是康熙四十三年(1704年)由张玉书等76人编修,用来查找典故和诗文语句出处的类书。——编校者
② 柳亚子:《哀女界》,《女子世界》,1904年9月号。

毂、贩卖无主之时期"。君衍在《童子世界》发表的《法古》一文还说：独夫民贼为什么尊孔呢？"因为孔子专门叫人忠君服从，这些话都很有益于君的"，日久以后，百姓"自然变做习惯，都入了独夫民贼的圈套，一个个都拿'忠君'当自己的义务，拿'法古'当最大的事体"。他指出，孔子在周朝时候是很出色的，但是"在今天看起来，已是很坏"，他并且极力希望中国人"做现在革命的'圣贤'，不要做那忠君法古的'圣贤'"，因为"亡国之祸，就在眼前"。维新运动中开始的、摆脱封建传统思想教育的解放运动，发展到这时，在资产阶级革命派的领导下，更加激进，内容比较彻底丰富，规模也比较广阔，斗争矛头主要指向束缚人民的封建君权和礼教上。

资产阶级革命派，还针对封建教育的祸害，对当时的复古主义谬论，从进化论观点予以猛烈冲击。发表在《游学译篇》的1903年8月号《教育泛论》一文，斥责"法古"主张，是一种"足以致亡种之祸"的"极谬之学说"，深信"今既胜古，后又胜今"，如果以为古人古世的"圣智"和风俗，是今人今世所万不能及，身在文明灿烂的世界，还要袭用蒙昧旧俗、死守古人学说而自高自大，并且用来对抗新风俗新学说，这就是"是非颠倒"和"自取灭亡"，这就是"生乎今之世，反古之道"，一定会"灾及其身"；如果不摧陷廓清古人谬说，新世界的文明就无从输入。《教育泛论》的作者提出了"贵我"和"通今"的两大教育方针，来对抗清朝封建统治者的专制愚民教育。所谓"贵我"主义教育，是要教育"国民"具有自尊自重的精神、负责任的观念、独立自营的能力和判断是非的知识；要打破教师的专制，让学生自由研究；要把学生从奴隶教育中解放出来，不当古人的奴隶和习俗的奴隶。所谓"通今"的教育，他认为是"贵我"的必然结果，懂得了"贵我"，也就懂得了"通今"。他认为，如能"贵我"和"通今"，就能跟上形势发展，"日日进步"，因此说，"言学问者，必以研究目前之人事，为真正之学问；言教育者，必以研究目前之人事，为真正之教育"。这是革命派在揭露和反对封建教育时，基本上一致的结论。

在揭露封建教育的同时，革命派也对封建阶级的洋务教育，作了不调和的斗争。陈天华在《警世钟》里指出：像洋务派大头目曾国藩，"只晓得替满人杀同胞，不晓得替中国争权利"，未当权的时候认为小楷取士不合道理，出将入相以后，为了保全自己的禄位，"一句话都不敢说了"；至于出洋学生，也只"空染了一股洋派，……外洋的文化，一点全没带进来，纵有几个人著了几部书，都是些不关痛痒的话，那外洋立国的根本、富强的原因，没有说及一句"，实际都在"做一个混沌汉"；至于"遇事阻挠，以私害公"的顽固党，一面"不讲洋务"，一面"见了洋人,犹如鼠见了猫一般,骨都软了,洋人说一句,他就依一句",不仅这样,他们宁可把教育权拱手让给洋人,而不准开办学堂、派遣留学生,到了国家快要灭亡的时候,他们"还要想出法儿束缚学生的言论思想行为自由,好像恐怕中国有翻身的一日"。1907年,秋瑾写的《〈中国女报〉发刊辞》上指出:几十年的洋务教育,"无宗旨,无意识,其效果乃以多数聪颖子弟,养成翻译、买办之材料",而多数学生更是"以东瀛为终南捷径,以学堂为改良之科举",借以猎取利禄;像这样培养统治阶级奴才、帝国主义走狗的办法,她认为,不能摆脱黑暗、走向光明,不是进步,而是倒退。

三、对于改良主义教育思想的斗争

维新运动失败后的改良派害怕革命、反对革命,在旧民主主义革命高涨时期,他们多数坠落下来,用所谓君主立宪主义的改良思想,公然反对革命的武装起义,反对实行民主政治和反对改变封建土地制度。他们在《清议报》、《外交报》、《新民丛报》、《政论》和《东方杂志》等等报刊上,继续宣传他们劝告清朝政府变法的老主张,企图通过君主立宪争得些政治权势,为资本主义发展打开一条隙缝,并用革命会导致列强灭亡中国的说法吓唬群众,用依靠"愚昧的人民"不能成事的胡说摇惑革命信念,用什么只有慢慢教育国民,中国才有出路的滥调,来争夺宣传阵地。例如康有为的《辨革命书》①和梁启超的《释革》②以及黄遵宪的《驳革命书》③等文,就公然反对革命。他们的教育论文,如梁启超的《新民说》④,如严复的《与〈外交报〉主人论教育书》⑤,和《论教育与国家之关系》⑥以及觉民的《论立宪与教育之关系》⑦等,都认为教育是"今日中国之第一急务"(如梁文)。他们宣称,要救中国首先要立宪而不是革命,而立宪的首要条件就是"开民智"(如觉民文);也有的既不赞成立宪又反对革命,认为中国当时最大的问题是"民品劣"和"民智卑",要救国只有靠教育(如严文)。所有这些议论,在辛亥革命高涨时期,都是麻痹人心、动摇斗志的毒草。

还在维新运动酝酿期间,孙中山就指出:"不完全打倒目前极其腐败的统

---

① 《新民丛报》第16期(1902年9月)。——编校者
② 《新民丛报》第22期(1902年12月)。——编校者
③ 《新民丛报》第24期(1903年1月)。——编校者
④ 连载《新民丛报》(1902年2月至1903年11月)。——编校者
⑤ 《外交报》第9、10期(1902年)。——编校者
⑥ 《东方杂志》第3卷第3期(1906年4月)。——编校者
⑦ 《东方杂志》第2卷第12期(1905年)。——编校者

治而建立一个贤良的政府……那么,实现任何改进就完全不可能的"(《中国的现在和未来》1897年)。同盟会成立前后,他更对康、梁的保皇活动、君主立宪运动和清朝政府的假维新,展开尖锐斗争。他要革命党"划清界限,不使混淆"①;他反对"由君主立宪而后共和,断难躐等"的谬论,明确指出"世界立宪必以流血得之"②;他揭露清朝政府的假维新,只是"拿立宪做愚民之器具"。③

在革命和教育谁先谁后的问题上,孙中山坚持先革命后教育的观点,反对先教育后革命的改良主义谬论,驳斥了严复叫嚷的"科学救国",和"教育救国"议论。严复认为,当时中国最可忧虑的是"愚、贫、弱",其中又以"愈愚为最急",而提倡自然科学教育,在他看来,正是救国和"愈愚"的主要途径。1905年在伦敦,他同孙中山争辩说:"中国民品之劣、民智之卑,即有改革,害之除于甲者将见之于乙,流于丙者将发于丁。为今之计,惟急从教育上着手,庶几逐渐更张也。"孙中山驳斥说:"俟河之清,人寿几何?君为思想家,鄙人乃执行家也。"④立场观点不同,自然找不到共同语言。严复在维新运动失败以前,比较系统地把西方资产阶级的政治制度和学术思想介绍到中国来,并且鼓吹变法维新,正如毛泽东同志评价的,是一个"向西方寻找真理的先进的中国人"⑤;到维新失败,民主革命走向高涨的时候,他吹嘘科学救国、教育救国,已经成为倒退的思想家。孙中山对他的驳斥,正是对改良主义教育观点深刻的讽刺和有力的打击。到1909年10月,孙中山为了推动革命、扫除改良主义的影响,还在《改造中国之第一步只有革命》⑥中,严正指出:教育救国、实业救国和地方自治救国等三种改良主义方法,都不是改造中国的第一步,"第一步的方法,只有革命",他批评教育救国论说:"有人说,教育是立国的要素。但我们若致力于教育事业,一般官吏,非特不能提倡,且将设法摧残。假使我们培养一个青年,费巨额金钱,俾受一种完全教育,官吏有时竟因嫉视新人物的心理置诸死地。"孙中山的这一卓越见解,正是指出,处在封建统治下吹嘘教育救国论,幻想走改良主义道路,是毫无前途的。而严复恰恰是把实现这种改良主义的教育,说成是"真中

---

① 《敬告同乡书》,1904年,《孙中山选集》上卷,人民出版社1956年版,第53页。
② 《中国民主革命之重要》,1905年7月,《孙中山选集》上卷,人民出版社1956年版,第67页。
③ 《三民主义与中国前途》,1906年,《孙中山选集》上卷,人民出版社1956年版,第74页。
④ 严璩:《侯官严先生年谱》,参见王栻主编《严复集》第5册,中华书局1986年版,第1550页。——编校者
⑤ 参见《论人民民主专政》,《毛泽东选集》第4卷,第1406页。
⑥ 1919年10月在上海青年会的演说。见《孙中山选集》上卷,人民出版社1956年版,第422—424页。

国之幸福",实际上,"幸福"固然不可能得到手,他所指的"中国",也只是封建统治阶级的旧国家,并非孙中山所追求的资产阶级共和国。到他晚年成为敌视辛亥革命,反对五四运动的顽固分子,正是改良主义者必然下场。

资产阶级革命派反对改良主义教育的斗争,在辛亥革命前十年当中,是一直进行着的。1901年《国民报》第4期的《亡国篇》一文就说:"戊戌之变法,中国之福也。"实际上,人民所要的变法,不只是一些"学校报章"和"宪法政体",而是要的永远消除"奴隶之根"的封建专制统治,"新旧杂揉",决不是办法,要建一个新的中国,"必自亡旧始"。

主张革命,主张彻底推翻清朝封建专制统治的同盟会会员章炳麟(太炎,1867—1936),在1903年发表的《驳康有为论革命书》中,严厉而系统地批判了康有为,阐明了民主共和革命比改良主义的君主立宪要好得多,在"开民智"的问题上,他驳斥了康有为所谓革命是什么未来的问题和躐等的要求,批判了康有为硬说只有实行君主立宪,才是"因世得宜"的改良主义说教。章炳麟指出:"人心之智慧,自竞争而后发生;今日之民智,不必待他事以开之,而但恃革命以开之。"这就是说,智慧是在斗争中发生的,通过革命斗争就能开通民智,"公理之未明,即以革命明之;旧俗之俱在,即以革命去之"。章炳麟认为,作为治病良药的革命,既是补剂,又是泻剂。如果说,由于人民中间"公理未明旧俗俱在",因而"不可革命",为什么"独可立宪"呢?这在当时,正是有力地驳斥了阻挠革命的君主立宪论,也批判了通过开民智的教育工作来救国的有害议论。

四、民国成立时的教育改革和"壬子癸丑学制"

1911年的辛亥革命,推翻清朝政府,1912年建立"中华民国"——资产阶级民主共和国,成立了以孙中山为首的南京临时政府。由于中国资产阶级革命,具有革命和妥协的两重性,实际没能完成中国资产阶级民主革命的历史任务,没能击败由帝国主义和北洋封建军阀新构成的反动联盟,革命果实很快就为封建买办大地主阶级的军阀代表——"窃国大盗"袁世凯所攫取,在北京建立起封建买办大地主阶级专政的军阀政府,伟大的辛亥革命变成一个"巨大的小产"。毛泽东同志教导说:"辛亥革命只把一个皇帝赶跑,中国仍旧在帝国主义和封建主义的压迫之下,反帝反封建的革命任务,并没有完成。"[①]"民国"革命政权,在学校教育方面的民主改革,也立刻遭到军阀政权的破坏,由封建复古主义教

---

① 《青年运动的方向》,《毛泽东选集》第2卷,人民出版社1966年版,第528页。

育的复辟,绞杀着革命民主的教育改革。

1912年的教育改革,基本上是在资产阶级革命民主主义思想指导下进行的,它体现了孙中山的革命教育观点和第一任民国教育总长蔡元培的教育思想。从孙中山在这一年发表的演说和文章中可以看出:他向往的是法国大革命后的民主教育。他说:"法按男子五六岁入小学堂,以后由国家教之养之,至二十岁为止,视为中国国民之一种权利。学校之中,备各种学问,务令学成以后,可独立为一国民,可有参政、自由、平等诸权。20岁以后,自食其力,……家给人乐,中国之文明,不止与欧美并驾齐驱而已。"①他希望通过革命政权的新教育,使"中华民国之人民",都能"回复"自己在几千年专制统治下丧失了的人格,成为具有独立人格和能自食其力的"国民";他主张教育平等,无分男女贵贱,都应该有"教育平等"权利。他在《社会主义之派别及方法》中揭露说:同样是圆颅方趾的"社会之人",生在富贵之家就能受教育,生在贫贱之家就不能受教育,这是"不平之甚"的事!他认为,一个"社会主义之国家"的教育,应按"教育平等"理想来设施。他说:"凡为社会之人,无论贫贱,皆可入公共学校,不特不取学膳等费,即衣履书籍,公家任其费用。尽其聪明才力,各分专科。即资质不能受高等教育者,亦接其性之所近,授以农、工、商、技艺,使有独立谋生之材。卒业以后,分送各处服务,以尽所能,庶几教育之惠,不偏为富人所独受,其贫困不能造就者,亦可以免其憾矣。"②同时,他还认为,必须承认"提倡女子教育为最要之事",因为二万万女子的教育问题,封建统治者"向来多不注意",只有振兴教育,"男女可望平权;男女平权,然后养成真共和国民"③。他认为,反封建的、民主平等的"民国教育",要着重讲求"建设之学问",要"着眼于文明,使中国学问与欧美并驾",使政治实业得到"天然之进化"。他痛恨专制时代一般士子都"以权利为目的"的"求学之心思",因为这目的达到以后,就"用其知识,剥害民权,助桀为虐",学问反而成为"贼民贼国之根";他要求教育家致力改变这种"求学之心思",明确学生的"求学方针",应该是"为全国人民负责,非为一己攘利权",照这方针办学,国民道德水平可以提高,中国在国际上也能达到"神圣不可侵犯之地位",使瓜分(中国)之说,自消灭于无形④。

概括地说,孙中山反对封建教育、反对"以利权为目的"的教育和学习,提倡

---

① 《民主主义与社会革命》,1912年4月,《孙中山选集》上卷,人民出版社1956年版,第89页。
② 引自舒新城编《中国近代教育史资料》下册,第1007页。
③ 《女子教育之重要》,引自舒新城编《中国近代教育史资料》下册,第1006页。
④ 《民国教育家之任务》,舒新城编《中国近代教育史资料》下册,第1004页。

民主平等的教育，提倡"为全国人民负责"的教育和学习，要教育四万万人都成为独立的"国民"，讲求建设的学问，发展中国政治实业，赶上和超过欧美，把中国建设成"不可侵犯"的资产阶级共和国。民国成立初的3年当中，"民国教育"的一系列反对封建的民主教育措施，基本上是在他的革命民主主义教育思想指导下展开的。首先是成立了教育部，代替清末的学部领导全国教育事业，展开了资产阶级民主主义的教育改革：先后公布了《普通教育暂行办法》和《普通教育暂行课程标准》，召开了全国临时教育会议，讨论通过了关于教育宗旨、学校系统和各级学校法令等议案多件，陆续由教育部公布施行，还由教育部发布了要求各省"力筹普及教育"的命令。

这些临时措施和民国教育根本法案，沉重打击了"抵触国体"的封建旧教育。1912年1月公布的关于普通教育的上述两个文件，就明确规定初等小学可以男女同校，禁止采用清朝学部颁行的各种教科书，限定修改清末民间通行教本中尊重清朝政府、官制、军制等课文和"避讳抬头"等词句，废止了中小学读经科，也废止了清末用各种科举出身的称号来"奖励"学校毕业生的办法。此外还规定，所有其他不"合乎共和国宗旨"的制度和内容，都必须删除或修改①。

1912年7、8月的全国临时教育会议，讨论制定的《民国教育宗旨》，在同年9月，由教育部公布施行。它的全文是："注意道德教育，以实利教育、军国民教育辅之，更以美感教育完成其道德。"这个教育宗旨，把所谓公民道德教育，当作资产阶级共和国教育的"中坚"，在这"根本"上，实施富国强兵教育，养成人民为国家尽义务的能力②，基本上符合孙中山当时在北京所作《民国教育家之任务》演说的精神，即提高国民道德和学问，"用其学问，为平民谋幸福、为国家图富强"。蔡元培也把他从西方搬来的"追求无差别境界"的美育思想，放进这个在当时具有一定爱国民主进步意义的教育宗旨当中，使它变质为一个宣扬阶级调和论的教育宗旨。至于所谓"实利教育"也在孙中山所说"授以农工商牧，使有独立谋生之材"的主张上，由蔡元培加进了杜威实用主义思想的因素。这个教育宗旨，与1906年清朝政府提出的培养所谓"通才"的五项教育宗旨比较，最重要的变革是砍掉了"忠君"和"尊孔"两项。砍掉"尊孔"的问题在临时教育会议上发生的争论最大，主张砍掉的人认为，共和国体坚持"信教自由"，不应该在民

---

① 蒋维乔：《辛亥革命闻见》，中国史学会编辑：《辛亥革命》，上海人民出版社1957年版，第57—60页。
② 蔡元培：《临时教育会议演说辞》，舒新城《近代中国教育史料》第3册，中华书局1928年版，第217页。

国教育宗旨上作"固定一尊"的规定；封建复古主义者则作了拼死的反对，1913年6月，包括严复、梁启超、林纾等在内的二百多人，在严复领导下成立的"孔教会"，就反映了对这个教育宗旨的抗拒。

由临时教育会议讨论决定的《学校系统案》，在1912年由教育部公布后，接着又在1912至1913年中，陆续制订公布了小学、中学、师范和专门学校的法令和规程，还制订公布了《大学令》，形成了民国政权制定的第一个学制，即"壬子癸丑（1912—1913）学制"。这个学制，成了1922年以前全国学校建置的主要依据。后来虽一度为袁世凯所窜改，但在袁世凯篡国失败以后，实施的仍然是这个学制，直到1922年，才为"壬戌学制"即"六三三"制所替代。壬戌学制，基本上沿袭了1903年"癸卯学制"的形式，在美国一些州的"6-3-3-4"学制和杜威教育思想影响下，精神实质上却贯彻了资产阶级民主精神，是一个为民族资产阶级利益服务的学校教育体系。主要特点是：

第一，它本着孙中山的"中华民国之人民"或所有的"社会之人"，都有"教育平等"权利的愿望，采取西方资产阶级学校体系中的单轨学制，规定所有男女儿童，都要在初等小学受四年义务教育，体现了一定的资产阶级民主主义精神。但是如所周知，所谓单轨制本是虚伪的欺骗人民的学校体系，而在中国当时的社会历史条件下，连四年的强迫普及教育，也完全没有一点实现的可能，所以这个学制的这一重要特点，实际是落空的。孙中山的"教育平等"愿望，只有在党和毛主席领导下的中国民主革命和社会主义革命取得伟大胜利后，才具体实现了。

第二个特点是反对封建教育。它在中国教育史上第一次作出了男女平等受教育的规定，还第一次让初等小学实行男女合校，并且从教育内容上取缔了反映封建专制和传播封建思想等违背民国教育宗旨的课程和教科书，虽然它没有也不可能取得彻底的胜利，但在解放思想、清除人民所受封建教育毒害的过程中，是有一定积极作用的。

第三个特点是精简课程、缩短年限，比较符合当时国民经济发展水平，改变了清末几次学制改革盲目抄袭外国的情况。一个学生从小学到大学卒业，在"癸卯学制"，总的年限是20—21年，其中小学9年、中学5年；这个学制，由于废止了读经课，初小课程并由过去的十科目精简成六科目，并以国文（约占总课时的47.1%）和算术（约占总课时的20.7%）为主课，基本上能用4年时间教完5年的教材，高小和中学也有相应的措施使它能够分别由4年改为3年，和由5年改为4年，总的年限缩短3年之多，变成17—18年，而基本上没有降低水平。

第四个特点是大学、高师和专门学校以及甲种实业学校，都在学生分科专攻以前，设置预科以打好基础和作为决定专攻科别的准备。

民国初年关于学校教育的所有这些改革措施，在当时都有一定进步意义，是一次反对封建教育、贯彻资产阶级民主革命企图的教育改革，是资产阶级同封建阶级之间的阶级斗争在取得推翻专制、建立民国的重大胜利后，在文化教育领域内的继续展开。

五　激进民主主义者对封建复古教育复辟的斗争

由于辛亥革命的胜利果实为封建统治势力窃取，反动派对各种教育改革措施，也掀起一股封建复古逆流，进行猖狂反扑。还在1912年的临时教育会议上，就在"尊孔"问题上引起剧烈争执。1913年下半年的"二次革命"开始后，袁世凯几乎查封了所有赞同革命的报纸，尊孔读经呼声喧嚣起来，在北京还出现了"孔教会"和《孔教会杂志》，康有为还俨然以当代孔子自居，主编《不忍杂志》，大倡孔教主义。对于民国教育宗旨和"壬子癸丑学制"，反动派也进行破坏：首先是在1913年八九月起草完成的《天坛宪法草案》中，写上了"国民教育以孔子之道为修身之本"的条款；1915年初，袁世凯政府发布的《教育纲要》①更公然宣称："各学校均应崇奉古圣贤，以为师法；宜尊尚孔孟，以端其基而致其用。"具体规定中小学加设读经科，初小读《孟子》、高小读《论语》、中学读《礼记》（节本）。同年2月，袁世凯还以命令发布《颁定教育要旨》，另行提出一个所谓"七项教育宗旨"："爱国、尚武、尚实、法孔孟、重自治、戒贪争、戒躁进。"用这一系列复古叫嚣和措施，破坏革命教育改革，为颠覆民国，实行帝制作思想准备。袁世凯宣称，他要"以道德教育为经，以实利教育为纬；以道德、实利、尚武教育为体，以实用主义为用"。这一套经纬体用的目的，都在于培养封建买办奴才和御用武装力量，为勾结帝国主义的大地主大军阀大买办的半殖民地半封建的专政服务。这个"七项教育宗旨"，实际是清末"五项教育宗旨"的继承和发展，精神实质全然一样："尚武"和"尚实"两项，一字未改；"尊孔"改成"法孔孟"，"忠君"改成"爱国"，都是耍的文字游戏手法，所谓"法孔孟"不过是企图缓和反对尊孔的空气，而所谓"爱国"，则是教学生爱袁世凯盗窃来的地主资产阶级国家，是改头换面的"忠君"教育；他砍掉"尚公"，篡改成"重自治"的鬼话，这反映了袁世凯这个一心为私的大独裁者，连清朝皇帝被迫提出的要人民"尚"地主阶级之"公"的一项

---

① 应为《特定教育纲要》。——编校者

教育宗旨,也很害怕和仇视;他所谓的"戒贪争"和"戒躁进",不过是为了麻痹和绞杀辛亥革命以来的人民群众的革命斗争气概,以便出卖国家民族利益、登上皇帝宝座。他利令智昏地以为,挥舞起礼尊孔孟和崇习陆王等腐朽的思想武器,再添上德国日本军国主义的严格主义和尚武精神,代替民族资产阶级革命派提倡的道德教育,就可能把年轻一代束缚在封建专制主义思想牢笼中。

袁世凯在窜改教育宗旨的同时,还破坏了"壬子癸丑学制"的资产阶级民主形式。1915年,他采取当时德国初等教育的双轨学制,先后发布了《国民学校令》和《预备学校令》,把"壬子癸丑学制"的单一初等小学,分化为国民学校和预备学校两轨,都是4年卒业,前者为所谓只受义务教育的儿童即广大劳动人民的子女而设,采取多级、单级、半日等各种编制,不准备升学;后者为所谓"志在升学者"即地主资产阶级子女而设,办理必须力求完备。对于中学教育,也回到清末的文实分科制度,说是由此分别培养所谓社会中坚和准备升大学的两种人。原来的单轨学制,尽管客观上也只能是欺骗人民的所谓民主学制,广大劳动人民实际上还是被排斥在学校大门之外,但主观上还有一定的追求"教育平等"的善良愿望,袁世凯搞的这个双轨学制,却公然剥夺人民的"教育平等"权利,在学校领域内露骨地背叛"民主共和国"的根本原则。1916年6月,袁世凯死后,《预备学校令》也成为废纸,但是"尊孔"逆流仍然嚣张,康有为就曾写信给当权的黎元洪和段祺瑞,主张定孔教为国教,把它载在宪法上,其他封建复古主义教育的叫嚣也不少。

对于封建势力的复辟和文化教育上这股封建复古主义的逆流,当时的资产阶级革命派,在政治上涣散无力,在文化战线上表现得更为软弱,一些资产阶级的文化代表,在这股逆流前面,偃旗息鼓,宣告退却,不少人苦闷徬徨,找不到出路。只有一部分激进民主主义小资产阶级知识分子,以陈独秀、李大钊、鲁迅(周树人)为代表,在人民群众不满意北洋军阀的统治,酝酿革命运动的新形势推动下,从1915年开始,发动了一次比辛亥革命时猛烈得多的反封建的新文化运动,反对专制、提倡民主,反对迷信、提倡科学,并把斗争锋芒指向以维护封建专制为基本内容的孔子学说,揭橥"反对旧礼教"和"打倒孔家店"的大旗。

关于教育宗旨问题,陈独秀在1915年1月的《新青年》上,发表了《今日之教育方针》一文,主张用"取法西洋",学习"近代西洋教育真精神",也就是学习西方资产阶级教育的"民主"和"科学"的新方针,来代替封建复古主义的教育方针。1916年,他又针对康有为呼吁北洋军阀政府尊孔教为国教的活动,发表《驳康有为致总统总理书》和《孔子之道与现代生活》,予以严厉斥驳。

李大钊同志对袁世凯、段祺瑞之流提倡尊孔和企图用孔子的伦理道德观点来统治人民的思想，作了无情揭露。在《宪法与思想自由》①一文中，他针对《天坛宪法草案》的上述反动政策，指出人民的自由权利重于生命，"不自由毋宁死"。对把"孔子之道"当作"国民教育"的"修身大本"，认为是限制了人民的思想自由，是极其恶毒的统治人民的手段，它不仅涉及人身自由，连民族的生命和民族的思想，也一并屠杀了，其流毒所及，将普遍全社会，流传到百世，是极端残酷的！他愤怒表示，如果有藏在偶像下面，用所谓"圣人之虚声"，扼杀出版、信仰、教授等思想自由，这祸害要比用皇帝的权威来侵害我们的身体，来得更猛烈，对它的反抗决心和实力，也该比征讨皇帝的战斗，要更加勇敢。1917年一二月，他又发表《孔子与宪法》和《自然的伦理观与孔子》等文，从理论上展开反对复古尊孔的斗争。他指出：孔子是几千年前的"残骸枯骨"，是历代帝王专制统治和封建家族制度的护符，把"孔教"载在宪法上，就背弃了思想自由、信仰自由原则，让一堆"残骸枯骨"得以合法地"入于现代国民之血气精神"当中，其目的正在于让"野心家又一次来萌芽专制"；他还指出：对于一切陈腐的、僵死的封建旧道德，必须施加"人为之力"，促使它迅速崩溃。李大钊同志当时这些无情的揭露和深刻的分析，有力地推动了反封建的新文化运动胜利进军。

鲁迅先生，在1918年发表的短篇小说《狂人日记》和一些犀利的杂文中，攻击封建道德是"吃人的礼教"；揭露辛亥革命失败后的封建军阀和官僚买办等等统治者们竭力维持宗法社会的旧道德——忠孝节义和腐烂发臭的古文化等等，都是些对"现在的屠杀者"。他说："明明是现代人，吸着现在的空气，却偏要勒派朽腐的名教，僵死的语言，侮蔑尽现在，这都是'现在屠杀者'。杀了'现在'，也便杀了'将来'。将来是子孙的时代。"②正是这些僵尸们，为着保持自己的统治而提倡忠孝，因为他们懂得，活人总想前进，青年总想活动，只有死人可以拖住活的、老人可以管住小孩子，他们梦想实现"天下太平"，实现封建统治的"长治久安"。

五四以前反封建的新文化运动是辛亥革命流产后，资产阶级新文化对封建阶级的旧文化的又一次激烈斗争，从政治上和思想上对封建主义给了空前的沉重打击。在学校教育领域内，新文化运动更猛烈地抨击了封建复古主义教育的反动性，使人们逐渐从封建思想的束缚中解放出来，为接受和传播马克思列宁

---

① 《宪法公言》第7期（1916年12月10日）。
② 《随感录五十七：现在的屠杀者》，发表于1919年5月《新青年》第6卷第5号。

主义创造了一定条件。由于领导运动的激进民主主义者的世界观在当时都还是资产阶级的世界观,因而他们在文教领域的斗争中,主要停留在抨击封建复古主义教育和"取法西洋"的资本主义教育上,虽有巨大的启蒙意义,当时还没有找到彻底解决中国教育问题的道路。

第三节　蔡元培的革命民主主义的教育观

一、现代中国知识界的卓越前驱

蔡元培(1868—1940)字鹤卿,号孑民,浙江绍兴人,出身商人家庭。1892年成进士前,他是搞八股,研究经史训诂和宋明理学等旧学的封建知识分子。从十八九岁到28岁,他曾经当过塾师。1894年补清朝政府翰林院编修。在中日甲午战争刺激下,他逐渐倾向西学,开始读译书,学日文,接触西方文化。1898年戊戌政变后回绍兴,担任中西学堂监督。这时,他好用《春秋公羊传》的"三世义"解释进化论,袒护校内提倡民权、女权和提倡物竞天择说的新派教师,引起旧派排挤,辞职到杭州、上海办学。他认为,维新运动的失败,"由于不先培养革新之人才,而欲以少数人弋取政权,排斥顽旧。"①所以他立志办学,提倡新学,培养人才。

1901年,蔡元培看到八国联军侵略战争和以我国东北为战场的日俄战争中,清朝政府的丧权辱国,不可救药,开始倾向反清革命。在上海,他担任南洋公学特班教习(1901—1902)②,讲经世之学,批改学生读书日记和月课论文,指导学生日语阅读和翻译。1902年,他由于支持学生退学风潮离职,参与组织爱国女学校和两度主持校务,还在南公退学学生组织的爱国学社担任教员,与同任教员的章太炎等讲排满革命,发起组织中国教育会(1902)和光复会(1904)。1905年,加入中国同盟会。办爱国女学校时,他反对贤妻良母主义教育,为学生讲法国革命史和俄国虚无党主义,注重化学教学,培养暗杀人才,暗杀统治清朝的"少数特权"阶层。办爱国学社时,他接受了南洋公学和南京陆师学堂的退学学生,要章士钊等十几个从陆师学堂来的学生在学堂里教兵式操,自己也剪掉辫子、穿起操衣,同学生们一起操练步伐。他还组织对俄同志会,响应留日中国学生的拒俄运动,出版《俄事警闻》(后改名《警钟》)宣传抗俄。他在

---

① 新潮社编:《蔡孑民先生言行录》上册,中华书局1920年版,第5页。
② 南洋公学原有小学、中学学生,这时招收擅长古文的特班生20人,授以外国语及经济之学,准备将来给经济特科选拔,邵力子、谢无量、黄炎培等都是特班的高材生。

《苏报》和《俄事警闻》上发表的文章,多有鼓吹"民权"思想,反对专制和君主立宪的内容。这时期他认为,"以多数幸福为目的"的资产阶级"民权"学说,已如江河决口,不可抵挡;还认为,清朝政府的不良和国势的危险,必须革命这帖良药去医治,"革命精神所在,无论其为男为女,均应提倡,而以教育为根本"①,在所有男女中提倡革命精神,成为"中国初期知识分子学生革命运动的重要发起人"②。

1906 年,为了活动公费出国留学,他在京师大学堂译学馆任教习,讲授国文和西洋史一学期。1907 年,蔡元培随钦差孙宝琦赴德国,在莱比锡大学留学,学习德国古典哲学和文学,至 1911 年武昌起义回国。

1912 年 1 月,蔡元培出任第一任民国教育总长半年多,作出些反封建的革命教育措施,如改订教育宗旨,废除清末五项教育宗旨中的"忠君、尊孔",并废除读经,改革学制,初等小学实行男女同校,推行义务教育及社会教育等。由于辛亥革命失败,他退出北京的民国政府内阁,再到德国留学。1913 年,孙中山先生与袁世凯决裂,蔡元培一度回国参加二次革命,不久仍回欧洲,到法国研究哲学、美学和整理旧作《石头记索隐》。第一次帝国主义世界大战开始后,他同李石曾等在里昂组织勤工俭学会,并为欧战中到法国的数千名华工开展半工半读的教育。

1916 年,袁世凯窃国称帝覆灭后,蔡元培接受黎元洪政府的聘请,从次年 1 月起,出任北京大学校长十年半之久(实际做了五年半)。他把一个腐败的旧北大,办成一个生气勃勃的新北大、反封建的新文化运动摇篮和反帝的五四爱国运动前哨,由此蔡元培以革命民主主义者和爱国主义者的卓越教育家,载入近代中国教育史册。

第一次国内革命战争失败以后,蔡元培曾在 1927 年参加蒋介石发动的反革命清党,参加南京国民党政府,担任过中华民国大学院院长(1927—1928)和中央研究院院长(1927—1940)。"九一八"事变以后,民族危机加深,蔡元培正气凛然地反对蒋介石的独裁统治和对日寇的妥协投降活动,积极参加抗日民主活动,曾经与鲁迅、宋庆龄、杨杏佛等一起,建立中国民权保障同盟,营救杨开慧、胡也频等革命烈士,千方百计要为国家民族保存一二分元气。杨杏佛被暗

---

① 《在爱国女学校之演说》,1917 年,《蔡元培选集》中华书局 1959 年版,第 49 页。
② 吴玉章:《纪念蔡元培先生》,引自蔡尚思《蔡元培学术思想传记:蔡元培与近代中国学术思想界》,棠棣出版社 1950 年版,第 28—30 页。

杀,他也受到许多恐吓、威胁,但还是不屈不挠地为保障人权而奋斗。他还曾无所顾忌地为鲁迅料理丧事,刊刻选集,赞助拉丁化新文字运动,担任国际反侵略运动大会中国分会名誉主席,参加发起马克思逝世五十周年纪念会。1940年3月5日,他病逝香港。遗著有《蔡元培选集》《蔡元培先生言行录》和《中国伦理学史》等书。对于他的死,中共中央发出唁电,并在延安开会追悼,称颂他为革命奋斗40年,为发展中国文化教育事业,辛劳卓著,培植无数革命青年,促成国共两党的合作。毛泽东同志赞誉他是"学界泰斗,人世楷模",表达了中国人民对这位著名教育家、革命家的景仰之情。周恩来同志的挽联,更是对蔡元培一生作了精辟概括:

"从排满到抗日战争,先生之志在民族革命;

从五四到人权同盟,先生之行在民主自由。"①

二、关于民国教育宗旨的论述

民国成立,蔡元培出任民国教育总长,在旧民主主义思想指导下,适应民族资产阶级"富国强兵"和反对封建统治的要求,提出新的五项教育宗旨来代替清末的"五项教育宗旨",即用军国民主义教育、实利主义教育、公民道德教育、世界观教育和美感教育,代替忠君、尊孔、尚公、尚武、尚实。他明确指出"忠君与共和政体不合;尊孔与信教自由相违。他认为,必须把孔子的学术思想同以后的所谓"儒家"、"孔教",区别对待,认为怎样处理孔子与孔教,以后还要"特别讨论",他主张科学地评价孔子。他把封建阶级的尚武、尚实,同自己的军国民主义和实利主义,完全等同起来,而对尚公与公民道德教育,只认为是范围广狭不同,实质是同义语。他这样折衷调和地处理了实质有分歧的三项教育宗旨。同样,他还处理了富国强兵主义的教育问题。他感到处在"强邻交逼"下的中国,迫切需要靠武力自卫图存和恢复"历年丧失之国权",但他又担心"军人执政"会带来"私斗"和"侵略",所以他仍提倡军国民教育,冀图实现"全国皆兵之制",牵制军人,不让他们成为"国中特别之阶级"。他也感到,当时中国,国家很穷,失业人很多,并且世界上又在"武力"和"财力"上展开竞争,武力自卫也得发展财力,从"美洲德弗伊(杜威)派学说中,吸取了"实利主义"教育观点,认为这个"创于美洲,而近亦盛于欧陆"的实利主义教育,也是当时中国教育"当务之急"。他想用这种教育富国——富民族资产阶级的国家。但他在提倡富国强兵教育时,

---

① 胡愈之:《从纪念周总理想到蔡元培》,《文汇报》,1980年3月4日。

十分害怕阶级斗争,他说:"顾兵可强也,然或溢而为私斗、为侵略,则奈何?国可富也,然或不免智欺愚、强欺弱,而演贫富悬绝,资本家与劳动家血战之惨剧,则奈何?"①究竟"奈何"呢?他的补救办法,就是提倡他所谓第三种"隶属于政治之教育",即所谓"公民道德教育"。

蔡元培认为:世界上最良政治,就是能够"以最大多数之最大幸福为鹄的",就是《礼记·礼运》所说:"天下为公"的大同世界,也就是"社会主义家所谓未来之黄金时代",人们都能在"现世之幸福"的创造和享受上,做到"人各尽其所能,而各得其所需要"。为要达到这一境界,特别是首先避免富国强兵主义教育带来的阶级斗争"血战之惨剧",他把公民道德教育当作政治教育的"中坚"或者"根本"。他认为,所谓公民道德,就是指的法国资产阶级民主革命所提出的"自由、平等、博爱(蔡元培当时译成亲爱)",认为这是"一切道德之根源"。他所谓的公民道德教育,就是要培养具有这种资产阶级道德理想的人。这在当时,具有反对旧礼教,破坏旧道德,解放个性、解放思想的进步意义。但是,也就在这问题上,暴露了他的软弱妥协:他用孔孟关于封建道德的说教,比附资产阶级的自由、平等、博爱的"道德要旨",说它与所谓"义、恕、仁"相通,把封建阶级的"中庸之道"和资产阶级的"自由、平等、博爱",糅合在一起,看成是永恒绝对的道德标准。他宣扬"自由意志"、"推己及人"和"泛爱近仁",并在把中外两个发展阶段不同的剥削阶级,在他们上升时期所分别宣扬的超阶级的道德空想糅合在一起。他宣称:自由平等只是消极的道德,博爱才是积极的道德。他认为,能够博爱,就能弥补自由不遂、及平等不能的缺陷;能够"教之以公民道德",就可以避免私斗、侵略和阶级斗争。至于他用孔子所谓"匹夫不可夺志"以及孟子所谓"富贵不能淫、贫贱不能移、威武不能屈"的话,来解释的"自由",实质是康德所谓"善良意志"或"自由意志"的翻版,并不是"以物质利益和由物质生产关系所决定的意志为基础的"。他以软弱的中国资产阶级思想家教育家的概念规定的道德假设,来谈实现"自由意志"和实现"它与个人的需要和欲望之间的协调",都只能推到"彼岸世界"②。他并从德国古典哲学中搬出了他所认为的超政治的教育,即所谓"世界观教育"和"美感教育",企图用来化解矛盾、消解阶级斗争、引向"彼岸世界",从而医好所谓"隶属于政治之教育"的根本缺陷。

---

① 《对于教育方针之意见》,1912 年 4 月,《蔡元培选集》,中华书局,1959 年版,第 9 页。
② 马克思、恩格斯:《德意志意识形态》,《马克思恩格斯全集》第 3 卷,人民出版社 1960 年版,第 211—214 页。

在世界观问题上,蔡元培当时反对唯物主义,说它是什么"最浅薄之唯物论哲学"①。在宋明理学,主要在康德哲学影响下,蔡元培认为,世界有表里两个方面,一为现象,一为实体。他认为,现象世界是混乱的,相对的,它受因果律支配及空间和时间的限制,通过人们后天的经验,可以相对地认识它;并且认为,由于"自卫力不平等而生强弱",由于"自卫力不平等而生贫富",更由于"有强弱贫富,而彼我差别之意识起;……苦于幸福之不足,而营求之意识起",这就使人们陷于循环无已的苦痛中。他认为,世界的另一方面,是没有强弱贫富、人我差别的实体世界,不受因果律支配,也不受空间和时间的限制,是"无方体、无始终"的绝对观念,人们依靠"先天的"离开经验的所谓"直观"去体认它,就能超脱现世幸福,到达"泯营求而忘人我"的境界。他还认为,现象和实体,都以所谓"意志"作为"通性"或"本性",这"意志"是一种"超物质形式之畛域而自在"的精神。他认为这意志在世界的现象和实体二方面,不相同的地方在于:实体世界的意志,无目的、无意识,是一种所谓黑暗的或盲目的(即不见不闻的)意志,也就是宋明理学家所说的道或太极,或宗教家所说的神;而现象世界各分子的意志,既都受因果律支配,又都包含各分子自己的"特性",都以回向"本体"、实现所谓无差别境界,作为最大最终目的②。他所说的"世界观教育"就是用实体观念或唯心主义世界观,来教育人们去追求无差别境界。他所谓的教育,是"立于现象世界,而有事于实体世界",也就是说,教育的任务,在实施政治教育、追求现世幸福的同时,要实施超政治的教育、摆脱现世幸福,从而消灭差别、消灭斗争,获得他所追求的"自由意志"。在这里,他对政治和对幸福,同时都是又要又不要,其所以说要,为的是建立资产阶级的阶级专政和阶级幸福;其所以不要,是教人超轶政治和摆脱幸福,不扰乱这个统治阶级的安宁。这一套关于教育的神秘说教,反映了当时民族资产阶级教育家的妥协软弱和反对唯物论的偏见。

蔡元培把美感教育或美育,当作贯彻实施所谓世界观教育的主要途径。他信奉康德所创造的关于美感的哲学,认为美感是含美丽与尊严而讲的,它介乎现象世界和实体世界之间,而为由现象世界进入实体世界的桥梁。他并认为人在现象世界中,跟着离合生死祸福利害的变化,都会产生爱恶惊惧喜怒悲乐的情感,而美术就是用这些现象为资料,使人对着它只产生美感而毫无别的杂念,这就是既不厌弃、也不执著,能够使人摆脱现象世界中相对的感情,产生所谓

---

① 《对于教育方针之意见》,《蔡元培选集》,中华书局1959年版,第11页。
② 《世界观与人生观》,1913年,《蔡元培选集》,中华书局1959年版,第16—17页。

"浑然之美感",因而能接触到所谓实体世界的观念。① 依据他所理解的康德关于美学的观点,蔡元培认为,在教育上应该特别注重美感教育,藉它来"提撕(振作)实体观念",去掉"人我的偏见、利害的计较"②,因为他相信"美感是普遍性,可以破人我彼此的偏见;美感是超越性,可以破生死利害的顾忌"③的唯心说教,他认为通过美感教育,就可以养成人们"泯营求而忘人我"的高尚公民道德,达到世界观教育所企求的无差别境界,否则就不能"提起一种超越利害的兴趣,融合一种划分人我的偏见,保持一种永久和平的心境"④,也就不能避免"隶属于政治之教育"带来的缺陷。

蔡元培在1912年为革命政权制定公布的《民国教育宗旨》,是他的关于教育方针问题的资产阶级观点的集中反映。《民国教育宗旨》反映了民族资产阶级的反封建的愿望和资产阶级式的富国强兵主义的改革,同时又反映了害怕彻底的反封建的革命斗争、害怕无产阶级和资产阶级的阶级斗争。它以公民道德教育为中心环节,以走向无差别境界的唯心主义美育为主要手段,实质上是为革命政权制定了一个折衷调和的资产阶级教育方针。

三、关于高等教育的理论和实践

蔡元培从1917年出任北京大学校长以来,曾经先后提出了所谓"兼容并包主义"、"教授治校"、"教育独立"和"研究学问,力学报国"等一系列主张。这些主张,都是在革命新形势下提出的、有一定进步意义的教育观点,起过些反封建的积极作用,在旧中国知识界教育界有过一定的影响。

首先,他所谓的"兼容并包主义",据他自己的说明,是对于各家各派学说,依照西方资产阶级各国大学的"通例",遵循所谓"思想自由原则",只要能言之成理,持之有故,即使彼此相反,也听他们自由发展⑤,容许他们在学校讲堂上向学生传播。依据这样的主张,当时的北大讲坛上,不仅有李大钊同志、鲁迅先生和陈独秀等激进民主主义者以及胡适等人,进行着反对封建文化的斗争;还有拥护袁世凯称帝的筹安会发起人刘师培,拖着长辫子的复辟论者辜鸿铭以及其

---

① 《对教育方针之意见》,《蔡元培选集》,中华书局1959年版,第12页。
② 《以美育代宗教说》,《蔡元培选集》,中华书局1959年版,第57页。
③ 《我在教育界的经验》,《蔡元培选集》,中华书局1959年版,第331页。
④ 《文化运动不要忘了美育》,《蔡元培选集》,中华书局1959年版,第106页。
⑤ 《我在教育界的经验》,1937年12月,《蔡元培选集》,中华书局1959年版,第334—335页。

他一些"旧派"或"国故派"①。这个"兼容并包主义",蔡元培在主观上是想贯彻所谓"思想自由原则",反对中国几千年来的"专制之积习",反对"好以其见闻所及,持一孔之论"②的旧学风,要把这一个从京师大学堂以来,长期成为封建主义堡垒的旧学府,打开了一个缺口,让资产阶级新思潮,"包"括在旧学府里,为资产阶级夺得一个思想自由阵地。后来李大钊同志等正以此为据点,宣传马克思主义。

其次,他所提倡的"教授治校",是从西方资产阶级旧大学模仿来的一种教学行政制度。"教授治校"是由校内的所谓专家学者们,按资产阶级民主原则组成所谓教授会来领导学校,藉以对抗北洋军阀政府干涉校务和摧残教育,幻想实现"教育务求独立,不宜转入政府之漩涡"③的主张,这在当时反对封建军阀斗争中,是具有进步意义的。这种资产阶级民主办校的精神,对当时的高教界也是有益的启发。

第三,所谓"力学报国",是蔡元培就任北大校长之初,对学生发出的号召。他要学生抱定宗旨,为求学而来研究高深学问④。"五四"爱国运动高涨后,他谆谆要求学生"力学报国",努力扩充知识,高尚志趣,纯洁品性,以研究学问为第一责任,获得"左右逢源之学力","共同尽瘁学问",树立我国新文化的基础,奠定我国文明前途的百年大计,参加世界学术之林⑤。但当爱国学生游行示威被捕,他就挺身而出营救学生,以身家性命担保被捕学生获释。

蔡元培在1922年还发表《教育独立商榷》一文,他不仅主张教育经费独立,以免军阀官僚克扣经费和摧残教育,还主张教育要脱离政党、脱离教会而独立。他反对教会教育,要求教育与宗教分离,这具有爱国进步的意义。他要求教育脱离政党而独立,对于反对当时军阀官僚手里的各党各派争夺学校地盘的罪恶活动,也具有进步意义。他要求教育独立的理由是为了贯彻所谓"发展个性"的主张,因为教育不独立不仅妨碍他所追求的自由主义教育的发展,也妨碍他所鼓吹的资产阶级人性的自由发展。他所提议的教育独立办法,是模仿法国大学区制,实行所谓教育行政学术化,保障教育不受政治干涉,实现摆脱军阀官僚的控制的独立,而由资产阶级和它的知识分子、专家学者来主持教育,为资产阶级

---

① 《致〈公言报函〉并附答林琴南君函》,1919年3月,《蔡元培选集》,中华书局1959年版,第79页。
② 《〈北京大学月刊〉发刊词》,1918年12月,《蔡元培选集》,中华书局1959年版,第67页。
③ 北大教授反对《国立大学条例》的书面意见,《北大日刊》,1924年3月17日。
④ 《就任北京大学校长之演说》,1917年4月,《蔡元培选集》,中华书局1959年版,第23页。
⑤ 《告北大学生暨全国学生书》,1917年7月,《蔡元培选集》,中华书局1959年版,第98—100页。

政治服务。他后来在国民党统治下一度主持实行的大学院、大学区制,就是希望实现这一要求,但是这种教育独立主张,实际上是行不通的。

四、五四前后对于西方资产阶级教育学说的传播

蔡元培在五四运动前后,大力宣扬西方教育学说和杜威等教育家。他不仅继续提倡美育,先后发表了《以美育代宗教说》(1917)、《文化运动不要忘了美育》(1919)、《美育实施的方法》(1922)等文,1920年还在长沙7次讲演大谈美术问题,并发表了一些文章,宣扬所谓世界主义教育和个性发展的教育,继续幻想用教育消灭阶级斗争。

蔡元培认为:第一次世界大战后的教育"在为世界养成适当之人物"。他还断言,通过大战的教训,德国的军国民主义教育将永远消失,英国的绅士教育将改成平民主义教育,各国都将实行宗教与教育分离的原则,还将出现由资产阶级独占的高等教育转变为普及性的教育,以避免发生在俄、德两国的阶级斗争。他幻想通过一种各阶级各民族人人绝对平等的世界主义教育,代替国家主义教育。他称许"教育平等"说:"平等者,破除阶级而非消灭个性。……解放个人之束缚,而一任其自由发展。……有特长者不可强屈之以普通。……有天才者尤当利用之以为之先导。"①他希望由此使所有人的"通性",也就是他所谓超物质及形式的界限而自在的"意志",通过语言文字的沟通,逐渐发展,最后实现各分子的息息相关,不再有彼此差别②。

蔡元培认为:要不要儿童个性的自由发展,是新旧教育的根本分歧所在。他说:"教育者,与其守成法,毋宁尚自然;与其求划一,毋宁展个性。"③他指出,封建旧教育的特点,是"守成法"和"求划一",是以教师为本位的;资本主义新教育的特点,是"尚自然"和"展个性",是以儿童为本位的。为了通过教育,使儿童个性得到自然发展,逐渐减少由所谓"现象世界"造成的人与人的差别,最后实现所谓"实体世界"的幻想,他反对由教师预定目的,强使儿童接受的封建旧教育,反对旧教育的"以养成科名仕宦之材为目的"的办法来摧残儿童。他极力鼓吹托尔斯泰的自由学校,杜威的实验学校,蒙台梭利的儿童室和凯兴斯坦纳的工作学校,认为他们这些新教育活动,都符合新教育的"尚自然,展个性"的特

---

① 《欧战后之教育问题》,1919年4月,《蔡元培选集》,中华书局1959年版,第84—88页。
② 《世界观与人生观》,1913年4月,《蔡元培选集》,中华书局1959年版,第16—20页。
③ 《新教育与旧教育之歧点》,1918年5月,《蔡元培选集》,中华书局1959年版,第58—60页。

点,都不是由教师去教育儿童,而是由教师受教于儿童。他赞成做教师的决定教育方法时不自存成见,而是站在儿童地位去体验;①教育儿童不要像注水瓶一样,注满了就算完事,而是要引起学生的兴味,要根据各人的个性,去帮助他们作业②,要用"从做中学"的办法,让儿童在社会生活中,通过工作和活动得到知识学问;要养成儿童勤劳的习惯,从而使儿童们可以避免所谓"一切过激之动作,凌人之虚荣心"③。

蔡元培在宣扬西方教育学说时,也提到杜威的实用主义。从1912年起的七八年中,他一再通过文章和演说,向国内教育界介绍杜威,说他创造了一种很新的教育主义——"即工即学主义",经过试验,"很有成效",鼓励教育界"试试杜威博士的新主义"④。他并且说,杜威是"东西文明的媒人",认为"孔子的理想与杜威博士的学说很有相同之点",他们都提倡"破除阶级的教育的主义",都重视"发展个性,适应社会"等等⑤。

作为资产阶级民主教育家的蔡元培,在辛亥革命时期,其教育活动是卓越的。他献身文化教育事业的光辉业绩,也将长久载入中国教育史册。

辛亥革命是以中国革命先行者孙中山先生为首的中国资产阶级旧民主主义革命。在这一革命时期中,国内外阶级斗争形势尖锐复杂:帝国主义列强和封建统治阶级,总是勾结在一起,破坏革命,同中国人民为敌;资产阶级改良派的有些人,依附帝国主义和封建阶级,陆续堕落下去;资产阶级革命派,在推翻清朝,建立民国后,暴露出半殖民地社会的中国资产阶级的软弱妥协性,导致了革命的流产,只推翻一个清朝政府,而没有推翻帝国主义和封建主义的压迫和剥削。

反映在文化教育战线上,帝国主义和封建主义的文化同盟加强。帝国主义者在中国,继续实行传教、办医院、办学校、办报纸和吸引留学生等等文教侵略政策,力求扩张它们对中国的精神上的影响,它们在中国也要提倡"三纲五常"等封建糟粕,它们还企图夺取中国教育行政的领导权。封建统治者通过假维新的手法,建立和发展封建的买办的教育,为半殖民地半封建的政治服务。在袁世凯窃夺了辛亥革命果实后,还搞起复辟封建旧教育的勾当,企图夺取文教武

---

① 《蔡元培选集》,中华书局1959年版,第58—60页。
② 《蔡元培选集》,中华书局1959年版,第151、153页。
③ 《蔡元培选集》,中华书局1959年版,第60页。
④ 《贫儿院与贫儿教育的关系》,1919年4月,《蔡元培选集》,中华书局1959年版,第91—92页。
⑤ 《杜威博士六十生日晚餐会演说词》,1919年,《蔡子民先生言行录》,第401—404页。

器,为他自己窃国称帝服务。

辛亥革命前十年间的资产阶级革命派,在革命民主主义思想指导下,曾在文教战线上发动革命的进攻,打击了封建旧教育、洋务教育和维新教育,也利用文教机关和报刊、宣传革命思想、培养革命干部和发动起义斗争。民国成立之初,还进行了学校教育的民主改革,在新旧文化教育斗争中,取得一定胜利,但也恰如毛泽东同志指出的:"因为中国资产阶级的无力和世界已经进到帝国主义时代,这种资产阶级思想只能上阵打几个回合,就被外国帝国主义的奴化思想和中国封建主义的复古思想所打退了。"①

从 1915 年起,由激进的民主主义者领导的反封建的新文化运动,在文教领域内,展开反对复辟封建复古主义的斗争,为接受和传播马克思主义创造了一定条件。到 1921 年中国共产党成立以后,在无产阶级文化思想即共产主义思想指导下,同政治战线上的斗争一样,在文化教育战线上也不断取得反帝反封建的胜利。

---

① 《新民主主义论》,《毛泽东选集》第 2 卷,第 657 页。

后记

　　这本书,原是我对中国教育史研究生教学用的一段讲稿。整理这段讲稿时,我校古籍整理研究所长李国钧和教育系主任孙培青两同志,都曾阅读全稿,提出了可贵的修改意见。另外,我也从参考有关的文、史、哲、教等专书中,得到许多作家的启发和教益。在此一并致谢。

沈灌群
1984 年 8 月
于华东师范大学

沈灌群主要著作目录

一、论著、译著

沈灌群、吴同福著：《教育社会学通论》，南京书店1932年版。

沈灌群、龚启昌译：《文纳特卡新教学法（一名适应个性的教学法）》，中华书局1936年版。

沈灌群著：《纳粹统治下的德国中等教育》（为作者美国斯坦福大学硕士学位论文，英文版），1947年，未出版。

沈灌群著：《美国教育及其批判》，商务印书馆1950年版。

沈灌群著：《苏联教育的发展》，中华书局1950年版。

沈灌群、张瑞璠：《中国教育史纲要》，华东师范大学出版科1954年油印本。

沈灌群著：《中国古代教育和教育思想》，湖北人民出版社1956年版。

华东师范大学教育系教科所编：《中国现代教育史》，华东师范大学出版社1983年版（沈著其中二章一节）。

沈灌群著：《从鸦片战争到五四运动时期的教育》，教育科学出版社1984年版。

毛礼锐、沈灌群主编：《中国教育通史》（6卷本），山东教育出版社1985—1989年版。

沈灌群、毛礼锐主编：《中国教育家评传》（3卷本），上海教育出版1988—1989年版。

沈灌群著；孙培青、李国钧主编：《沈灌群教育论稿》，华东师范大学出版社1993年版。

二、论文、译文

沈灌群：《今后中国的新教育和中国的教育者》，《中华教育界》1930年第18卷第7期。

沈灌群：《教育社会学发凡》（署名沈冠群），《国立中央大学教育学院教育季刊》1930年第1卷第3期。

沈灌群：《民众教育及其文化的使命》，《民众教育》1931年第3卷第9期。

沈灌群：《怎样做教育实验的工作（附表）》（署名沈冠群），《实验教育》1933年第1卷第1期。

沈灌群：《儿童睡眠初步研究（附图表）》（署名沈冠群），《实验教育》1933年第1

卷第1期。

沈灌群:《苏俄成人政治教育概述》(译文)(署名沈冠群),《民众教育》1933年第1卷第4期。

沈灌群、吴同福:《小学儿童别字心理研究》,中央大学实验学校《实验研究》1933年第1卷第1期。

沈灌群、曹仞千:《书法进步与练习时间分配之关系》,《中央大学实验学校实验报告》1933年。

沈灌群:《林肯学校的父母教育设施概况》(署名沈冠群),《儿童教育》1933年第5卷第1期。

沈灌群:《研究:儿童社会生活指导纲要》(署名沈冠群),《江苏教育通讯》1934年第2卷第2期。

沈灌群:《中学课程标准之批判(附表)》,《国衡》1935年第1卷第12期。

沈灌群:《初中国文选材之我见》,《实验教育》1935年第2卷第1期。

沈灌群:《初级中学教育之检讨(附表)》,《实验教育》1935年第2卷第2期。

沈灌群:《公民教学实施法:非常时期中学公民教学之实施》,《教与学》1936年第2卷第2期。

沈灌群:《书报介绍:现代教育原理》,《国立中央大学教育心理两系学友通讯》1936年第1期。

沈灌群:《书报介绍:中国教育史》,《国立中央大学教育心理两系学友通讯》1936年第2期。

沈灌群:《英国中等教育概观(附图)》,《实验教育》1936年第3卷第3期。

沈灌群:《关于集训的意见(一)》,《青年月刊(南京)》1938年第6卷第2期。

沈灌群:《科学与教育》(署名沈冠群),《青年月刊(南京)》1938年第6卷第5期。

沈灌群:《战时中学教育之检讨》,《新政治》1939年第1卷第4期。

沈灌群:《青年求知的诸问题》,《青年月刊(南京)》1939年第7卷第2期。

沈灌群:《谈谈高中同学升学问题》,《青年月刊(南京)》1939年第7卷第6期。

沈灌群:《中心学校怎样实施导辅工作?》,《国民教育》1940年第1卷第9期。

沈灌群:《中心学校的辅导工作之商榷》,《教育通讯(汉口)》1940年第3卷第45期。

沈灌群:《中学生的身心发育与卫生指导》,《医育》1940年第4卷第4期。

沈灌群:《民族本位的国民教育论》,《国民教育》1940年第1卷第2期。

沈灌群：《中学训育论(上)》，《侨民教育》1941年第2期。

沈灌群：《中学训育论(下)》，《侨民教育》1941年第3—4期。

沈灌群：《我国中等教育之史的检讨》，《中等教育季刊》1941年第1卷第1期。

沈灌群：《1940年度统考录取学生成绩之初步研究》，《高等教育季刊》创刊号，1941年。

沈灌群：《论师范学院的实验学校》，《高等教育季刊》1941年第1卷第2期。

沈灌群：《部定师范学院科目表之检讨》，《高等教育季刊》1941年第1卷第3期。

沈灌群：《中学心理卫生教育上的三个问题》，《战时医政》1941年第3卷第6—7期。

沈灌群：《中等学校兼办社会教育之商榷》，《中等教育季刊》1942年第2卷第3—4期。

沈灌群：《论我国西北高等教育之建设》，《高等教育季刊》1942年第2卷第2期。

沈灌群：《论中等教育与高等教育的联系》，《高等教育季刊》1942年第2卷第4期。

沈灌群：《从数字上考察统考录取学生及其第一志愿(附表)》，《教育心理研究》1942年第1卷第4期。

沈灌群：《我国医药教育之史的发展》，《高等教育季刊》1943年第3卷第2期。

沈灌群：《最近我国法律教育之新设施》，《高等教育季刊》1943年第3卷第1期。

沈灌群：《部订师范学院科目表之再检讨——修订师范学院科目表的一个献议》，《高等教育季刊》1943年第3卷第4期。

沈灌群：《中国之命运对于教育建设大计之启示》，《高等教育季刊》1943年第3卷第4期。

沈灌群：《太平洋战争三周年纪念专载：太平洋战事三年来我国教育的动向(附表)》，《学生杂志》1944年第22卷第1期。

沈灌群：《论战后全国示范学院之分区设置》，《高等教育季刊》约1945—1946年（期数不详）。

沈灌群：《东南亚国家的教育》(译文)，1946年，未发表。

沈灌群：《战后英国教育的改革》，《教育与民众》1947年第11卷第5/6/7期。

沈灌群：《战后我国师范教育之商榷》，《教育杂志》1947年第32卷第2号。

沈灌群：《教育哲学上的知识论：三派心理学家对于感觉记忆和学习的看法》，《新教育杂志》1947年第1卷第3—4期。

沈灌群：《教育哲学上的知识论（二）：三派心理学家对于感觉记忆和学习的看法》，《新教育杂志》1947年第1卷第5—6期。

沈灌群：《教育哲学上的智识论》，《新教育杂志》1948年第1卷第7期。

沈灌群：《国民教育从业人员的基本素养（上）：在省立太仓师范的演讲词》，《国民教育辅导月刊》1948年第2卷第1/2期。

沈灌群：《国民教育从业人员的基本素养（下）：在省立太仓师范的演讲词》，《国民教育辅导月刊》1948年第2卷第3期。

沈灌群：《苏联教育的全貌》，《中华教育界》复刊1949年第3卷第1期。

沈灌群：《法国教育问题及战后的教育改革》，《中华教育界》复刊1949年第3卷第2期。

沈灌群：《二次世界大战以来的英国教育》，《中华教育界》复刊1949年第3卷第3期。

沈灌群：《儿童教育革新之路》，《中华教育界》复刊1949年第3卷第4期。

沈灌群：《当前美国小学教育的危机》（译文）（署名子元），《中华教育界》复刊1949年第3卷第4期。

沈灌群：《西洋各国强迫教育的发展与现状》，《中华教育界》复刊1949年第3卷第5期。

沈灌群：《外论译粹》（21则）（署名灌、冠、群、芷、沅），《中华教育界》复刊1949年第3卷第1—5期。

沈灌群：《墨西哥人民的教育》，《中华教育界》复刊1949年第3卷第7期。

沈灌群：《今日之教育》，《中华教育界》复刊1949年第3卷第8期。

沈灌群：《新中国的高等教育》（署名子元），《中华教育界》复刊1949年第3卷第8期。

沈灌群：《中华人民共和国新教育的展望》，《中华教育界》复刊1949年第3卷第10期。

沈灌群：《苏联教育之史的发展》，《中华教育界》复刊1949年第3卷第11期。

沈灌群：《罗马尼亚文教事业的新发展》（译文）（署名子元），《中华教育界》复刊1949年第3卷第12期。

沈灌群：《论大学校院的教与学》，《中华教育界》复刊1950年第4卷第2期。

沈灌群：《中国教育史教学大纲（草案）》，1952年，未公开发表。

沈灌群:《鲁迅的教育思想》,《华东师范大学学报(人文科学版)》1955 年第 1 期。

沈灌群:《〈学记〉——中国古代学校的教育和教学经验总结》,《华东师范大学学报(人文科学版)》1956 年第 4 期。

沈灌群:《王充的教育观点》,《华东师范大学学报(人文科学版)》1957 年第 1 期。

沈灌群:《伟大的教育家孔子》,《华东师范大学学报(人文科学版)》1957 年第 3 期。

沈灌群:《李大钊同志的革命教育活动和教育观点》,《华东师范大学学报(人文科学版)》1959 年第 1 期。

沈灌群:《唐代科技教育述略》,《教育研究》1979 年第 1 期。

沈灌群:《略谈近代中国教育的发展》,1980 年,全国教育史研究会中国教育史学科体系讨论会发言稿。

沈灌群:《北宋教育家胡安定先生》,《华东师范大学学报(教育科学版)》1983 年第 1 期。

三、未刊稿

沈灌群:《朱熹的教育思想》,1965 年,未公开发表。

沈灌群:《朱熹抗金态度初探》,1977—1980 年,文稿。

沈灌群:《再论李大钊的革命教育思想》,1978 年,未公开发表。

沈灌群:《胡适教育思想初探》,1979 年,未公开发表。

沈灌群:《班昭与〈女诫〉》,1980 年,文稿。

沈灌群:《李贽论妇女和妇女教育》,1980 年,文稿。

沈灌群:《我国远古时期的教育——原始氏族公社制社会的生产劳动教育》,1982 年,文稿。

沈灌群:《夏商西周奴隶制社会的教育》,1982 年,文稿。

沈灌群:《周秦之际中国社会向封建制发展中的教育》,1982 年,文稿。

沈灌群:《孔子的教育思想》,1982 年,文稿。

沈灌群:《墨子的教育思想》,1982 年,文稿。

沈灌群:《孟子的教育思想》,1982 年,文稿。

四、其他

《中国大百科全书(教育卷)》条目：李大钊、胡瑗、魏源、平民教育运动,中国大百
　科全书出版社1985年版。

《教育心理辞典》条目：郑玄、胡瑗,福建教育出版社1989年版。

图书在版编目(CIP)数据

大夏教育文存.沈灌群卷/杜成宪主编.—上海：华东师范大学出版社，2017
ISBN 978-7-5675-6101-4

Ⅰ.①大… Ⅱ.①杜… Ⅲ.①教育史－研究－中国－近代 Ⅳ.①G4

中国版本图书馆 CIP 数据核字(2017)第 047309 号

本书由上海文化发展基金会图书出版专项基金资助出版

大夏教育文存　沈灌群卷

主　　编　杜成宪
本卷主编　宋　爽　刘秀春
策　　划　王　焰
责任编辑　金　勇
审读编辑　陈长华
责任校对　邱红穗
装帧设计　高　山

出版发行　华东师范大学出版社
社　　址　上海市中山北路 3663 号　邮编 200062
网　　址　www.ecnupress.com.cn
电　　话　021-60821666　行政传真 021-62572105
客服电话　021-62865537　门市(邮购)电话 021-62869887
地　　址　上海市中山北路 3663 号华东师范大学校内先锋路口
网　　店　http://hdsdcbs.tmall.com

印 刷 者　上海中华商务联合印刷有限公司
开　　本　787×1092　16 开
印　　张　19.5
字　　数　308 千字
版　　次　2018 年 11 月第 1 版
印　　次　2018 年 11 月第 1 次
书　　号　ISBN 978-7-5675-6101-4/G·10081
定　　价　86.00 元

出版人　王　焰

(如发现本版图书有印订质量问题,请寄回本社客服中心调换或电话 021-62865537 联系)